고대중국 철학사상

의산당宜山堂 **송영배**宋榮培

서울대학교 철학과를 졸업하고 동대학원 철학과에서 석사학위를 취득하였고, 이어서 타이완(臺灣) 대학교 철학과(대학원)에 유학하여 석사학위를 재취득하였다. 그 뒤 벨기에의 루벵 가톨릭대학교와 독일 튀빙겐 대학교의 철학과에서 수학하였으며, 독일 프랑크푸르트 대학교 철학과에서 박사학위를 획득하였다. 1982년에 귀국하여 한신대학교 철학과에 재직하였다. 1988년부터 서울대학교 철학과 교수로 재직하였다. 2009년 2월에 퇴임하여 현재 서울대학교 명예교수이다. 저서로는『중국사회사상사』(증보판),『제자백가의 사상』,『동서철학의 충돌과 융합』등이 있다. 역서로 이마두利瑪竇 저『천주실의天主實義』,『교우론交友論 · 이십오언二十五言 · 기인십편畸人十編』등이 있으며, 그 밖에 다수 논문이 있다.

고대중국 철학사상

초판 1쇄 인쇄 2014년 10월 24일
초판 1쇄 발행 2014년 10월 31일

지은이 | 송영배
펴낸이 | 김준영
펴낸곳 | 성균관대학교 출판부
등   록 | 1975년 5월 21일 제1975-9호
주   소 | 110-745 서울특별시 종로구 성균관로 25-2
대표전화 | (02) 760-1252~4
팩시밀리 | (02) 762-7452
홈페이지 | press.skku.edu

ⓒ 2014, 유교문화연구소

값 25,000원

ISBN   979-11-5550-088-0 94150
       978-89-7986-493-9 (세트)

유교문화연구총서 17

고대중국 철학사상

송영배 지음

  신정근辛正根교수(성균관대학교 유교문화연구소장)가 얼마 전에 전화를 걸어왔다. 내가 지난 세기 80년대부터 쓰기 시작했던 논문들을 모아서 유교문화연구소의 총서에 넣어서 발행하고 싶다고 했다. 나는 써놓은 글의 편수가 적어서 책으로 내기에는 부족할 것 같다고 말했다. 그래서 대충 그쪽에서 알고 있는 나의 논문을 모아서 보내달라고 부탁했다. 그 목록을 받아보니 조금만 보태면 책 한 권 분량은 될 것 같았다. 이것이 이 책 발간의 계기가 되었다.

  나는 원래 고등학교 때부터 철학을 공부하겠다고 결심을 했다. 나는 일찍이 학교 앞 헌 책방에서 중국 고문문집을 샀는데, 거기에 『노자』 81장이 다 들어 있었다. 그때 "道可道, 非常道; 名可名, 非常名."(『노자』 제1장)의 구절이 나에게 강한 인상을 주었다. "'도'를 말할 수 있으면, 그것은 불변하는 '도'가 아니고; 이름을 붙일 수 있으면, 그것은 불변하는 이름이 아니다." 이 구절의 철학적인 뜻을 그 당시 고등학생인 내가 제대로 이해할 수는 없었을 것이다. 그러나 이 『노자』의 첫 구절에 매료되어서, 결국 나는 동양철학을 연구하게 되었는지 모른다. 지난 세기 60년대의 가난과 사회적 혼란 속에서 나는 동숭동의 서울대학교 문리과대학을 다녔다. 집안이 매우 가난하여, 대학생활을 제대로 하는 것이 너무나 버거웠으나, 고 박홍규 교수님의 플라톤의 『티마이오스』를 열심히 따라가면서, 정확하고도 이지적인 플라톤을 공부하였다. 그러나 당시 서울대학교에 시간강의를 맡고 계신 고려대학교의 고 김경탁 선생님의 『장자』 강독은 플라톤을 읽는 맛과는 전혀 달랐다. 무한한 상상력과 비유를 통하여 전개되는 장자의 정신은 플라톤의 이지적 철학분석을 뛰어넘었다. 그래서 나는 동양철학전공으로 마음을 결정한 것이다. 당시 60년대 한국 학생운동이 매우 격렬했지만, 나에게는 긴박한 사회문제보다는 좀 더 깊이 인생을 이해하고자 하는 철학공부가 더 소중하게 보였다. 아마도 장자의 영향을 너무 많이 받았나보다.

서울대 철학과 대학원을 졸업하고, 내가 원하던 대만 유학을 떠났다. 그러나 대만의 철학과 역사분야에는 당시 박사과정이 없었다. 장개석蔣介石정권의 지독한 독재는 이들 두 학과에 대해서 사회비판적인 사상이 접근하는 통로를 차단하기 위해서, 대학의 박사과정 개설을 허용치 않았다. 그렇기 때문에 나는 대만에서 철학과 석사과정을 다시 수학하면서, 중국의 고전과 중국어를 습득하는 데 주력하였다. 대만에서 2년에 걸친 석사과정을 마치고, 나는 다시 철학의 나라 독일에서 박사과정을 마무리하기로 했다. 한국과 대만이라는 두 독재정권에서 현실문제보다는 '형이상학'연구에 몰두했던 나는 독일의 학문 분위기를 접하면서, 나의 학문하는 입장을 180도로 전환해야만 했다. 지난 세기 70년대는 독일에서 학생운동이 격렬하게 진행됐으며, 사회비판적인 태도가 만연하였다. 안이하게 형이상학 연구에 만족할 수가 없었다. 나는 헤겔을 다시 읽기 시작했고 마르크스를 공부하지 않을 수 없었다. 모든 철학사상은 그 철학자가 생존했던 당시의 사회문제와 결별하여 연구될 수가 없다고 나는 확신하게 되었다. 우리가 한국에서 배웠던 독일관념론은 18세기 프랑스혁명을 이해하지 않고는 제대로 그

철학적 문제의식을 잡아낼 수 없다는 것을 알았다.

나는 독일에서 재독 한국학생과 지성인들의 유신체제 반대운동에 적극 참여하였으며, 박정희 독재가 지속되는 동안 귀국할 수도 없었다. 마침내 독재자가 저격되는 날이 왔다. 나는 그 덕분에 1982년 9월에 13년이라는 긴 해외생활을 청산하고 귀국할 수 있었다. 나에게 귀국은 허용되었으나, 한국사회는 전두환 정권에 의해 독재체제가 유지되었고, 여전히 민주화하고는 거리가 멀었다. 그때 대학 강단에서 중국철학을 강의하는 내가 택한 길은 중국의 선진先秦시대 철학사상을 강의하는 일이었다. 왜냐하면 한국에서 동양철학공부는 내가 유학을 떠나기 전 60년대와 마찬가지로 시간과 역사 흐름에 관계없이, 유불도의 불변하는 진리를 고리타분하게 연구하는 연구 분위기가 지배적이었기 때문이다. 나는 사회적 혼란과 변화와 직면하여, 지식인들의 다양한 생각과 철학을 이 땅에서 철학을 배우는 학생들에게 가르치고 싶었다.

이런 분위기에서 선진先秦시대 철학자들에 관하여 쓰기 시작한 것들이 이 책에 실려 있다. 그러나 이 연구는 나에게는 아직 미완성의 작업이다. 물론 나의 연구는 지속된다. 그러나 이제 서울대학교에서 정년퇴임을 한 지가 이미 5년을 넘어섰고, 나이도 이제 70을 넘었다. 언제까지 나의 연구 작업이 계속될지는 아무도 모른다. 아마도 앞으로 많은 연구가 있으리라고는 기대할 수 없을 것이다.

이 책은 지나간 30여 년 간 여러 기회에 발표한 논문들을 모아놓은 것이기 때문에, 중복되는 서술에 관해서는 독자들의 이해를 특별히 구하는 바이다. 다만 이 논문들은 내 연구 이력을 대표하기에 그것을 겸허하게 세상에 내놓을 뿐이다. 처음 아홉 편의 글은 선진시기의 철학사상이지만, 동중서董仲舒의 철학사상은 한漢나라 초기의 것이다. 그러나 다 2000년 이전의 고전사상이기 때문에 동중서의 철학까지도 이 책 안에 포함시켰다. 이 점도 독자들의 양해를 구하는 바이다. 그리고 끝으로 부록에 「세계화 시대 유교적 윤리관의 의미」("Crisis of Cultural Identity in East Asia: on the Meaning of Confucian Ethics in the Age of Globalisation", *Asian Philosophy* 12, pp.109-125, Carfax Publishing, London, Feb. 2002)를 실어서, 현대적 맥락에서 유교 윤리의 의미를 다시 점검해 보는 기회를 독자들에게 선사하고 싶었다.

　이제 이 책으로 나는 많은 선배와 후학들의 질정叱正을 기다린다. 또한 이 책의 출판을 위해 심혈을 기울여 준 성균관대학교 유교문화연구소의 모영환牟榮煥 책임연구원, 설준영薛俊暎·정균선丁均善 조교에게도 감사의 말씀을 드린다. 그리고 끝으로 졸고를 세밀하게 읽고서 귀중한 조언을 해준 조정은趙貞恩(런던대학) 박사와 성균관대학교 박사과정의 김세종金世宗군에게 심심한 감사의 말씀을 드린다.

2014년 5월 19일
의산당宜山堂 송영배宋榮培

| 차례 |

제1장 공자의 '인仁' 사상과 사회윤리론

1. 문제 제기

 이제까지 공자(551-479 BC)의 사상, 특히 '인仁'에 관한 연구는 많았
다. 그러나 지금까지 연구들은 대부분 공자의 학설을 구체적 역사·사
회 현실에서 추출하여 형이상학적으로 해석했거나 또는 너무 도식적
인 공식에 따라 그것을 원칙적으로 '긍정' 또는 '부정'적으로 단정을
내렸다. 이러한 일면성을 극복하기 위하여, 필자는 중국의 문화적 전
통에 충실한 입장을 지닌 학자들, 예컨대 웅십력熊十力(Xiong Shili), 전
목錢穆(Qian Mu), 과거의 풍우란馮友蘭(Feng Youlan) 등[1]뿐만 아니라,
50년대에 갑자기 마르크스주의적으로 전도된 학자들, 예컨대 조기빈
趙紀彬(Zhao Jibin), 양영국楊榮國(Yang Rongguo), 근년의 풍우란 등의[2]
학설들까지 재검토 극복하려고 노력하였다. 전통문화의 입장을 지니
는 학자들이 유교사상 특히 '인본주의'의 사상과 관련하여 그 사상의
보편타당성을 강조하는 반면에, 마르크스주의자들은 유물사관唯物史

---

1 熊十力, 『原儒』, 臺北, 1917; 錢穆, 『四書釋義』(上·下), 臺北, 1962, 『中國思想史』,
 臺北 1963, 『中國歷史精神』, 香港, 1964 등; 馮友蘭, 『中國哲學史』, 香港, 1961, 『人
 生哲學』, 北京, 1927, 『新原道』, 北京, 1964 등 참조.

2 趙紀彬, 『論語新探』, 제2판(1962)과 제3판(1974); 楊榮國, 『中國古代思想史』, 北京,
 1973; 馮友蘭, 『論孔丘』, 北京, 1975 등 참조.

觀의 관점에서 전자 즉 이른바 '유산계층'의 학자들과 적대적인 위치에 선다. 또한 오직 계급투쟁이라는 일면적 관점에서 공자를 '봉건적' 지주계급의 형성을 통하여 멸망할 수밖에 없는 '노예주 계급'만을 옹호하는 반동적 사상가로 규정짓고 있다.[3]

필자는 앞의 학자들이 공자나 그 후학들의 사고발상이 지니는 생생한 의미와 그 사상들의 전거前據가 될 수 있는 당시의 구체적인 사회적 역사적 상황을 충분히 고려하지 않고 공자의 사상을 많건 적건 추상적으로 해석했다고 보고 있다. 다른 한편 중국의 마르크스주의 학자들에 의하면 공자의 이론은 다름 아닌 무너져가는 '노예제 사회'를 '유신'시키기 위한 역사의 반동적 이론에 불과한 것이다.

그러나 여기에 이미 1926년에 비판적인 역사학자 고힐강顧頡剛(Gu Jiegang)이 그의 『고사변古史辨』제2권의 도처에서 언급하고 있는 것처럼[4] 하나의 근본적인 문제가 나타난다. 즉, 무슨 까닭으로 공자의 이론은 그의 생존 당시가 아니라 300년 뒤의 한 초漢初에, 다시 말해 '노예제 사회'의 특징이 전혀 나타나지 않는 사회적 단계에 와서야 비로소 '공식적 국가이념'(die orthodoxe Staatsdoktrin)으로 확립되었으며, 그로부터 최근세에 이르기까지 어찌하여 '정통적 정치이념'(die orthodoxe Ideologie)으로서 존속할 수가 있었는가 하는 문제이다.[5] 마르크스주의적 학자들은 이런 문제에 대답할 수 없으며, 유교사상이 2천 년 이상이나 중국 및 주변 국가들의 역사발전에 끼친 중요한 의미를 설명할 수도 없다.

---

3 Yang Jung-Guo, Konfuzius—*der "Weise" der reaktionären Klassen*, Peking 1974; 馮友蘭, 『論孔丘』, 北京, 1975 등 참조.

4 顧頡剛 編, 『古史辨』, 제2권, 특히 143~144쪽 이하.

5 이 근본적인 물음에 대한 해답으로는 Young-bae Song, *Konfuzianismsus, Konfuzianische Gesellschaft und die Sinisierung des Marxismus*, Frankfurt(M) Univ. Dissertation, 1982, 특히 31~454쪽 및 227~230쪽.

원칙적으로 다른 두 가지 입장을 지닌 이제까지 연구들의 약점을 극복하기 위하여 필자는 이 논문의 주제인 공자의 '인仁' 사상을 첫째로 '인仁'字의 어원 분석에서 시작하여, 주로 『논어』에 나타나는 '인'개념을 종합적으로 정리해보고, 둘째로 그 정리된 '인'개념을 당대의 사회·경제적 변화·발전과 연관하여 그 실천적 내용을 좀 더 구체적 '인간관계' 속에서 밝히고,[6] 그 의의와 한계를 명확히 해보려고 한다. 그리고 이어서 공자의 '인'사상의 적극적 의미, 즉 '인본주의'와 그것에 바탕을 둔 유가적 형이상학, 말하자면 2천 년 이상 중국 문화권을 지배해 온 '천인합일天人合一'의 존재론의 발달을 기술하고, 끝으로 결론 부분에서는 '인'사상에 관한 이상의 논구를 통하여 공자가 개진한 사회윤리론의 문제점과 의미를 밝혀 보려고 한다.

2. '인'사상의 개념적 분석

완원阮元(Ruan Yuan, 1764-1849)에 의하면, 중국 최고의 고전인 『상서尙書』의 '우虞·하夏·상商·주서周書', 『시경詩經』의 '삼송三頌'과 『주역周易』의 '괘효사卦爻辭'에는 '인仁'자가 보이지 않는다고 한다.[7] 주초周初에는 '인' 개념이 있었으나, 아직 그 글자가 없었으며, 위의 고삼서古三書의 후기 작품들에야 '인仁'자가 비로소 나타난다.[8] 주초,

---

6 이 부분에 관한 한 필자는 주로 『春秋左傳』, 『國語』 등을 통하여 『論語』 속의 개념들과 당대 상황을 파악해보려고 하였다.

7 阮元, 「論語論仁論」, 『揅經室』, 一集 卷八, 文選樓叢書, 臺北, 4~5쪽.

8 『詩經』, 「鄭風·叔于田」: "洵美且仁"(馬 114쪽); 齊風·盧令: "其人美且仁"(馬 143쪽). 『尙書』, 「金縢」: "……予仁若考"(屈 85쪽) 등. 그리고 Wing-Tsit Chan, "The Evolution of the Confucian Concept jên," *Philosophy East & West*, Jan. 1955, Honolulu, p.290, note 5 참조.

즉 기원전 11세기부터는 '인仁'개념은 아마도 '인人'자를 빌어서 표현된 것 같다. 『시경』의 일례는 다음과 같다.

선조先祖가 인人(즉 '仁')하지 않은가? 어찌하여 나로 하여금 (이 고통을) 받게 하시나![9]

그리고 『논어』에서는 '인人'자와 '인仁'자가 때때로 혼동되어 쓰이고 있다.

우물 속에 '인'(仁, 즉 人)이 있다.[10]

누가 관중管仲에 대하여 물으니, 공자가 말했다. "(그는) '인人'(즉 '仁')하다!"[11]

더 나아가서 『중용中庸』과 『맹자孟子』에서는 '인仁'을 '인人'으로 풀이하고 있다.

인仁이라는 것은 인人이다.[12]

인仁이라는 것은 인人이다.[13]

---

9 "先祖匪人? 胡寧忍子!"(『詩經』, 小雅, 谷風之什, 四月, 馬 336쪽)

10 "井有仁焉."(『論語』, 「雍也」 24, 錢 210쪽) 이하에서 『論語』의 인용은 편명만 기재함.

11 "問管仲‧(子)曰: 人也!"(「憲問」 10, 錢 473쪽)

12 "仁者, 人也."(『中庸』, 蔣 23쪽)

13 "孟子曰: 仁也者, 人也."(「盡心」, 蔣 353쪽)

끝으로 허신許慎(약 58-약 147)의 『설문해자說文解字』에 의하면, '인仁'자는 '인人'과 '이二'의 합성어이다.

> 인仁은 친밀[親]함이다. 인人과 이二를 따랐다.[14]

이상과 같이 옛 문헌에 나타난 '인仁'자를 분석해 보면 그것은 처음부터 '인人'과 불가분의 관계에 있음을 알 수 있다. 필자는 이와 같은 '인仁'에 공자가 어떠한 내용과 의미를 부여하였는지를 우선 개념적으로 정리해보려 한다.

단옥재段玉裁(Duan Yucai, 1735-1815)는 그의 『설문해자주』에서 '인仁'에 대하여 다음과 같이 말한다.

> 사람이 짝을 이룬다[人耦]는 것은 '너爾'와 '나我'가 친밀하다는 말과 같다. 혼자 있으면, 짝을 이룰 수 없다. 짝이 지어지면, 서로 가까워진다. 그러므로 이 글자는 '인人'과 '이二'가 합쳐진 것이다.[15]

'인仁'은 처음부터 두 사람 이상의 '인간관계'와 연관된 개념이다. 왜냐하면 '인仁'을 통하여 두 사람의 인간관계는 '짝'[우偶]의 관계, 즉 "서로가 서로를 가까이하는"[相親] 관계가 성립하기 때문이다. 이런 근거에서 공자는 인仁을 우선 "사람을 사랑하는 것"[愛人]이라고 규정짓고 있다.

---

14 "仁, 親也. 從人二.", 『說文解字注』, 臺北, 蘭臺版, 369쪽.
15 "(段)按: 人耦猶言爾我親密之詞. 獨則無耦, 耦則相親. 故其字從人二."(위와 같음)

번지樊遲가 '인仁'을 물으니, (공자가) 말했다. 「사람을 사랑하는 것이다.」[16]

공자는 당시 서로 적대하고, 사리私利를 추구하며, 주周의 종법宗法 사회질서, 즉 '예禮·악樂' 등을 파괴하는 크고 작은 귀족들이나 사士 계층을 향하여, 인仁 사상을 주창한 것이다. 그는 '정명正名'[17]이라는 정치적 입장에서, 당시의 사회적 혼란을 극복하기 위하여, 통치의 소임을 맡을 '군자'란 "밥 먹는 시간"이나 "아주 황급하거나"〔造次〕, "넘어져서 곤란한 지경"〔顚沛〕에 있어도 인仁을 떠나지 말아야 한다고 하였다.

군자君子가 인仁을 떠나면 어찌 군자의 '명名'을 이루겠는가? 군자는 한 끼 밥 먹는 시간도 '인仁'을 떠나서는 안 된다. 아주 황급하여도 반드시 '인仁'에 따라야 하고, 자빠져서 곤란한 지경에서도 반드시 이에 따라야 한다.[18]

공자는 인仁의 현실화, 또는 실천 속에서 타락한 군자가 다시 명실상부한 군자가 되는 정명正名의 길을 보고 있다. 이와 같이 '인'은 군자에게는 그 누구에게도 양보할 수 없고, 따라서 생명을 바치더라도 반드시 실천해야 하는 중요한 것임을 공자는 강조한다.

인仁을 행함에 중인衆人〔다른 일반 사람 — 錢穆 주註〕에게 양보해서는

---

16 "樊遲問仁. 子曰: 愛人."(『顔淵』 22, 錢 426쪽)

17 『論語』,「子路」 3 (錢 435쪽);「雍也」 23 (錢 209쪽);「顔淵」 11(錢 415쪽) 등과 송영배,『中國社會思想史』, 제1부, 제2장의 4) 正名論, 89-96쪽 참조.

18 "君子去仁, 惡乎成名? 君子無終食之間違仁. 造次必於是, 顚沛必於是."(「里仁」 5, 錢 114쪽)

안 된다.[19]

지사志士와 인인仁人은 살기 위하여〔求生〕, 인仁을 해害하지 아니하고, 생명을 끊어서라도〔殺身〕, '인'을 이룬다.[20]

공자가 지사志士・인인仁人들에게 그 어느 누구에게도 양보해서는 안 되고 또한 그들의 개인적 생명보다 더 중요한 것으로 강조하고 있는 인仁개념은 『논어』에 따르면 여러 가지 내용적 측면을 가진다.

1) 용기의 덕
인자仁者는 반드시 용기가 있다. 용자勇者는 반드시 인仁하지 않다.[21]

2) 공恭, 관寬, 신信, 경敬, 혜惠 등의 덕목
공자가 말했다. "천하에 다섯 가지를 실행할 수 있으면 인仁을 실천했다고 할 수 있다." 자장子張이 그것을 삼가 묻자 (공자가) 말했다. "공경恭敬, 관후寬厚, 신의信義, 기민機敏, 은혜恩惠이다."[22]

3) 경敬, 충忠〔진실〕 등의 덕목
번지樊遲가 인仁에 대하여 물으니 공자가 말했다. "혼자 있어도 공손해야 하고, 일을 맡아서 하면 경건히 하여야 하며, 남에게 진실〔忠〕해야

---

19 "子曰: 當仁不讓於師."(「衛靈公」 35) 錢穆, 『論語新解』, 556쪽 註解 참조.
　(舊解皆訓師爲師長義. 言値當行仁, 卽當勇往直前, 旣非出於爭, 自亦不必讓. 故求道當尊師, 行道則無讓師之義. 今按: 師之與我, 雖幷世而有先後, 當我學成德立之時, 而師或不在. 疑此字當訓衆. 蓋仁行善學, 衆皆當任, 人各相讓, 則誰歟任此?)
20 "子曰: 志士仁人, 無求生以害仁, 有殺身以成仁."(「衛靈公」 8, 錢 531쪽)
21 "子曰: … 仁者必有勇, 勇者不必有仁."(「憲問」 5, 錢 468)
22 "子張問仁於孔子. 孔子曰: 能行五者於天下, 爲仁矣. 請問之. 曰: 恭, 寬, 信, 敏, 惠."(「陽貨」 6, 錢 594쪽)

만 한다."[23]

그 밖에도 "어진 사람〔仁者〕은 근심하지 않을"[24] 뿐만 아니라 의지
가 "강의剛毅하고" 사람됨이 "소박해야 한다."[25] 그리고 어진 사람은
남의 호감을 사기 위해 "교묘한 말과 꾸민 얼굴"〔巧言令色〕을 해서는
안 되며,[26] 오히려 말할 때는 좀 "더듬거려야"〔鈍訥〕 한다.[27] 요컨대,
『논어』에 따르면, 공자의 인仁은 군자가 지녀야 할 도덕적 속성을 모
두 포괄한다고 볼 수 있다. 그러나 공자는 '인'에 대하여 명확한 '개념
적' 정의를 내리고 있지 않다. 왜냐하면 그에게는 처음부터 추상적 이
론이 아니라 군자들에 의한 '인'의 실천이 근본적인 관심이기 때문이
다. 공자는 다만 시時·소所·위位의 상황에 따라, '인'의 실천과 관련
하여 구체적인 그러나 서로 다른 언표言表를 했을 뿐이다.

　여기에서 공자의 '인'사상을 파악하기 위하여, 공자가 특히 증자曾
子(505-436 BC)에게 '내 가르침'〔吾道〕은 "한 가지 이치로써 모든 일을
꿰뚫는다.〔一以貫之〕"고 한 것을 주목할 필요가 있다. 그리고 증자는
이 '일一'을 '충忠·서恕'로 이해하고 있다.[28] 풍우란馮友蘭의 해석에
따르면 '충忠'은 '인'에 도달하는, 또는 그것을 실천하는 적극적인 방
법이고, '서恕'는 소극적인 방법이다.[29]

　우선 '서'는 『논어』, 『대학』과 『중용』에서 다음과 같이 풀이된다.

23　"樊遲問人. 子曰: 居處恭, 執事敬, 與人忠, ……"(「子路」 19, 錢 453쪽)

24　"仁者不憂."(「子罕」 28, 「憲問」 30, 錢 324/497쪽)

25　"子曰: 剛毅木訥, 近於仁."(「子路」 27, 錢 462쪽)

26　"子曰: 巧言令色, 鮮矣仁."(「學而」 3, 錢 7쪽)

27　"司馬牛問仁. 子曰: 仁者其言也訒."(「顏淵」 3, 錢 402쪽)

28　"子曰: 參乎! 吾道一以貫之. 曾子曰: 唯. 子出, 門人曰: 何謂也? 曾子曰: 夫子之道,
　　忠恕而已矣."(「里仁」 15, 錢 128쪽)

29　馮友蘭, 『中國哲學史』, 香港, 1961, 99쪽.

자공이 물었다. "평생에 지침이 될 만한 '한 말씀'이 있겠습니까?" (공자가) 말했다. "그것은 '서恕'라고 할까? '자신'이 원하는 바가 아니면 '남'에게도 행하지 말라!"[30]

윗사람에게서 받기 싫은 것은 아랫사람에게 행하지 말 것이며, 아랫사람에게서 받기 싫은 것으로 윗사람을 섬기지 말라! 앞사람에게서 받기 싫은 것으로 뒷사람을 대하지 말 것이며, 뒷사람에게서 받기 싫은 것으로 앞사람을 대하지 말라! 오른편에서 받기 싫은 것으로 왼편을 대하지 말 것이며, 왼편에서 받기 싫은 것으로 오른편을 대하지 말 것이니라. 이것이 바로 (자기를 미루어 남을 헤아리는 — 필자) 혈구지도絜矩之道이다.[31]

'충忠'·'서恕'는 '도道'와 멀지 않다. (남이) '자기'에게 베풀기를 원하지 않는 것을 또한 '남'에게 베풀지 말라![32]

'충'에 관해서는 다음과 같이 기술한다.

무릇 어진 사람은 '자기'가 서려고〔立〕할 때 '남'을 세워주고, '자기'가 통달하려고 할 때, '남'을 통달케 도와주는 것이다. 가까운 데서〔자기〕부터 헤아려볼 수 있는 것이 '인仁'을 실행하는 방도라고 할 것이다.[33]

---

30 "子貢問曰: 有一言而可以終身行之者乎? 子曰: 其恕乎? 其所不欲, 勿施於人."(「衛靈公」23, 錢 544쪽)
31 "所惡乎上, 毋以使下; 所惡乎下, 毋以事上; 所惡於前, 毋以先後; 所惡於後, 毋以從前; 所惡於右, 毋以交於左; 所惡於左, 毋以交於右. 此之謂絜矩之道."(『大學』, 蔣 18쪽)
32 "忠恕違道不遠, 施諸己而不願, 亦勿施於人."(『中庸』, 蔣 12쪽)
33 "夫仁者, 己欲立而立人, 己欲達而達人. 能近取譬, 可謂仁之方也已."(「雍也」28, 錢

그 밖에 공자는 『중용』에서 군자의 도道로서 다음 네 가지를 말한다.

> 군자의 도리에 네 가지가 있다. … 자식에게 요구되는 것으로 아버지를 섬기는 일, … 신하에게 요구되는 것으로 임금을 섬기는 일, 친구에게 요구되는 것을 〔다른 친구에게〕 먼저 행하는 일이다.[34]

이상 『논어』, 『중용』, 『대학』 등의 예에서 추론해 보면, '인'이란 '충'과 '서'의 형식을 통하여 구체적으로 실천하는 개인, 즉 '자기'와 자기 주위의 다른 '공인共人'[35]과의 관계 속에서야 비로소 뚜렷한 의미를 갖게 된다. '인'이란 근본적으로 자기 스스로부터 추론된 '당위적 행위'를 '타인'과의 관계 속에서, 소극적으로 말하자면, 타인의 입지立志나 관심關心을 해치지 않는 것〔恕〕이요, 적극적으로 말하자면, 타인의 입지나 관심을 자기의 그것 위에 두거나, 적극적으로 실현시켜 주는 것〔忠〕을 말한다.

공자가 당대의 집권 귀족층이나 그를 찾는 학생들에게 '인'을 행하라고 요구했다면, 그것은 다름 아닌 그들 주위의 공인共人들에게 '충'과 '서'를 보임으로써, 각기 서로 상대방의 의사나 이익을 존중하라는 뜻으로 풀이된다.

216쪽)

34 "君子之道四 ; … : 所求乎子以事父… ; 所求乎臣以事君… ; 所求乎弟以事兄… ; 所求乎朋友, 先施之…."(『中庸』, 蔣 13쪽)

35 '共人'이란 독일어의 'Mitmenschen'(생활공간을 함께 하는 이웃 사람들)의 번역임.

3. 당대 사회경제적 변화 속의 '인仁' 사상

지금까지 개념적으로 정리해 본 공자 '인仁'사상의 구체적 내용과 한계를 밝히기 위하여, 당시의 사회상황에서 '인人'으로 표시된 인간 계층 내부의 기본적 입장 차이와 그에 따른 세계관의 대립 속에서 '인仁'사상의 의의와 한계를 찾아볼 필요가 있다.[36]

1) '인人'계층의 분열과 '화和'의 세계관

서주西周시대 이래 전통적 지배 귀족계층은 '군자'라고 지칭되었고 일반 피지배 계층은 '소인' 또는 '민'으로 표시되었다. 그로부터 5, 6백 년 뒤의 춘추시대(770-476 BC)로 접어들면서, 철제 농기구 및 우경牛耕 등에 의한 농업생산기술의 현격한 발전과 그로 인한 '인간관계'의 엄청난 전환을 통하여, 종래의 농노적 신분에서 벗어난 계층은 일반 '민民'과 구별하여 '소인'으로 지칭되었다.[37]

10월에 진晉의 음이생陰飴甥이 (진秦의 땅인) 왕성에서 동맹을 맺기 위하여 진백秦伯(즉 목공穆公)을 만났다. 진목공秦穆公은 진晉나라 안이 화목한지를 물었다. (음이생)이 대답하였다. "화목하지 못합니다. '소인

---

36 이제까지 정통적 유교에 충실한 입장을 지니는 학자들은 '仁'의 실천 주체가 되는 '人'을 많든 적든 구체적인 '역사 · 사회'현실에서 추출하여, '人'을 추상적 보편적 의미의 '人間一般'(die Menschen überhaupt)으로서 이해했다. 따라서 '仁'을 인간의 '보편적 사랑', 또는 우주의 근본 이치[理]로까지 보는 형이상학적 해석을 했다고 생각한다. 공자의 '仁'사상을 이와 같이 초역사적으로, 따라서 존재론적으로 해석하는 한, 공자의 사상은 공허한 만세불변의 '진리'로서 군림할 뿐이다.

37 『論語』 속에 나오는 '人'자와 '民'자를 분석하여, '人'과 '民'의 사회 계층적 구별을 명확히 한 논문으로 ① 趙紀彬, 「釋人民」, 『論語新探』, 제 2판 (1962)과 趙氏의 일부 경직된 해석을 비판적으로 보완한 것으로 ② 沈茂駿, 「先秦'人'字的槪念略探」, 『中國哲學史論集』(二), 中華書局, 1965 등을 참조.

小人'들은 임금 잃은 것을 치욕으로 보고, 그들의 친지들이 상망喪亡한 것을 애도하면서, 군비軍備를 게을리 하지 않으며, 태자太子인 어圉를 옹립하려고 합니다. (소인들은) 반드시 (진秦에) 복수하겠다고 하며, 차라리 융적戎狄 같은 만인蠻人을 섬기겠다고 합니다. (그러나) '군자'들은 임금을 사랑하면서도 그의 죄를 압니다. (그들은) 군비를 게을리 하지 않으면서, 진秦나라의 처분을 기다리고 있습니다. (군자들은) '반드시 (진秦의) 은덕에 보답하겠으며 죽더라도 다른 마음이 없다.'고 말합니다. 이렇기 때문에 (晉나라 안에서는) 화목하지 못합니다."[38]

우리가 문제로 삼고 있는 '인人'계층은 대립하는 이해관계를 가진 군자와 소인의 집단을 포괄한다. 춘추시대에는 '인'계층 내부에서 군자와 소인 사이의 새로운 이해관계가 첨예하게 대립하면서, 종래의 '상하·귀천'의 인간관계가 근본적으로 충돌하는 사회적 위기가 조성되었다.

세상이 잘 다스려졌을 때(즉 서주시대 — 필자) 군자들은 능력을 숭상하여, 자기 아랫사람에게도 양보를 했고, 소인들은 농사를 지어 자기 윗사람을 섬겼다. 이로써 상하에 '예禮'가 있었고, 심성이 고약한 자는 멀리 쫓겨났다. … 사회가 어지럽게 되었을 때(즉 춘추시대 — 필자)에는 군자는 자기의 '공功'으로 소인을 압박하고, 소인들은 자기의 기술을 뽐내어 군자들을 우습게 여겼다. 이로써 상하의 예禮가 없어지니, (사회적인) 혼란과 학대가 동시에 나타나게 되었다.[39]

---

38 "十月晉陰飴甥會秦伯, 盟于王城. 秦伯曰: 晉國和乎? 對曰: 不和, 小人恥失其君而悼喪 其親, 不憚征繕以立圉也; 曰: 必報讐, 寧事戎狄. 君子愛其君而知其罪, 不憚征繕以待秦命; 曰: 必報德, 有死無二. 以此不和."(『春秋左傳』, 僖公 15년, 李 298쪽)

39 "世之治也, 君子尙能而讓其下, 小人農力以事其上, 是以上下有禮. 而讒慝黜遠, … ; 及其亂也, 君子稱其功以加小人, 小人伐其技以馮君子, 是以上下無禮, 亂虐並生."(『春

공자 생존의 춘추시대에 '인人'계층 내부의 군자와 소인들, 즉 상하의 이해관계가 충돌하면서 사회적인 혼란과 학대가 야기되고, 종래의 사회규범인 '예'가 점차 파괴되었다. 이런 전통사회의 붕괴 속에서 세력을 잡고 있는 대소大小 봉건귀족들은 사적 이익, 즉 '이利'의 추구를 통하여 사유재산을 집적 또는 농단壟斷〔獨占〕하며 자기의 정치세력을 강화하였다. 그들은 자기들 봉토 내의 초지草地를 개간〔辟〕하여 경작지를 늘리고, 그것을 경작할 노동력, 즉 '민民'의 확보에 힘썼을 뿐만 아니라, 무력武力으로 주위의 약소 봉건귀족 세력을 병합해 나갔다. 자기 권력의 강화 또는 '중앙집권화'를 위한 새로운 근거지로서 경제적, 군사적 목적을 띤 많은 소도시, 즉 성城과 보堡를 자기 영내領內의 요로에 건설하였다. 그리고 이들 대소 봉건귀족은 개인의 경제적, 군사적, 행정적 목적을 효과적으로 달성하기 위하여, 비非귀족적인 새로운 지식인 또는 전문가, 즉 사士를 관료로 기용하였다.[40]

기원전 7세기에서 6세기 동안 사회체제의 급진적인 변화 속에서 진晉 · 제齊 · 노魯와 같은 제후국의 권력은 강력한 귀족 대부大夫의 손에 넘어갔고, '대부'들의 세력 또한 가신家臣들 손으로 넘어갔다.[41] 공자는 당시의 사회적 위기를 다음과 같이 말하고 있다.

천하가 무도無道하니 예禮 · 악樂 · 정征 · 벌伐이 제후의 손에서 나온다. 제후의 손에서 나오면 대개 10세를 지나서 망하지 않는 일이 드물

秋 左傳』, 襄公 15년, 李 838쪽)

40 송영배, 앞의 책, 제1부, 제1장 「공자전후시대의 사회문제」, 31-52쪽; Cho-yun Hsu, *Ancient China in Transition*, Standford, 1965; 增淵龍夫, 『中國古代社會と國家』, 東京, 1960; 李亞農, 『李亞農史論集』, 上海, 1978; 楊寬, 『戰國史』, 上海, 1980 등 참조.

41 춘추시대의 정치세력의 변화에 관해서는 梅思平, 「春秋時代的政治和孔子的政治思想」, 『古史辨』, 제2권, 161-94쪽.

며, 대부에서 나오면 5세를 지나 망하지 않는 일이 드물고, 가신이 제후 '국'의 명령을 장악하면 3세가 지나서 망하지 않는 일이 드물도다![42]

한대漢代 이래로 "시군삼십륙弑君三十六, 망국칠십이亡國七十二"로[43] 표현되는 춘추시대 242년간에 주周의 종법宗法사회는 결정적으로 붕괴된 것이다.

이런 근본적인 사회 변화의 와중에서 '인人'계층 내부에서는 전통적 보수적 입장을 취하는 군자 집단과 그것을 부정하며 새롭게 등장하는 '소인小人' 집단이 대립적 이해관계에서 각기 상이한 근본입장, 즉 '화和'와 '동同'의 세계관을 표명하게 되었다.

공자가 말했다. "군자는 '화和'의 입장이지 '동同'의 입장이 아니며, 소인은 '동'의 입장이지 '화'의 입장이 아니다."[44]

이 중요한 두 가지 대립적 입장, 즉 '화'와 '동'을 제齊나라 안영晏嬰 (?-500 BC)은 다음과 같이 설명한다.

제 경공齊景公이 말했다. "'화和'와 '동同'이 다른가?" 이에 (안자晏子가) 대답했다. "다릅니다. 화는 고깃국〔羹〕을 끓이는 것과 같습니다. 물·불·식초·육장肉醬·소금·매실梅實을 갖추고, 물고기와 육류를 끓이자면, 장작으로 불을 때야 하고, 요리사가 국물에 양념을 쳐서 모든

---

42 "孔子曰: 天下有道, 則禮樂征伐自天子出. 天下無道, 則禮樂征伐自諸侯出. 自諸侯出, 蓋十世希不失矣. 自大夫出, 五世希不失矣. 陪臣執國命, 三世希不失矣."(「季氏」 2, 錢 568-9쪽)

43 춘추시대의 정치적 혼란을 나타낸 일반적인 말로서, 漢初의 저작들: 예『淮南子』, 「主術訓」편;『史記』, 「太史公自序」;『春秋繁露』, 「滅國」上편 등에 쓰여 있음.

44 "子曰: 君子和而不同. 小人同而不和."(「子路」23, 錢 459쪽)

맛을 고르게 해야지요. 맛이 덜 나면 좀 가미하고, 넘치면 좀 빼내야 군자들이 그것을 마시고 마음이 평안하게 됩니다. 군신君臣의 관계도 이와 같습니다. '군君'이 옳다고 해도 그릇된 것이 있으면 '신臣'은 그 '그릇된 것'을 들추어서 그 '옳은 것'을 완전하게 해야 합니다. 군이 '그르다'고 해도 거기에 옳은 것이 있으면, 신은 그 옳은 것을 받들고, 그 그른 것을 없애야 합니다. 그럼으로써 정치가 화평해지면 서로의 간섭과 (마찰이) 없어지고, 백성〔民〕들의 반항심〔爭心〕이 없어집니다. … 선왕이 '오미五味'를 조리하고, '오성五聲'을 화합한 것은 마음을 평안하게 하여, 정치의 도道를 완성함입니다. 음악〔樂〕 또한 '맛'과 같으니, 일종의 '기氣'이며, 2체二體(즉 文·武 — 필자)가 있고, (詩에는) 3류(三類, 風·雅·頌 — 필자)가 있으며, (악기는) 천지사방지물四方之物로써 만든 것이요, 오성五聲, 육률六律, 칠음七音, 팔풍八風, 구가九歌가 서로 어울려서 이루어지는 것입니다. 청탁, 대소, 장단, 질서疾徐, 애락, 강유, 지속遲速, 고하, 출입, 주소周疏와 같은 대립성이 상보하여 화합하는 것입니다. 군자가 그 음악을 들으면, 마음이 화평해지고, 마음이 화평해지니 도덕이 자연히 화순和順하게 되는 것입니다. … 만약 물에 물로만 조리하면 누가 그걸 먹겠습니까? 금琴〔5현弦〕과 슬瑟〔12弦〕의 모든 음을 하나의 음으로 한다면 누가 그것을 듣겠습니까? '동同'의 불가不可함이 바로 이와 같습니다!"[45]

---

45 "公曰: 和與同異乎? (晏子)對曰: 異. 和如羹焉, 水火醯醢鹽梅以烹魚肉, 燀之以薪. 宰夫和之, 齊之以味, 濟其不及, 以洩其過. 君子食之, 以平其心. 君臣亦然. 君所謂可, 而有否焉, 臣獻其否, 以成其可. 君所謂否, 而有可焉, 臣獻其可, 以去其否. 是以政平而不干, 民無爭心. … 先王之濟五味, 和五聲也, 以平其心, 成其政也. 聲亦如味, 一氣, 二體, 三流, 四物, 五聲, 六律, 七音, 八風, 九歌, 以相成也. 淸濁, 大小, 短長, 疾徐, 哀樂, 剛柔, 遲速, 高下, 出入, 周疏以相濟也. 君子聽之以平其心, 心平德和. … 若以水濟水, 誰能食之? 若琴瑟之專壹, 誰能聽之? 同之不可也如是."(『左傳』, 昭公 20년, 李 1221-22쪽)

여기에서 우리는 '화和'란 대립성의 '조화·화합'의 뜻이고, '동同'은 '균등·평등'의 뜻임을 알 수 있다. 소인들이 군자들과 평등을 요구하면서 '동'의 입장을 폈다면, 군자들은 그들의 무너져 가는 전통적 체제를 유신하기 위하여 자기 내부 상·하 간의 '화和', 즉 화합과 조화의 세계관을 펴고 있다. 안영晏嬰은 당시 서로 대립하는 이해관계로 항구적 전쟁과 파멸의 상태에 있는 크고 작은 세력들 간에 마치 "다섯 가지 맛이 조리된 고깃국"이나 "다섯 음이 화합된 음악"과 같은 완전한 조화가 필요하다고 본 것이다.

이들 군자계층을 대변하는 지식인들은 당시 혼란한 위기적 상황에서 상·하의 조화 또는 화합의 필요성을 강조한다. 지배세력 내에서 상하가 화합할 때, 피지배층인 '백성' 또한 그들을 따라 마음이 화순하게 되어 '쟁심'이 없어진다고 보고 있는 것이다. 따라서 이들은 현존하는 대소, 장단, 고하, 출입 등의 대립적인 사태를 그것들의 화합 또는 조화라는 관점에서 보려고 하였다. 다시 말해, 그들은 정치적 사회적 현실에서 소인들이 요구하는 평등의 세계관을 거부하고,[46] 요컨대 '화'의 세계관에서 인人계층 내부 상하의 질서, 즉 군자에 의한 통치와 소인들에 의한 생산 활동이라는 종래의 사회적 분업 또는 신분적 차별에서 오는 대립적 이해관계를 오히려 조화·화합의 관계로 지양시켜 보려고 한 것이다.

여기서 우리는 비로소 공자가 '인仁'의 실천을 '충忠'과 '서恕', 즉 '인人'계층 상호 간의 양보 또는 적극적 지원의 실행으로 설명한 이유를 알 수 있게 된다. 통치의 소임을 맡을 군자란 공자에 의하면 우선 인간관계의 화합을 실현시켜야 하고, 그러자면 반드시 "공인共人(Mitmenschen)을 사랑해야 한다."〔愛人〕[47] 따라서 공자는 상하의 차등

---

46 여기에서 우리는 儒家의 '上下' 差等觀을 부정하는 墨子의 사상이 바로 '同'의 세계관에서 출발하여 '兼愛'를 역설하고 있음을 주목할 필요가 있다.

을 무시하고 평등을 요구하는 소인들에게는 처음부터 '인仁'이 결여되어 있다고 보고 있다. 물론 군자 중에도 '불인자不仁者', 즉 화합을 깨뜨리는 사람이 있겠으나, 소인이라면 처음부터 '동'을 주장하기 때문에 결코 인자仁者가 있을 수 없다는 것이다.[48]

한마디로 말해, 공자가 말하는 '인仁'의 실천이란 결국 인人계층 내의 상하 인간관계에서 오는 대립적 이해와 충돌을 막고, 이를 조화시키려는 도덕적 정신적 양보와 연대連帶이다.

2) '인仁'과 '예禮'

'인'계층 상하의 대립적 이해관계를 화합시켜 보려는 노력으로서, 서로 양보나 지원을 하는 도덕적 정신적 자세로서 '인仁'을 이해할 때, 바로 이 주관적, 정신적 자세로서의 '인仁'이 당대의 역사현실에서 객관적으로 갖는 공용功用이나 의미가 무엇이었는가를 좀 더 명확히 규명해 볼 필요가 있다. 여기에서 문제되는 것이 '인'과 '예'[49]의 관계이다.

그 당시 '예'의 의미는 단순히 천자나 제후의 궁정에서 대소 귀족

---

47 앞의 주 35 참조.

48 "子曰: 君子而不仁者有矣夫! 未有小人而仁者也."(「憲問」, 7, 錢 470쪽)

49 孔子에서 나타나는 '객관적' 사회 규범적 의미의 '禮'는 맹자에 이르러서 크게 변질된다. 맹자는 행위의 주관적 동기를 중시하여, 인간됨에 "仁·義·禮·智"의 도덕적 (주관적) 원칙을 강조하고 있다. 맹자가 "辭讓之心, 禮之端也"(『孟子』, 「公孫丑」, 蔣 80쪽)를 말할 때 '禮'는 인간의 주관적 행위 또는 道德의 동기를 말하는 것이지, 사회적 객관적 규범이 아니다. 그러나 사회의 '객관적' 인간관계의 분석에서 사회문제의 해결을 추구하려는 荀子(298-238 BC)는 객관적 사회규범으로서 예의 의미를 부각한다.
"人之所以爲人者, 何已也? 曰: 以其有辨也. 飢而欲食, 寒而欲煖, 勞而欲息, 好利而惡害, 是人之所生而有也, 是無待而然者也, 是禹桀之所同也. … 故人之所以爲人者, 非特以其二足而無毛也, 以其有辨也. 夫禽獸有父子而無父子之親, 有牝牡而無男女之別, 故人道莫不有辨. 辨莫大於分, 分莫大於禮."(『荀子』, 「非相」, 39쪽)
필자는 공자와 순자에 나타나는 객관적 사회규범으로서 '禮'를 문제 삼고 있다.

또는 군신 간의 형식적 '의례儀禮'만을 의미하는 것은 아니었다. 이것을 실증하는 것이 다음 『춘추좌전春秋左傳』의 예이다.

> 노魯나라 소공昭公이 진晉에 갔다. 교외상견郊外相見에서 예물증정禮物贈呈에 이르기까지 '예'에 어긋남이 없었다. 진晉나라 평공平公이 (진晉의 사마후司馬侯) 여숙제女叔齊에게 말했다. "노나라 소공은 예를 참 잘 알지 않는가?" (여숙제가) 답했다. "노나라 소공이 어찌 예를 압니까?" 진나라 평공이 말했다. "교외의 상견에서 예물증정까지 예에 어긋남이 없는 사람이 어찌하여 예를 모르는가?" (여숙제가) 대답했다. "그것은 '의儀'이지, '예'라고 할 수 없습니다. '예'는 나라를 지키며, 정치명령을 실행하여 백성을 잃지 않는 근거입니다. 지금 정사政事는 대부들의 손에 있으나, (노나라 소공은) 그것을 다시 취할 수 없습니다. … 노나라 제후의 영지領地가 넷으로 갈라지니, 백성[民]은 다른 데(세 귀족, 즉 孟孫, 叔孫, 季孫 — 필자)에서 생활근거를 찾고 있습니다. (그러니, 백성은) 제후의 공실公室에는 생각이 없고, 그 장래도 걱정하지 않습니다. (소공은) 노나라의 군주로서 그에게 어려움[難]이 곧 닥칠 것임에도 '예'의 본말이 어디에 있는지 헤아려보지도 않습니다. (그가) 바야흐로 이곳에 와서는 고루하게 '의儀'[즉 형식적 예절]에만 익숙한 것을 가지고 '예'를 잘 안다고 하면, 상당히 거리가 먼 얘기가 아니겠습니까?"[50]

진나라 대부 여숙제는 '예'는 그 본질이 "나라를 지키고" "정사政事를 지키며" "실민失民을 막는, 즉 양민養民"하는 기본바탕[所以]이라

---

50 "(魯昭)公如晉, 自郊勞至贈賄, 無失禮. 晉侯謂女叔齊曰: 魯侯不亦善於禮乎? 對曰: 魯侯焉知禮? 公曰: 何爲自郊勞至于贈賄, 禮無違者, 何故不知? 對曰: 是儀也, 不可謂禮. 禮所以守其國, 行其政令, 無失民者也. 今政令在家, 不能取也. … (魯)公室四分, 民食於他, 思莫在公, 不圖其終. 爲國君, 難將至身, 不恤其所. 禮之本末. 將於此乎在, 而屑屑焉習儀以亟. 言善於禮, 不亦遠乎?"(『左傳』, 昭公 5년, 李 1090쪽)

고 말하고 있다. 또 다른 곳에는 "예란 국가를 다스리고 사직社稷을 안정시키며, '민民'과 '인人'의 (귀천의) 순서를 정하여 후사後嗣를 이롭게 하는 것이다."[51]라는 구절이 있고, 그 밖의 『좌전』과 『국어國語』에 '예'란 "국가의 근간"이고,[52] "국가의 기강"이며,[53] 또한 "천자 통치의 대법大法"이고,[54] "정치의 수단"[55]이라는 표현 등이 있다.

당시 '예'는 근본적 '통치 질서' 또는 '통치수단'과 같은 의미와 공용功用을 가졌기 때문에, 공자는 『논어』의 도처에서 대소 귀족과 세력가들에 의한 '예'의 파괴를 크게 개탄하고 있다.[56] 이런 의미에서 공자는 '예'가 단순한 형식적 또는 외형적인 것이 아니라는 것을 자기 학생들을 향하여 말한다.

공자가 말했다. "'예'가 이러하다. '예'가 이러하다 하는 것이 옥백玉帛과 같은 (화려한 장식이나 옷을) 말하는 줄 아느냐! '악樂'이 이러하다. '악'이 이러하다 하는 것이, 종이나 북 같은 것을 말하는 줄 아느냐!"[57]

공자에게 예란 인류 역사사회가 태초로부터 발전되어 내려온 근본적인 사회질서 또는 통치원리를 뜻한다. 따라서 그는 고대의 문물제도, 즉 하夏・은殷・주周 3대의 상이한 '예'를 공부했으며, 그중 원칙적으로 주례周禮가 가장 이상적이라는 확신을 갖게 되었다.

---

51 "禮, 經國家, 定社稷, 序民人, 利後嗣者也."(『左傳』 隱公 11년, 李 51쪽)
52 "禮, 國之幹也."(『左傳』, 襄公 30년, 李 1014쪽)
53 "禮, 國之紀也."(『國語』下, 晉語四, 古籍 345쪽)
54 "禮, 王之大經也."(『左傳』, 昭公 15년, 李 1181쪽)
55 "禮, 政之輿也."(『左傳』, 襄公 21년, 李 900쪽)
56 『論語』, 「八佾」 1, 2, 6 및 22(錢 65, 67, 73 및 99쪽); 「公冶長」 17(錢 162쪽) 등을 참조.
57 "子曰: 禮云禮云, 玉帛云乎哉! 樂云樂云, 鍾鼓云乎哉!"(「陽貨」 11, 錢 602쪽)

공자가 말했다. "하례夏禮는 내가 말할 수 있다. 기杞의 예禮는 무엇이라 말할 수 없다. 은례殷禮는 내가 말할 수 있다. 송宋의 예禮는 무엇이라 말할 수 없다. 문헌이 부족하기 때문이다."[58]

공자가 말했다. "주周대를 2대〔夏와 殷〕와 비견해보니, 아름답도다! 그 문화! 나는 주대를 따르겠다."[59]

공자는 자신이 하늘로부터 받은 과업이 분명히 있으며, 그것은 바로 주대의 문물제도, 즉 주례를 이해하고 전파하는 일이라고 확신했다. 따라서 그는 '생사존망生死存亡'의 위기에 직면해서도 아주 의연한 태도를 보일 수가 있었다.

공자가 말했다. "하늘이 나에게 덕德을 주셨는데, 환퇴桓魋가 감히 나를 어떻게 하겠는가!"[60]

(공자가) 광匡땅에서 포위당해 몰렸을 때, 말했다. "주나라 문왕이 죽었어도, (주周의) '문文'(즉 禮樂制度)은 여기에 있지 않은가! 하늘이 이 문화를 없애려 하셨다면, 후사자後死者(즉 공자)는 이 문화를 알 수 없었을 것이다. 하늘이 이 문화를 없애지 않으려 하시니 광땅 사람〔匡人〕들이 감히 나를 어떻게 하겠는가?"[61]

---

58 "子曰: 夏禮吾能言之, 杞不足徵也. 殷禮吾能言之, 宋不足徵也. 文獻不足故也."(「八佾」 9, 錢 78쪽)

59 "子曰: 周監於二代, 郁郁乎文哉! 吾從周."(「八佾」 14, 錢 87쪽)

60 "子曰: 天生德於予, 桓魋其如予何?"(「述而」 22, 錢 243쪽)

61 "子畏於匡, 曰: 文王旣沒, 文不在玆乎! 天之將喪斯文也, 後死者不得與於斯文也. 天之未喪斯文也, 匡人其如予何?"(「子罕」 5, 錢 296쪽)

이와 같은 신념에 따라서 공자가 기도한 것은 근본적으로 붕괴되어 가는 주례, 즉 주나라의 예악 문물제도를 다시 '유신'하여 중원에 동주東周를 세우려는 것이었다.

혹 어떤 사람(세력가)이 나를 기용한다면 나는 동주東周를 세우겠노라![62]

주례를 이상적으로 보는 공자의 확신은 너무나 큰 것이어서, 그는 만년晩年 주공周公이 오랫동안 자기 꿈에 나타나지 않는 것조차 개탄하고 있다.[63] 공자는 주례를 가장 이상적 사회질서로 보았기 때문에, 그 주례에서 가감변통加減變通하여 유추한다면, 심지어는 백세百世(약 3000년) 뒤 미래 사회까지도 그 예의 내용을 미리 내다볼 수 있다고까지 호언한다.

자장子張이 물었다. "10세 뒤의 일을 미리 알 수 있습니까?" 공자가 말했다. "은대殷代는 하례夏禮에서 비롯되었으니, 그 가감된 내용을 알 수 있다. 주대는 은례殷禮에서 비롯되었으니, 그 가감된 내용을 알 수 있다. 그 어느 조대朝代가 주대周代를 이었으면, 비록 백세 뒤라도 (먼 장래라도) (나는 그 가감加減된 예禮의 내용을—필자) 알 수 있다."[64]

이와 같은 확신과 신념에 따라서 공자는 주나라 '예'에 복귀를 종용하였다.

---

62 "子曰: ……如有用我者, 吾其爲東周乎!"(「陽貨」 5, 錢 593쪽)
63 "子曰: 甚矣吾衰也! 久矣吾不復夢見周公!"(「述而」 5, 錢 223쪽)
64 "子張問十世可知也? 子曰: 殷因於夏禮, 所損益可知也; 周因於殷禮, 所損益可知也; 其或繼周者, 雖百世可知也."(「爲政」 23, 錢 60쪽)

우리는 이와 같은 의미 상황 하에서 비로소 공자가 왜 '인'을 '복례復禮'로써 설명하는가 하는 이유를 터득하게 된다.

안연顔淵이 '인仁'을 물었다. 공자가 말했다. "자기를 극복하고, '예'에 복귀하는 것이 '인'이다. 하루라도 자신을 극복하여 예를 따를 수 있으면, 온 세상이 '인'으로 돌아올 것이다. 인을 행함은 자기 자신에게서 비롯되는 것이지, 어찌 '남'으로부터 비롯되겠느냐?" (안연)이 말했다. "삼가 그 내용을 묻겠습니다." (공자가) 말했다. "예가 아닌 것은 보지 말고, 예가 아닌 것은 듣지 말며, 예가 아닌 것은 말하지 말고, 예가 아닌 것은 행동하지 말라!"[65]

여기에서 공자는 '인人'계층에 속한 사람들이 '인仁'에 도달하기 위하여 우선 '기己' 즉 '자아'를 극복하고, '예'를 실행할 것을 말하고 있다. 따라서 인人계층에 속한 사람이라면 모두 "예가 아닌 것"〔非禮〕은 "보고, 듣고, 말하고, 그리고 행동"으로 옮겨서는 안 된다는 것이다. 공자는 예에 부합하는 행위만을 '인仁'이라고 본다.

공자의 '인'이란 결국 무너져 가는 주례를 유신시키기 위한 보수적인 도덕적 실천이다. 그리고 '예'를 회복해야 하는 주요한 목적은 다름 아닌 '인'계층 내부의 화합에 있다. 공자의 제자 유약有若(518-457 BC)은 예를 지키는 이유를 다음과 같이 말하고 있다.

예를 운용함에 중요한 것은 '화和'에 있다. 선왕先王의 도가 아름다움은 바로 이 점이니, 크고 작은 일이 모두 거기〔禮〕에서 비롯된다. (그러

---

65 "顔淵問仁. 子曰: 克己復禮爲仁. 一日克己復禮, 天下歸仁焉. 爲仁由己, 而由人乎哉? 顔淵曰: 請問其目. 子曰: 非禮勿視, 非禮勿聽, 非禮勿言, 非禮勿動."(「顔淵」1, 錢 397쪽)

나) 해서는 안 되는 것이 있다. 오로지 '화'만을 알고서 화합만을 이루려고 예로써 절제하지 않으면 그것 또한 안 되는 일이다.[66]

유약有若은 여기서 '인人'계층 내부 상하관계의 '화和', 즉 '조화·화합'의 유지가 선왕의 '예'를 좇는 주요한 의의이지만, 단순한 화합의 조성만이 모든 행위의 목적은 아니고, 그것은 또한 '예'의 규제를 받아야 한다는 것이다.

요컨대, 공자의 '인仁'사상은 '충忠'과 '서恕'의 실천적 행위, 즉 '타인의 의사나 이익'을 해치지 않거나[恕], 또한 '자기의 의사나 이익'보다도 타인의 그것을 더 앞세우는[忠], 도덕적, 윤리적 실천이다. 이를 통하여, '인人' 계층 상하의 이해의 충돌을 막고, 그것을 오히려 화합적, 조화적 관계로 전환시키는 것이니, 이는 당시 객관적 사회현실에서 볼 때, 궁극적으로는 무너져가는 주례周禮의 회복을 의미한다.

3) '인仁'과 '이利'의 대립적 의의와 '대동大同'의 이상

양영국楊榮國(Yang Rongguo)을 비롯한 마르크스주의적 학자들은 공자의 '인'사상이 결국 복례復禮를 의미한다는 사실에만 강조를 두어, 공자를 무너져가는 '노예제 사회'를 옹호하는 반동적 사상가로 규정짓는다. 이에 반해 필자는 처음부터 마르크스가 문명사회의 기준으로 보았던 유럽 고대의 노예제 사회를 중국 고대사회의 발전단계에서는 인정할 수 없기에,[67] 공자의 '인'사상에 대한 평가를 마르크스주의적 학

---

66 "有子曰: 禮之用, 和爲貴. 先王之道斯爲美, 小大由之. 有所不行, 知和而和, 不以禮節之, 亦不可行也."(「學而」 12, 錢 20쪽)

67 1950년대에 인류 역사발전을 5단계의 도식으로 구분하는 '유물사관'에 입각한 중국사발전단계의 구분은 중국학계에 커다란 문젯거리였다.(『中國的奴隷制與封建制分期問題論文選集』, 歷史研究 編輯部編, 新華書店, 1956 참조) 필자는 '유물사관' 자체가 인류발전의 보편적 법칙이 아니고, 그것은 몽테스키외, 헤겔, 영국의

자들처럼 오직 복례復禮에만 국한시켜 보지 않고, 그것을 넘어서는 의의를 논구하고자 한다.

공자는 '인'의 실천에서 '기'(己), 즉 자기, 또는 개체의 행위를 중시한다.

'인'을 행함은 '기己'로부터 비롯되는 것이지, 어찌 '남'(타인)으로부터 비롯되겠느냐?[68]

조기빈趙紀彬(Zhao Jibin)에 의하면, '기己'자는 은대殷代 이래 역법曆法의 용어로 쓰였으며, 주 초의 정전공유제井田公有制 지배 아래, 이

국민경제학자들, 그리고 마르크스 등이 정리한 '유럽중심주의적' 세계관의 한 표현에 불과하다고 논증한 바 있다. 송영배, 앞의 책, 제2부, 특히 제3장 「'아시아적 생산양식론'의 부정과 마르크스의 유럽중심주의 비판」, 269-284쪽 참조. 중국학자들이 중국고대사회에 '殉葬'제도의 유습遺習에 의거하여 '노예제 사회'의 존재를 논증하는 주요한 근거로 삼고 있는 것은 본래 마르크스의 의도를 전혀 이해하지 못하고 있음을 나타내는 것으로 생각한다. 마르크스가 '문명사회'의 출발로 본 유럽 고대의 그리스와 로마에서는 기본적으로 '토지'와 '노예'를 사유재산으로 하는 '노예주 계급'의 지배 아래 사회의 확대재생산이 이루어지고 있었고, 이들 노예주계급은 상당히 발달된 사유재산과 '시장경제'의 물질적 바탕 위에서 자신들의 상당히 성숙한 '인문주의' 사상을 꽃피울 수가 있었다. 그러나 중국의 순장제도에 나타나는 의식이란 매우 몽매하다. 『戰國策』秦策二의 한 문장을 보자. "秦宣太后愛魏醜夫. 太后病, 將死, 出令曰: '爲我將必以魏子爲殉!' 魏子患之. 庸芮爲魏子說太后曰: '以死者爲有知乎?' 太后曰: '無知也.' 曰: '若太后之神靈, 明知死者之無知矣, 何爲空以生所愛葬於無知之死人哉? 若死者有知, 先王積怒之日久矣, 太后救過不瞻, 何暇乃私魏醜夫乎?' 太后曰: '善!' 乃止." 이와 같이 순장을 요구하는 사람들의 미신적 의식이 계몽되는 것은 戰國期의 일이다.(李亞農, 앞의 책, 40쪽 참조) 그러므로 春秋戰國期 이전의 중국고대사회에서는 유럽 고대 그리스·로마 사회와 비교할 만한, 사유재산에 기초하는 시장경제의 발달뿐만 아니라, 그와 연관하여 발달한 '인문주의'사상의 흔적을 찾아내기 어렵다. 鄭의 子産, 齊의 晏嬰으로부터 공자에 이르러서야 비로소 '鬼神'의 인간지배라는 미신적 의식에서 점차 해방되어 가는 인간의 自意識, 또는 '인본주의'사상이 나타난다.

68 "爲仁由己, 而由人乎哉?"(「顔淵」1, 錢 397쪽)

'기'자는 선왕 선공先王先公을 가리키는 것으로서, '족族의 부류로써 사물을 구분함'[이족류변물以族類辨物]의 뜻을 가지고 있었다. 그러나 춘추 과도기에 개인의 사유제가 새로운 경제적 범주가 됨으로써, '기'자는 비로소 개체를 지칭하는 용어로 되었다.[69] 즉 춘추시대에 들어와서야 '기'자는 자기 또는 개체의 의미를 갖게 된 것이다. 요컨대, '기'자는 사유재산의 성립에 따라서 ― 족族으로부터 분리된 ― 개인의 계발·발전을 의미하는 것이 되었다. 따라서 공자가 말하는 '인'의 실천은 경제상 사유제의 확연한 성립을 전제로 한다.

사유재산의 성립·발달과 더불어 '인'계층 내부에는 서로 상대방을 희생하여 자기의 '부富'를 축적하려는 이해의 충돌과 대립이 점점 더 첨예화되었다. 여기에 주례를 따르는 종래의 인간관계, 즉 제후국[公室]과 대부의 봉토[家, 私室], 군신君臣, 부부, 붕우, 심지어 부모, 자녀, 남녀 및 군자와 소인 사이에 이해의 충돌, 즉 '원怨'[不和]이 만연하기에 이르렀다.[70] '원'이 생겨나는, 다시 말해 조화적 인간관계가 파괴되고, 불화가 일어나는 원인을 공자는 다름 아닌 만인들의 '이利', 즉 사적인 물질적 이익의 추구로 본다.

공자가 말했다. "'이利'를 좇아 행동하면, '원怨'이 많게 된다."[71]

맹자(372-289 BC)는 이利의 추구에서 오는 국가·사회의 위기를 좀더 명확하게 말하고 있다.

---

69 趙紀彬, 『論語新探』(제2판), 170쪽.
70 『論語』를 철저히 분석하여, 모든 인간관계 사이의 '怨' 즉 불화의 만연에 관한 예증을 제시한 연구는 趙紀彬, 앞의 책(제3판, 1976), 98-99쪽.
71 "子曰: 放於利而行, 多怨."(「里仁」 12, 錢 124쪽)

왕이 자기 '국國'[公室]의 '이利'를 꾀하고, 대부가 자기 '가家'[私室]의 '이'를 꾀하고, 사士와 백성까지 자기 자신의 '이'를 꾀한다면, 상하가 모두 '이'를 취하려고 할 것이니, 나라 전체가 위태롭게 될 것이다. 만승萬乘의 대국에서 그 군주를 시해하는 자는 반드시 천승의 봉토封土를 가진 대귀족이고, 천승의 소국에서 그 군주君主를 시해하는 자는 반드시 백승 봉토를 가진 귀족이다. 만(승乘) 중에서 천(승)을 가지고 있고, 천(승) 중에서 백(승)을 가지고 있으면, 적게 가졌다고는 볼 수 없을 것이다! (그러나) '의義'를 뒤로 하고 '이利'를 앞세운다면, 빼앗지 않고는 만족이 없을 것이다.[72]

'화'(和)의 세계관을 표방하는 유가儒家들은 근원적으로 볼 때, 개개인들은 물론 대소 귀족[大夫]들, 특히 군주들이 '이利', 즉 물질적 이익을 독점하면서 상하 인간관계의 조화가 깨지고, 사회적 위기와 불화가 조성된다고 보고 있다.

상하 인간관계의 충돌과 불화, 즉 '원怨'을 지양하기 위하여, 제후 공실[邦 또는 國] 관료이든, 귀족들의 사실[家] 관료이든 간에 새로운 관료세력으로 등장하는 '사士'계층, 또는 자기 학생들에게 공자는 다음과 같이 '인仁'을 실천하라고 말한다.

중궁仲弓이 '인'을 물었다. 공자가 말했다. "문밖에 나가면, 큰손님처럼 (타인을) 대하고, '민'[백성]을 부릴 때에는 제사를 받드는 것처럼 (신중)해야 한다. 자기가 원하는 바가 아니면 타인에게도 행하지 말라. (그

래야) 공실[邦]에 원怨이 없어지고, 사실私室에도 '원'이 없어진다."[73]

공자는 제후의 '국國'에서나 대부大夫의 봉토인 가家에서나 원怨 ─ 즉 상하 이해의 충돌과 불화 ─ 을 없애려면, 정치를 하는 사람들이 마치 "큰손님을 맞이하는 것"처럼 서로가 서로를 정중하게 대접해야 할 것이며, 또한 백성을 통치할 때는 마치 "대제大祭를 받드는 것"처럼 신중해야 할 것을 말하고 있다. 요컨대 "자기의 '이利' 때문에 남의 이를 해쳐서는 안 된다."[己所不欲, 勿施於人]고 하는 '서恕'의 원칙을 지킬 때, 제후의 공실이나 대부의 사실에 '원'이 없어지고, 조화로운 인간관계가 이루어지며, 바로 이것이 '인仁'이라고 공자는 제자인 중궁仲弓에게 가르친 것이다.

공자는 통치의 소임을 맡은 군자들의 임무를 상하의 화합 또는 조화적인 인간관계의 조성으로 보고 있다.

자로가 '군자'됨을 물었다. (공자가) 말했다. "경敬으로 자기를 수양해야 한다." (자로가) 말했다. "이것뿐입니까?" (공자가) 말했다. "자기를 닦아서 타인을 평안하게 하는 것이다." (자로가) 말했다. "이것뿐입니까?" (공자가) 말했다. "자기를 닦아서 백성까지 편안하게 하는 것이다. 자기를 닦아서 백성까지 평안하게 함은 요·순堯舜임금이라도 아마 힘들었을 것이다."[74]

공자에게 개개인들이 도덕적으로 자기 수양을 해야 하는 이유는 ①

---

73 "仲弓問人. 子曰: 出門如見大賓, 使民如承大祭. 己所不欲, 勿施於人. 在邦無怨, 在家無怨."(「顏淵」2, 錢 401쪽)

74 "子路問君子. 子曰: 修己以敬. 曰: 如斯而已乎? 曰: 修己以安人. 曰: 如斯而已乎? 曰: 修己以安百姓. 修己以安百姓, 堯舜其猶病諸!"(「憲問」45, 錢 516쪽)

안인安人, 즉 '인' 계층에게 평안을 주고, 더 나아가서는 ② 안백성安百姓, 즉 일반 백성에게까지 평안을 주기 위한 것이다. 일반 백성까지 평안을 준다는 것은 너무나도 힘든 일이어서 현실성이 떨어진다고 보고 있지만, 여하간 공자는 '인人'계층 상하의 '안安', 즉 화합과 조화적인 관계의 유지뿐만 아니라, 더 나아가서 일반 백성까지도 포함하는 사회의 안정을 최상의 이상적 정치목표로 보고 있다.

공자는 정치에 대한 소신을 다음과 같이 말한다.

> 자공이 정치의 (요점을) 물었다. (공자가) 말했다. "'족식足食', '족병足兵', '민신民信'이라고 하겠다." 자공이 말했다. "어찌할 수가 없어서 반드시 (하나를) 배제해야 한다면, 이 세 가지 중에 무엇이 먼저입니까?" (공자가) 말했다. "병병兵을 없애라." 자공이 말했다. "어찌할 수가 없어서 반드시 (하나를) 배제해야 한다면, 이 두 가지 중에 무엇이 먼저입니까?" (공자가) 말했다. "식食을 없애라. 자고로 (사람은) 모두 죽으나, '민신民信'이 없으면 정부政府는 존립할 수가 없다."[75]

공자가 당시 상황에서 보는 정치의 핵심은 한 국가 정부가 ① 충분한 경제력[足食], ② 충실한 군비[足兵], 그리고 ③ '민으로부터의 신임'을 기르는[養] 것이었다. 그중에서도 대외적인 군비[兵] 문제보다는 대내적인 문제가 중요하고, 대내적인 문제 즉 경제력[食]의 문제와 '아래'로부터의 '상上'의 신임 문제 중에서는 상하의 화합 문제가 가장 중요하다.

공자가 애써 주장하는 논지의 요점은 인간의 '주관적, 도덕적 의지',

---

75 "子貢問政. 子曰: 足食, 足兵, 民信之矣. 子貢曰: 必不得已而去, 於斯三者何先? 曰: 去兵. 子貢曰: 必不得已而去, 於斯三者, 何先? 曰: 去食, 自古皆有死, 民無信不立." (「顏淵」 7, 錢 408쪽)

즉 '인仁'을 통하여 사회의 안정, 특히 '인人'계층 내부의 안정과 평안을 찾는 것이었다. 이것이 바로 공자가 '천하무도天下無道'의 사회를 '천하유도天下有道'의 사회로 바꿔보려는 것이었다. 그 개혁과 유신의 추진력이 바로 인간관계에 '화和'를 도모하려는 주관적, 윤리적 의지, 즉 '인仁'의 배양이라고 볼 수 있다. 물론 공자의 주관적 의지는 결국 당시의 객관적 역사현실 속에서는 외면당할 수밖에 없었으나, 그는 그럼에도 불구하고 화和라는 입장에서 "남을 원망하지도 않고"〔不憂人〕 "하늘을 미워하지 않았다."〔不怨天〕[76]

당시 토지사유를 중심으로 하는 시장경제의 상대적인 발달로 인한 많은 사람들의 물질 추구, 특히 군주들과 대소 귀족들의 농단壟斷이 기존 예악 문물제도를 뒤엎는 객관적 사회변혁의 힘이었다면, 공자가 찾고 있었던 것은 물질적 추구를 넘어서서, 인간이 서로 안정〔相安〕을 되찾을 수 있는 정신적 윤리적 가치질서, 즉 '도道'였다. 공자는 다음과 같이 말한다.

> 부富와 귀貴는 만인이 바라는 바이다. 그러나 그것을 '도道'로써 얻지 못하면, (군자는) 그것에 처하지 않는다. 빈貧과 천賤은 만인이 싫어하는 바이다. (그러나) '도'에 맞지 않으면, 그것을 떨쳐버릴 수가 없다. '군자'가 '인'을 떠나면, 어떻게 명名을 이루겠는가?[77]

> 군자는 '도'를 마음에 두지, '식食'을 두지 않는다. … 군자는 '도'를 걱정하지, 빈곤을 걱정하지 않는다.[78]

---

76 『論語』, 「憲問」 37, 錢 504쪽.

77 "子曰: 富與貴, 是人之所欲也, 不以其道, 得之不處也. 貧與賤, 是人之所惡也, 不以其道, 得之不去也. 君子去仁, 惡乎成名?"(「里仁」 5, 錢 114쪽)

78 "子曰: 君子謀道不謀食. … 君子憂道, 不憂貧."(「衛靈公」 31, 錢 551쪽)

'사士'가 도에 뜻을 두고도 (자기의) 나쁜 옷과 음식을 부끄럽게 생각한다면 더불어 얘기할 사람이 못 된다.[79]

아침에 도를 터득하면 저녁에 죽어도 된다.[80]

여기서 알 수 있는 것은 공자가 추구하고 있는 것은 현실적 물질적 이해를 넘어서는 '정신적 원칙'〔道〕이라는 것이다. 공자는 이 원칙〔道〕의 추구가 본질적인 것이요, '부귀' 등의 현실적 개인적 '이'의 추구는 뜬구름처럼 부질없다고 본다.

공자가 말했다. "추구해도 되는 부富라면 채찍을 잡는 (천한) 일이라도 나는 하겠다. 추구해서는 안 되는 것이라면 내가 좋아하는 것을 따르겠다!"[81]

공자가 말했다. "거친 음식을 먹고, 물 마시고, 팔베개를 하고 (누우니) 즐거움이 또한 그중에 있도다! 의義롭지 않은 부귀는 나에게는 뜬구름과 같다."[82]

공자가 중시하고 있는 것은 의義, 또는 도덕道德과 같은 정신적 도덕적 가치요, 반대로 이利의 추구는 소인의 행위라고 못 박고 있다.

---

79 "子曰: 士志於道, 而恥惡衣惡食者, 未足與議也."(「里仁」 9, 錢 120쪽)
80 "子曰: 朝聞道, 夕死可矣!"(「里仁」 8, 錢 120쪽)
81 "子曰: 富而可求也, 雖執鞭之士, 吾亦爲之. 如不可求, 從吾所好."(「述而」 11, 錢 230쪽)
82 "子曰: 飯疏食, 飲水, 曲肱而枕之, 樂亦在其中矣. 不義而富且貴, 於我如浮雲."(「述而」 15, 錢 235쪽)

군자가 마음에 두는 것은 '덕德'이고, 소인이 마음에 두는 것은 '땅' [土]이다.[83]

군자는 '의義'에 밝고, 소인은 '이利'에 밝다.[84]

그 밖에도 공자는 "'이利'를 볼 때에 '의義'를 생각해야 하고" "위험을 보면 자기 생명을 바쳐야 한다."[85]라고 말한다. 요컨대 "부富를 추구하자면 '인仁'이 될 수 없고, '인'을 행하자면 '부'할 수가 없다."[86]고 하겠다.

공자는 그가 이상적 사회질서라고 보는 주례가 붕괴되는 근본적인 이유를, 첫째는 당시 지도자들에게 '인'과 '의' 같은 정신적 원칙들이 결여되었다는 사실과, 둘째로 이와 같은 도덕적 정신적 가치의 결여에서 오는 개개인 상호 간의 경쟁적인 물질적 '이利'의 추구로 보고 있다. 따라서 공자는 새로운 세력으로 등장하는 '사士'계층을 향하여 물질적 '이'나 '부'의 추구보다는 '인'이나 '도'에 힘쓸 것을 종용한 것이다.

공자가 보는 제일의적第一義的인 사회의 문제는 결국 사회를 이끌어 가는 인간, 특히 지도적 위치에 있는 군자들의 윤리적 도덕적 문제인 것이다. 그리고 이들 윤리적 노력이란 다름 아닌 '인'계층 상하, 즉 군자에 의한 통치와 '민'(또는 소인)에 의한 생산 활동이라는 종래의 사회적 분업, 또는 신분적 차별에서 오는 이해의 대립을 될수록 줄이고,

---

83 "子曰: 君子懷德, 小人懷土."(「里仁」 11, 錢 123쪽)
84 "君子喩於義, 小人喩於利."(「里仁」 16, 錢 131쪽)
85 "子路問成人. 子曰: …… 見利思義, 見危授命."(「憲問」 13, 錢 476쪽) 또는 "士見危致命, 見得思義."(「子張」 1, 錢 643쪽)
86 "爲富不仁也! 爲仁不富矣!"(『孟子』, 「滕文公」, 蔣 114쪽)

그들의 화합, 또는 조화적 관계를 조성하고 유지하려는 노력이다. 유가儒家들의 '화和'의 세계관에 입각한 '인人'계층 상하의 '사회적 분업'론은 "군주와 신하가 함께 경작하는 일"〔君臣竝耕〕과 '자급자족'을 주장하는 허행許行 일파를 반박하는 맹자의 다음 문장에 뚜렷이 나타난다.

　　(맹자가) 말했다. "허행許行선생은 쇠솥과 질그릇으로 밥해 먹고, 쇠붙이로 농사를 짓는지요?" (진상陳相이) 말했다. "그렇습니다." (맹자가) 말했다. "(그런 용구를 그 허許선생이) 스스로 만든 것입니까?" (진상이) 말했다. "아닙니다. 양식을 주고 바꾼 것입니다." (맹자가) 말했다. "양식을 주고 그런 기기機器로 바꾼 것이 도공陶工이나 야공冶工을 해롭게 한 것이 아니라면, 도공과 야공 또한 그들의 기기를 주고 양식으로 바꾸는 것이 어찌 농부를 해害하는 것이겠습니까? 그리고 또 허행선생은 왜 도공·야공의 일을 겸해서 하지 않으며, 어찌하여 그 (기기들을) 도공·야공의 집에서 갖다가 쓰는 것입니까? 왜 그렇게 분주하게 각종 공장工匠들과 서로 물건을 바꾸는 것입니까? 어찌하여 허선생은 그러한 불편을 싫다고 하지 않습니까?" (진상이) 말했다. "각종 공장들의 일이란 진실로 농사를 지으면서 동시에 겸해서 할 수 있는 것이 아닙니다." (맹자가) 물었다. "그렇다면, '천하를 다스리는 일' 하나만은 농사를 지으면서 겸해서 할 수 있다는 것입니까? '대인'의 일이 있고, '소인'의 일이 있습니다. 그런데 한 사람이 생활하자면 모든 공장들이 만든 (물건들을) 다 갖추어야 합니다. 만약 (모두가 자기 필요한 것을) 반드시 자기 스스로 만든 다음에야 사용해야만 한다면, 이것은 세상 사람들 모두를 극히 피로하게 하는 일입니다. 옛 말씀에 '혹자는 정신〔心〕으로써 일을 하고, 혹자는 육체〔力〕로써 일을 한다고 하였습니다. 노심자勞心者는 남을 다스리고, 노력자勞力者는 남에게 다스림을 받습니다. 다스림을 받는 자는 남을 먹여 살려야 하고, 남을 다스리는 자는 남에게서 얻어먹는 것은

천하의 통의通義입니다."[87]

당시의 사회경제적 여건 아래서 "군자는 정신으로써 일을 하고, 소인은 육체로써 일을 한다."〔君子勞心, 小人勞力〕는 사회적 분업 또는 신분적 차별을 맹자가 "세상에 널리 통하는 이치"〔天下之通義〕라고 했다면, 『좌전』과 『국어』에서는 '선왕지제先王之制',[88] 또는 '선왕지훈先王之訓'[89]으로 표현한다.

공자와 맹자는 모두 상하의 신분적 차별을 당연히 옳은 것으로 인정하면서 사회 분업적 화합을 도모하므로, 상하의 '상안相安', 즉 화합과 조화적 관계의 유지가 단순히 '민'〔勞動力〕을 늘리고 국력을 신장시키는 일보다 더 중요한 것이요, 사회적인 부의 공정한 분배〔均〕가 그것을 단순히 물질을 증가시키는 일보다 더 중요하다고 본다.

공자가 말했다. "… 내가 이해하기로는 '나라'를 다스리는 제후諸侯나 '가家'(즉 대부의 봉토 — 필자)를 가진 귀족은 재정이 빈핍한 것을 걱정할 것이 아니라, 분배가 고르지 못함〔不均〕을 걱정해야 하며, 민民이 과소함을 걱정하지 말고, (나라가) 상안相安하지 못함을 걱정해야 한다. 분배가 공정하면 빈핍할 수 없고, (나라 안이) 화합하면 (백성이) 과소할

---

87 "(孟子)曰: 許子以釜甑爨, 以鐵耕乎? (陳相)曰: 然. (曰:) 自爲之與? 曰: 否, 以粟易之. (曰:) 以粟易械器者, 不爲厲陶冶; 陶冶亦以其械器易粟者, 豈爲厲農夫哉? 且許子何不爲陶冶, 舍皆取諸其宮中而用之? 何爲紛紛然與百工交易? 何許子之不憚煩? 曰: 百工之事, 固不可耕且爲也. (曰:) 然則治天下, 獨可耕且爲與? 有大人之事, 有小人之事. 且一人之身, 而百工之所爲備. 如必自爲而後用之, 是率天下而路也. 故曰: 「或勞心, 或勞力.」勞心者治人, 勞力者治於人. 治於人者食人, 治人者食於人, 天下之通義也."(『孟子』,「滕文公」, 蔣 123-24쪽)

88 "君子勞心, 小人勞力, 先王之制也."(『左傳』, 襄公 9년, 李 806쪽)

89 "君子勞心, 小人勞力, 先王之訓也."(『國語』上,「魯語」下, 古籍 208쪽)

수 없으며, (나라 안이) 상안하면 망할 염려가 없다."[90]

유가들은 "군자는 정신으로써 일하고, 소인은 육체로써 일한다."는 것으로 표시되는 상하의 사회 분업적 또는 신분적 차별을 보편타당한 것으로 인정하면서, 또한 이들 상하의 대립적 관계를 서로 상보相補, 상성相成하는 화합의 관계로 유도하려고 하였기 때문에, 드디어 '대동大同' 사회의 이상을 말한다.

대도大道가 행해졌을 때(즉 신화시대 — 필자) 천하는 공공公共의 것이었다. 현자와 능자能者를 (치자治者로) 뽑았고, 서로가 서로를 믿고 화목하였기 때문에, 사람들은 오직 자기 부모만을 부모로 보지 않고, 자기 자식만을 자식으로 대하지 않았다. (그때는) 노인은 천수를 다하게 하고, 청년은 능력을 갖게 하고, 아이들은 잘 성장하게 하였다. 홀아비, 과부, 고아, 불구자 및 병든 사람 모두가 공양을 받았다. 남자는 직분이 있었고, 여자는 가정이 있었다. 사람들은 (공공의) 재물이 헛되이 땅에 떨어져버리는 것은 싫어했지만, 결코 그것을 몰래 자기 것으로 숨겨두지 않았고, 사람들은 (공공의) 일에 자기가 힘쓰지 않는 것을 싫어했지만, 결코 자기 자신만을 위하여 일하지는 않았다. 이렇기 때문에 음모하는 일이 없어지고, 물건을 훔치고 해치는 일이 일어나지 않았다. 그래서 집에 문이 있어도 잠그지 않았다. 이것이 이른바 대동大同의 (사회)였다.[91]

---

90 "孔子曰: … 丘也聞有國有家者, 不患寡而患不均, 不患貧而患不安. 蓋均無貧, 和無寡, 安無傾."(「季氏」1) 그러나 이 글의 해석은 錢穆의 註解를 따름. 錢穆, 앞의 책, 564쪽 참조.

91 "大道之行也, 天下爲公. 選賢與能, 講信修睦. 故人不獨親其親, 不獨子其子. 使老有所終, 壯有所用, 幼有所長. 矜寡孤獨廢疾者, 皆有所養. 男有分, 女有歸. 貨惡其棄於地也, 不必藏於己; 力惡其不出於身也, 不必爲己. 是故, 謀閉而不興, 盜竊亂賊而不

공공 소유제 아래서 공공을 위하여, 각자가 합심하여 노동을 하고, 서로 이기적 욕심이 없이 '상안'한다는 대동사회는 문명 초기의 씨족 공동체에서만 가능하였을 것이다. 이 원시공동체에서는 사회생산력이 아주 낮았기 때문에, 잉여생산물의 축적이 거의 불가능했을 것이고, 따라서 공동생산물은 아마도 거의 공정하게 분배되고 소비되었을 것이다. 따라서 이와 같은 인류 사회발전의 유치한 원시공동체 사회에서는 상하의 이해 충돌과 모순이 거의 없었을 것이고, '자연조건, 성별, 연령' 등에 의한 자연발생적 분업이 지배했을 것이다. 그 공동체 구성원은 아마도 서로 큰 모순 없이 상안했으리라고 생각한다. 따라서 상하의 화합을 이상적으로 보는 유가들은 태고의 원시공동체 사회에 해당하는 '삼황오제'의 신화적 시대를 태평사회로 미화하여 대동사회의 이상을 펴고 있는 것이다. 그러나 문제는 유가들이 대동사회의 실현에 필요한 객관적인, 즉 사회 경제적인 전제조건을 고려하지 않고, 주로 상하 인간관계의 조화와 화합을 조성하는 '인仁', 즉 인간의 '주관적 윤리성'만을 강조했다는 점이다.

作, 故外戶而不閉, 是謂大同."(『禮記』, 「禮運」, 王 290쪽)
이 『禮記』, 「禮運篇」이 유가의 저술이 아니라 墨家의 작품이라고 하는 사람이 있다. (金德建, 『先秦諸子雜考』, 29 「'禮運'和墨子思想的關係」, 1982 참조) 이런 大同社會의 理想은 유가의 전유물이 아니라, 당시의 사회적인 변화에서 도덕 또는 인간사회의 타락을 주장하던 儒・墨・道(莊子)家에 공통되는 것으로 보인다. 특히 『墨子』 「尙賢」下, 「兼愛」下 및 『莊子』 「馬蹄」, 「山木」 등 참조. 그러나 이 '대동'사회의 이상은 공자로부터 20세기의 康有爲(1858-1927)에 이르기까지 과거 2천 년 이상 중국의 전통적 사회에서 항상 이상적 유토피아로 논의되었음은 주목해야 한다.(『中國大同思想資料』, 中國科學院哲學硏究所篇, 1959 참조)

4. 인본주의 사상과 유가적 존재론의 발단

이미 위에서 기술했듯이, 주례에 복귀와 연관하여 공자는 '인仁'을 '예禮'에 합당한 행위라고 한 것이 사실이다. 그러나 반대로 그는 '인'이야말로 근본적으로 무너져가는 '예'를 유신시키기 위한 전제조건이라고 말한다.

사람이 '인仁'하지 않으면 '예禮'는 무엇 하자는 것인가? 사람이 '인'하지 않으면, '악樂'은 무엇 하자는 것인가?[92]

공자 사회윤리론의 핵심을 ① 객관적으로 타당한 이상적 사회규범인 '예'에 복귀와 ② 통치자의 적법성으로 강조되는 인간[主觀]의 윤리성, 즉 '인'의 함양으로 요약할 수 있다면, 이 두 가지 근본적인 요청Postulate 중에서, 공자는 후자의 인간 윤리성, 즉 '인'에 더 높은 의미를 부여했다고 생각한다. 공자철학의 적극적 의의는 이와 같이 결국 인간Subjekt의 의지에 결정적 의미를 부여했다는 데 있다.

공자는 종래의 귀신 지배의 미신적 관념을 넘어서서 '인도人道', 즉 인본주의 사상을 중국 역사상 처음으로 크게 선양한 대사상가이다.[93] 당대의 지배적인 사상이 여러 잡다한 귀신이나 상제[하느님]에 의한 자연과 인간사회의 숙명적 지배를 맹신하는 것이었다면, 공자는 오히려 자기의 학생들에게 "귀신을 멀리할 것"을 말하면서[94] 인본주의적

---

92 "子曰: 人而不仁, 如禮何? 人而不仁, 如樂何?"(「八佾」 3, 錢 68쪽)
93 孫長江은 『左傳』을 통하여, '人本主義'의 맹아가 이미 공자 이전이나 당대의 여러 인물들, 즉 季梁, 史囂, 司馬子魚, 定姜, 子産 등에서 나타나고 있음을 논증한다.(孫 長江, 「怎樣分析孔子的哲學思想」, 『孔子哲學討論集』, 香港, 1972, 273쪽)
94 "樊遲問知. 子曰: … 敬鬼神而遠之, 可謂知."(「雍也」 20, 錢 206쪽)

사상을 펴고 있다. 그가 물론 귀신이나 상제의 존재를 의심한 것은 아니지만, 인간의 상식과 이성에 어긋나는 '괴怪', '역力', '난亂', '신神'과 같은 것은 말하지 않았다.[95] 그가 일생을 통해서 고심한 것은 현세의 인간과 삶의 문제였다.

> 자로가 귀신 섬기는 일을 물었다. (공자가) 말했다. "사람 섬길 줄도 모르면서, 어찌 귀신을 섬길 수가 있겠는가?" (자로가) 또 죽음을 물었다. (공자가) 말했다. "삶도 아직 모르면서, 어찌 죽음을 알겠는가?"[96]

공자에게 문제되는 것은 현세 인간의 '삶'과 '인간적 의지'라고 하겠다. 그는 귀신이나 요괴 등에 의한 자연과 인간지배라는 원시적 미신에서 해방시키고 '주관적, 윤리적' 인간 의지를 높이 평가한 것이다. 공자는 말한다.

> 인간이 '도'를 넓혀가는 것이지, '도'가 인간을 넓혀가는 것이 아니다.[97]

이것을 근대철학의 용어로 표현하면, 인간이 '도', 즉 '객관적 이성'(die objektive Vernunft)의 주인이요, 그 반대가 결코 아니라는 것이다. 다시 말해 인간Subjekt이 자연Objekt의 주인이라는 의미로 이해할 수 있다. 여기에서 공자의 인간중심적인 '인본주의' 사상이 뚜렷이 나타난다.

---

95 "子不語怪力亂神."(「述而」 20, 錢 241쪽)
96 "季路問事鬼神. 子曰: 未能事人, 焉能事鬼? 敢問死. 曰 : 未知生, 焉知死?"(「先進」 11, 錢 374쪽)
97 "子曰: 人能弘道, 非道弘人."(「衛靈公」 28, 錢 549쪽)

인본주의 사상은 전국시대 말기에 이르러, 특히『맹자』,『중용』,『역경』등에서 하나의 존재론적 사유로 발단發端한다. 여기에서 발단하는 '천인합일天人合一'이라는 유가적 존재론에 대한 연구는 이 논문의 범위를 넘어서기 때문에 그 발단만을 명백히 하고자 한다.

문제가 되는 '주관적 윤리적 의지' 또는 인간의 도덕성은『논어』에서는 '인仁'으로,『맹자』와『중용』에서는 '성誠'으로 표현한다. 인본주의에서 출발하는 유가들은 주관적으로 파악할 수밖에 없는 인간의 도덕성 또는 '인도人道'라는 것은 결국 구체적으로 한 사회의 인간관계를 규제해야 하는 것이므로, 결국 인간관계뿐만 아니라 만물, 즉 우주 전체까지도 규제하는 객관적인 '천도天道'와 일치해야 한다고 본다. 따라서 인간의 실천을 통하여 드러나는 '인도', 즉 '주관적 도덕성'(die subjektive Sittlichkeit)의 존재론적 근거는 인간Subjekt에 있는 것이 아니고, 바로 천도, 즉 '객관적 질서'(die objektive Ordnung)라는 것이다. 이와 같은 '천인합일'의 인본주의적 존재론이『맹자』와『중용』에서는 '성誠'개념을 통하여 다음과 같은 매개된다.

만물이 '내' 안에 모두 갖추어져 있다. 자신을 돌이켜보아 '성誠'에 이르면 즐거움이 이것보다 큰 것이 없다. 열심히 헤아려서〔恕〕 행동하면 '인'을 찾는 데 이것보다 더 가까운 것이 없다.[98]

자신을 '성誠'하게 하는 방도가 있다. 선善에 불명不明하면, 자신을 '성誠'하게 할 수 없다. 이 때문에 '성'은 하늘의 도〔天之道〕이고, '사성思誠'은 사람의 도〔人之道〕이다.[99]

---

98 "孟子曰: 萬物皆備於我矣, 反身而誠樂莫大焉, 彊恕而行, 求仁莫近焉."(『孟子』,「盡心」4, 蔣 312쪽)

99 "誠身有道, 不明乎善, 不誠其身矣. 是故誠者, 天之道也; 思誠者, 人之道也."(『孟子』,

'성誠'은 스스로 이루어지는 것이요, 도는 스스로 다니는 길이다. '성'
은 만물의 처음과 끝이다. '성'이 없으면 만물이 있을 수 없다. 이 때문
에 군자는 '성' 얻음을 귀히 여긴다. '성'은 자기를 완성하는 것일 뿐만
아니라, 만물을 이루어주는 바탕이다. 자기를 완성함이 '인仁'이다.[100]

그러므로 지성至誠은 쉼이 없다. 쉼이 없으면 오래 지속하고, 오래
지속하면 밖으로 나타나고, 밖으로 나타나면 유원해지고, 유원하면 넓
고 두터워지며, 넓고 두터워지면 고명高明해진다. 넓고 두터우니 만물을
싣고 있고, 고명하니 만물을 휩싸고 있으며, 유구하니 만물을 성화成化
시킨다. 넓고 두터우니 '땅'과 짝하고, 고명하니 '하늘'과 짝하여 유구悠
久하고 끝이 없다.[101]

도덕성, 즉 인간[주관]의 의지로서 '성誠'은 윤리적 차원에서 "스스
로 인격을 완성[自成]하게" 하는 '인仁'에 해당될 뿐만 아니라, 존재
론적인 차원에서는 모든 존재자[만물]의 존재근거로서, 만물, 즉 우주
전체를 포괄하는 것이다. 왜냐하면 "'성誠' 없이는 만물이 존재할 수
없기"[不誠無物] 때문이다.

이와 같이 도덕성[誠]을 매개로 하는 '천인합일'의 존재론이 이미
『맹자』와 『중용』 등에서 발단하고 있음을 뚜렷이 볼 수 있다. 이와 같
은 유가적 존재론은 중국문화권에서 유교가 정통적 국가이념으로 존

「離婁」 4, 蔣 173쪽) 또한 "誠身有道, 不明乎善, 不誠乎身矣. 誠者, 天之道也; 誠之
者, 人之道也."(『中庸』, 蔣 30쪽)

100 "誠者自成也. 而道自道也. 誠者, 物之終始; 不誠無物. 是故, 君子誠之爲貴. 誠者非
自成己而已也, 所以成物. 成己仁也."(『中庸』, 蔣 35쪽)

101 "故至誠無息, 不息則久, 久則徵, 徵則悠遠, 悠遠則博厚, 博厚則高明. 博厚所以載
物也. 高明, 所以覆物也. 悠久, 所以成物也. 博厚配地, 高明配天, 悠久無疆. 如此
者, 不見而章, 不動而變, 無爲而成."(『中庸』, 蔣 36쪽)

속하는 동안 처음에는 한대漢代의 금문학파今文學派들, 이후 특히 송宋代의 도학자들에 의하여 인간사회와 우주를 지배하는 근본적인 철학적 세계관으로 발전·군림하였다.

끝으로 주목하고 싶은 것은 이미 『맹자』에서 나타나는 '천인합일' 사상은 인간 중심적 또는 의인적擬人的 사고(Anthropomorphismus)의 전형이라는 점이다. 중국철학에서 이러한 사고유형을 정면으로 부정하고 나선 것이 장자莊子(약 369-286 BC)와 『노자老子』의 철학사상임을 강조하고 싶다. 『노자』의 서두는 "도道는 말할 수 있으면 상도常道가 아니다."〔道可道, 非常道〕로 시작한다. 그리고 장자는 문명과 인지〔知〕의 발달, 그리고 일체의 인위적 가치규범, 즉 '인人' 때문에, '바로 진실무구眞實無垢하며 무궁한 조화자인 자연', 즉 '천天'으로부터 인간이 소외된다고 통렬하게 말하고 있다.102 그는 개별적 '자아'를 구속하는 유가의 '인仁'은 물론, 묵가墨家의 '별別'을 부정하는 '겸兼'의 사상도 '인위人爲'이기 때문에 반대한다.103

장자는 오직 "모든 존재를 같이 보고, 그것의 (가치적) 시비是非를 잊어버린다."〔以齊物, 而忘是非〕고 하는 '제물론齊物論'의 관점에서 "'인위'〔人〕로써 '자연'〔天〕을 파괴해서는 안 된다"〔無以人滅天〕(『장자』, 「秋水」)는 요지를 말하며, "홀로 천지정신과 왕래하며 만물과 더불어 자유롭게 사는"104 세속에서의 절대자유〔逍遙遊〕를 추구한다. 『노자』에서도 "성스러움〔聖〕을 끊고 지혜〔智〕를 버려라. … 어짊〔仁〕을 끊고 의義로움을 버려라"〔絶聖棄智 … 絶仁棄義〕(19장)와 "도의 터득은 편견을 버림에 있다. 버리고, 또 버려서 인위人爲에서 벗어나서 '무위無爲'에 이른

---

102 『老子』, 第38章, "故失道而後德, 失德而後仁, 失仁而後義, 失義而後禮."와 『老子』 30章 비교 참조.

103 楊榮國, 『中國古代思想』, 「批判儒墨之有所爲而爲」 223-26쪽 참조.

104 "獨與天地精神往來而不敖倪於萬物, 不譴是非以與世俗處."(『莊子集釋』下, 「天下」, 郭 1098-99쪽)

다. 인위에서 벗어난 자유에서 '무위無爲'하면, 하지 않음이 없다"[105]를 말함으로써, 인간의 주관적 도덕성, 즉 인위에 의한 가치 규범적 존재론, 다시 말해, 천인합일 사상을 철저히 배격하고 있음을 알 수 있다.

5. 맺음말

필자는 이제까지의 논구論究를 바탕으로 공자의 사회윤리론에 대한 문제점과 의의를 다음과 같이 제시하고자 한다.

(1) 공자는 궁극적으로 볼 때, 사회적인 문제를 군자, 즉 통치의 소임을 맡을 지식인들의 윤리적 노력의 문제와 동일시한다. 이런 의미에서 공자는 사회문제의 해결에서, 인간, 특히 지식인들의 도덕적 의식, 즉 인仁의 역할을 아주 중요시하였다. 따라서 그는 사회문제의 해결에서 인간적인, 그리고 도덕적인 요소들의 결정적인 중요성을 강조한 것이다. 다시 말해, 공자는 '인人'의 '인仁', 즉 인본주의 사상을 강조하는, 그리고 현세의 삶에 강력한 실천적 의지를 보이는 인간중심의 철학사상을 폈다.

(2) 그러나 공자는 사회적인 문제를 결국 인간적인, 즉 주관적 윤리적 문제와 동일시함으로써, 사회발전의 객관적인 문제를 충분히 고려할 수 없었다. 그는 당시에 일어나고 있는 근본적인 사회변화의 객관적인 근거를 당대의 사회생산력의 본질적인 증가와 연관하여 설명할 수가 없었다. 주의 '예禮', 요컨대 군자 또는 도덕적 수양이 있는 지식인들에 의한 통치와 소인들에 의한 생산 활동이 역사사회에 불변하는 보편적[天下通義] 사회질서라는 확고한 개인적 신념에 따라, 공자는

---

105 "爲道日損, 損之又損, 以至於無爲, 無爲而無不爲."(『老子』 48章)

당대의 사회적 변화를 사회적 위기〔天下無道〕로 파악했다. 이뿐 아니라 이와 같은 변화, 또는 위기의 원인을 궁극적으로는 '인人'계층 내의 '원怨', 즉 '불화'로 보고, 특히 통치의 소임을 맡은 군자들의 도덕적 타락이라는 주관적 요인만을 강조했을 뿐이다.

(3) 따라서 공자는 첫째, 주례周禮라는 것도 근본적으로는 그 시대에 주어진 사회 경제적인 관계에 의하여 조성된 당시 사회질서의 반영에 불과하며, 둘째, 이와 같은 기존질서는 공자 당시 점차 성숙되어가는 새로운 생산 또는 인간관계에 의하여 필연적으로 해소될 수밖에 없다는 사회발전의 객관적 필연성을 몰랐다.

공자는 다만 자기 확신에 따라 주례를 만세불변의 근본적 사회질서로 추상화함으로써, 어떤 사회가 "비록 백세 뒤라 할지라도" 주례의 가감변통加減變通에 따라 그 사회내용을 미리 알 수 있다고까지 하는 근본적으로 잘못된 역사 이해를 가지고 있었다.

(4) "군자는 정신으로써 일하고, 소인은 육체로써 일한다."는 불평등한 사회적, 분업적, 대립적 이해利害의 충돌을 적게 하기 위하여, 공자는 '화和'의 세계관을 펴고 있다. 그 세계관에 입각한 정치이론이 바로 유가의 '덕치德治' 이념이다. 이 이념에 따라 공자(특히 맹자)는 첫째, '민民'〔下〕을 위한 '군자君子'〔上〕의 정치를, 바로 '민'〔下〕의 '상上'에 대한 믿음 즉 '민신民信'을 국가와 정권이 존립하는 존재 근거 raison d'etre로 보며, 둘째, 통치의 소임을 맡을 지식인〔군자〕들의 도덕적 수양을 바로 그들의 정치권력에 대한 요구를 합법화(정당화)시키는 필수불가결한 전제로서 강조한다.

이 '덕치'의 이념이 통치를 맡을 사회의 지도적인 상부계층의 (사회 내부의 불안과 불화를 적게 하고, 공인共人 간의 화합과 조화적 관계의 유지를 위한) 윤리적 노력을 아무리 강조하고 있더라도, 문제는 '민'의 (이른바 '화합'과 '조화'를 위한 그들의 관심과 이해관계를 자발적으로 전개 발전시킬 수 있는) 법적 요구와 권리를 제도적으로 부정한다는 점이다. 따라서 덕치가 백성의 자발적 발전을 금지하고, 대신 그들에 대한 지식인·통치자의 도덕적 보호 의무와 결단을 강조하는 한, 그것은 민주주의 원리가 아니다.

(5) 유가는 근본적으로 '화和'의 세계관을 펴고 있기 때문에 가부장적인 유교적 사회에서 상하 차등의 분명한 인간관계들 사이의 조화와 화합을 강조한다. 따라서 상하 차등의 인간관계 사이에 조화와 화합을 도모하기 위하여, 유가는 사회생산물의 공정한 분배가 단순한 생산의 증식 추구보다 중요하며, 단순한 사회적 부富의 증가보다도 사회구성원 간의 화합이 더욱 중요하다고 본다. 그렇기 때문에 사회생산력이 매우 저급하여 거의 잉여생산물이 없었던 태고의 공동체사회에서는 인간관계에 개별적 이기적 투쟁이 없었을 것으로 상정想定되기 때문에, 유가는 '대동大同'사회의 이상을 펼 뿐만 아니라, 한 사회가 태고로 거슬러 올라갈수록 그 사회를 태평한 이상적 사회로 설명한다. 그래서 유가는 현실을 위기로 보고[非今], 현실에서 과거로 진행하는[是古], 다시 말해 '회고적' 또는 '보수적' 역사·사회관을 가지고 있다.

(6) 한 사회 내의 인간관계의 화합과 조화를 깨뜨리는 불안한 요인을 될수록 억제하고, 또는 미리 배제하려는 유가(특히 맹자)는 물질적 '이'의 추구를 문제시한다. 그들은 조화적인 관계를 조성하거나 유지하는 데 구체적으로 필요한 물질적 조건의 개선보다는 오히려 인간의 심리적 도덕적 수양이나 시적詩的 예술적 정신의 함양에 힘을 썼다. 이와 같이 유가는 도덕적, 정신적 훈련, 즉 주관적 심성 연마에 비교적 많은 시간을 쏟고, 현세로부터 과거로 향하는 보수적 회고적 역사·사회관을 가졌다. 따라서 그들이 비록 사회적 모순의 첨예화를 막고 인간관계의 조화와 화합의 중요성을 강조하여, 주어진 체제의 무리 없는 유지에는 힘을 썼지만, 한 사회 내의 인간관계의 화합과 조화로운 유지를 위하여 필요한 사회경제적 관계의 개선에는 주의하지 못했다. 이

점에서 필자는 중국 고대사회〔春秋戰國時代〕가 인류역사상 비교적 일찍 개화를 했음에도 불구하고 '유교적 사회'로 정착되면서 매우 느리게 발전한 한 가지 근거를 지적하고 싶다.

(7) 유가사상은 서구 시민사회의 산업혁명과 함께 발전되어 나온 근대적 사고의 발상이 아니다. 따라서 그 중심을 이루고 있는 덕치이념은 민주주의적 원칙이 아닌 다만 '시민엘리트'〔士〕들의 독재를 위하는 이데올로기라고 하겠다. 그러나 이들 유교적 지식인·관료들이 아무리 보수적 복고적인 사고를 가졌다고 할지라도, 우리가 (1)에서 언급한 것처럼 유교사상은 중국 고대사회 변동기에 나타난 '인본주의'와 '현세주의'가 결합한 산물이라는 점이다.

서구 시민사회의 발전은 토크빌A. de Tocqueville이나 만하임K. Mannheim이 선언한 것처럼 19세기에 들어온 이래로 사회생산력의 급속한 발전이 계속 '근본적인 민주주의화'Fundamentaldemokratisierung를 필연적으로 촉진시켜왔다. 따라서 보편선거권, 보편교육, 심지어 노사勞使의 경영공동참여Mitbestimmung 등의 문제가 시민사회에서 현실적인 문제로 나타나고 있다. 그러나 이런 문제가 아직 제기되지 않았던 공업혁명 이전의 사회에, 사회의 지적知的 능력의 발휘에서 일부 지식인들의 탁월한 계몽적 역할이 문제가 되고, 전체의 95퍼센트 이상이 문맹인 낙후된 사회라면 어디에서나 유교사상이 뚜렷한 현실적 의미를 갖는다. 바꿔 말하면, 유교사상이 강조하는 군자, 즉 도덕적 수양을 갖춘 지식인이 백성을 선도하고 어려운 사회질서의 해결에 적극 참여하여 안정된 사회를 실현해 내려는 의지, 즉 '현실사회의 모순을 적극적으로 비판하고 해결하려는 의지'는 대단히 긍정적인 의미를 갖는다고 평가하고 싶다.

참고문헌

『論語』, 錢穆 編註, 『論語新解』, 香港, 1964.

『孟子』, 蔣伯潛 註釋, 『孟子讀本』, 香港: 啓明書局.

『中庸』, 蔣伯潛 註釋, 『四書讀本』, 香港: 啓明書局.

『大學』, 蔣伯潛 註釋, 『四書讀本』, 香港: 啓明書局.

『荀子』, 章詩同 注, 『荀子簡注』, 上海, 1974.

『莊子集釋』, 郭慶藩 輯, 北京: 中華書局, 1941.

『左傳』, 李宗侗 註譯, 『春秋左傳今註今譯』, 臺北, 1973.

『國語』, 上海古籍出版社, 1978.

『禮記』, 王夢鷗 註譯, 『禮記今註今譯』, 臺北, 1974.

『詩經』, 馬持盈 註譯, 『詩經今註今譯』, 臺北, 1974.

『尙書』, 屈萬里 註譯, 『尙書今註今譯』, 臺北, 1978.

宋榮培, 『中國社會思想史』(증보판), 서울, 사회평론, 1998.

趙紀彬, 『論語新探』(제2판, 1960; 제3판, 1976), 北京.

熊十力, 『原儒』, 臺北, 1971.

錢穆, 『四書釋義』, 臺北, 1971.

錢穆, 『中國思想通史』, 臺北, 1963.

錢穆, 『中國歷史精神』, 香港, 1964.

馮友蘭, 『中國哲學史』, 香港, 1961.

馮友蘭, 『人生哲學』, 北京, 1927.

馮友蘭, 『新原道』, 北京, 1944.

馮友蘭, 『論孔丘』, 北京, 1975.

楊榮國, 『中國古代思想史』, 北京, 1973.

顧頡剛 編, 『古史辨』, 臺北(영인본).

津田左右吉, 『王道思想』, 東京, 1943.

Cho-yun Hsu, *Ancient China in Transition*, Standford, 1965.

제2장 묵가墨家학파의 진보주의적 철학

1. 머리말

맹자孟子(약 372-298 BC)는 일찍이 당대 사회를 염려하면서, "어진 임금[聖王]이 일어나지 않으니, 제후諸侯들이 방자放恣하다. 평민[處士]들이 멋대로 의론議論하니, 양주楊朱·묵적墨翟의 언론이 천하에 가득하다. 천하의 언론이 양주에게 쏠리지 않으면 묵적에게 쏠린다. … 양묵楊墨의 도道가 식지 않으면, 공자의 도는 나타나지 못한다. … 나는 이것이 두렵기 때문에 선왕先王의 도를 습득하여 양묵을 배격한다."[1]고 하였다. 이와 같이 맹자가 묵자사상의 영향력을 지적한 이래로 『장자莊子』, 『순자荀子』, 『한비자韓非子』, 『여씨춘추呂氏春秋』 등 선진先秦시대의 문헌 속에서 묵가사상은 유가사상과 대적對敵·대칭對稱되는 주요한 사상으로 비판, 평가되고 있다.[2] 그러나 진한제국秦

---

1 "聖王不作, 諸侯放恣. 處士橫議, 楊朱·墨翟之言盈天下. 天下之言不歸楊, 則歸墨. … 楊墨之倒不息, 孔子之道不著. … 吾爲此懼, 閑先王之道, 距楊墨."(『孟子』「滕文公」下)

2 『莊子』「齊物論」·「天下」 등, 『荀子』「非十二子」·「天論」·「解蔽」·「儒效」·「王霸」·「禮論」·「樂論」·「成相」 등, 『韓非子』「顯學」, 그리고 『呂氏春秋』 중 墨家에 관한 부분은 李峻之,「呂氏春秋中古書輯佚」 및 劉汝霖,「呂氏春秋之分析」(『古史辨』, 제6권 수록) 등 참조.

漢帝國 성립 이래로, 좀 더 정확하게 말한다면, 중국에서 유교사상이 정통적 국가통치이념으로 확립된 이래로 묵가사상은 갑자기 그 존재와 영향력을 상실하고 거의 망각되어 버렸다. 묵가사상은 유교적 사회가 결정적으로 붕괴하는 19세기 후반에 와서야 비로소 새로운 시대의 각광을 받으며 재인식 평가받기에 이르렀다는 점에 우리는 주목해야 한다.

거의 2천 년 이상 방기되었던 난독難讀의 『묵자墨子』에 대한 문헌학적 연구 성과가 청말 손이양孫詒讓(Sun Yirang, 1846-1908)의 『묵자한고墨子閒詁』(1893)로 나타났고, 이것을 기반으로 호적胡適(Hu Shi, 1891-1962), 양계초梁啓超(Liang Qichao, 1873-1929) 등에서 비롯되는 묵가사상에 관한 근대적인 연구와 성과들이 오늘날까지 지속되고 있다.[3]

묵가사상에 관한 이제까지 연구가 지닌 대부분의 맹점은 이미 와다나베(渡邊卓)가 지적했듯이, 묵가사상 발전에 대한 "역사적 고찰의 결여이다. 그렇기 때문에 묵가 연구는 묵자 개인에 집중하였고, 묵가 전체의 2백여 년에 걸친 운동의 전개가 분명하게 나타나지 못했다."[4] 필자는 우선 묵가사상의 원전인 『묵자』에 대한 엄격한 문헌분석과 상당한 추리력을 통한 와다나베의 묵가사상에 대한 근년의 연구 업적[5]을 일단 높이 평가한다. 그에 의하면 현존하는 53편의 『묵자』는 묵자(이름은 적翟, 宋人)의 직접적인 저작이 아니고, 아마도 그의 생존 시부터 존재했을 묵가집단 전체가 기원전 5세기에서 3세기에 걸친 전국시대(475-221 BC)의 상황 변화에 따라 지속, 발전, 분열되면서 그들이 각기 표방했던 사상이나 일화들을 원조元祖인 묵자 1인에게 가탁假託한 서

---

3 묵자 연구에 관한 참고문헌은 송영배, 「墨子」,(『新東亞』, 1984년 1월 별책부록 『역사를 움직인 100권의 철학책』, 234쪽)
4 渡邊卓, 「附編墨家思想」, 『古代中國思想의 研究』, 東京, 1973, 737쪽.
5 같은 책, 제3부 「墨家의 集團과 그 思想」.

술의 종합이라는 것이다. 따라서 그는 『묵자』에 나타나는 여러 가지 사조들을 결코 묵자 개인의 사상만으로 보지 않고 묵가집단 전체가 전국시대의 급속한 시대 변화와 그들이 처했던 지역이나 입장의 차이에 따라서 '지속, 발전, 분열'되어온 역사적 변천에 의거한 사상발전의 추이로서 해석한다. 필자는 이와 같은 와다나베의 분석을 의식하면서도, 그가 예리한 통찰과 추리력을 통해 조심스럽게 정리한 묵가사상의 본질에 대한 ─ 역사적이긴 하지만 ─ 평면적이고 상식적인 해석[6]보다는, 당대인 전국시기의 격렬하고도 본질적인 사회 경제적 변화와 연관하여 다른 제자백가諸子百家, 특히 대종을 이루는 유가와 근본적으로 구별되는 묵가사상을 좀 더 유기적이고 본질적인 사상체계로서 생생하게 기술해 보려고 한다.

2. 묵가의 출발점: '겸상애兼相愛와 교상리交相利'

공자(551-479 BC)가 춘추시대(770-476 BC) 말기의 사상가라면, 묵자(대략 480-420 BC)[7]는 전국시대 벽두의 사상가이다. 춘추전국시대는 기원전 11세기 이래의 서주西周의 혈연 중심 귀족봉건제(또는 종법宗法사회)가 급격히 붕괴되고 새로운 비非귀족적인 평민 엘리트[士] 중심의 중앙집권적 관료제가 태동하는 시기이다. 특히 8세기 이래 중국 고대 사회는 과학기술의 발달로 청동기에서 철제문명기로 접어들면서 사회생산력이 급격히 상승했다. 그 결과 낙후된 자연 상태에서 고립되었던 봉건 제후들 간에 서서히 경제적 '교류·통합'이 진행되었

---

6 같은 책, 제3부 부편, 「歷史的槪觀」, 특히 686-92쪽.
7 任繼愈, 「墨子生卒年簡考」, 『中國哲學史論』, 1981, 386-90쪽 참조.

다. 종래의 목재나 석재 농기구 대신 새로 등장한 철제 농기구는 경작
능률을 본질적으로 증가시켰을 뿐만 아니라, 새로운 초지를 농지로
개간할 수 있었으며, 이에 따른 관개수로의 설치 및 개선은 농업생산
혁명을 가져왔다. 이와 같은 토지를 중심으로 하는 사회적인 부의 증
가로 급기야 토지의 사유화私有化현상이 나타나 지주계층이 성립하
고, 잉여생산물의 유통을 담당하는 상인들의 활동을 중심으로 시장경
제도 상대적인 발전을 하였다. 이에 따른 교통수단(수레와 배 등)은 물
론 도로의 개선과 종합적 성격을 띤 관개수로灌漑水路의 개설과 정리
는 봉건 제후들의 군사적 목적에 힘입어 더욱 가속화되었다. 이와 같
은 사회적 생산력의 본질적인 증가는 '종법사회' 내부에서 종래의 인
간관계를 엄청나게 바꿔놓았을 뿐만 아니라, 자연적 경제적 조건의
차이에 따라서 제후국 간에 상호 통합적 '경쟁·전쟁'의 상태를 낳게
되었다.[8]

　전국시대에 들어와서 전쟁의 규모는 대단히 커졌다. "토지 때문에
전쟁을 하면, 죽은 사람이 들판에 가득하고, 도시〔城〕 때문에 전쟁을
하면 죽은 사람이 성을 메운다."[9]라고 맹자는 말했다. 『묵자』에서도
"지금 왕공대인王公大人과 천하의 제후들은 이와 같지 않으니(즉 이기
적이니 ― 필자), 반드시 자기들의 모신謀臣과 무장武將들을 시켜서 수
레〔車〕와 배〔舟〕의 군대를 진열시키고, 여기에 견고한 갑옷과 예리한
무기를 갖추고서, 무죄無罪한 나라에 쳐들어가서 공벌攻伐하려고 한
다. 그 나라의 변경을 침입해 들어가서는 그 나라의 곡식을 베어 가고,
수목을 베어 버린다. (도시의) 성곽을 부숴 버리고, 하천을 메워 버리

8　춘추전국시대의 정치·사회·경제적 변천에 관하여는 Cho-yun Hsu, *Ancient China in Transition* (Standford, 1965)과 楊寬, 『戰國史』(上海, 1980) 참조. 정리된 개요로는 송영배, *Konfusianismuis, Konfuzianische Gesellschaft und die Sinisierung des Marxismus* (Frankfurt a. M. Univ.(Diss.), 1982, S. 7-22 참조.

9　"爭地以戰, 殺人盈野. 爭城以戰, 殺人盈城."(『孟子』, 「離婁」上)

고, 가축들을 빼앗고 죽이며, 조묘祖廟를 불질러 버린다. 백성을 도살하고, 노약자를 짓밟고, 그 나라의 보물을 옮겨간다."[10]고 전쟁의 참상을 생생하게 그리고 있다.

대규모적인 처참한 전쟁을 수반하면서 이행되어 가는, 서주 이래의 귀족봉건제의 근본적인 사회적 (혁명적) 변화를 유가나 묵가는 다 같이 하나의 '사회적 위기'로 파악하였다. 공자는 그것을 바로 '천하무도天下無道'로 보았고, 묵자 역시 '불인不仁·불의不義'의 이기적 파멸적 사회로 보았다. 유가 사상이 이 문제의 해결을 바로 서주 이래의 예악禮樂에 나타난 지배층〔君子〕 자신의 도덕적 수양, 바꿔 말하자면, '덕치德治'를 통하여 회복하려고 하였다면, 묵가는 서주 이래의 귀족층을 대표하는 '군자'층의 행동양식인 예악禮樂을 철저히 부정하고, 유가의 덕치 대신에 만인의 철저한 공동적 연대〔兼相愛〕와 그를 통한 상호 물질적 이해의 증진〔交相利〕 속에서 당시 사회문제를 해결하려고 했다. 묵자는 말한다.

… 세상 사람들이 모두 서로 사랑하지 않으면, 강자는 반드시 약자를 지배할 것이요, 부자는 빈자貧者를 누를 것이요, '귀한 자'〔貴者〕는 '비천한 자'〔賤者〕를 업신여길 것이요, 꾀 많은 자는 반드시 우직한 자를 속일 것이다. 무릇 세상에 싸움이 일어나고, 원한이 일어나는 까닭은 서로 사랑하지 않기 때문이다. 그것을 인자仁者는 반대한다. 일단 반대하면, 무엇으로 그것을 바꾸겠는가? 묵자 선생님은 다시 말한다. "서로 사랑하고〔兼相愛〕, 서로 이利를 주는〔交相利〕 원칙으로 그것을

---

10 "今王公大人天下之諸侯則不然, 將必皆差論其爪牙之士, 皆列其舟車之卒伍, 於此爲堅甲利兵, 以往攻伐無罪之國. 入其國家邊境, 芟刈其禾稼, 斬其樹木, 墮其城郭, 以湮其溝池, 攘殺其牲牷, 燔潰其祖廟, 頸殺其萬民, 覆其老弱, 遷其重器."(『墨子』, 「非攻」下, 王煥鑣 주석, 149-150쪽) 이하 인용된 『墨子』는 篇名만, 그리고 王煥鑣 주석은 王만을 기재함.

바꾸어라.”[11]

묵가는 ‘겸상애(兼相愛)’, ‘교상리(交相利)’의 생활원칙이 실현될 때, 모든 당대의 개인적 사회적 문제가 해결되고 천하가 다스려질 것으로 보았다.

만약 세상 사람들이 서로 사랑하여 남을 자기 몸처럼 아낀다면, 어찌 불효자가 있을 수 있으며, … 어찌 자비롭지 못한 자가 있겠는가? 남을 내 몸처럼 본다면, 누가 (또한) 절도를 할 것인가? … 고로 도적이 없을 것이요, 또한 귀족〔大夫〕이 남의 집을 침입하고, 제후가 남의 나라를 침입하는 일이 있겠는가? 남의 집을 내 집처럼 여기면 누가 침입을 할 것인가? 남의 나라를 자기나라로 보면 누가 공격을 하겠는가? … 만약 세상 사람들이 모두 서로 사랑하면, 세상은 다스려질 것이다.[12]

3. ‘겸이역별兼以易別’의 이상론

묵가는 기원전 5세기에서 3세기에 걸친 전국시대에 사회를 결정적 위기로 몰아넣는 위해危害에 대해 바로 “대국이 소국을 공격하고, 큰 귀족 가문이 작은 귀족 가문을 침입하고, 강자가 약자를 짓밟고, 큰 집단이 작은 집단을 누르며, 약은 자가 우직한 자를 속이고, ‘귀한

---

11 “天下之人, 皆不相愛, 强必執弱, 富必侮貧, 貴必敖賤, 詐必欺愚. 凡天下禍篡怨恨其所以起者, 以不相愛生也. 是以仁者非之. 旣以非之, 何以易之? 子墨子言曰: ‘以兼相愛, 交相利之法易之’.”(「兼愛」中, 王 108-109쪽)

12 “若使天下兼相愛, 愛人若愛其身, 猶有不孝者乎? … 猶有不慈者乎? … 視人身若其身, 誰賊? 故盜賊亡有. 猶有大夫之相亂家, 諸侯之相攻國者乎? 視人家若其家, 誰亂? 視人國若其國, 誰攻? … 故天下兼相愛卽治.”(「兼愛」上, 王 106-107쪽)

자'[貴者]가 '천한 자'[賤者]를 무시하는 것, 그것이 천하의 해"라고
하였다. 또한 인군人君이 불혜不惠하고, 신신臣이 불충不忠하고, 부부父가
(자식을) 사랑하지 않고[不慈], 자자子가 불효한 것, 이것도 천하의 해
害"13라고 하였다. 이와 같이 당시 사회에서 만인이 만인에 대하여 적
대하고, 상해相害하는 원인을 묵가는 인간 개개인의 '별別', 즉 이기적
차별의 행위로 설명하면서, '겸兼' ― 즉 평등박애 ― 으로써 '별'을 바꿀
것[兼以易別]을 주장한다.

　세상에 남을 미워하고, 남을 해치는 자를 나누어 이름 부른다면, '겸'
이라고 부를 것인가? '별'이라고 부를 것인가? 반드시 '별'이라고 말할
것이다. 그런즉 서로 차별적으로 대하는 자[交別者]가 정말 천하의 대
해大害를 일으키는 것이다. 그러므로 '별'은 옳지 않다[非]. 묵자는 이
르되, "남을 옳지 않다고 하는 사람은 반드시 그를 바꿔놓아야만 한다.
만약 남을 옳지 않다고 하면서 그를 바꿔 놓지 못한다면, 그것은 물로써
물을 구하고, 불로써 불을 구하려는 형세이니 (사태는 더욱 심각해지는 것
과) 비슷하다."고 한다. 그런 주장은 반드시 통용될 수가 없다. 그러므로
묵자는 이르되, "겸兼으로써 별別을 바꿔야 한다."[兼以易別]고 한다.14

이와 동시에 천하를 이롭게 하는 것은 바로 만인의 '겸'[平等博愛]
에서 온다고 본다. 그러므로 "서로 평등 박애하는 자[交兼者]가 정말

---

13 "若大國之攻小國也, 大家之亂小家也, 强之劫弱, 衆之暴寡, 詐之謀愚, 貴之敖賤, 此
天下之害也. 又與爲人君者之不惠也, 臣者之不忠也, 父者之不慈也, 子者之不孝也,
此又天下之害也."(「兼愛」下, 王 116쪽)

14 "分名乎天下惡人而賤人者, 兼與, 別與? 卽必曰別也. 然卽之交別者, 果生天下之大
害者與? 是故別非也, 子墨子曰: 非人者, 必有以易之. 若非人而無以易之, 譬之猶以
〔水救水也, 以火救火〕. 其說將必無可焉. 是故子墨子曰: 兼以易別."(「兼愛」下, 王
117쪽) 『묵자』 원문에는 "譬之猶以水救火也"로 되어 있으나, 兪樾은 이것을 "譬之
猶以水救水也, 以火救火"로 읽었다. 나는 兪樾의 해석을 따랐다.

천하의 대리大利를 일으키는 것이다. 그러므로 묵자는 이르되, '겸이 옳다.'라고 한다."[15]

묵가는 당시의 사회적 변화와 더불어 생겨난 여러 가지 복잡한 사회적 인간적 문제에 직면하여, '별비겸시別非兼是'를 천명하였다. 그들은 '겸'의 이상을 가지고 현실의 '별', 즉 이기적 차별적 인간관계를 극복하려고 하였다. 바로 이와 같은 평등박애의 이상 속에 묵가사상의 주목할 만한 가치가 있는 것이다.

한 걸음 더 나아가서, 수준 높은 이상을 가지고 있는 묵가집단은 '겸', 즉 '좋은 것'(善)은 바로 현실 가능한 것이며, 또한 좋은 이상을 가진 사람〔善人〕이 바로 구체적 사회의 현실적인 힘을 가질 수 있다는 확신을 표명하였다. 이와 같은 자기의 확신을 논증하기 위하여, 묵가집단은 다음과 같은 논리적 가설을 세웠다.

두 사람의 지식인이 있다고 하고, 그 하나는 '별'을 지지하고 다른 이는 '겸'을 지지한다고 하자! '별사'는 이르되, "내가 어찌 내 친구의 몸을 내 몸으로 여기겠으며, 내 친구의 부모를 어찌 내 부모처럼 대하겠는가?" 하며, (바로) 그렇기 때문에, 그 친구를 돌아볼 때, (그가) 배고파도 먹을 것을 주지 않고, 추워도 옷을 주지 않고, 몸이 아파도 보살피지 않으며, 죽어도 장사지내 주지 않는다. '별사'의 말이 이와 같으니 행동도 또한 이와 같다. '겸사'의 말은 이와 같지 않으니, 행위 또한 그와 같지 않다. (그는) 말하되, "내가 듣건대, 세상에 높은 (덕을 쌓은) 이는 반드시 친구의 몸을 자기 몸처럼 여기고, 그 친구의 부모를 자기의 부모로 여긴다. 그런 다음에야 비로소 천하에 높은 (덕을 쌓은) 이가 될 수 있다."고 하며, 바로 그렇기 때문에, 되돌아 친구를 볼 때, (그가) 배고프면 밥

---

15 "然卽之交兼者, 果生天下之大利者與? 是故子墨子曰: 兼是也."(「兼愛」下, 王 118쪽)

을 주고, 추우면 옷을 주고, 아프면 보살펴 고쳐주고, 죽으면 장사지내 준다. '겸사'의 말이 이러하니, 행동 또한 그러하다.[16]

그들은 그 당시에 자기네들의 주장, 즉 '겸'의 이론을 좇지 않는 지식인이나 통치자들이 현실적으로 있다는 것을 인정하고, 그들을 '별사別士', '별군別君'이라 칭했다. 그와는 반대로 그들의 입장을 지지하는 지식인이나 통치자를 '겸사兼士', '겸군兼君'이라고 칭했다.

이런 두 입장을 지닌 지식인이 있다고 하고, 여기에 자기의 집안과 처자를 남에게 맡기고 멀리 떠나야 할 사람이 있다면, 그 사람은 과연 누구를 의탁자로 택할 것인가? '별사'인가, '겸사'인가? 이 경우에 이르러서는, "아무리 천하의 우부우부愚夫愚婦라 할지라도, (그리고) 비록 '겸'을 반대하는 사람이라도, 반드시 '겸'을 주장하는 그 사람에게 기탁할 것이라고 본다. 말로는 '겸'을 반대하지만, 택하라면 바로 '겸'을 택할 것이다."[17]

이와 마찬가지로 오직 자기만의 이익을 생각하고, 만인의 기한 병사飢寒病死 문제는 생각지 않는 '별군'이 있고, 만민의 이해를 앞세우고 나중에 자신을 생각했던 '겸군'이 있다고 가정했을 때, 고단한 백성은 반드시 '겸군'을 택할 것이다.[18]

묵가는 이와 같이 선善이 현실적인 것이요, 또한 선인의 지배가 현

16 "姑嘗兩而進之, 誰以爲二士, 使其一士者執別, 使其一士者執兼. 是故別士之言曰: 「吾其能爲吾友之身, 若爲吾身, 爲吾友之親, 若爲其親.」 是故退睹其友, 飢則不食, 寒則不衣, 疾病不侍養, 死喪不葬埋. 別士之言若此, 行若此. 兼士之言不然, 行亦不然. 曰: 「吾聞爲高士於天下者, 必爲其友之身, 若爲其親, 爲其友之親, 若爲其親.」然後可以爲高士於天下. 是故退睹其友, 飢則食之, 寒則衣之, 疾病侍養之, 死喪葬埋之. 兼士之言若此, 行若此."(「兼愛」下, 王 120쪽)
17 "我以爲當其於此也, 天下無愚夫愚婦, 雖非兼之人, 必寄託之於兼之有是也. 此言而非兼, 擇卽取兼."(「兼愛」下, 王 121쪽)
18 주17 참조.

실적으로 가능한 것이라고 주장한다. 이와 같은 묵가의 이상론과 논증에 대하여 당대의 사람은 묵자에게 다음과 같이 말하였다.

"지금 천하가 의義를 행하지 않는데, 선생께서 혼자 스스로 고생을 하시며 의를 행하시니, 선생께서는 (이제) 그만두시는 것이 어떻습니까?" 묵자는 이르되, "지금 여기에 어떤 사람이 있는데, 자식이 열이다. 한 사람이 농사짓고 아홉 사람은 쉬면, 농사짓는 이는 (사정이) 더욱 긴박하지 않을 수 없다. 왜냐하면 먹는 사람은 많고, 농사짓는 이는 적기 때문이다. 지금 천하가 의를 행하지 않으니 당신은 마땅히 나를 권면해야 할 것이다. (그런데) 어찌하여 나의 실천을 막으려 하는가?"[19]

위의 묵자 일화에서 나타난 것처럼 묵가집단은 적극적 실천의지를 가지고 자기들의 이상인 '겸', 즉 평등박애의 실천에 진력하였다.

4. 묵가집단의 공공이익〔公利〕중시와 침략전쟁 반대〔非攻〕론

묵가에서 말하는 '겸사'나 '겸군'의 할 일이란 "천하를 이롭게 하고, 천하의 해를 없애는 일"[20]이다. 다시 말해, 묵가는 한 사회를 실질적으로 부강하게 하며, 노동할 인구를 늘리는 것을 국가정책의 기본으로 보았으며, 이것과 위배되는 모든 것을 배척하였다. 여기에서 나오는

---

19 "子墨子自魯卽齊, 過古人, 謂子墨子曰:「今天下莫爲義, 子獨自苦而爲義, 子不若已.」子墨子曰:「今有人於此, 有子十人, 一人耕而九人處, 則耕者不可以不益急矣. 何故? 則食者衆而耕者寡也. 今天下莫爲義, 則子如勸我者也, 何故止我?」"(「貴義」, 王 347쪽)
20 "仁之事者, 必務求興天下之利, 除天下之害."(「非樂」上, 王 270쪽)

당연한 논리적 귀결은 당대 사회에서 '왕공대인王公大人'들이 이기적인 목적으로 일으키는 침략전쟁에 대한 전면적인 부정이다.

　　지금 어떤 사람이 있는데 남의 정원과 채소밭에 들어가 복숭아나 자두를 훔치면, 많은 사람들이 듣고서 그것을 옳지 않다고 하며, 위에서 정치하는 사람은 그를 붙잡아서 벌을 준다. 이것은 무엇 때문일까? 남을 해쳐서 자기를 이롭게 했기 때문이다. … 한 사람을 죽이면 불의하다고 하여 반드시 한 번 죽는 죄를 받게 될 것이다. 이런 식으로 보자면, 열 사람을 죽이면 불의는 열 곱절이니, 반드시 열 번 죽는 죄를 받을 것이며, 백 사람을 죽였으면 백 곱절이 되니, 반드시 백 번 죽는 죄를 받게 될 것이다. 이 세상의 군자는 모두 이런 (살인 행위를) 옳지 않다고 알고, 불의하다고 말한다. (그런데) 지금 크게 불의하여, (남의) 나라를 공벌政伐하면 잘못인 줄 모르고 그것을 지지하고 칭송하며 '의'라고 하니, 진실로 (전쟁의) 불의함을 모르는 바이다.[21]

　　묵가는 민중 전체 또는 천하 백성의 이름으로, 군주나 집권자들이 개인적인 목적에서 전쟁을 일으키는 것을 '불의'라고 규탄한다. 전쟁을 불의라고 규탄하는 이유는 바로 그것이 사회생산을 엄청나게 '파괴·소모'하고, 민중들의 (물질적) 행복과 생명의 안전을 근본적으로 희생하면서 수행되기 때문이다.

　　만약 지금 군대를 출병시키려면, 겨울 행군은 추위가 문제이고, 여름

---

21 "今有一人, 入人園圃, 竊其桃李, 衆聞則非之, 上爲政者, 得則罰之, 此何也? 以虧人自利也. … 殺一人, 謂之不義, 必有一重罪矣. 若以此說往, 殺十人, 十重不義, 必有十死罪矣. 殺百人, 百重不義, 必有百死罪矣. 當此天下之君子, 皆知而非之, 謂之不義. 今至大爲不義, 攻國則弗知非, 從而譽之, 謂之義. 情不知其不義也."(「非攻」上, 王 133-135쪽)

행군은 더위가 문제이다. (따라서) 이를 겨울과 여름에 해서는 안 된다. 봄에 하면 백성의 곡식·채소 농사를 망치고, 가을에 하면 백성의 추수를 망친다. 지금 만약 어느 한 계절 (농사를) 망치게 되면, 백성은 배고프고 추워서 굶고 얼어서 죽는 자가 헤아릴 수 없게 된다. 지금 잠깐 출병 때 (소요된) 죽전竹箭과 깃발, 장막과 갑옷, 대소의 방패와 무기를 헤아려보면, 가서 쓰고 버려져 회수하지 못한 것을 헤아릴 수 없고, 또 모矛·극戟·과戈·검劍·병거兵車가 (한 번) 쓰고 망가져서 회수하지 못한 것을 헤아릴 수 없다. 또한 우마牛馬가 살쪄서 나갔다가 비쩍 말라서 돌아오거나, 나가서 죽고 돌아오지 못한 것을 다 헤아릴 수 없으며, 출정의 원로遠路에 양식보급이 단절되어 죽은 백성을 다 헤아릴 수 없다. 또한 거처가 불안정하고 음식시간이 때에 맞지 않고, 포식과 굶주림에 절도가 없어서 길에서 병에 죽은 백성을 헤아릴 수 없으며, 군부대가 패하여 망한 것을 다 헤아릴 수 없다. … 지금 3리의 소도시[城]와 그 외곽外廓 7리를 공격하자면, 정병精兵과 (사람을) 죽이지 않고서 그것을 얻겠는가? 죽은 사람이 많으면 수만이 되고, 적어도 반드시 수천은 된다. 그런 다음에야 3리의 성과 7리의 외곽을 얻을 수 있다. 지금 만승萬乘의 대국에 황폐한 땅이 천千을 헤아리니 침입하여 이길 수가 없다. (그러나) 넓은 광야가 만을 헤아리니 다 개간할 수가 없다. 그런즉 토지는 남고, 왕의 백성은 부족하다. 지금 왕의 백성을 다 죽게 하여 상하의 문제점을 심각하게 하면서, (사람 없는) 빈 도시를 쟁취한다는 것은 (국가의) 부족한 바를 더 없애버리고, 남는 것을 더 보태는 것이 된다. 이와 같이 정치하는 것은 나라가 힘쓸 일이 아니다.[22]

---

22 "今師徒唯毋興起, 冬行恐寒, 夏行恐暑, 此不可以冬夏爲者也. 春則廢民耕稼樹藝, 秋則廢民穫斂. 今唯毋廢一時, 則百姓飢寒凍餒而死者, 不可勝數. 今嘗計軍上竹箭羽旄幄幕甲盾拔劫, 往而靡弊腑冷不反者, 不可勝數. 又與矛戟戈劍乘車, 其列住碎折弊而不反者, 不可勝數. 與其牛馬, 肥而往, 瘠而反, 往死亡而不反者, 不可勝數. 與其涂道之脩遠, 糧食輟絶而不繼, 百姓死者不可勝數也. 與其居處之不安, 食飯之

이와 같이 묵가는 '비공非攻'(침략전쟁 반대)을 주장했다. 실제로 묵가집단은 대국大國에게는 침략전쟁 반대[非攻]를 설득하는 한편, 침략당하는 소국小國은 방어해 줌으로써 전쟁의 도발을 막고자 하였다. 기원전 445년에서 440년 사이에 있었던 묵자의 지초공송止楚攻宋, 즉 대국인 초楚나라 혜왕惠王으로 하여금 소국인 송宋에 대한 공격을 포기하도록 설득하여 마침내 성공시킨 일화가 전해지고 있다.[23]

묵가는 일반 백성[民]이 기본적으로 다음의 세 가지 문제[三患]를 갖고 있다고 보았다. 그것은 "배고픈 자가 먹지 못하고, 추운 자가 입지 못하고, 피곤한 자가 쉬지 못하는 것이다."[24] 이런 민생 문제를 철저하게 해결하기 위하여, 위에서 언급한 비공非攻 즉 침략전쟁 반대를 주장했을 뿐만 아니라 유가儒家와는 달리 절용節用·절장節葬·비악非樂 등을 주장하였다.

무릇 백성의 일용[民用]에 맞게끔만 쓰게 하고, 기타 민리民利에 맞지 않는 여러 경비는 성왕聖王은 쓰지 않는다.[25]

상례喪禮를 오래 치르면 오랫동안 노동을 못하게 하는 것이다. … 이러면서 부富를 구한다면 이것은 농사를 금하면서 수확을 얻으려는 것

不時, 飢飽之不節, 百姓之道疾病而死者, 不可勝數也. 喪師多不可勝數. … 今攻三里之城, 七里之郭, 攻此不用銳, 且無殺而徒得此然也? 殺人多必數於萬, 寡必數於千. 然後三里之城, 七里之郭, 且可得也. 今萬乘之國, 虛數於千, 不勝而入; 廣衍數於萬, 不勝而辟. 然則土地者所有餘也, 王民者, 所不足也. 今盡王民之死, 嚴下上之患, 以爭虛城, 則是棄所不足, 而重所有餘也. 爲政若此, 非國之務者也."(「非攻」下, 137-139쪽)

23 이 일화는 『墨子』 「公輸」 외에도 『戰國策』 「宋策」, 『史記』 「魯仲連傳」, 『呂氏春秋』 「愛類」와 『淮南子』 「修務訓」 등에 나온다.

24 "民有三患: 飢者不得食, 寒者不得衣, 勞者不得息."(「非樂」上, 王 272쪽)

25 "凡足以奉給民用, 則止. 諸加費不加于民利者, 聖王弗爲."(「節用」中, 王 171쪽)

과 같다.26

잠시 만민에게 많은 세금을 긁어내어 큰 종을 만들고 북을 치고 피리를 분다면, 천하의 이利를 찾아 일으키고 천하의 해를 없애는 일을 다할 수 없다. 이렇기 때문에 묵자 선생님은 이르되, '음악을 하는 것은 옳지 않다〔非〕'고 한다.27

묵가는 민생문제를 우선 해결하기 위하여, 유가에서 주장하는 신분에 따르는 예절 및 절도의 차이를 부정한다. 이들은 군주 한 개인이나 몇몇 귀족을 위하여 물질을 과용하고 향락 소비하는 것은 있을 수 없는 일이라고 본다. 또 모든 인간이 감정을 버리고 오직 생산에만 몰두하여 '공공의 이익'〔公利〕, 즉 민중 전체의 공익을 증진하는 속에서 '의義'의 실현을 주장한다. 묵자는 다음과 같이 말한다.

반드시 육정六情을 버려야 한다. 침묵할 때는 사색을 하고, 말을 할 때는 (남을) 가르치고, 움직일 때는 일을 해야 한다. … 반드시 기쁨〔喜〕을 없애야 하고, 분노〔怒〕를 버려야 하고, 즐거움〔樂〕을 없애야 하고, 슬픔〔悲〕을 버려야 하고, 사랑하고〔愛〕 미워하는 것〔惡〕을 버리고서, 인의仁義로써 손·발·입·코·귀를 의義에 따르게 하면, 반드시 성인이 된다.28

묵가집단은 민중의 이익 증대 입장에서, 인간의 감정을 배격하고,

---

26 "計久喪, 爲久禁從事者也. … 以此求富, 此譬猶禁耕而種也."(「節葬」下, 王 191쪽)
27 "姑嘗厚斂乎萬民, 以爲大鍾鳴鼓琴瑟竽笙之聲, 以求興天下之利, 除天下之害無補也. 是故子墨子曰: 爲樂非也!"(「非樂」上, 王 273쪽)
28 "子墨子曰: 必去六辟. 默則思, 言則誨, 動則事. … 必去喜去怒, 去樂去悲, 去愛(惡)而用仁義. 手足口鼻耳, 從事於義, 必爲聖人."(「貴義」, 王 350쪽)

오로지 실천이성에 따라서 만인은 무엇보다 생산에 종사해야 하며, 사회적인 공공의 의義, 즉 공리公利·겸애兼愛를 실현해야 한다는 데에만 역점을 두었다.

5. 강한 주체적 실천과 운명 반대[非命]론

묵가사상은 이상에서 언급한 바와 같이 '겸'(평등 박애)의 이상을 가지고, 한 사회 구성원 모두의 '공리'(공공의 이익)를 역설하고 부단한 실천적 의지를 강조한다. 여기에서 더 나아가서 인간의 숙명적 운명론을 배격한다. 인간의 주체적 자기 실천의지의 실현, 즉 '역力'을 강조한다. 따라서 묵가의 주장에 따르면 '운명'[命]이란 못된 집권자가 만든 것이요, 오갈 데 없는 사람[窮人]이 말하는 바이요, 인자仁者의 언론이 아니다.[29] 그들이 볼 때, 운명론은 지배하는 입장에서 피지배층을 기만하려는 방편이다.[30]

운명[命]이 있다고 보는 사람은, "명이 부富해야 부하고, 명이 빈貧하면 가난하고 … 명에 다스려짐[治]이 있어야 다스려지고, 명에 혼란[亂]이 있으면 혼란한 것이요, 명이 길면[壽] 오래 살고, 명이 짧으면[夭] 일찍 죽으니, (사람이) 비록 힘을 다해 노력을 해도, 무슨 이익이 있으리오."라고 한다. 이것은 위로는 왕공대인王公大人을 기쁘게 하나, 아래로는 백성들의 생산노동[從事]을 방해하니, 운명[命]을 주장하는 자는 불인不仁하다.[31]

---

29 "命者, 暴王所作, 窮人所述, 非仁者之言也."(「非命」, 王 307쪽)
30 "此皆疑衆·遲樸, 先聖王之患也."(「非命」下, 王 303쪽)
31 "執有命者之言曰: 命富則富, 命貧則貧, 命衆則衆, 命寡則寡, 命治則治, 命亂則亂,

그들은 숙명론에 반대하면서 인간의 강한 주체적 실천의지〔强〕를 강조한다. 인간이 "열심히 노력하면〔强〕 반드시 다스려지고, 노력하지 않으면〔不强〕 반드시 혼란이 오고, 열심히 노력하면 안녕을 누리고, 노력하지 않으면 반드시 위기가 오고", "열심히 노력하면 반드시 귀하게 되고, 노력하지 않으면〔不强〕 반드시 (신분이) 천賤해지고, 열심히 노력하면 영화榮華를 얻고, 노력하지 않으면 반드시 욕辱을 보며", "열심히 노력하면 반드시 부富해지고, 노력하지 않으면〔不强〕 반드시 가난해지고, 열심히 노력하면 반드시 배를 채우나, 노력하지 않으면 반드시 배고프다. 그러므로 감히 게으름을 피울 수가 없다."[32]고 한다. 이와 같이 묵가에서 볼 때, 인간사의 모든 문제는 '운명'〔命〕의 문제가 아니라, '강强'·'불강不强', 즉 '노력하는가, 노력하지 않는가'의 문제인 것이다. 따라서 묵가사상은 인간이 스스로 자기 문제를 해결하기 위하여 힘쓸 것을 주장하면서, 인간의 '역力', 즉 실천적 노력을 강조한다.

옛날 우禹·탕湯·문文·무武왕이 천하를 다스릴 때, 배고픈 자는 반드시 밥을 먹었고, 추운 자는 반드시 옷을 입었고, 피곤한 자는 반드시 쉬었고, 혼란은 반드시 다스려졌다. … (이것이) 어찌 '운명'에 의하여 된 것이냐? (이것은) 그들의 '역'에 의한 것이다. 지금 현량賢良한 자가 … 위로는 왕공대인의 상을 받고, 아래로는 만민의 칭송을 받는다면, 이 또한 어찌 그의 운명이겠는가? 이것은 그의 노력〔力〕에 의한 것이다.[33]

命壽則壽, 命夭則夭, 命雖强勁, 何益哉? 上以說王公大人, 下以駔(阻)百姓之從事, 故執有命者不仁."(「非命」上, 王 282쪽)

32 "彼以爲强必治, 不强必亂; 强必寧, 不强必危. … 彼以爲强必貴, 不强必賤, 强必榮, 不强必辱. … 爲强必富, 不强必貧; 强必飽, 不强必飢. 故不敢怠倦."(「非命」下, 王 305-306쪽)

33 "昔者禹湯文武, 方爲政乎天下之時, 曰: 必使飢者得食, 寒者得衣, 勞者得息, 亂者得

따라서 묵가는 "내가 '명'을 본다고는 결단코 말할 수 없다"[34]고 하며, "세상사는 모두 자기 노력에 의하여 된다."[35]고 말한다.

6. 공공 이익 중시의〔公利的〕 종교관과 현자賢者 독재론

묵가는 철저한 현세 중심의 주체적 실천의지를 주장하면서도, 당시처럼 격렬한 사회적 변동기의 구체적 인간들이란 결국 '별사', '별군'이라는 이기적 충동을 가진 존재임을 인정하지 않을 수 없었다. 그들은 인간의 본바탕을 물들지 않은 생사生絲에 비유했다.

묵자는 생사를 염색하는 것을 보고 감탄하여 이르되,「푸른색에 물들이면 푸르러지고, 노란 색에 물들이면 노래진다. 들어간 자는 변하니, 그 색이 또한 변한다. 다섯 가지에 넣으면, 바로 오색五色이 나오니, 물들이는 것을 신중하게 하지 않을 수 없구나!」라고 하였다.[36]

묵가는 당대의 '별사', '별군'이 원래부터 나쁜 인성을 가지고 상호 이기적 차별적 관계를 맺게 된 것이 아니고, 다만 잘못 '염색'된 것으로 본다. 이 잘못 염색된 인간들을 결국 '겸사', '겸군'의 평등박애적인 인간존재로 전환시키기 위하여, 그들은 귀신과 하느님〔天〕의 존재를 빌린다. 바꾸어 말하면, 묵가는 현세 중심으로 인간의 주체적 실천

治. … 亦豈以爲其命哉? 故以爲力也! 今賢良之人, … 上得其王公大人之賞, 下得光
譽令問於天下, 亦豈以爲其命哉? 又以爲力也!"(「非命」下, 王 301-302쪽)

34 "必不能曰: 我見命焉!"(「非命」中, 王 295쪽)

35 "天下皆曰: 其力也."(「非命」下, 王 295쪽)

36 "子墨子言, 見染絲者而歎曰: 染於蒼則蒼, 染於黃則黃, 所入者變, 其色亦變, 五入而
已則爲五色矣. 故染不可不慎也!"(「所染」, 王 15쪽)

의지를 강조하고, 숙명론(또는 천명론)을 부정하면서도, 다른 한편으로는 인간의 본질적인 재교육과 사상의 전환을 위해서는 어쩔 수 없이 '하느님'의 존재와 '하늘의 뜻'〔天意〕의 도움이 필요하다고 보았다. 따라서 묵가에서 말하는 '천의'란 처음부터 바로 그들의 실천철학을 지지하는 천상의 보증자라는 공리적인 한계성을 명백히 가진다.

> 천의天意를 좇는 자는 겸상애兼相愛·교상리交相利하여 반드시 상을 받고 천의를 어기는 자는 서로 미워하고 서로 해치니, 반드시 벌을 받을 것이다.[37]

묵가의 종교관은 그들의 주장과 이상인 만인들의 '겸상애'·'교상리'를 실현시키기 위하여 고안된 공리 타산적인 하나의 '방편' 이상의 의미를 갖지 못한다. 따라서 묵가에게 '하느님'과 '귀신'의 존재 여부 자체는 실제로 중요한 의미를 갖지 못한다. 그들에게 중요한 것은 현세 인간들의 단합과 화평이다. 『묵자』「명귀」에는 다음과 같은 말이 있다.

> 묵자 선생님이 이르되, 고금의 귀신이란 다른 것이 아니다. 천귀天鬼가 있고, 또한 산수山水의 귀신이 있고, 또한 사람이 죽어서 귀신된 것이 있다. 지금 아비보다 먼저 죽는 일도 있고, 동생이 형보다 먼저 죽는 일도 있다. 비록 그렇다고는 하지만, 세상의 상리常理로 말하자면, 먼저 태어난 자가 먼저 죽는다. 이와 같다면 먼저 죽는 사람은 아버지가 아니면 어머니요, 형이 아니면 형수이다. 지금 정결하게 술과 감주를 마련하고 풍성한 곡식을 제기祭器에 담아서 삼가 공손히 제사를 올리는데, 만

---

37 "順天意者, 兼相愛·交相利, 必得賞. 反天意者, 別相惡·交相賊, 必得罰."(「天志」上, 王 212쪽)

약 귀신이 진실로 있다고 한다면, 이것은 자기의 부모·형과 형수를 (다시) 얻어 그들에게 음식 대접을 하는 것이니, 어찌 '이리利'를 더하는 것이 아니겠는가! 만약에 귀신이 정말 없다고 하면, 이것은 바로 준비한 술과 감주, 풍성한 곡식의 제물을 낭비한 셈이다. (그러나) 그것을 낭비했다 해도 다만 그것을 웅덩이나 도랑에 부어버린 것이 아니요, 안으로 집안 친척, 밖으로는 향리鄕里 사람 모두가 함께 얻어먹고 마신 것이다. 비록 귀신이 정말 없다 한들, 이것으로 오히려 사람들이 모여 함께 즐기고, 향리 사람 (모두가) 화친和親할 수가 있다.[38]

묵가의 사고방식에 따르면 귀신은 하늘과 땅, 산천 자연 및 죽은 사람 등 어디에나 존재한다. 특히 죽어간 부모·형제·친척들이 바로 혼신魂神으로 나타난다고 본다. 그래서 제사를 드리는 것은 죽은 부모친척을 대접하는 일이며, 만약 귀신이 없다고 해도, 제물을 쓸데없이 낭비한 것이 아니라, 일가친척은 물론 향리사람 모두가 서로 단합할 수 있는 좋은 기회라는 것이다. 이와 같은 공리타산적인 종교관을 묵가는 바로 장인匠人들의 생산 활동에 필수불가결한 도구에 비유한다.

이렇기 때문에 묵자 선생님은 천지天志가 있다고 하는 것을 윤인輪人 (수레바퀴 만드는 사람)의 규規(원을 재는 자)나 목수의 구矩(시각을 재는 자)와 같다고 비유한다. 지금 윤인輪人은 규規로써 세상 물건이 둥근지 아닌지를 재어 보고 … 목수 또한 구矩를 써서 세상 물건이 네모[方]인지

---

38 "子墨子曰: 古之今之爲鬼, 非他也. 有天鬼, 亦有山水鬼神者, 亦有人死而爲鬼者. 今有子先其父死, 弟先其兄死矣. 意雖使然, 然而天下之陳物曰: 先生者先死. 若是, 則先死者, 非父則母, 非兄而姒也. 今潔爲酒醴粢盛, 以敬愼祭祀. 若使鬼神誠有, 是得其父母姒兄而飮食之也, 豈非厚利哉? 若使鬼神請亡, 是乃費其所爲酒醴粢盛之財耳. 自夫費之, 非特注之汚壑而棄之也. 內者宗族, 外者鄕里, 皆得如具飮食之. 雖使鬼神誠亡, 此猶可以合驩聚衆, 取親於鄕里."(「明鬼」下, 王 267쪽)

아닌지를 재어 본다. … 따라서 묵자가 천의가 있다고 하는 것은 위로는 세상의 왕공대인의 정치를 헤아려 보려는 것이요, 아래로는 세상 만인의 학문과 언론을 재어 보려는 것이다. 그들의 행위를 보고, 천의에 좇았으면 선의善意를 했다고 보는 것이요, 천의에 위반했으면 선의를 행하지 않았다는 뜻이다. … 따라서 이것〔天意〕을 원칙〔法〕으로 삼고, 그 것을 표준〔儀〕으로 보아, 세상의 왕공대인인 경대부卿大夫가 인仁한지 불인不仁한지를 헤아려 보니, 이것은 흑백을 갈라보는 것과 같다.[39]

이와 같이 묵가에서 주장하는 '하느님'과 '천의'는 만인의 '공리公利'(공공의 이익)나 '겸兼'을 실현시키기 위한 하나의 방편이다.

묵가집단은 '겸'과 '공리公利'에 따르는 천상의 하느님〔天〕의 상벌을 생각했을 뿐만 아니라, 지상에서 '겸'과 '공리'를 지향하는 인군人君, 즉 천자가 절대적으로 필요하다고 보았다. 왜냐하면 천하에 공리적인 의와 겸을 실천하는 절대적인 군주〔天子〕가 없는 한, 인간 개개인들의 각기 다른 주장들은 하나로 통합(수렴)될 수가 없어서 세상이 혼란해진다고 보았기 때문이다.

세상 사람들이 의義를 달리하니, 1인이면 1의義가 있고 10인이면 10의가 있고, 100인이면 100의가 있으니, 사람의 수가 이렇게 많아지면 그 사람들의 '의'도 그만큼 많아진다. 그리고 사람은 자기의 '의'를 옳다고 하고 남의 '의'를 그르다고 하니 서로가 서로를 그르다고 하게 된다.

---

39 "是故子墨子之有天志, 譬人無以異乎輪人之有規, 匠人之有矩也. 今夫輪人操其規, 將以量度天下之圜與不圜也. … 匠人亦操其矩, 將以量度天下之方與不方也. … 故子墨子之有天之意也, 上將以度天下之王公大人, 爲刑政也, 下將以量天謂天下之萬民爲文學, 出言談也. 觀其行: 順天之意, 謂之善意行; 反天之意, 謂之不善意行. … 故置此以爲法, 立此以爲儀, 將以量度天下之王公大人卿大夫之仁與不仁, 譬之猶分黑白也."(「天志」中, 王 226쪽).

안으로 부모형제가 원수가 되니 모두 떠나갈 마음을 갖게 되어 서로 화
합할 수 없게 된다. 여력은 (남아도) 버리게 되니 서로 도와줄 수 없고,
좋은 방도가 (있어도) 숨겨서 서로 가르쳐줄 수가 없고, 재산이 남아서
썩게 되어도 서로 나누어줄 수 없게끔 되기에 이르니, 세상이 혼란해져
짐승[禽獸]과 같아지기에 이르렀다. … (그러나) 만민의 올바른 대표
[長]가 없는데도 천하의 '의'를 하나로 통일[同]하려고 한다면, 천하에
혼란이 일어날 것이 분명하다. 그렇기 때문에 현량賢良 · 성지聖智 · 변
혜辯慧가 있는 사람을 뽑아서 천자로 세워야 하고, (그로 하여금) 천하의
'의'를 하나로 모으게 해야 한다.[40]

말하자면 바로 성인聖人의 지혜를 가진 천자가 하느님의 뜻[天意]
을 따라 천하를 다스려야 하는 것이다. 묵가집단은, "천[하느님]이 천
하의 의를 하나로 같게[同] 하려고 하기 때문에 현자를 뽑아서 천자로
세우는 것이다."[41]라고 한다. 따라서 천자의 정치는 천하의 의를 모아
서, 위로 하느님의 뜻[天意]에 합치[同]하여야 한다.

묵가는 결국 천상의 하느님 외에, 지상에 현명하고 만능하여 '겸상
애'와 '교상리'를 실현시킬 수 있는 천자의 '통일되고 일관된' 정치가
꼭 필요하다는 것을 『묵자』「상동尙同」과 「천지天志」 등에서 말하고
있다.

와다나베는 『묵자』에 대한 문헌 분석에서 현자 통치론을 진묵秦墨
의 사상 내용으로 보고 있다. 그는 기원전 381년 거자巨子(묵가집단의

---

40 "天下之人異義, 是以一人一義, 十人十義, 百人百義. 其人數玆衆, 其所謂義者亦玆
衆. 是以人是其義, 而非人之義, 故相交非也. 內之父子兄弟作怨讐, 皆有離散之心,
不能相和合. 至乎舍餘力, 不以相勞; 隱匿良道, 不以相敎; 腐朽餘財, 不以相分. 天下
之亂也, 至如禽獸然. … 明乎民之無正長, 以一同天下之義, 而天下亂也. 是故選擇天
下賢良 · 聖知 · 辯慧之人, 立爲天子, 使從事乎一同天下之義."(「尙同」中, 王 81쪽)
41 "天之欲同一天下之義也, 是故選擇賢者, 立爲天子."(「尙同」下, 王 94쪽).

수령) 맹승孟勝이 초楚의 양성군陽城君과 약속한 수성守城 임무에 실패하자 제자 183인과 함께 집단자살한 사건[42]으로 묵가집단 활동 제1기가 끝났다고 보면서, 기원전 4세기 이래 진秦에 들어가서 혜왕惠王(337-311 BC)의 천하통일이 있기 전까지 맹활약을 했다고 본다.[43] 그에 의하면 진묵은 기원전 3세기 후반 이래로 "진시황의 천하통일을 예상"하면서[44] 통일되고 절대적인 천자의 권력을 예찬했다는 것이다.

여하튼 천하의 '의', 즉 겸애와 공리公利를 실천하는 현명한 천자는 만인의 사표師表가 되는 '공적'인 존재이기 때문에 천자의 시비판단 자체가 절대적이고 공적인 효력을 가질 때 천하가 잘 다스려진다고 설파한다.

무릇 나라의 만인은 천자를 (표준으로, 그와) 같아져야[同]하고, 그 이하의 것을 비견比見해서는 안 된다. 천자가 옳다[是]고 하면 반드시 그것을 옳게 여기고, 천자가 그르다[非]라고 하면 또한 그것을 반드시 그른 것으로 보아야 한다. … 천자는 진실로 천하의 인인仁人이다. 천하의 만인이 (그런) 천자를 모범[法]으로 삼는다면 천하의 무엇이 다스려지지 않겠는가! … 오직 그[天子]가 천하의 의만을 실현함으로써 천하는 다스려질 것이다.[45]

---

42 『呂氏春秋』「上德」 참조.

43 渡邊卓, 「墨家行動略史」, 앞의 책, 555-75쪽.

44 같은 책, 520쪽.

45 "凡國之萬民, 上同乎天子, 而不敢下比. 天子之所是, 必亦是之. 天子之所非, 必亦非之. … 天子者, 固天下之仁人也, 擧天下之萬民, 以法天子, 夫天下何說而不治哉? … 唯以其能一同天下之義, 是以天下治."(「尙同」中, 王 84쪽)

7. 맺음말

2천 300여 년 전 중국 고대의 전국시대 사회를 풍미했던 묵가사상에서 우리가 강렬하게 느낄 수 있는 것은 무엇보다 현세 중심 '평등박애' 사상과 '민중 이익의 증진'이다. 이것은 17세기 이래 서구 시민사회 초기의 유산계층Bourgeoisie을 대표하는 영국 사상가들의 정치이념과 많은 유사점을 보인다. 그들에게는 물론 중세적 신분사회의 불평등한 인간관계를 부정하고 사유재산을 기초로 하는 새로운 인간관계, 또는 '국가' 구성이 주요한 문제였다. 이와 비슷한 관점에서 풍우란馮友蘭(Feng Youlan)은 특히 묵자와 홉스(Thomas Hobbes, 1588-1679)의 정치사상의 유사성을 일찍이 지적한 바 있다.[46] 필자는 특히 홉스가 종래 인간의 천부적 계급론을 부정하고 인간능력의 평등성을 인정하면서, 당시 영국사회의 유산계층 인간들 사이에 경제적 이해관계의 충돌에서 야기되는 사회적 혼란을 지양하고, 각 개인의 경제활동과 자유를 보장하기 위하여 강력한 주권자 리바이어던Leviathan을 상정한 것이, 묵가에서 천상의 하느님과 귀신의 존재를 원용하고, 지상에 현명하고 절대적인 주권자로서 천자天子를 가정한 것과 사고발상에서 상당한 유사성이 있다고 본다.

중국 고대 전국시대에는 토지의 보편적 사유화와 더불어 귀족 중심의 봉건제도가 무너지고, 그와 함께 시장경제의 상대적 발전이 있었다. 급격히 사회가 변화하며, 사회구성에 항구적 제도가 결여된 과도기적 상태 속에서 묵가사상과 같은 극단적인 민중 중심의 평등박애〔兼〕와 공리公利(공공의 이익)사상이 일시적으로 나올 수 있었다.

그러나 중국 고대사회가 계속 시장경제를 촉진시켜 자본주의 사회

---

46 馮友蘭, 『中國哲學史』, 홍콩, 1961, 133쪽.

로 발전하지 않고 진한秦漢 이래 토지사유를 중심으로 지주·관료 계층이 지배하는 신분사회로 정착하면서, 인간관계의 상하 차등이 분명한 가부장적 질서가 확립되었다. 우리는 바로 여기에서 기원전 2세기 한초漢初 이래로, 인간관계에서 오륜五倫 또는 오상五常으로 설명되는 군신君臣·부자父子·부부夫婦·장유長幼·붕우朋友 간의 엄격한 가부장적 '상하 차등'과 행동규범을 '인간적, 우주적' 근본 질서로 내세우는 유교사상이 정통적 국가통치 이념으로 확립될 수밖에 없는 필연성을 보게 된다. 그와 반대로 묵가사상은 그 학설이 현실화될 수 있는 사회경제적인 객관적 기반을 잃어버린 것이다. 그래서 전국시대에 유가와 더불어 쟁쟁한 영향력을 가졌던 묵가사상은 곧 한漢 초의 사마천司馬遷(145-86 BC) 시대에 이르러서는 거의 그 규모를 파악할 수 없을 정도로 희박해져 버렸다.[47]

일찍이 순자荀子(340-245 BC)는 묵가의 학설을 평하여 "묵자는 (인간관계의) '제齊', 즉 공동적共同的인 측면을 보았고, '기畸', 즉 개별적인 측면을 보지 못했다"[48]고 했다. "묵자는 '용'(用) 즉 공용公用에 눈이 어두워, '문'(文) 즉 인간의 정서를 알지 못했다"[49]고 말한다.

또한 『장자』「천하」의 저자는 묵가사상의 개요를 서술하면서, 세심한 인간의 정서와 감정을 무시하고 오직 순수한 실천이성에서 나온 헌신적인 구세救世 행위는 "살아서 힘들고 죽어서 너무 각박하여 그 실천 방도가 힘이 드니, 사람을 우울하게 하고 슬프게 한다." 하여 묵자의 도술道術은 "세상 사람의 마음에서 벗어나고, 세상 사람은 그것을 감당할 수 없다"고 평한다. 그러나 그는 인간의 모든 쾌락을 초월한

---

47 司馬遷은 『史記』「孟子荀卿列傳」의 맨 끝 句節에 墨子에 관하여 오직 다음과 같이 적고 있다. "蓋墨翟, 宋之大夫, 善守禦, 爲節用. 或曰: 並孔子時, 或曰: 在其後."
48 "墨子有見於齊, 無見於畸."(『荀子』, 「天論」)
49 "墨子蔽於用, 而不知文."(『荀子』, 「解蔽」)

묵자의 헌신적 구세정신에 감화하여 다음과 같이 글을 맺고 있다.

묵자는 정말로 천하에 아주 좋은 인물이다. 이런 인간은 얻으려 해도 얻을 수 없다. 자기 생활이 아무리 마른 나무처럼 (각박하게 되어도) 자기 주장을 버리지 않으니 이는 정말 (구세의) 재사才士라고 하겠다![50]

---

50 "其生也勤, 其死也薄, 其道大觳; 使人憂, 使人悲, 其行難爲也. … 反天下之心, 天下不堪. … 雖然, 墨子眞天下之好也; 將求之不得也, 雖枯槁不舍也. 才士也夫!"(『莊子』, 「天下」)

참고문헌

『墨子』, 王煥鑣 著, 杭州: 浙江文藝出版社, 1984.

『孟子』
『莊子』
『荀子』
『呂氏春秋』
『戰國策』
『史記』
『淮南子』
『古史辨』, 顧頡剛 等著, 海南島: 海南出版社, 2005.

李峻之, 「呂氏春秋中古書輯佚」, 收錄在『古史辨』, 第6冊.
劉汝霖, 「呂氏春秋之分析」, 收錄在『古史辨』, 第6冊.

宋榮培, 『新東亞』, 별책부록 『역사를 움직인 100권의 철학책』, 1984.
渡邊卓, 『古代中國思想の研究』, 東京, 1973.
任繼愈, 『中國哲學史論』, 1981.

楊寬, 『戰國史』, 上海, 1980.
馮友蘭, 『中國哲學史』, 香港, 1961.

Cho-yun Hsu, *Ancient China in Transition*, Standford, 1965.
Young-bae Song, *Konfusianismuis, Konfuzianische Gesellschaft und die Sinisierung des Marxismus*, Frankfurt a. M. Univ. (Diss.), 1982.

제3장 양주학파의 개인주의적 철학

1. 머리말

유가사상의 핵심을 우매한 일반 민중에 대한 소수 지식인 엘리트〔즉 君子〕들의 강력한 책임의식〔仁義〕과 동시에 그들에 의한 지배와 통치〔德治〕를 합리화하는 이념이라고 이해한다면, 묵가사상은 생산활동을 하는 만민들의 평등박애〔兼愛〕와 서로의 물질적 이해증진〔交相利〕 속에서 사회의 안정을 실현하고자 했던 급진적 행동파들의 적극적이고 진취적인 사회이념이라고 볼 수 있다. 이와 같이 유가와 묵가사상은 이념적으로 상이하다. 그러나 인간을 사회적 존재로 보는 이 두 사상의 근저에는 인간의 '실천이성'(또는 도덕적 의지)에 대한 본질적인 확신이 깔려 있다. 따라서 이 두 사상은 모두 문제 많은 현실 사회의 인간관계를 각기 상이한 자기이념에 따라서 이상화하기 위해 적극적인 인간의 실천 의지와 이념적 교육 및 실천을 강조한다.

사회 생산력의 급격한 발전은 점차 물질적 욕구와 이해관계의 충돌을 빚어냄으로써, 개인과 개인 또는 집단과 집단 간의 치열한 생존투쟁 상태를 야기하였다. 그뿐만 아니라 국가들 간의 크고 작은 전쟁은 계속 확대일로에 있었다. 이제 기존의 인간관계는 전면적으로 파괴된 것이다. 그 결과 사회적인 위기의식이 급격히 고조됨에 따라서 일부 지식인들은 자연히 현실 도피적으로 되었다. 그들은 인간의 실천적 도덕의지를 근본적으로 회의하게 된 것이다. 이들 일부 현실 도피적이거나 회의적인 지식인들은 점차 사회 문제에 대한 어떠한 인간의 이상적 해결이나 노력도 불신하게 되었다. 여기에 사회 문제에 대한 이념적이고 인위적인 해결을 원칙적으로 부정하는 도가道家[1]사상이 점차 유묵의 실천적 도덕의지 및 그들의 이념을 비판하면서 새로운 철학사상으로 나타나게 된다.

풍우란은—『논어』의 여러 편에 나타나 있는— 공자(551-479BC) 당대에 그를 비난하였던 은둔적 지식인들〔逸民〕에게서 도가사상의 원류를 찾는다.[2]

이들 일민들의 핵심적인 생활태도는 외부의 여하한 권위나 위기적인 상황 하에서도 자신의 뜻과 자유를 지키자는 것이라고 볼 수 있다.[3] 그러나 근본적인 사회적 전환이 계속 확대·발전되어 갔기 때문에 이들은 인간의 도덕적 의지로 안정된 사회로 복귀하는 것이 결과적으로 불가능하다고 보았다. 공자는 "그것이 불가능하다는 것을 알면서도 행위"[4]하였던 한낱 철없는 지식인으로 평가되고 있다. 이들의

---

1 '道家'라는 명칭은 기원전 2세기 西漢 초에 비로소 생긴 것이다.『史記』,「陳平列傳」참조. 물론 당시에는 '道家'라는 명칭보다는 '黃老'라는 개념이 더 일반적이었다. (예 『史記』,「孟荀列傳」 "黃老道家之術",「孝武本紀」 "黃老言" 등 및 『漢書』,「循吏傳」, "黃老道 …" 등 참조) 黃老사상과 道家사상은 구별되어야 한다. 그러나 『老子』에는 분명히 君主의 '無爲' 통치설이 암시되어 있으며, 이런 사상이 法家사상과 결합하여 점차 하나의 통치이론을 형성하면서 黃老사상이 생겨났다. 이 '黃老'사상이 서한 초에 지배적인 통치이념이 되었기 때문에 '黃老' 개념이 더 일반적이었던 이유가 있는 것이다. 그러나 인간과 사회와 우주의 보편적 원리를 지칭하는 '道' 개념과 연관하여 '道家'라는 명칭이 나오면서부터는, 현실의 정치참여 거부 및 그 체제를 옹호하는 모든 이념을 극단적으로 부정하고, 개인의 생명 보존과 자유 추구만을 제일의적으로 보는 은둔적 개인주의로 특징지을 수 있는 사상적 면모가 道家사상의 전형으로 간주되기에 이르렀다.
2 馮友蘭,『中國哲學史新編』第一冊, 1980년 수정본, 239-243쪽.
3 『論語』,「微子」, 蔣 284쪽.
4 "知其不可而爲之."(『論語』,「憲問」, 蔣 165쪽)

공자에 대한 외침은 다음과 같다.

> 봉황이여, 봉황이여! 세태는 어찌하여 이렇게 쇠하였는가! 미래는 기
> 대할 수 없고 과거 (또한) 만회할 수 없도다. 세상에 도가 있으면 성인은
> 뜻을 이루고 세상에 도가 없으면 그는 (자기) 삶만을 지킬 뿐이로다! 바
> 야흐로 지금은 오직 화만 면하기를 바랄 뿐이다. 행운이 깃털보다 가볍
> 기에 그것을 어디에다 나타내야 할지 모르겠고, 불행은 땅덩이보다도
> 무겁기에 그것을 어떻게 피해야 할지 모르겠다. 이젠 끝이다, 끝이다,
> 남을 후덕하게 대하는 일도! 험하고 험한 세상, 땅에 그어진 선만 따라
> 살자꾸나! 가시 돋친 풀이여, 가시 돋친 풀이여, 나의 갈 길을 해치지
> 말아 다오! 작은 가시여, 작은 가시여, 내 발을 찌르지 말아다오![5]

2. 문제 제기

양주(395-335 BC)의 사상은 이러한 은둔적 지식인들에게게서 발전되
어 나온 최초의 영향력 있는 사상이다. 그의 사상은 『맹자』, 『장자』,
『한비자』 등에서 이미 독립적인 학파를 이루고서 묵가와 대립하여 활
발한 논쟁을 벌인 것으로 기술되고 있다.[6] 특히 맹자(372-289 BC)는

---

5 "孔子適楚, 楚狂接輿遊其門曰: 鳳兮鳳兮 何如德之衰也! 來世不可待, 往世不可追也.
天下有道, 聖人成焉. 天下無道, 聖人生焉. 方今之時, 僅免刑焉! 福輕乎羽, 莫之知載.
禍重乎地, 莫之知避. 已乎已乎, 臨人以德! 殆乎殆乎, 畫地以趨! 迷陽迷陽, 無傷吾行!
吾行卻曲, 無傷吾足!"(『莊子』, 「人間世」, 郭 183쪽) 『論語』, 「微子」에는 같은 이야기
가 "楚狂接輿歌而過孔子曰: '鳳兮! 鳳兮! 何德之衰? 往者不可諫也, 來者猶可追也. 已
而已而! 今之從政者殆而!' 孔子下, 欲與之言. 趨而避之, 不得與之言."으로 기록되어
있다.

6 "楊朱·墨翟之言盈天下. 天下之言, 不歸楊, 則歸墨."(『孟子』「滕文公」下, 定本 20
쪽); "駢於辯者, 纍瓦結繩竄句, 遊心於堅白同異之間, 而敝跬譽無用之言非乎? 而楊墨

"양주, 묵적의 언론이 천하에 가득하다. 천하의 언론이 양주에 쏠리지 않으면 묵적에 쏠린다. … 양묵의 도가 식지 않으면 공자의 도는 나타나지 못한다. … 언론으로 양묵을 배격할 수 있는 사람이 성인의 무리이다."[7]라고 선언하였다. 여기에서 우리는 맹자가 학문 활동을 시작한 시절에는 공자의 가르침이 거의 양주와 묵가에게 압도당하고 있었음을 알 수 있다.

그러나 문제는 당대의 중요한 학술사상의 발전을 평가하여 기술한 『장자』「천하天下」편과 『순자荀子』「비십이자非十二子」편에 양주에 대한 언급이 결여되어 있다는 점이다. 이것은 맹자 당시에 쟁쟁했던 양주사상이 시대적 발전을 따라서 점차 다른 철학사상으로 극복 또는 통합되면서 자체의 학술적 영향력이 크게 줄어들었음을 보여 준다. 그렇다면 우리는 당대의 여러 학술사상의 발전과 관련하여 양주사상의 핵심적인 내용이 무엇인가를 묻지 않을 수 없다. 여기에 나타나는 피할 수 없는 난점은 문헌 부족이다. 왜냐하면 양주의 사상을 직접적으로 전하는 그 자신이나 학파의 독립적인 저술이 없기 때문이다. 다만 선진 先秦시대의 여러 문헌(예 『맹자』, 『묵자』, 『장자』, 『순자』, 『한비자』, 『여씨춘추』 등)에 그 사상에 대한 단편적인 기술이나 평가만이 전해지고 있을 따름이다.

그러나 양주의 사상을 발전시켜 나간 '도가', 특히 『장자』 외·잡편(예 「변무騈拇」, 「마제馬蹄」, 「거협胠篋」, 「양왕讓王」, 「도척盜跖」 등) 및 양주(약 395-335 BC)의 활동연대보다 거의 100여 년이나 뒤에(즉 239 BC) 편찬된 『여씨춘추』의 「본생本生」, 「중기重己」, 「귀생貴生」, 「정욕情欲」, 「심위審爲」 등에

是已."(『莊子』,「騈拇」, 郭 314쪽); "楊朱·墨翟, 天下之所察也, 干世亂而卒不決, 雖察而不可以爲官職之令."(『韓非子』,「八說」第47, 陳 973쪽) 등 참조.

7 "楊朱·墨翟之言盈天下. 天下之言, 不歸楊, 則歸墨. … 楊墨之道不息, 孔子之道不著. … 能言距楊墨者, 聖人之徒也."(『孟子』,「滕文公」下, 定本 20-21쪽)

는 양주 자신의 이름은 보이지 않지만, 그의 사상을 발전시켜 나간 것
으로 보이는 양주의 후학들(詹何, 子華子, 魏车, 子霜雩 등)의 사상적 내
용이 담겨져 있다. 그 밖에『열자列子』에 「양주楊朱」가 전해지고 있으
나, 이미 일찍이 마서윤馬敍倫(Ma Xulun), 진문파陳文波(Chen Wenbo)
등이 논증한 이래로『열자』자체가 위진 시대의 위작으로 평가되기 때
문에, 「양주」에 기술된 양주사상의 실제적 가치는 크게 격감된다.[8] 필
자는 또한 「양주」의 중심을 이루는 낭만적인 종욕縱欲주의는 결국 위
진魏晉시대의 산물에 불과하다는 이들의 주장도 고려해 볼 가치가 있
다고 본다. 그와 같은 '종욕주의'는 여하간 — 이 글에서 밝혀질 — 본래의
양주학파의 입장, 즉 '온건한 삶'〔全生〕을 위하여 욕구 절제를 요구하
는 것과 근본적인 차이가 있음은 분명한 사실이다. 그러나 이미 문계명
門啓明(Wen Qiming)이 지적했듯이,[9]『맹자』(「滕文公」下, 「盡心」上 등)
및『한비자』(「顯學」)에 언급된 양주의 '위아爲我'(개인주의)설의 논의와
합치하는『열자』「양주」의 한 부분만은 원래의 양주사상을 전한다고
필자는 보고 싶다.

　필자는 또한 서한 초에 편집된『회남자淮南子』에 나오는 중국고대
사상 발전에 관한 다음과 같은 기술을 주목하고자 한다.

　　무릇 현을 타고 노래하며 북을 치고 춤추는 것을 음악〔樂〕으로 여기
　　고, 빙 돌아가며 인사하고 겸양하는 예절〔禮〕을 닦으며, 장례를 후하게
　　치르고 오랫동안 상을 지내며 죽은 사람을 보내는 것은 공자가 주장한
　　것이다. 그러나 묵자는 그것을 비판하였다. 서로 사랑〔兼愛〕하고 현자
　　를 높이며〔尙賢〕 귀신을 섬기고〔右鬼〕 숙명을 반대〔非命〕하는 것은 묵

8　馬敍倫,「列子僞書考」(1919) 및 陳文波,「僞造列子者之一證」(1924),『古史辨』, 第四
　　卷, 520-529, 529-539쪽.

9　門啓明,「楊朱篇和楊子之比較硏究」,『古史辨』, 같은 책, 569쪽.

자가 주장한 것이다. 그러나 양주가 그것을 반대하였다. 생명을 온전히
〔全生〕하고 참된 것을 보존하고, (속인들이 평가하는 온갖) 외물들(즉 재
화, 명예, 이념 등) 때문에 자기 몸을 얽맬 수 없다는 것은 양주가 주장한
것이다. 그러나 맹자孟子가 그것을 비판하였다.[10]

여기서 분명히 드러나는 점은 양주사상이 사회적 이념 때문에 자신
을 희생시키고 개인의 생명을 너무나 각박하게 다루는 묵가사상을 비
판하는 데서 출발했다는 사실이다. 양주사상은 "개인의 생명을 온전히
보존하는"〔全生保眞〕 일을 제일 중요시한 ① 개인주의에 역점을 두었
을 뿐 아니라, ② 인간은 자기가 만들어 놓은 자기 생명 밖의 "외물,
즉 재물, 이념, 인습 등에 구속당해서는 안 된다."〔不以物累形〕고 하는
극히 인본주의적인 사상적 면모가 돋보인다.

양주학파의 철학사상을 좀 더 유기적으로 이해하기 위하여 필자는
첫째, 양주에 대한 맹자의 극단적인 평가를 다시금 검토하고 양주가
제시한 '위아爲我'(개인주의)론의 본래적 의미를 분명히 밝혀 보고자
한다. 둘째, 극단적인 개인주의는 결과적으로 인간의 사회적 관계를
부정하게 된다. 여기서 필자는 양주의 개인주의적 사상(경향)을 계승·
발전시킨 장자의 언론을 살펴봄으로써 인간의 도덕적 실천의지 및 이
념을 부정할 수밖에 없었던 당시 사회의 혼란과 지식인들의 위기의식
고조를 좀 더 구체적으로 이해해 보고자 한다. 셋째, 양주학파에서 인
간의 실천이성 및 공허한 이념 논쟁을 부정하고 새롭게 제시한 '생명
존중', 즉 '경물중생輕物重生'의 논리를 논의할 것이다. 끝으로 양주학
파의 '생명 존중' 논의의 전제가 되는 감성적 인간관과, 그러면서도 욕

---

10 "夫弦歌鼓舞以爲樂, 盤旋揖讓以脩禮, 厚葬久喪以送死, 孔子之所立也, 而墨子非之.
兼愛尙賢, 右鬼非命, 墨子之所立也, 而楊子非之. 全性保眞, 不以物累形, 楊子之所
立也, 而孟子非之."(『淮南子』, 「氾論訓」, 世界書局, 218쪽)

구의 방종이 아니라 그것의 절제를 통하여 유지되는 '온전한 삶'〔全生〕의 의미와 문제점을 살펴보고자 한다.

3. 위아爲我론과 불간섭주의

양주의 개인주의 사상과 관련된 『맹자』, 『한비자』 및 『여씨춘추』의 언급은 다음과 같다.

> 양주는 '위아爲我'〔개인주의〕의 입장을 취한다. 터럭 하나를 뽑아서 천하를 이롭게 하는 일을 하지 않는다.[11]

> 양주는 '위아'의 입장이다. 이것은 군주를 인정하지 않는 것이다. … 군주를 인정하지 않으니, 이는 금수이다.[12]

> 지금 여기에 어떤 사람이 있다. 그의 원칙으로는 위험한 도시에는 들어가지 않고, 군대가 있는 곳에 머물지 않는다. (또한) 천하의 큰 이익 때문에 (그것과) 자기 다리의 터럭 하나를 바꾸지 않는다. 세상의 군주가 반드시 그를 따르고 예우하며 그의 지혜를 귀하게 여기고 그의 행동을 높이 보는 것은 (그가) 외물을 가벼이 보고 생명을 중시하는〔輕物重生〕 선비로 보이기 때문이다.[13]

---

11 "楊朱取爲我, 拔一毛而利天下不爲也."(『孟子』 「盡心」上, 定本 19쪽)

12 "楊氏爲我, 是無君也. … 無君是禽獸也."(『孟子』 「滕文公」下, 定本 20쪽)

13 "有人於此, 義不入危城, 不處軍旅, 不以天下大利易脛一毛. 世主必從而禮之. 貴其智而高其行, 以爲輕物重生之士也."(『韓非子』, 「顯學」, 陳 1090쪽)

양주선생은 자기를 귀히 여긴다.[14]

여기에서 우리는 양주의 개인주의에 대한 ⓐ 맹자의 '위아'설, 즉 극
단적 이기주의로 보는 해석과 ⓑ 한비자의 '경물중생', 즉 외물을 경시하
고 생명 보존이 제일 중요하다고 보는 '생명 존중' 논의의 해석이
서로 대립하고 있음을 보게 된다. 맹자의 해석에 따르면, 양주의 '위
아'(개인주의)설은 자기 몸의 터럭 하나라는 극히 미세한 부분을 희생
할 경우, 온 세상이 큰 이익을 입게 된다 할지라도 그것은 결국 자기와
는 관계없는 밖의 세상을 위하는 일로 간주하는 극단적인 이기주의가
문제가 된다. 그러나 한비자의 해석에 따르면, 인간의 생명은 이 세상
의 그 무엇과도 바꿀 수 없는 제일 중요한 것이라는 확신이 있기 때문
에 자기 몸의 극히 미세한 한 부분이라도 인간이 만들어 놓은—즉 인간
의 생명 밖에 있는—세상의 이익 중에 아무리 큰 것을 얻게 된다고 할지
라도 결코 그것과 제일 소중한 자기 생명의 일부를 바꿀 수 없다고 하
는, 말하자면 '생명 존중'이라는 철학적 원칙을 제시하고 있다. 『열자』,
「양주」에 나오는 묵가의 금활리禽滑釐와 양주의 제자 맹손양孟孫陽의
대화에 이러한 생명 존중의 원칙이 잘 설명되어 있다.

금(활리) 선생이 양주에게 물었다. "당신 몸의 터럭 하나로써 한 세상
을 구한다면, 당신은 그렇게 하겠습니까?" 양주 선생이 대답했다. "세
상은 진실로 터럭 하나로 구제될 수 없습니다." 금 선생이 말했다. "만
약 구제할 수 있다면 그렇게 하겠습니까?" 양주 선생은 대답하지 않았
다. 금 선생이 밖에 나가 맹손양에게 말했다. 맹손양이 대답했다. "당신
은 (우리) 선생님의 마음을 이해하지 못했습니다. 제가 설명을 해보겠습

---

14 "陽子貴己."(『呂氏春秋』, 「不二」, 世界書局, 212쪽) 陽과 楊은 古音에서는 서로 통
하였다. 陽子는 곧 楊子(楊朱)를 가리킴.

니다. 당신의 살과 피부를 해쳐서 큰 돈〔萬金〕을 얻게 된다면, 당신은 그렇게 하겠습니까?"(금 선생이) 대답하였다. "그렇게 하지요." 맹손양이 말했다. "당신 (몸의) 한 동강을 잘라서 한 나라를 얻게 된다면 당신은 그렇게 하겠습니까?" 금 선생이 한동안 말을 못하였다. 맹손양이 말했다. "터럭 하나는 살과 피부보다 미미하고, 살과 피부는 몸의 한 동강보다 미미하다는 것은 분명합니다. 그러나 터럭 하나가 쌓여서 살과 피부를 이루고, 살과 피부가 쌓여서 몸의 한 동강을 이룹니다. 터럭 하나는 진실로 한 몸의 만분의 일이지만, 어찌 그것을 가벼이 볼 수 있습니까?"[15]

여기에서 우리는 양주학파의 개인주의적 사상은 결국 현실적인 사회적 인간관계, 말하자면 맹자가 중요시하는 인간관계의 상하 차등적 위계질서〔특히 君臣 간의 윤리도덕 등〕보다 더 중요한 생명의 의의를 강조한 것임을 알 수 있다. 개개 인간의 생명 보존 이외의 온갖 이념이나 가치체계는 부차적인 의미밖에 가질 수 없기 때문에, 맹자는 양주의 개인주의를 결국 군주君主제도의 부정〔無君〕으로 통하는 위험한 사고라고 단정하였다. 그뿐만 아니라 그는 양주사상을 도덕성이 결여된 인간 이하의 동물〔禽獸〕들이나 가질 수밖에 없는 파렴치한 이기주의로 몰아붙인다. 그러나 필자는 양주의 개인주의에 대한 맹자의 이와 같은 독단적인 단정은 '인간은 도덕적 존재'라는 맹자 자신의 철학적 확신만을 고집하는 데서 오는 하나의 순환론적인 추리에 불과하다고

---

15 "禽子問楊朱曰: '去子體之一毛以濟一世, 汝爲之乎?' 楊子曰: '世固非一毛之所濟.' 禽子曰: '假濟, 爲之乎?' 楊子弗應. 禽子出語孟孫陽. 孟孫陽曰: '子不達夫子之心, 吾請言之. 有侵若肌膚獲萬金者, 若爲之乎?' 曰: '爲之.' 孟孫陽曰: '有斷若一節得一國, 子爲之乎?' 禽子默然有間. 孟孫陽曰: '一毛微於肌膚, 肌膚微於一節, 省矣. 然則積一毛以成肌膚, 積肌膚以成一節. 一毛固一體萬分中之一物, 奈何輕之乎?'"(『列子』, 「楊朱」, 楊 230-231쪽)

본다. 요컨대, 논리적 전제가 다른 데서 오는 일방적인 비판일 뿐이다. 양주학파가 근본적으로 맹자의 철학적 전제를 처음부터 받아들이지 않기 때문에, 필자는 맹자의 비판이 양주사상 본래의 철학적 요구나 의미를 객관적으로 반영한 것이 못 된다고 생각한다. 필자는 양주의 사상을 개개 인간들의 생명 존중적인 '경물중생'의 시각에서 설명하는 한비자의 시각이 더 객관성을 가진다고 본다. 이런 한비자의 논의가 『열자』「양주」에는 다음과 같이 설명되어 있다.

> 양주가 말하였다. "백성자고(伯成땅의 영주 高)는 한 터럭만큼의 이익도 취하지 않으려고 나라를 버리고 숨어서 농사를 지었다. 큰 임금인 우는 자기 일신의 이익을 취하지 않았기에 그의 몸은 바싹 말라 버렸다. 옛날 사람들은 터럭 하나를 희생하여 천하를 이롭게 하는 일을 허용하지 않았고 (또한) 온 천하를 들어서 한 몸을 받들게 하는 일도 취하지 않았다. 사람은 각자 자기 몸의 한 터럭도 희생하지 말 것이며, 사람이 각자 천하를 이롭게 하지 말아야 천하는 다스려질 것이다."[16]

여기에서 우리는 개개 인간들의 생명 존중을 제일의적으로 보는 양주학파의 개인주의는 묵가의 공리주의와 정반대로 각자의 철저한 불간섭주의로 통하는 것이며, 이러한 철저한 불간섭의 논리는 바로 노자와 장자가 말하는 "의도적인 규제가 없는 정치", 즉 '무위無爲'의 정치론 바로 전前단계에 있음을 알 수 있다.

---

[16] "楊朱曰: '百姓子高不以一毫利物, 舍國而隱耕. 大禹不以一身自利, 一體偏枯. 古之人損一毫利天下不與也, 悉天下奉一身不取也. 人人不損一毛, 人人不利天下, 天下治矣.'"(『列子』, 위와 같음)

4. 경물중생의 논리

양주학파는 경물중생의 논리적 근거를 무엇보다도 먼저 생명의 자연적 귀속성에서 찾고 있다. 그들은 혼란한 당시 사회에서 그래도 믿을 수 있는 것은 사회적 인간관계보다는 자연적으로 맺어진 생명의 귀속(또는 연결)관계라고 보았다. 양주의 후학으로 보이는 자상호子霜雩는 공자에게 다음과 같이 말한다.

> 당신(공자)은 홀로 가假땅 사람의 망명 이야기를 듣지 못했습니까? 임회는 천금의 벽 구슬을 버리고, 갓난애를 업고 도망쳤습니다. 누가 물었습니다. "돈 때문이요? 갓난애는 돈으로 치면 적습니다. 짐이 되기 때문이요? 갓난애는 더 짐이 됩니다. (그러면) 천금짜리 구슬을 버리고 갓난애를 업고 도망친 이유는 무엇입니까?" 임회는 말했습니다. "저것〔璧〕은 이익〔利〕 때문에 맺어진 것이요, 이것은 자연적으로 귀속된 것입니다." 무릇 이익 때문에 맺어진 사람들은 핍박, 곤궁, 불행, 병, 손해를 당할 때 서로를 버립니다. 자연적으로 귀속된 사람들은 핍박, 곤궁, 불행, 병, 손해를 당할 때 서로를 거두어 줍니다. 서로 거두어 주는 것과 서로 버리는 것은 큰 차이가 있습니다.[17]

당시와 같이 극단적으로 혼란한 사회적 전환기에서 인간들이 어쩔 수 없이 여러 가지 곤궁을 당하게 될 때, 그래도 서로 거두어 주는 것은 자연적인 생명에 의해 귀속된 인간관계라고 양주학파들은 말하

---

17 "子桑雩曰: '子獨不聞假人之亡與? 林回棄千金之璧, 負赤子而趨. 或曰: '爲其布與? 赤子之布寡矣. 爲其累與? 赤子之累多矣. 棄千金之璧, 負赤子而趨, 何也?' 林回曰: '彼以利合, 此以天屬也.' 夫以利合者, 迫窮禍患害相棄也. 以天屬者, 迫窮禍患害相收也. 夫相收之與相棄亦遠矣."(같은 책, 「山木」, 郭 685쪽)

고 있다. 그래서 결국 어떤 경우에서나 자기에게 제일 유용한 것은 오직 자신의 생명과 삶뿐이라는 것이다.[18] 따라서 인간 개개인에게 자기의 생명이 소중한 이유는 ─ 아무리 그것이 타인에게는 보잘 것 없는 것으로 보일지라도 ─ 오직 그것만이 자기존재에 속해 있기 때문이다. 바꿔 말하면, 나의 생명 밖에 있는 것은 ─ 아무리 그것이 크고 중요하다 할지라도 ─ 그것은 자기존재에 속해 있는 것이 아니기 때문에 무용하다는 것이다. 왜냐하면 자기존재〔생명〕에 속한 것만이 유용〔利〕하기 때문이다.

　　수倕는 대단한 기술자다. (그러나) 사람들이 수의 손가락을 사랑하지 않고 자기 손가락을 사랑하는 것은 유용하기 때문이다. 사람이 곤륜산의 옥돌이나 양자강과 한수의 진주를 좋아하지 않고 자기의 천한 옥돌과 작은 진주를 좋아하는 것은 유용하기 때문이다. 지금 내 생명(삶)을 내가 가지고 있기 때문에 나에게 유용함이 또한 (제일) 크다. 귀천을 놓고 따지자면, 천자의 지위도 (내 생명과는) 비교할 수 없다. 경중을 따지자면 천하를 가질 만한 재산이 있다 해도 그것과 바꿀 수 없다. 안위를 두고 말하면, 하루아침에 (내 생명을) 잃어버린다면 영원히 다시 얻을 수 없다.[19]

자연적 생명만이 '나'에게 속해 있는 것이어서 그것이 '나'에게 가장 유용하기 때문에, 사회적인 인간관계 차원에서 아무리 중요한 어떤 대상이라도 이와 바꿀 수 없다는 것이다. 따라서 비록 "천하가 지중한

---

18 "聖人深慮天下, 莫貴於生."(『呂氏春秋』, 「貴生」, 世界書局, 14쪽)

19 "倕, 至巧也. 人不愛倕之指, 而愛己之指, 有之利故也. 人不愛崑山之玉江漢之珠, 而愛己之蒼璧小璣, 有之利故也. 今吾生之 爲我有, 而利我亦大矣. 論其貴賤, 爵爲天子, 足以比焉. 論其輕重, 富有天下, 不可以易之. 論其安危, 一曙失之, 終身不復得." (같은 책, 「重己」, 6쪽)

것이지만 생명과는 바꿀 수 없다. 이 점이 도를 터득한 사람이 속인과 구별되는 이유"[20]이다.

더 나아가 『여씨춘추呂氏春秋』「본생本生」,「귀생貴生」,「심위審爲」 등 및 『장자』「양왕讓王」 등에 나타나 있는 '경물중생'의 논리는 인간 행위의 목적과 수단에 대한 중요성 비교에 의거하고 있다.

처음에 생명이 생기는 것은 자연〔天〕의 일이고 그것을 키워서 이루 는 것은 인간의 일이다. … 외물은 생명을 키우는 바탕이지 생명을 희생 하여 키워지는 것은 아니다. 지금 사람들이 착각을 하고 대부분 생명을 희생하여 외물을 키운다면, (이것은) 경중을 모르는 일이다. 경중을 모르 면 중한 것이 가볍게 되고 경한 것이 중하게 될 것이다. 이렇게 되면 모든 행동이 다 잘못되지 않을 수 없다.[21]

무릇 성인이란 반드시 자기 행위가 지향하는 것(목적)과 행위 하는 까 닭〔동기〕을 살핀다. 지금 여기에 어떤 사람이 수나라 제후의 (값진) 진주 를 가지고 천 길 밖의 새를 쏜다면 세상 사람들은 반드시 그를 비웃을 것이다. 이것은 무엇 때문인가? 쓰이는 것은 중하지만 얻는 것이 가볍기 때문이다. 생명이 어찌 수나라 제후의 진주의 소중함 정도이겠는가![22]

---

20 "故天下大器也, 而不以易生. 此有道者之所以異乎俗者也."(『莊子』,「讓王」, 郭 966 쪽)

21 "始生之者天也, 養成之者人也. … 物也者, 所以養性也, 非所以性養也. 今世之人, 惑者多以性養物, 則不知輕重也. 不知輕重, 則重者爲輕, 輕者重矣. 若此, 則每動無 不敗."(『呂氏春秋』,「本生」, 世界書局, 3-4쪽)

22 "凡聖人之動作也, 必察其所以之與其所以爲. 今有人於此, 以隨侯之珠, 彈千仞之雀, 世必笑之. 是何也? 所用重, 所要輕也. 夫生, 豈特隨侯珠之重也哉!"(같은 책,「貴生」, 世界書局, 15쪽 및 『莊子』,「讓王」, 郭 972쪽)

몸은 행위의 목적[所爲]이고 천하는 행위의 수단[所以爲]이다. 행위의 (목적과) 수단을 알고 있다면 경중이 가려진다. 지금 여기에 어떤 사람이 머리를 잘라서 모자와 바꾸려 하고 몸을 죽여 옷으로 바꾼다면, 세상은 그를 정상으로 보지 않을 것이다. 이것은 무엇 때문일까? 모자는 머리를 꾸미는 수단이요 옷은 몸을 꾸미는 수단이기 때문이다. 꾸밀 대상(몸)을 죽여서 꾸미는 수단을 추구한다면 행위 하는 바(목적)를 모르는 셈이다. 세상 사람들이 이익을 좇아 헤매는 일이 이와 비슷하다. 몸이 위태롭게 되고 생명에 해를 입히며 목이 잘리고 머리가 떨어지면서도 이익을 추구한다면, (이것은) 또한 (인간이) 해야 할 바를 모르는 셈인 것이다.[23]

양주학파에 따르면 인간 행위의 목적은 인간의 생명보존에 있는 것이고, 인간 밖에 존재하는 외물은 그것이 무엇이든지 인간 생명을 보존시키는 수단에 불과하다는 것이다. 따라서 중요한 것은 인간 생명이요, 그 밖의 것은 부차적인 의미 이상을 가질 수 없다. 따라서 —묵가와는 정반대로— 세상(사회)의 문제 때문에 인간의 생명을 해칠 수 없다고 주장하는 것이다.

무릇 천하가 지중한 것이나 (그것으로 인간의) 생명을 해칠 수 없으니 하물며 그 밖의 것이 무엇이랴?[24]

양주학파에 의하면 인간의 생명보다 더 중요한 것은 없다. 재물, 권

---

[23] "身者所爲也, 天下者所以爲也. 審(所爲與)所以爲, 而輕重得矣. 今有人於此, 斷首以易冠, 殺身以易衣, 世必惑之, 是何也? 冠所以飾首也, 衣所以飾身也. 殺所飾, 要所以飾, 則不知所爲矣. 世之走利, 有似於此. 危身傷生, 刈頸斷頭以徇利, 則亦不知所爲也."(같은 책, 「審爲」, 279-280쪽)

[24] "夫天下至重也, 而不以害其生, 又況他物乎!"(『莊子』, 「讓王」, 郭 965쪽)

세, 명예, 이념 등과 같은 외물은 자기 몸에 우연히 와 붙어 있는 것이다. 그것들이 오는 것도 어쩔 수 없고, 떠나는 것도 막을 수 없다고 본다. 따라서 출세했다고 자만하며 좋아하는 것도 없으며, 곤궁한 삶이라 해도 중요한 것은 걱정 없이 삶을 낙관하는 일이라고 한다. 따라서 외물 때문에 자신을 잃고 세속의 인습이나 이념 때문에 자기의 생명을 잃는 사람을 특히 "거꾸로 서 있는 사람"〔倒置之民〕이라고 불렀다.

옛날에 뜻을 이룬다는 것은 크게 출세하는 것을 말하지 않았다. 그것은 삶의 즐거움을 더해 줄 수 없기 때문이다. 요즘에 뜻을 이룬다는 것은 크게 출세하는 것을 말한다. 큰 출세가 (비록) 내 신상에 관한 일이나 (내) 생명은 아닌 것이다. 외물은 우연히 와서 붙어 있는 것이다. 붙어 있는 것은 오는 것을 어찌할 수 없고 떠나는 것을 막을 수 없다. 따라서 출세했다고 뽐낼 것도 없고 곤궁해도 저속해질 수 없다. 삶을 낙관할 때 출세나 궁핍은 같아지므로 근심걱정이 없을 뿐이다. 지금 사람들은 기탁된 것〔외물〕이 떠나면 비관한다. 이렇게 보면 (출세해서) 지금 즐거워도 마음 한구석이 황량하지 않을 수 없다. 따라서 외물 때문에 자기 몸을 잃고 인습(이념) 때문에 생명을 잃는 사람을 '거꾸로 서 있는 사람'이라고 하겠다.[25]

문제는 생명을 존중한다면 "부귀해도 보양에 (탐닉하여) 몸을 상하게 하거나 빈천해도 (재물의) 이익 때문에 자신을 얽매는 일을 해서는

---

25 "古之所謂得志者, 非軒冕之謂也, 謂其無以益其樂而已矣. 今之所謂得志者, 軒冕之謂也. 軒冕在身, 非性命也, 物之儻來, 寄者也. 寄之, 其來不可圉, 其去不可止. 故不爲軒冕肆志, 不爲窮約趨俗, 其樂彼與此同, 故無憂而已矣. 今寄去則不樂, 由是觀之, 雖樂, 未嘗不荒也. 故曰: 喪己於物, 失性於俗者, 謂之倒置之民."(『莊子』,「繕性」, 郭 558쪽)

안 된다."[26]고 하는 점이다. 그들에 의하면 진정한 도술의 핵심은 마땅히 삶을 지킴에 있어야 하며, 그 밖의 사회와 정치문제는 부차적인 것이다. 그들은 이런 부차적인 문제(외물) 때문에 자기의 자연생명을 너무나 경시하는 당대 지식인들의 비극적(?)인 양태를 한탄하고 있다.

> 도의 진수로써 삶을 지키고, 그 여분으로 나라의 일을 보고, 그 찌꺼기로 온 천하를 다스리는 것이다. 이렇게 보면 위대한 제왕들의 공적과 성인들이 여분으로 한 일들은 생명을 온전히 하고 양생을 하는 길이 아닌 것이다. 지금 세속의 군자들이 대부분 몸을 망치고 생명을 희생하여 외물을 추구하니 어찌 슬프지 아니한가![27]

5. 감성적 인간 존재의 절욕론

양주학파에 의하면 인간은 도덕적(또는 이념적) 존재가 아니라 본질적으로 '감성적' 존재다.

> 눈은 아름다운 것을 보고자 하며, 귀는 좋은 소리를 듣고자 하며, 입은 좋은 맛을 보고자 하며, 마음먹은 뜻[욕구]은 채워지기를 바란다.[28]

따라서 그들은 "귀가 좋은 소리를 즐기지 못하며, 눈이 아름다운 것

---

26 "能尊生者, 雖富貴不以養傷身, 雖貧賤不以利累形."(같은 책, 「讓王」, 郭 967쪽 및 『呂氏春秋』, 「審爲」, 世界書局, 280쪽)

27 "故曰: '道之眞以治(持)身, 其緖餘以爲國家, 其土苴以治天下. 由此觀之, 帝王之功, 聖人餘事也, 非所以完身養生也. 今世俗之君子, 多危身棄生以殉物, 豈不悲哉!'"(위와 같음, 郭 971쪽 및 『呂氏春秋』, 「貴生」, 世界書局, 15쪽)

28 "目欲視色, 耳欲聽聲, 口欲察味, 志氣欲盈."(같은 책, 「盜跖」, 郭 1000쪽)

을 즐기지 못하며, 입이 단맛을 모른다면, 이것은 죽은 것과 다름이 없
다."[29]고 본다. 인간은 단적으로 태어나면서부터 '탐욕'[貪]과 '욕구'
[欲]를 가진 감성적 존재인 것이다.[30]

이어서 그들은 감성적 욕구의 충족 정도에 따라서 인간의 존재양태
를 4단계 : ① 온전한 삶[全生], ② 부족한 삶[虧生], ③ 죽음[死] ④ 압
박받는 삶[迫生]으로 나눈다.

> 자화자子華子가 말하였다. '온전한 삶이 첫째이고, 부족한 삶이 둘째
> 이며, 죽음이 그 다음이고, 압박받는 삶이 제일 못하다.' 따라서 생명을
> 존중함은 온전한 삶[全生]을 의미한다. 온전한 삶은 6욕六欲(生, 死, 耳,
> 目, 口, 鼻)이 모두 적절함을 얻은 것이다. 부족한 삶은 그 적당함을 부
> 분적으로 얻은 것이다. 부족한 삶이면 생명 존중이 약해진다. 부족함이
> 심하면 그만큼 더 존중함이 희박해진다. 죽음이란 지각능력을 잃고 삶
> 의 이전으로 되돌아간 것을 말한다. '압박받는 삶'[迫生]이란 6욕이 그
> 적절함을 얻지 못하고 최악의 불쾌상태에 있음을 말한다. 이것은 굴종
> 이고 (또한) 곤욕이다. … 따라서 '압박받는 삶은 죽음만도 못하다.'고
> 한다.[31]

양주학파가 말하는 생명 존중은 삶의 모든 욕구가 적절하게 채워진

---

29 "耳不樂聲, 目不樂色, 口不甘味, 與死無擇."(『呂氏春秋』, 「情欲」, 世界書局, 17쪽)
30 "天生人, 而使有貪有欲."(위와 같음, 16쪽)
31 "子華子曰: '全生爲上, 虧生次之, 死次之, 迫生爲下.' 故所謂尊生者, 全生之謂. 所謂
全生者, 六欲皆得其宜也. 所謂虧生者, 六欲分得其宜也. 虧生 則於其尊之者薄矣. 其
虧彌甚者也, 其尊彌薄. 所謂死者, 無有所以知, 復其未生也. 所謂迫生者, 六欲莫得其
宜也, 皆獲其所甚惡者. 服是也, 辱是也. … 故曰: 迫生不若死."(같은 책, 「貴生」,
15-16쪽)

'온전한 삶'〔全生〕의 유지에 있는 것이다. 보통사람들의 삶이란 욕구가 부분적으로밖에 채워질 수 없는 '부족한 삶'〔虧生〕의 단계에 속한다. 여기서 주의해야 할 점은 '부족한 삶'의 단계에 있는 보통 사람들이 자기의 생명을 계속 경시하게 된다면 불만족도는 그만큼 더 심해져서 죽음의 상태만도 못하게 된다는 주장이다. 죽음이란 결국 인간이 자기 욕구를 지각하지 못하는 생명 이전 상태로 복귀하는 것을 뜻한다. 삶은 욕구 충족을 지향할 뿐 아니라 그와 배치되는 것 또한 기피하려는 본능적인 경향을 가지고 있다. 따라서 욕구 충족이 계속 압박당하기만 하는 극단적인 삶의 상태〔迫生〕는 욕구가 전혀 지각되지 못하는 '죽음'보다 못하다는 것이다.

무엇으로 그렇다는 것을 알 수 있는가? 귀에 거슬리는 것을 듣는 일은 듣지 않는 것만 못하다. 보기 싫은 것을 눈으로 보는 일은 보지 않음만 못하다. 천둥 치면 귀를 막고 번개 치면 눈을 가리는 것이 그 본보기이다. 6욕이 모두 극히 싫어하는 것을 알면서도 그것을 면할 길이 없다면 그것들을 지각하지 못하는 것만도 못하다. 지각하지 못한다는 것은 죽음을 말한다. 따라서 '압박받는 삶'은 죽음만도 못하다.[32]

그러나 끝으로 우리가 주의해야 할 점은 그들의 이상으로 새롭게 제시한 '온전한 삶'〔全生〕을 지키기 위해서, 양주학파들은 감성적 욕구의 방종이 아니라 오히려 절제를 주장한다는 점이다.

하늘이 인간을 만들어내니 탐욕이 있고 욕구가 있게 되었다. 욕구에

---

[32] "奚以知其然也? 耳聞所惡, 不若無聞. 目見所惡, 不若無見. 故雷則揜耳, 雷則揜目. 此其比也. 凡六欲者, 皆知其甚惡, 而必不得免, 不若無有所以知. 無有所以知者, 死之謂也. 故迫生不若死."(위와 같음)

는 진정(情)이 있다. 진정에는 절도가 있다. 성인은 절도를 닦아서 욕구를 억제하여 진정만을 나타낸다. 진실로 귀가 모든 아름다운 소리(五聲)를 욕구하고 눈이 모든 아름다움(五色)을 욕구하고, 입이 모든 좋은 맛을 욕구하는 것은 진정(情)이다. 이 세 가지는 귀인, 천인, 우민, 지식인, 현인, 불초한 이를 막론하고 하나같이 욕구하는 것이다. 비록 신농·황제라도 걸·주와 똑같다. 성인이 (우리와) 다른 까닭은 그가 '진정'(情)을 얻은 점에 있다. 생명을 귀하게 보면서 행동하면 (즉 절제하면) 진정을 얻게 되고, 생명을 귀하게 보지 않고서 행동하면 (즉 무절제하면) 진정을 잃게 된다. 이 두 사실이 '사느냐 죽느냐, 있느냐 없어지느냐' 하는 근본이 된다.[33]

따라서 성인은 반드시 먼저 욕구를 적절히 한다.[34]

지금 여기에 어떤 음악이 있는데 귀로 들으면 마음은 쾌적하다. 그러나 일단 그것을 들어서 귀가 먹게 된다면 반드시 듣지 않을 것이다. 여기에 어떤 색깔이 있는데 눈으로 그것을 보면 반드시 쾌적하다. (그러나) 일단 그것을 보아서 장님이 된다고 하면 반드시 보지 않을 것이다. 여기에 어떤 맛이 있는데, 입으로 그것을 먹으면, 반드시 마음이 쾌적하다. (그러나) 일단 맛보아서 벙어리가 된다면 반드시 먹지 않을 것이다. 이렇기 때문에 성인은 음악이나 색깔이나 맛이 생명에 이로우면 취하고 생명에 해로우면 버린다. 이것이 생명을 온전히 하는 원칙이다.[35]

---

33 "天生人, 而使有貪有欲. 欲有情, 情有節. 聖人修節以止欲, 故不過行其情也. 故耳之欲五聲, 目之欲五色, 口之欲五味, 情也. 此三者, 貴賤愚智賢不肖, 欲之若一. 雖神農皇帝, 其與桀紂同. 聖人之所以異者, 得其情也. 由貴生動, 則得其情矣. 不由貴生動, 則失其情矣. 此二者, 死生存亡之本也."(같은 책, 「情欲」, 16쪽)

34 "故聖人必先適欲."(같은 책, 「重己」, 7쪽)

35 "今有聲於此, 耳聽之必慊; 已聽之, 則使人聾, 必弗聽. 有色於此, 目視之必慊; 已視

여기서 분명해진 것은 생명을 온전히 하는 원칙〔全生之道〕은 욕구의 절제에 있다는 것이다. 그들은 더욱이 높은 지위나 많은 재력, 즉 귀부는 생명을 해칠 수 있는 계기나 가능성을 높이는 것이기 때문에, 반드시 빈천한 것보다 좋다고 볼 수 없으며 오히려 경계해야 할 것으로 말한다.

부귀해도 (생명을 온전히 하는) 원칙〔道〕을 모르면 병통이 되기에 꼭 알맞으니 빈천한 것만 못하다. 빈천하면 외물을 불러오기 힘들다. 비록 과욕을 부린다 해도 어쩔 도리가 없다. (그러나 부귀하여) 외출할 때 마차 타고, 들어올 때 가마 타면서 자기 안일에 힘쓰면, 그것이 각기병을 불러오는 계기이다. 비곗살과 독한 술로 자기 체력 과시에 힘쓰면, 그것은 곧 창자를 곯게 하는 음식이 되는 것이다. 예쁘고 귀여운 여인들과 정·위나라의 (음탕한) 음악으로 자신을 즐기기에 힘쓰면 그것이 곧 목숨을 자르는 도끼가 된다. 이런 세 가지 병통은 높은 지위와 많은 재력이 불러온 것이다. 따라서 옛날 사람이 부귀를 원하지 않은 것은 생명을 중시했기 때문이고, 이름〔名, 형식〕을 과시하지 않은 것은 실제〔實, 내용〕 때문이었다.[36]

'온전한 삶'〔全生〕을 유지하기 위해서 욕구의 절제뿐만 아니라 사회적 지위(신분)의 상승이나 경제력의 신장·발전 자체까지도 부정하기에 이른 것이다.

則使人盲, 必弗視. 有味於此, 口食之必慊; 已食之, 則使人瘖, 必弗食. 是故聖人之於聲色滋味也, 利於性則取之, 害於性則舍之. 此全性之道也."(같은 책, 「本生」, 4쪽)

36 "貴富而不知道, 適足以爲患, 不如貧賤. 貧賤之致物也難, 雖欲過之, 奚由? 出則以車, 入則以輦, 務以自佚, 命之曰: 招蹶之機. 肥肉厚酒, 務以自彊, 命之曰: 爛腸之食. 靡曼皓齒, 鄭衛之音, 務以自樂, 命之曰: 伐性之斧. 三患者, 貴富之所致也. 故古之人有不肯貴富者矣, 由重生故也; 非夸以名也, 爲其實也."(위와 같음, 5-6쪽)

6. 맺음말

지금으로부터 대략 2,400년 전에 살았던 한 지식인 양주 및 그 학파에게서 우리가 느낄 수 있는 것은 강렬한 자아의식이다. 자기 생명의 미미한 한 부분(터럭 하나)이 세상 전체보다 더 중요하다고 하는 역설적 강조가 눈에 띈다. 그러나 이것은 근본적으로 볼 때 인간사회 불신의 극단적인 표현이라고 필자는 생각한다. 수많은 이념론자(이상주의자)들은 그들의 이상사회 가능성을 인간의 실천적 도덕의지에서 보았기에 인간을—본질적으로 동물과 구별되는—하나의 도덕적 존재 또는 이성적 존재로 설명한다. 그러나 급변하는 사회의 위기 상황 속에서 이들 이상주의자들은 치열한 생존경쟁을 통하여 동물보다 더 끔찍한 비극과 살인을 조장한다. 양주학파는 이들 이념론자들의 주장에 맞서서, 인간은—고작해야 동물과 다름없는—하나의 감성적 존재라는 사실을 환기시켜 준 셈이다. 그들은 중국 고대사회에서 최초로 인간에 대한 신화적·신비적인 해석을 부정했다.

감성적 존재로서 인간의 최소한 요구(또는 이상)는 바로 감성적 욕구가 적절하게 채워지는 '온전한 삶'〔全生〕의 유지에 머무르고 만다. 그들에 의하면 당대의 위기적(?) 현실은 이 최소한의 요구조차 제대로 채워주지 못하는 '부족한 삶'〔虧生〕의 생태라는 것이다. 사실 이들 양주학파들은 인간을 감성적 존재 이상으로 보지 않기 때문에 욕구의 충돌을 통해서는 '온전한 삶'을 누릴 수 없다고 본다. 만약 개개인들의 욕구 불만이 점점 더 커져서 서로 심각하게 충돌하면, 이런 부족한 삶조차 누릴 수 없는 위험 지경에 이르게 된다. 이렇게 되어 욕구가 '압박받는 삶'〔迫生〕의 상태에 이르게 되면 죽는 것만도 못하다는 비장한 선언을 한다. 그들의 자아의식은 생명 존중을 말하며—욕구의 충돌을 불러일으킬 소지가 있는—모든 적극적인 구세 행위의 포기를 요구하는 것이다. 그들은 "사람마다 세상을 이롭게 하지 않을 때, 세상은 다스려진다!"〔人人不利天下, 天下治矣!〕고 하는 인간 상호 간의 절대불간섭주의를 말한다.

　양주학파의 개개인 간의 극단적으로 고립된 불간섭주의에서 다른 사람과의 상대적인 관계를 함께 고려하는 노장의 도가사상이 발전할 수밖에 없는 필연적인 계기가 성립한다. 따라서 필자는 양주학파의 '위아'론은 노자의 '무아' 및 장자의 '상아喪我', '망아忘我'론으로, 절욕론은 노장의 '무욕'론으로, '불리천하不利天下'의 불간섭주의는 '무위'의 정치론으로, 개별 인간의 생명 보존의 추구는 만유의 보편적 원칙인 도의 무한한 변화·발전을 터득함으로써 얻는 해방된 자아의 무한한 자유〔逍遙游〕의 추구로 각기 발전해 갔다고 보고 싶다.

　물론 양주학파에서 논의되는 개인주의적 자아의식이나 경물중생輕物重生의 논의에는 그 나름대로 — 위기적인 사회상황 하에서, 모든 권위주의자나 이념론자들을 향하여, 모든 권위나 이념에 앞서는 — 개개 인간들의 생명 존중을 피력했다는 인본주의적인 측면이 있다. 필자는 바로 이 점을 양주학파의 개인주의가 도가사상과 이어지는 적극적인 면으로 보고 있다. 그러나 그들은 인간을 처음부터 감성적 존재라는 동물적 차원에 한정시키고 있기 때문에, 그들이 이상으로 새롭게 제시한 '온전한 삶'〔全生〕이란 본질적으로 동물적 생명의 온전함과 구별될 수 없다. 따라서 필자는 그들의 생명 존중이라는 자아의식의 요구를 결국 인간 선언의 포기로 받아들일 수밖에 없다.

참고문헌

『校正莊子集釋』, 郭慶藩 撰, 世界書局.

『莊子淺注』, 曹礎基 著, 中華書局, 1982.

『孟子定本』, 漢文大系 卷一.

『韓非子集釋』, (上·下), 陳奇猷 校注, 中華書局.

『論語讀本』, 蔣伯潛 註釋, 香港: 啓明書局.

『墨子校釋』, 王煥鑣 著, 浙江文藝出版社, 1984.

『呂氏春秋』, 「新編諸子集成」 7, 世界書局.

『淮南子』, 「新編諸子集成」 7, 世界書局.

『列子集釋』, 楊伯峻 撰, 中華書局. 1979.

顧詰剛 主編, 『古史辨』, 第 4卷.

侯外廬 主編, 『中國思想通史』, 北京, 1957.

馮友蘭, 『中國哲學史新編』 第一冊, (修訂本), 北京, 1982.

馮契, 『中國古代哲學的邏輯發展』 上冊, 上海, 1983.

楊寬, 『戰國史』, 上海, 1980.

胡寄窗, 『中國經濟思想史』 上, 上海, 1978.

武內義雄, 『老子と莊子』, 東京, 1930.

제4장 상앙商鞅학파의 법치주의 철학

1. 문제 제기

『사기史記』「상군열전商君列傳」에는 상앙商鞅(390-338 BC)의 인물됨과 그가 진秦에서 실시한 사회개혁[變法](1차 356 BC; 2차 350 BC)의 개괄적인 내용 및 그것에 대한 비판적 평가가 간결하게 나타나 있다.[1] 사마천司馬遷(145-? BC)의 비판은 다음과 같다.

상군商君은 타고난 자질이 각박한 사람이다. 그가 효공孝公에게 벼슬자리를 얻으려고 제왕帝王의 치술로써 허튼 얘기를 한 것을 보면 (그것이) 그의 본바탕이 아님을 알 수 있다. 그는 총신을 통해 등용되었고, (귀족인) 공자건孔子虔에게 형을 주었고, 위魏의 장군 공손앙公孫卬을 (옛 우정을) 미끼로 사로잡았고 조량趙良의 말을 좇지 않았다. 이것은 또한 상군의 인정머리 없음을 충분히 나타내 준다. 나는 일찍이 상군의 「개색開塞」, 「경전耕戰」을 읽어 본 일이 있다. (그 내용은) 그의 행적과 서로 같은 것이었다. (그가) 마침내 진秦에서 악명惡名을 얻게 된 것은 아마도 까닭이 있을 것이다.[2]

---

1 『史記』,「商君列傳」, 卷68, 中華書局, 2227-2237쪽.

2 "商君, 其天資刻薄人也. 跡其欲干孝公以帝王術, 挾持浮說, 非其質矣. 且所由由嬖臣,

상앙은 사회개혁[變法]을 통하여 봉건적 구제도를 철저하게 파괴하고 군주의 절대권력 확립에 필요한 혁신적 조치를 강구하였다.[3] 그는 특히 귀족들의 세습적 특권을 박탈하고자 했을 뿐만 아니라, 절대군주제를 위험시하는 지식인들의 자율적이고 비판적인 사상 논의를 엄금할 것을 요청하였다.[4] 이러한 일련의 강압적, 전제專制주의적 조치로써 상앙은 당시 낙후된 진秦을 정치·경제·사회적으로 부강하게 만들었으며,[5] 그것이 진에 의한 천하통일의 초석이 되었다. 이와 같이 고대 중국에서 군주의 세력 강화를 위한 이론적 및 실천적인 작업에 적극적으로 참여한 현실주의적 사상가들을 법가法家라고 부른다면, 상앙은 이 법가이론의 실질적인 창시자라고 하겠다.

법가사상의 지식인을 탄압하는 전제주의적인 성격 때문에 상앙의 사상은 '지식인·관료'를 중심으로 하는 전통적인 유교적 사회에서는 거의 부정적인 평가만을 받아왔다. 그러나 유교적 사회가 붕괴되어 가는 최근 100여 년 간에 유가儒家사상을 비판했던 법가사상이 다시 주목을 받게 된 것은 단순히 역사적인 우연만은 아니다. 상앙의 저술인 『상군서商君書』(29편, 현존 24편)에 대한 문헌학적 연구는 청말의 학자 손성연孫星衍(Sun Xingyan, 1753-1818), 엄가균嚴可均(Yan Kejun, 1762-1843), 손이양孫詒讓(Sun Yirang, 1848-1908) 등에서 비롯되었다.[6] 1930년대 나근택羅根澤(Luo Genze, 1900-1960)을 비롯한 '고사변(古史辨)'

及得用, 刑公子虔, 欺魏將卬, 不師趙良之言, 亦足發明商君之少恩矣. 余嘗讀商君開塞耕戰書, 與其人行事相類. 卒受惡名於秦, 有以也夫!" 같은 책, 2237쪽.

3 특히 張國華 主篇, 『中國法律思想史』, 第3章 第3節 商鞅, 新華書店, 1982, 81-90쪽.

4 "宗室非有軍功論, 不得爲屬籍."(『史記』, 「商君列傳」, 앞의 책, 2230쪽); "所謂壹敎者, 博聞·辯慧·信廉·禮樂·修行·群黨·任譽·淸濁, 不可以富貴, 不可以評刑, 不可獨立私議以陳其上."(『商君書』, 특히 「賞刑」 第17(高亨, 『商君書注譯』, 133쪽))

5 "於是以鞅爲大良造. … 居五年, 秦人富彊, 天子致胙於孝公, 諸侯畢賀."(『史記』, 「商君列傳」, 앞의 책, 2232쪽)

6 鄭良樹, 『商鞅及其學派』, 附錄二 「商君書知見目錄」, 臺北, 1987, 371쪽.

학파의 실증적인 연구 결과는 고형高亨(Gao Heng, 1900-1986)의『상군
서주역商君書注譯』(北京, 1974)에서 집대성되어 나타났다. 정량수鄭良樹
(Zheng Liangshu, 1940-?)에 의하면,『상군서』에는 상앙이 직접 서술한
부분(예,「更法」,「墾令」,「境內」,「戰法」,「立本」 등)이 있고, 그 나머지
부분에는 상앙의 처형(339 BC)으로부터 진의 천하통일(221 BC)에 이르
기까지 진秦 사회가 발전하는 100여 년 간에 걸친 상이한 시기나 입장
을 반영한 서로 다른 사상들이 모두 상앙 한 사람에 가탁되어 있기 때
문에,『상군서』는 상앙학파 전체의 사상총집이라는 것이다.[7]

　문헌학적 연구정리를 통한 상앙 사상 연구 외에 이제까지의 상앙 연
구는 대부분 그의「변법」(사회개혁)과 관련된 역사학적 연구가 대표적
인 것이었다.[8] 법가사상, 특히 상앙 사상의 사상사적 의미가 새롭게 부
각되기에 이른 것은 중국에서 70년대 초 양영국楊榮國(Yang Rongguo,
1907-1978) 등을 중심으로 일어났던 ‘공자비판’〔批孔〕운동에서 비롯되
었다고 볼 수 있다. 양영국은「춘추전국시기 사상 영역 내 두 개 노선
의 투쟁(「春秋戰國時期思想領域內兩條路線鬪爭」,『홍기紅旗』, 第十二期,
1972)에서 유가 사상의 복고적인 역사관을 비판하는 혁신적 사상으로
상앙과 한비자韓非子(280-232 BC)가 대표하는 법가사상의 사상적 진보
성을 강조한다.[9] 이른바 70년대 중국의 새로운 역사 해석인 ‘유법투쟁
사관儒法鬪爭史觀’이 성립된 것이다. 곽말약郭沫若(Guo Moruo, 1892-
1978), 양영국 등이 제창한 유가의 보수성 비판과 그와 대립하는 법가
의 혁신적 사상을 강조하는 기본입장은 풍우란馮友蘭의「중국철학사
신편中國哲學史新編」에도 여실히 반영되어 있다.[10]

7　鄭良樹, 前篇『商君書』作成時代的研究, 앞의 책, 3-224쪽.
8　齊思和,「商鞅變法考」,『燕京學報』, 第33號, 北京, 1947; 楊寬,『商鞅變法』, 上海,
　　1973; 송영배,『중국사회사상사』, 162-166쪽.
9　『共匪「批孔」資料選輯』, 中共研究雜誌社編印, 臺北, 1974, 423-437쪽.
10　馮友蘭,『中國哲學史新編』(1983修訂本), 第2冊 第10章: 商鞅變法, 4-23쪽.

진보적 역사관을 가진 상앙 사상에 대한 긍정적 평가와는 반대로 영어권에서 출판된 듀벤다크(J. J. L. Duyvendak)의 『상군서』 영역본의 긴 해설문[11]과 소련의 중국학자 루빈(Vitaly A. Rubin)의 『전제주의 국가의 이론과 실제』[12]에서는 상앙과 법가사상의 비인도주의적이고 전체주의적인 성격이 크게 부각되어 나타나 있다.

상앙 사상에 대한 '긍정'과 '부정'의 상반되는 평가를 극복하기 위해서는 상앙 또는 법가 사상을 전국시대의 사상사적 흐름과 연관시켜 이해하고 평가하는 일이 무엇보다도 먼저 필요하다. 필자는 춘추전국시대 사회적 변화의 의의는 귀족중심의 주周나라 봉건제를 근본적으로 지양하는 데에 있다고 생각한다. 이런 사회적 변화의 의의는 동시에 지주를 중심으로 하는 새로운 '비非 귀족적 엘리트'〔君子, 즉 지식인·관료〕 계층의 사회적 지위 향상, 말하자면 '비'귀족적 지식인 계층의 신분적 상승에 있다.[13] 이들은 새롭게 형성되어 가는 '중앙집권적 국가'의 핵심적인 관료 계층으로 성장하였다. 그들(특히 맹자, 순자 등의 유가학파)은 지식인·엘리트들의 주체적인 입장에 서서 인본주의적인 세계관을 제시하였으며, 군주의 독단적 전제專制정치를 비판하였다. 그들은 자신의 도덕적·정치적 자율성을 강조하는 덕치德治이념을 발전시켰던 것이다.[14]

이런 역사적 맥락에서 볼 때 상앙과 한비자의 법가 이론이 구봉건체제의 혁신적 파괴에서 역사적 진보성을 발휘했다는 평가를 받을 수 있는 반면, 상승하는 당대 사회의 지식인·관료층의 자율적 활동과 요

---

11 J. J. L. Duyvendak, *The Book of Lord Shang*, Introduction, pp.1-163, London: 1928.

12 Vitaly A. Rubin, *Individual and State in Ancient China*, chap.III, New York: 1976; 임철규 역, 『중국에서의 개인과 국가』, 서울: 현상과 인식사, 1988, 97-142쪽.

13 이런 관점에 관해서는 徐復觀, 『兩漢思想史』 卷一, 臺北, 1978, 103-116쪽 참조.

14 유가 德治이념의 정치철학적 의미에 관해서는 송영배, 『중국사회사상사』, 제1부 「유교의 본질」, 특히 59-74쪽 참조.

구를 완전 봉쇄하려는 전제주의 체제의 구축이라는 점에서는 결정적인 역사적 반동성이 드러나지 않을 수 없다.

이 글에서 상앙학파가 안고 있는 역사적 진보성과 전제專制주의적 반동성을 역동적으로 파악하기 위하여, 다음 몇 가지 문제를 논의해 보고자 한다. 첫째로, '멸망이냐 병합이냐'라는 '양자택일을 해야만'[15] 했던 당시 초긴장된 전쟁 상황 속에서 도덕철학자들의 복고적인 명분론을 거부하고, 오직 강력한 '국가권력'의 창출만을 가장 현실적인 정치과제로 생각하였던 상앙학파의 국가 실리론적 입장을 우선 부각시켜 보고자 한다. 둘째로, 그들에 의하면 강력한 '국가권력'의 창출은 봉건적 구체제를 혁파하고 국가체제를 절대군주 중심으로 일원화시키는 강압적인 통제에 의해서만 가능한 것이었다. 이와 같은 근본적인 사회개혁을 사회 발전적 필연성으로 설명하는 그들의 진보적 역사관을 논의해 보고자 한다. 셋째로, 그들이 시대적 필연성으로 강조하는 '절대군주국가'의 창출이란 전제주의의 현실화를 의미한다. 그것이 곧 그들이 말하는 '법치'주의의 실현이다. 사실 그들의 법치法治이론, 즉 '절대적'인 국가의 '공권력'이 가져야 하는 객관적인 합법칙성의 논의는 본질상 대단한 진보성을 가지고 있다. 그러나 그것은 처음부터 자기 한계를 안고 있다. 왜냐하면 전제주의적 '국가의지'는 필연적으로 그것에 비판적인 모든 개인의 '자율적 의지와 행위'를 허용할 수 없기 때문이다. 이런 점에서 필자는 법가사상의 진보성만을 강조하는 중국의 '유법투쟁사관'과 입장을 달리한다. 필자는 상앙학파의 법치이론이 안고 있는 혁신적 진보성과 전제주의적 보수성이라는 양면성을 이 글에서 명백히 하고자 한다. 끝으로, 상앙학파에 의하면 인간이란 결국 '생산적 또는 전투적 도구' 이상의 가치가 없다. 그들은 인간의 자율적

---

15 임철규 역, 『중국에서의 개인과 국가』, 앞의 책, 100쪽.

의지를 계몽시키려는 인간의 모든 자율적 비판정신을 전제專制주의적 폭력으로 압살하고자 한다. 여기에 상앙학파의 반문화적인 역사적 반동성이 확연하게 드러난다. 상앙학파의 이와 같은 '반문화적'인 폐쇄적 전제주의의 문제점을 당시에 상승하는 지식인(지주·관료) 계층을 대표하는 사상(특히 유가사상)의 도덕적·정치적 자율성(또는 개방성)과 사상적·정치적 대결의 관점에서 논의하고자 한다.

2. 상앙 사상의 출발점: 절대국가권력의 창출

고대 중국 사회는 기원전 8세기 이래로 철제 농기구의 사용과 함께 생산력이 본질적으로 증가했다. 그 결과 기원전 11세기에 성립된 서주西周의 혈연 중심의 귀족 봉건제(또는 宗法사회)는 무너져 갈 수밖에 없었다. 이런 전통사회의 붕괴는 세력을 잡고 있던 대소 봉건 귀족들의 사적 이익〔利〕 추구를 통하여 더욱 가속화되었다. 그들은 당시 사유 재산의 집적과 농단壟斷을 통하여 경제력을 강화하였으며, 또한 자기 봉토 안에 있는 초지를 개간〔辟〕하여 경작지를 늘리고 그것을 경작할 노동력인 백성〔民〕의 확보에 전념하였다. 그와 동시에 그들은 무력으로 주위의 약소 봉건귀족 세력을 병합해 나갔다. 그리고 이들 봉건귀족들은 자기 권력의 강화 또는 중앙집권화를 꾀하며 그들 개인의 경제적·군사적 및 행정적 목적을 효과적으로 달성하기 위하여 필연적으로 '비非귀족적'인 새로운 지식인 또는 전문가〔士〕를 개인관료로 기용하였다.[16] 이런 중국 고대사회 내부로부터의 본질적인 사회적 변화와 전쟁을 통한 무참한 상호 겸병의 과정은 전국시대(475-221 BC)에

---

16 송영배, 『중국사회사상사』, 앞의 책, 90쪽.

들어오면서 더욱더 빈번해지고 치열해졌으며 그 규모 또한 대단해졌다.[17] 여기에서 우리는 봉건제후국가들 간의 끊임없는 전쟁을 옹호하는 군국주의적인 지식인들의 주장과 그들에 대항하는 묵자墨子(480-420 BC) 학파의 반론을 한번 상기해 볼 필요가 있다.

전쟁 찬양론자는 말한다. "남쪽의 초楚와 오吳의 왕들이나 북쪽의 제齊와 진晉의 군주들이 처음 천하에 봉토를 받았을 때는 그 영토가 사방 수백 리里에 못 미쳤고, 전체 인구가 수십만에 못 미쳤다. 그러나 침략전쟁을 한 후에는 영토가 수천 리로 넓어졌고 전체 인구가 수백만 명에 이르게 되었다. 따라서 마땅히 침략전쟁을 하지 않을 수 없다."

묵자는 말한다. "네댓 나라가 이득을 얻었다면 아직 (올바른) 도를 행했다고 말할 수가 없다. 비유하자면 의사가 약으로 병자를 치료하는 경우와 같다. … 만인이 (그 약을) 먹고, 네댓 사람만 이득을 보았다면 약을 올바로 썼다고 말할 수 없다. 따라서 효자는 (그 약) 그의 부모에게, 그리고 충신은 그의 임금에게 쓸 수 없는 것이다. 옛날 천하에 봉국封國이 (많았으나), 멀리로는 귀로 들은 바요, 가까이는 (직접) 눈으로 본 것으로, 전쟁으로 망한 나라들을 이루 다 셀 수가 없다." 어떻게 그렇다는 것을 알 수 있는가? 동쪽의 거莒나라는 영토가 매우 협소하면서 (또한) 대국들 사이에 끼어있지만 대국들을 삼가 받들지 못했고, 그들을 좇아서 이익만을 좋아할 수 없었다. 이에 동쪽의 월越이 그 영토를 잘라먹었고 서쪽의 제齊가 (또한) 겸병하였다. '거'나라가 제나라와 월나라 사이에서 망한 까닭을 따지자면, 그것은 침략전쟁 때문인 것이다. 남쪽의 진陳과 채蔡가 오吳와 월越 사이에서 망한 것 또한 침략 전쟁 때문이다. 북쪽의 '거'와 '부도하不屠何'가 연燕, 대代, 호胡, 맥貊 사이에서 망한

17 楊寬, 『戰國史』, 앞의 책, 특히 261-278쪽 및 剪伯贊 主編, 『中國史綱要』 第一冊, 廣州, 1979, 77-83쪽 참조.

것 또한 침략 전쟁 때문이다.[18]

이미 기원전 5세기 춘추시대 말엽부터는 침략전쟁에 의한 약소국의 겸병은 심각한 사회적 문제로 나타났다. 전국시대에 들어와서는 세력을 떨치던 칠웅七雄의 국가(韓, 趙, 魏, 燕, 齊, 楚, 秦)들 사이에 생사의 투쟁을 피할 수가 없었다.[19] 이러한 긴박한 전투 상황 속에서 "각 통치자는 지배와 종속 사이에서 양자택일을 해야만 하였다. 전국시대에 종속이라는 것은 통치왕국의 파멸과 정복자에 의한 국토의 흡수를 의미하는 것이었다."[20]

전쟁이 많았던 당시 사회에서도 인간의 도덕적 실천의지를 굳게 믿고 있었던 지식인들, 특히 유가와 묵가는 당시 사회에서 심각한 사회적 위기를 실감하고 있었다. 이런 사회적 위기를 극복하기 위하여 유가적 지식인(특히 孟子, 372-289 BC)은 민생을 파괴하고 민중을 압박하면서 군주의 독단적 이익 추구를 위해 수행하는 전쟁[21]을 논박하

---

18 "飾攻戰者言曰:「南則荊吳之王, 北則齊晉之君, 始封於天下之時, 其土地城之方, 未至有數百里也; 人徒之衆, 未至有數十萬人也.以攻戰之故, 土地之博, 至有數千里也.人徒之衆, 至有數百萬人, 故當攻戰而不可〔不〕爲也.」子墨子言曰:「雖四五國, 則得利焉, 猶謂之非行道也, 譬若醫之藥人之有病者然. … 萬人食此, 若醫四五人得利焉, 猶謂之非行藥也. 故孝子不以食其親, 忠臣不以食其君. 古者封國於天下, 尚者以耳之所聞. 近者以目之所見, 以攻戰亡者, 不可勝數. 何以知其然也? 東方有莒之國者, 其爲國甚小, 間於大國之間, 不敬事於大; 大國亦弗之從而愛利. 是以東者越人夾削其壤地, 西者齊人兼而有之. 計莒之所以亡於齊越之間者, 以是攻戰也. 雖南者陳蔡, 其所以亡於吳越之間者, 亦以攻戰. 雖北者莒〔與〕不屠何, 其所以亡於燕·代·胡·貊之間者, 亦以攻戰也."(『墨子』, 「非攻」中)

19 商鞅의 秦孝公에 대한 다음 진언은 전쟁의 불가피성을 말해준다. "衛鞅說孝公曰: 秦之與魏, 譬若人之有腹心疾, 非魏幷秦, 秦卽幷魏."(『史記』, 「商君列傳」, 앞의 책, 2232쪽)

20 임철규 역, 『중국에서의 개인과 국가』, 100쪽.

21 『孟子』, 「盡心」下, 14:2(楊伯峻, 『孟子譯注』, 324쪽); 「梁惠王」下, 2:12(楊, 같은 책, 47쪽)

였다. 그들은 군주들의 독재적인 권력 집중을 비판하면서 소수 지식인 엘리트[君子]들의 자율적인 책임의식을 강조하며 인의仁義에 바탕을 둔 왕도王道의 덕치사상을 설파하였다. 묵가적 지식인들은 그보다 더 철저하게 생산에 참여하는 모든 인민들의 평등박애[兼愛]와 상호 물질적 이해증진[交相利]을 외치면서, 몇몇 군주나 귀족[王公大人]들의 사적 이익을 도모하기 위하여 만민의 물질적 희생 위에서 진행되는 침략전쟁을 사회적 대범죄로 못 박고 전면적인 전쟁반대론과 평화공존을 위한 연대운동에 앞장서고 있었다.[22] 이런 전쟁의 와중에 상앙은 철저한 현실주의자로서 도덕철학자들의 전쟁반대론을 정면으로 부정하고 나섰다. 상앙 및 그의 후학들은 오직 강력한 '절대국가권력'의 창출만이 당시의 파멸적인 전쟁에서 승리하는 유일한 길이라고 보았다.

전차戰車 천 대를 소유한 소국은 방위할 수 있어야 자립을 할 수 있고, 만 대를 보유한 대국은 침략전쟁을 할 수 있어야 완전해진다. 비록 걸桀(폭군)이 군주여서 반 토막 겸사의 말을 못한다 해도 적을 굴복시킬 수 있음이 (중요하다). 밖으로 공격할 수 없고 안으로 수비할 수 없는 (나라에서) 비록 순舜[聖君]이 군주라 해도 이른바 나쁜 나라에 굴복하고 타협하지 않을 수 없다. 이렇게 본다면 국가가 중요시되고 군주가 존중받는 바탕은 (군주의 도덕정치가 아니고) 오직 힘[力]뿐이다. … 국내에서 식량이 부족하고 출정하여 밖에 나가 군대가 약하면 비록 영토가 만 리가 되고 군대가 백만이 되어도 (그 군주는) 평원에 홀로 서있는 것과 마찬가지이다.[23]

---

22 墨家 사상에 관하여는 송영배, 「墨家의 평등 박애와 주체적 실천론」, 『오늘의 책』, 1985년 봄호, 서울, 한길사, 1985.

23 "千乘能以守者, 自存也. 萬乘能以戰者, 自完也. 雖桀爲主, 不肯詘半辭以下其敵. 外

상앙학파에 의하면 현실적으로 국가와 국가들이 서로 "파멸과 정복"을 앞에 놓고 전쟁을 하는 마당에서 중요한 것은 한 나라의 '도덕정치'가 아니요, 국내적으로는 풍부한 생산력을 갖추고 대외적으로는 강한 군대를 가짐으로써 전쟁터에서 현실적으로 상대하는 적국을 정복할 수 있는 실질적인 강력한 국가권력을 창출하는 일이라는 것이다. 그들은 이른바 '도덕정치'〔德治〕라는 것도 반드시 강력한 국가권력〔力〕에 바탕을 두고 창출될 수 있을 때에라야 비로소 '인의仁義'의 정치를 온 천하에 현실화할 수 있다고 주장한다.

힘은 강함을 낳고 강함은 위세를 낳으며 위세에서 덕德이 생긴다. 덕은 힘에서 생겨나는 것이다. 성군聖君은 홀로 이 힘을 가졌기 때문에 마침내 인의仁義를 온 세상에 실현할 수 있는 것이다.[24]

3. 진보적 역사관과 개혁의 논리

철저한 현실주의의 입장에 서 있는 상앙학파들에 의하면, 강력한 국가권력의 창출은 정확한 현실사회의 분석에 바탕을 둔 사회제도의 획기적인 개혁을 통해서만 가능한 것이었다. 그들은 사회의 근본적인 개혁을 위한 정확한 현실 파악을 위하여 역사 발전론을 다음과 같이 펴고 있다.

不能戰, 內不能守, 雖堯爲主, 不能以不臣諧所謂不若之國. 自此觀之, 國之所以重, 主之所以尊者, 力也. … 入而食屈於內, 出而兵弱於外, 雖有地萬里 · 帶甲百萬, 與獨立平原一貫也."(『商君書』,「愼法」第25, 高亨, 앞의 책, 182쪽) 朱師轍에 의하면, 『爾雅』에 '貫은 事也이다.' 하였으니, 一貫은 同一한 事業의 뜻이다.

24 "力生强, 强生威, 威生德, 德生於力. 聖君獨有之, 故能述仁義於天下."(『商君書』,「斬令」第13, 高亨, 109쪽)

하늘과 땅이 형성되면서 민중이 생겨났다. 그때에는 사람들이 자기 어머니만 알고 아버지는 몰랐다. 그때의 생활원칙은 (혈연 상) 가까운 사람만 가까이 하고 개인의 이익〔私〕만을 아꼈다. (즉, 공적인 국가개념이 없었다.) 가까운 사람만 가까이 하므로 (멀고 가까운) 차별이 생겨나고 개인의 이익만 추구하게 되니 (자연히) 나쁜 마음을 먹게 되었다. 사람들이 많아지고, (서로) 차별과 나쁜 마음에 힘을 쓰게 되니 사람들 사이에 어지러움이 일어나게 되었다. 이때에 사람들이 힘으로 이기고 빼앗는 데 주력하게 되었다. 이기고자 힘쓰니 싸움이 생겨나고, 힘으로 뺏고자 하니 분쟁이 일어났다. 분쟁을 (해결할) 정도正道가 없으니 (사람들은) 자기 생명을 온전히 할 수 없었다. 따라서 현인이 '정도'를 세우고 공공의 이익을 정하니 사람들이 공공의 도덕〔仁〕을 기뻐하게 되었다. 이때에 (이기적인) 친친親親 개념이 깨지고 현인을 높이게 되었다. 무릇 공공의 도덕은 있어도 (사람들이) 물질적 이익을 추구하는 것에 힘쓰게 되니, 현인들은 서로 더 나은 (도덕이념의) 제시를 원칙으로 삼게 되었다. 인구는 늘고 제약은 없고, 오랫동안 서로 더 나은 (이념) 제시를 원칙으로 삼게 되니 (사회적) 혼란이 (또한) 생겨났다. 따라서 성인聖人은 이 문제를 이어받아서, 토지와 재물과 남녀의 몫〔分, 소유권〕을 정하게 되었다. 소유권을 정해 놓고 그 규제가 없으면 안 되기 때문에 법금法禁을 세웠다. 법금을 세우고 그것을 다스리지 않을 수 없기 때문에 관리를 두게 되었다. 관아가 성립되니 그것을 하나로 통괄하지 않을 수 없기 때문에 군주를 세우게 되었다. 일단 군주제가 성립하니 현인 제도는 깨어지고 군주가 존귀하게 되었다. 따라서 (미개했던) 상세上世에는 친친하는 사적 이익만 추구하고, 중세中世에는 현인을 받들고 공공도덕〔仁〕을 좋아하였다. (그러나 지금) 하세下世에서는 군주가 존귀하고 관리가 존중을 받고 있다. '현인제賢人制'에서는 서로 출중한 (이념) 제시를 원칙으로 삼지만, 군주제에서는 이런 현인은 무용하다. (미개한) 친친 제도에서는 사私를 도道로 삼지만, 중심이 잡히고 바르게 되면 사적 이익은 통용될 수 없다. 이 세 가지(정치제도)는 서로 내용상 모순되는 것이 아니다. 백성의 생활원칙이 더 이상 통용될 수 없을 때, 원칙의 중점이 바뀐 것뿐이다. 사회가 변하면 원칙도 달라져야한다.[25]

상앙학파에 의하면 가장 발달된 사회제도는 개개인들의 사적소유권을 법적으로 인정해 주고 그것을 군주의 일원적一元的 통제 하에서 법령으로 엄격히 보장해 주는 절대군주 정치제도인 것이다. 위의 인용문에 보이듯이 그들은 전국시대에 수립해야 할 새로운 사회제도는 마땅히 절대군주 중심의 관료제도라는 확신을 가지고 있었다. 이런 관점에서 그들은 중국 역사사회의 발전을 3단계로 구분하여 설명한다.

그들은 제1단계〔上世〕를 미개한 '모계母系사회' 단계라고 보았다. 그때에는 모친을 중심으로 하는 '친친', 즉 혈연적으로 가까운 개체들이 서로 어울려서, 각자의 개별적 이익만을 추구했을 뿐, 아직 하나의 '이익공동체' 또는 '국가'는 존립할 수 없었다고 본 것이다. 따라서 국가의 법령에 의한 규제가 없는 상태에서 당연히 인간 개체들은 서로 폭력으로 개인적 이득을 취할 수밖에 없었기 때문에, 만인의 만인에 대한 적대적인 투쟁은 불가피한 것이었다고 설명한다. 개체들 간의 투쟁과 분쟁을 해결할 공공의 원칙〔正道〕이 없었기 때문에, 인간 개체들의 생명도 유지되기 힘들었다고 보는 것이다.

---

25 "天地設而民生之, 當此之時也, 民知其母而不知其父. 其道親親而愛私. 親親則別, 愛私則險. 民衆, 而以別·險爲務, 則民亂. 當此時也, 民務勝而力征. 務勝則爭, 力征則訟, 訟而無正, 則莫得其性也. 故賢者立中正, 設無私, 而民說仁. 當此時也, 親親廢, 上賢立矣. 凡仁者以愛利爲務, 而賢者以相出爲道. 民衆而無制, 久而相出爲道, 則有亂. 故聖人承之, 作爲土地·貨財·男女之分. 分定而無制, 不可, 故立禁. 禁立而莫之司, 不可, 故立官. 官設而莫之一, 不可, 故立君. 旣立君, 則上賢廢而貴貴立矣. 然則上世親親而愛私, 中世上賢而說仁, 下世貴貴而尊官. 上賢者以道相出也, 而立君者使賢無用也. 親親者以私爲道也, 而中正者使私無行也. 此三者非事相反也, 民道弊而所重易也, 世事變而行道異也."(『商君書』,「開塞」 第7, 高亨, 73-74쪽)

　이러한 사회적 근본문제를 해결하기 위하여 중국역사의 제2단계〔中世〕, 즉 문명적 역사단계에서 현인들이 인仁, 즉 공공의 사랑, 또는 공공의 도덕을 처음으로 제시했다고 본다. 그러나 이 역사적 단계에서도 인간 개체들의 물질적인 이익추구는 계속되었기 때문에, 안정된 사회를 유지하기 위하여 현인들은 끊임없이 더 나은 도덕원칙 또는 정치이념들을 제시하지 않을 수 없었다고 상앙학파는 설명한다. 이들에 의하면 현인들에 의한 더 나은 이념적 원칙 제시는 결국 인간의 상이한 이해관계를 조절할 수 없는 자기 한계 때문에, 또 다시 피할 수 없는 사회적 분쟁을 낳을 수밖에 없었다.

　상앙학파의 지식인들은 현인들이 제시하는 잡다한 도덕 이념에서 연유하는 사회적 문제를 척결하기 위해서는 필연적으로 역사발전의 제3단계〔下世〕, 즉 당대인 전국시대에 와서는 새로운 사회제도를 수립하지 않을 수 없다는 것이다. 미개한 원시적 단계에서 발생할 수밖에 없는 인간 개체들 간의 이기적 투쟁의 문제를 중세의 문명적 현인제도 하에서는 공공의 도덕원칙을 통하여 해결을 보았다. 이제 중세 현인제도의 근본적인 문제점, 즉 현인들이 제시하는 도덕적·이념적 원칙들의 상위성相違性에서 오는 사회적 역량의 분열과 충돌이라는 심각한 사회적 문제는 철저한 사유권 확립에 기초하여 "토지 및 재물"의 남녀별 소유권을 법령으로 확정하고 이것을 집행할 수 있는 강력한 절대군주 국가제도를 확립하여 해결할 수밖에 없다고 말하고 있다.

　그들에 의하면 인류의 역사사회는 자체의 현실적 문제와 요구에 따라서 끊임없이 문제를 해결하고 사회적 욕구를 충족시키는 방향으로 점진적으로 발전할 수밖에 없다는 것이다. 따라서 그들은 "사회가 변하면"〔世事變〕, 마땅히 "통용되는 사회원칙이 달라져야 함"〔行道異也〕을 주장하고 나선다. 이것이 바로 상앙학파가 주장하는 진보적 역사관의 기본 내용이다.

　이와 같은 진보적인 역사관 위에서 상앙은 사회 개혁을 반대하는 보수적 귀족들을 다음과 같이 논박한다.

고대의 도그마[敎條]가 같지 않은데, 우리는 어느 옛것을 본받아야
하는가? 제왕帝王들이 그저 서로 이어져온 것이 아니라면, 우리는 누구
의 제도[禮]를 좇아야 하는가? 복희伏義와 신농神農의 가르침에는 사형
이 없었다. 황제黃帝, 요堯, 순舜은 죄인을 처형했지만 그 가족을 함께
처형하지는 않았다. 문왕文王, 무왕武王 때에 이르러, 각자 시대에 맞게
끔 법도를 세우고 사례에 따라 예제를 정했다. 예禮와 법法은 시대에 따
라서 정해지는 것이다. 법령의 제정은 실제의 적합성에 따른다. 군비와
용구는 각기 편리하게 쓰기 위함이다. 따라서 나는 말한다. "정치 원칙
은 하나일 수 없고 국가 이익을 따지자면 반드시 옛것을 본받을 필요는
없다." 탕湯왕과 무武왕의 왕업은 옛것을 본받아서 일어난 것이 아니고
(혁명에 의한 것이었다.), 은殷과 하夏나라는 예제를 개혁하지 않았어도
멸망했다. 따라서 옛것을 반대하는 것이 반드시 틀렸다고 할 수 없고,
(과거의) 예제를 좇는 것이 반드시 옳은 것도 아니다.[26]

상앙에 의하면 고정 불변한 — 초역사적으로 영원한 타당성을 갖는 — 국
가 통치제도란 있을 수 없다. 따라서 그는 더 이상 과거의 정치제도나
가치관에 연연하지 말고, 현실의 국가 이익 도모에 부응하는 과감한
사회개혁이야말로 당대의 시대적 요청임을 천명하고 있다. 여기에서
우리는 국가의 최대 실리추구를 위하여 상앙학파들이 명분론적 도덕
정치를 거부하고, 보편적 강제성을 띤 법치주의를 마침내 그들의 새로

---

26 "公孫鞅曰: 前世不同敎, 何古之法? 帝王不相復, 何禮之循? 伏義·神農, 敎而不誅.
黃帝·堯·舜, 誅而不怒[孥]. 及至文·武, 各當時而立法, 因事而制禮. 禮·法以時
而定. 制令各順其宜. 兵甲器備, 各便其用. 臣故曰: '治世不一道, 便國不必法古.'
湯·武之王也, 不脩古而興. 殷·夏之滅也, 不易禮而亡. 然則反古者未可必非, 循禮
者未足多是也."(『商君書』, 「更法」第1, 高亨, 17쪽)

운 통치 원리로서 제시하고 있음을 주목할 필요가 있다.

> 인仁(즉 도덕심)은 (내가) 남에게 베풀 수 있는 것이지 남으로 하여금 반드시 (나에게) 베풀게 할 수는 없다. 의리〔義〕란 (나로 하여금) 남에게 애정을 갖게 하지만, 남으로 하여금 나를 (꼭) 사랑하게 할 수는 없다. 성인은 (물론) 반드시 스스로 성실한 품성을 가져야 하지만, 또한 온 천하 사람들로 하여금 성실하지 않을 수 없게끔 하는 (구속력 있는) 법을 가지고 있어야만 한다. 도의를 따르자면 신하는 충성을 하고 자식은 효도하고, 젊은 사람은 어른에게 예가 있어야 하고, 남녀는 분별이 있어야 한다. 도의가 아니면 배고파도 구차스레 먹기를 바라서는 안 되고 죽음 앞에서 구차스레 살기를 바라서도 안 된다. 이런 것은 법령으로 집행하면 반드시 (필연적으로) 지켜진다. (따라서) 성왕聖王은 도의를 귀히 여기지 않고 법을 귀히 여긴다. 법이 반드시 명백하면 명령은 반드시 수행될 뿐이다.[27]

'인의仁義'의 도덕 정치란 행위하는 각자의 주관적 자발성(자율성)에 바탕을 두고 있다. 도덕 자체는 만인을 필연적으로 다스릴 수 있는 강제성이 없는 것이기 때문에, 도덕정치는 최대의 국가 실리를 필연적으로 추구하기에는 충분하지 못한 것으로 상앙학파의 지식인들은 평가를 내린 것이다. 그들에 의하면 절대국가 권력을 창출하기 위해서 필요한 것은 오직 만인에게 보편적인 강제성을 띠고 필연적으로 집행될 수밖에 없는 '법치'일 뿐이다.

---

27 "仁者能仁於人, 而不能使人仁. 義者能愛於人, 而不能使人愛. 是以知仁義之不足以治天下也. 聖人有必信之性, 又有使天下不得不信之法. 所謂義者, 爲人臣忠, 爲人子孝, 少長有禮, 男女有別. 非其義也, 餓不苟食, 死不苟生. 此乃有法之常也. 聖王者不貴義而貴法, 法必明, 令必行, 則已矣."(『商君書』, 「畵策」第18, 高亨, 114쪽)

4. 법치이론의 진보성과 반동성

필자는 우선 상앙학파의 법치이론에서 그들 사상의 혁신적 진보성을 살펴보고, 또한 그것이 갖는 결정적 한계점 또는 반동성을 지적해 보고자 한다. 근세 영국의 사상가 토마스 홉스(T. Hobbes, 1588-1679)가 유산계층에 속한 개개인들의 경제활동과 자유를 보장하기 위하여 강력한 절대주권자 리바이어던Leviathan을 상정한 것처럼, 상앙 및 그의 후학들에게 '법'이란 곧 무상無上의 절대적 공권력을 의미한다. 그들은 인위로 조작된 절대적인 힘, 즉 법이 지니는 무상의 강제성을 통하여 당대 모든 현실적인 문제를 해결하려고 하였다. 여기에 그들의 진보성과 동시에 결정적인 반동성이 드러나는 것이다.

1) 정분定分론

상앙학파에 의하면 사회적 범죄와 혼란은 근원적으로 보자면 '법' 즉 공권력이 개개인들의 사유재산권을 분명하게 보장하고 있지 못하는 데서 야기된다.

> 토끼 한 마리가 뛰면 백 사람이 그것을 쫓는 것은 토끼가 백 사람의 소유가 될 수 있기 때문이 아니고, 소유가 아직 정해져 있지 않기 때문이다. 파는 토끼가 시장에 가득해도 도둑이 감히 가질 생각을 못하는 것은 법적 소유가 이미 확정되었기 때문이다. 따라서 법적 소유가 아직 확정되지 않았다면 요, 순, 우禹, 탕湯 같은 성왕도 모두 힘껏 달려가 그것을 잡으려 할 것이나 법적 소유가 이미 확정되었으면 가난한 도둑도 감히 그것을 취하려 하지 않는다. … 무릇 법적 소유가 확정되지 않으면 요·순 같은 성인도 뜻을 꺾고 죄를 지을 수 있거늘 하물며 보통사람들을 말해 무엇 하겠는가! 이것(소유권의 불확정)이 바로 사회적 범죄를 크게 일으키고 군주의 실권을 떨어뜨리며 나라와 사직을 망하게 하는 길

이다. … 따라서 법적 소유를 확정하는 일이 (사회의) 형세를 안정시키는 길이요, 법적 소유의 불확정은 그 형세를 혼란시키는 길이다.[28]

상앙학파에 의하면 사람의 본성은 극히 '실리 타산적'이다. "사람의 천성은 길이를 재면 긴 것을 취하고, 무게를 달면 무거운 것을 갖고, 이利를 따지면 이익이 되는 쪽을 찾는다."[29]는 것이다. 따라서 개개인들의 사유재산에 대한 법적 소유를 무상의 공권력, 즉 법으로 보장하는 데서 그들은 사회 혼란을 막는 사회개혁의 제1보를 딛는 것이다.

2) 공권〔公〕의 우위와 개별적 특권〔私〕의 부정

한 사회 내에 법치이론을 현실화시키고자 할 때 나타나는 근본적인 문제점은 법이 가지는 공권력〔公〕과 그와 배치되는 개별적 이해관계나 특권〔즉 私〕과의 관계, 즉 공사公私 간의 엄격한 구별의 문제이다. 상앙학파 법치이론의 혁신적 진보성은 바로 이런 사私적 이해관계나 특권에 대하여 법, 즉 공권력〔公〕이 갖는 과감한 우위성에서 나타난다. 그들은 우선 군주와 관리들의 국가통치에서 공−사의 구별이 명확히 드러날 것을 요구한다.

(국가 통치에서) 공사의 구별이 분명해지면, 소인이 현자를 미워할 수 없으며, 못난 자가 공로자를 질투할 수 없게 된다. 따라서 요순이 천하

---

28 "一免走, 百人逐之, 非以免也. 夫賣者滿市, 而盜不敢取, 由名分已定也. 故名分未定, 堯·舜·禹·湯且皆如鶩焉而逐之. 名分已定, 貧盜不取. … 夫名分不定, 堯·舜猶將皆折而姦之, 而況衆人乎? 此令姦惡大起·人主奪威勢·亡國滅社稷之道也. … 故夫名分定, 勢治之道也; 名分不定, 勢亂之道也."(『商君書』, 「定分」 第26, 高亨, 190쪽)

29 "民之生, 度而取長, 稱而取重, 權而索利."(『商君書』, 「算地」 第6, 高亨, 68쪽)

를 다스림에 천하 이득을 개인적으로 독점하지 않았고 천하 만민을 위하여 천하를 다스렸던 것이다. … 옛날의 삼왕三王(夏禹, 商湯, 및 周武王)은 도의로써 만인을 가까이 했고, 오패五霸는 법도로써 제후들을 바로 잡았다. 모두 천하 이득을 개인적으로 독점하지 않고 천하 만민을 위하여 천하를 다스렸다. … 지금 난세의 군주와 신하들은 모두 구구하게 한 나라의 이득을 독점하고 한 관직의 직권을 농단하여 그들의 사익을 도모하니 이것이 국가를 위태롭게 하는 원인이다. 따라서 공사의 관계가 (국가) 존망의 근본이 된다.[30]

여기에서 그들은 옛날 성왕들의 왕업은 모두 만민을 위한 통치였음을 말하면서 군신이 모두 사익을 추구하는 국가는 공사의 구분이 없기 때문에 망할 수밖에 없다고 말한다. 신하들은 물론 군주가 사익보다는 법이 지향하는 공익을 앞세워야 할 것을 주장하는 것이다. 이들은 '절대국가권력'을 세우기 위하여 세습귀족들의 특권을 법치의 이름으로 혁파하고자 한다. 그들은 이제 현인에 의한 인물정치가 아니라〔不任賢〕 객관적이고 공정한 법에 의한〔任法〕 정치를 외친다. 실제로 인물의 현명함을 판단할 수 있는 객관적으로 정확한 척도가 없기 때문에 현인에 의한 인물정치는 결국 인물을 추천하는 붕당의 이해관계에 의하여 좌우될 수밖에 없다. 그 결과 군주의 실권과 국력이 약화될 수밖에 없다고 주장한다.

세상에서 현인이라 하면 선량하고 정직한 사람을 말한다. (그가) 선량하고 정직하다는 평판은 그의 당파 덕분에 생겨난 것이다. 군주가 그의

---

30 "公私之分明, 則小人不疾賢, 而不肖者不妬功. 故堯·舜之位天下也. 非私天下之利也, 爲天下位天下也. … 故三王以義親, 王霸以法正諸侯, 皆非私天下之利也, 爲天下治天下. … 今亂世之君·臣, 區區然皆擅一國之利而管一官之重, 以便其私, 此國之所以危也. 故公私之交, 存亡之本也."(『商君書』,「修權」第14, 高亨, 113쪽)

말을 듣고 능력 있다고 생각하여 그 당파에게 물으면 (모두) 그렇다고 대답한다. 따라서 군주는 그의 공적을 기다리지 않고 그를 존귀하게 할 수도 있고 그가 죄를 짓지 않아도 처형할 수가 있다. 이런 때에 바로 탐관오리들이 기회를 타고 음모를 꾸미게 되고 소인이 또한 틈을 타고 사기술을 펴게 된다. 관리와 백성이 일단 거짓을 꾸밀 바탕을 얻게 되면 … 우임금도 열 사람을 부릴 수 없거늘 보통군주가 한 나라의 국민을 통제할 수 있겠는가? … 당파의 간교를 타파하고 그들의 언론을 물리치고, 오직 법에 따라 통치해야 할 것이다. 관리로 하여금 법이 아니면 그 직분을 지킬 수 없게 하면 교활해도 나쁜 짓을 할 수 없다. 백성이 전투 외에 달리 능력을 발휘할 수 없게 되면 비록 음험해도 남을 속이지 못하게 된다. 무릇 법으로 다스리고 규정대로 천거하면, 칭찬해도 더 이롭게 하지 못하고 비판해도 손해를 끼칠 수 없게 된다. … 따라서 나는 말한다. "법치해야 나라는 제대로 다스려진다."[31]

현인 정치는 법의 공평무사한 형평성을 깨뜨리고 당파의 이해관계에 따라서 조정될 수밖에 없기 때문에, 위로는 탐관오리들의 파당과 음모를 낳고 아래로는 이에 부응하는 간민奸民들의 위선적 범죄를 유발한다. 따라서 상앙학파는 현인정치를 배격할 뿐만 아니라, 법 규정을 따지는 개인적인 논의〔私議〕, 말하자면 군주 주위 인물(특히 세습 귀족이나 총신들)의 비판적 논의도 배격한다. 이들 대권을 가진 귀족이나 총신들의 '사적인 논의'는 공적인 법의 엄격한 공평성을 차단하고

---

31 "世之所謂賢者, 言正也. 所以爲善正也, 黨也. 聽其言也, 則以爲能. 問其黨, 以爲然. 故貴之不待其功, 誅之不待其有罪也. 此其勢正使汚吏有資而成其姦險, 小人有資而施有巧詐. 初假吏民姦詐之本, … 禹不能以使十人之衆, 庸主安能以御一國之民? … 破勝黨任, 節去言談, 任法而治矣. 使吏非法無以守, 則雖巧不得爲姦; 使民非戰無以效其能, 則雖險不得爲詐. 夫以法相治, 以數相擧, 譽者, 不能相益; 訾言者, 不能相損. … 臣故曰: 法任而國治矣."(『商君書』, 「愼法」第25, 高亨, 179-181쪽)

결국 사익 추구에 의한 국가권력의 약화를 가져올 수밖에 없기 때문이다.

> 현세의 통치자들이 대부분 법도를 버리고 사적인 의론〔私議〕을 좇으니 이것이 국가를 혼란시키는 원인이다. … 저울을 버리고 무게의 경중을 판단하고 자를 버리고 길이의 장단을 셈한다면, 비록 그가 정확하다 해도 상인들은 믿지 않을 것이다. 그것이 반드시 정확할 수 없기 때문이다. 진실로 법이란 나라를 다스리는 저울이다. … 만약 군주가 법도를 버리고 (대신들의) 사사로운 논의를 좋아한다면, 간신은 군주의 대권을 미끼로 자기의 사익을 추구할 것이며, 관리들은 아래〔民〕의 사정을 감추고 백성을 착취할 것이다. "좀이 많으면 나무가 부러지고 틈이 크면 담이 무너진다."는 속담이 있다. 따라서 대신들이 서로의 사익을 다투고 백성들을 돌보지 않으면 아래의 민심은 위의 군주에게서 떠날 것이다. 백성〔下〕의 마음이 군주〔上〕에게서 떠나는 것이 나라의 틈이다. 관리들이 백성의 사정을 숨기면서 그들의 고혈을 짜면 이들이 백성의 좀벌레인 것이다. 틈이 있고 좀벌레가 있는데 망하지 않는 일은 세상에 드물다. 영명한 군주는 법에 의거하여 사적인 것〔私〕을 멀리하니 나라에 틈도 좀벌레도 없는 것이다.[32]

이들은 법의 공정하고 보편적인 원칙에 위배되는 모든 사적인 요소들을 단호히 거부하고 있다.

---

32 "世之爲治者, 多釋法而任私議, 此國之所以亂也. … 夫釋權衡而斷輕重, 廢尺寸而意長短, 雖察, 商賈不用, 爲其不必也. 故法者國之權衡也. … 夫廢法度而好私議, 則奸臣鬻權以約祿, 秩官之吏隱下而漁民. 諺曰: 「蠹衆而木析, 隙大而牆壞.」故大臣爭於私而不顧其民, 則下離上. 下離上者, 國之隙也. 秩官之吏隱下以漁百姓, 此民之蠹也. 故有隙·蠹而不亡者, 天下鮮矣. 是故明主任法去私, 而國無隙·蠹矣."(『商君書』, 「修權」 第14, 高亨, 111-114쪽)

3) 형무등급의 법 평등론

그들은 귀족의 법적특권을 부정하고 만인에 대한 법의 평등함을 주장한다. 그들이 주장하는 '형벌균일원칙'〔壹刑〕, 즉 형무등급刑無等級의 주장은 다음과 같다.

이른바 '일형壹刑'이라 함은 형벌에 등급이 없다는 뜻이다. 경卿, 재상, 장군으로부터 일반귀족〔大夫〕및 평민에 이르기까지 왕의 명을 좇지 않고, 국가 금지사항을 어기고, 국가제도를 파괴하는 자는 사형 죄를 받고 용서받지 못한다. 전에는 공이 있었으나 뒤에 실패했으면 그것으로 감형되지 않는다. 앞에서는 선행을 했어도 후에 과실이 있으면 그것으로 법의 판결이 달라질 수 없다. 충신 효자가 죄를 지으면 반드시 그 죄량대로 판결을 받아야 한다. 법을 관장하고 직분을 지키는 관리들이 왕법王法을 이행하지 않을 때는 사형 죄이며 사면을 받을 수 없고 형벌은 삼족三族(부모, 형제, 처자 — 필자)에까지 미쳐야 한다.[33]

이와 같이 법 앞에서는 만인이 평등하다. 대귀족부터 말단 평민에 이르기까지 국법을 어긴 자는 — 그가 과거에 어떠한 공로나 선행을 했어도 그것으로 인해 처벌을 면제 또는 감형을 받을 수 없고 — 모두 처형을 받아야만 한다. 일찍이 유가들은, "예는 아래로 서민에게는 미치지 않고 형벌은 위로 대부까지는 미치지 않는다."[34]라는 신분적으로 차등적인 법 규제를 설파하였다. 상앙학파는 귀족들의 행동규범으로서 예禮와 백성들의 행동규제로서 형刑의 구별, 즉 신분에 따른 차등적인 법 규

---

33 "所謂壹刑者, 刑無等級, 自卿相·將軍以至大夫·庶人, 有不從王令·犯國禁·亂上制者, 罪死不赦. 有功於前, 有敗於後, 不爲損刑. 有善於前, 有過於後, 不爲虧法. 忠臣孝子有過, 必以其數斷. 守法守職之吏, 有不行王法者, 罪死不赦, 刑及三族."(『商君書』,「賞刑」第17, 高亨, 130쪽)

34 "禮不下庶人, 刑不上大夫."(『禮記』,「曲禮」上, 王夢鷗 32쪽)

제를 부정하고 만민평등의 법 규제를 요구한다. 사실 상앙은 사회개
혁[變法] 첫 해인 기원전 356년에 진의 태자가 법을 어겼다는 이유
로 태자의 사부인 공자건公子虔과 스승인 공손가公孫賈를 주저 없이
처벌한 일이 있다.[35] 이와 같이 상앙 및 그의 후학들은 신분적 차등
을 기반으로 하는 구봉건적 제도의 세습적인 봉건귀족이나 특권세력
을 철저하게 배제하고 오로지 하나의 법 즉 '국가절대권력'을 가지고
일률적으로 통제하려는 강력한 의지로 혁신적인 개혁을 추진하였다.
이 점에서 상앙학파의 법치주의의 혁명적 진보성을 인정하지 않을
수 없다.

4) 법, 즉 민중 적대적인 전제주의적 국가의지

이제 우리는 이러한 혁신적인 법의 내용이 지향하는 목표가 무엇인
지를 묻지 않을 수 없다. 앞에서 상앙학파의 출발점은 '절대주의국가'
의 창출에 있고, 그것은 그들이 당대 현실을 생사를 다투는 초긴장된
전투정국으로 파악한 데서 비롯된 것임을 이미 밝혔다. 사실 그들에게
는 당시 긴박한 전쟁정국이 과거 중국의 신화적인 태평성대나 하夏・
은殷・주周 3대三代의 문치文治주의적 소강상태일 수가 없었다.

지금 세상은 강대국들이 겸병을 일삼고 약소국들은 자체 방위에 전
력을 다한다. 위로는 (아득한) 우虞・하夏의 (신화적) 시대에 못 미치고,
아래로는 (근래의) 탕湯・무武왕의 왕업도 본받을 수 없다. (지난 세기를
지배해 온) 탕・무의 왕도가 통용되지 못하기 때문에, 만승萬乘의 대국
은 침략전쟁을 하지 않을 수 없고 천승千乘의 소국은 수비(방어)하지 않

---

35 "令行於民朞年, 秦民之國都言初令之不便者以千數. 於是太子犯法. 衛鞅曰:「法之
不行, 自上犯之.」將法太子. 太子, 君嗣也, 不可施刑, 刑其傅公子虔, 黥其師公孫
賈."(『史記』,「商君列傳」, 앞의 책, 2231쪽)

을 수 없다.[36]

이런 전쟁 상태는 상앙학파의 논리에 따르면 오직 "힘을 많이 가진 자가 천하 통일"〔多力者王〕[37]함으로써만 종식되는 것이다. 따라서 국가 정치의 목표는 천하 모든 국가를 전쟁으로 정복할 수 있는 막강한 국력을 배양하는 일 이외에는 없는 것이다. 그리고 이런 국력의 기초는 바로 국민 각자가 가지는 힘이기 때문에, 그들에 의하면 정치란 바로 "백성의 마음을 반드시 얻어냄으로써 백성의 힘을 이용"[38]하는 수단일 뿐이다.

> 명군名君의 정치는 백성의 힘〔力〕을 이용하는 것이요, 그들의 도덕〔德〕을 쓰고자 함이 아니다. 이렇게 함으로써 (군주는) 걱정하지 않고 애쓰지 않아도 왕업을 세울 수 있다. 척도와 수량을 일단 정해 놓고, 법을 분명하게 해 두어야 할 것이다.[39]

강대한 국력은 하늘에서 떨어지는 것이 아니라, 오직 백성들의 피나는 노력에 의해서만 창출될 수 있다는 현실적 인식을 상앙학파는 하고 있다. 그들에 의하면 인간의 본성은 극히 실리 타산적이다. 인간은 명분 철학자들의 주장처럼 결코 도덕적인 존재들이 아니라는 것이다. 사실 "살아서는 실리는 따지고 죽을 때는 명예를 생각"[40]하며,

---

36 "今世强國事兼併, 弱國務力守, 上不及虞·夏之時, 而下不脩湯·武之道. 湯·武之道塞, 故萬乘莫不戰, 千乘莫不守."(『商君書』, 「開塞」第7, 高亨, 76쪽)

37 『商君書』, 「去强」第4, 高亨, 46쪽.

38 "聖君之治人也, 必得其心, 故能用力."(『商君書』, 「靳令」第13, 高亨, 109쪽)

39 "故凡明君之治也, 任其力不任其德, 是以不憂不勞, 而功可立也."(『商君書』, 「錯法」第9, 高亨, 90쪽)

40 "故民生則計利, 死則慮名."(『商君書』, 「算地」第6, 高亨, 65쪽)

"명예와 실리가 몰리는 곳이 있으면, (모두) 그곳으로 좇아가는"[41] '이 기적' 또는 '실리 타산적'인 인간의 면모가 인간의 본성이다. 따라서 왕업(천하통일)의 실현에는 이런 이기적·이해 타산적인 모든 인간의 노동력을 법령과 국가제도, 즉 강제성을 띤 공권력에 의거하여 철저 하게 최대한도로 이용(또는 착취)하는 것이 필수 불가결하다.

상앙학파는 이와 같이 처음부터 국가 이익과 개인 이익의 '모순적 대립'을 전제하고, 백성들의 자율적 행위를 금하고 오로지 전제주의 적인 국가 의지에 종속시키는 것으로 법의 본질적 기능을 상정하고 있다.

> 옛날에 천하를 제압할 수 있었던 (제왕)들은 반드시 먼저 그 백성들 을 제압하였다. 강적을 이기려면 반드시 먼저 그 백성을 이겨야 한다. 따라서 백성을 이기는 기본은 — 마치 야금장이가 쇳물을, 그리고 도공 陶工이 점토를 다루듯이 — 백성을 제압하는 데 있다. 기본이 튼튼치 못 하면 백성은 나는 새나 뛰는 짐승 같으니, 어떻게 그들을 제압할 수 있 겠는가? 백성을 (제압)하는 기본이 법이다. 따라서 통치를 잘하는 사람 은 법으로써 백성의 (자율적 행위)를 금지하니, 명성도 토지도 생겨나게 된다.[42]

강력한 국가의 전제주의 권력 앞에 백성의 자율적·비판적인 주체 의식은 반드시 약화되어야만 한다. "민중의 주체의식이 약화되면 국가 는 강해지고, 민중의식이 강화되면 국가는 약해진다. 따라서 원칙 있

---

41 "名利之所湊, 則民道之."(위와 같음, 高亨, 64쪽)

42 "昔之能制天下者, 必先制其民者也. 能勝强敵者, 必先勝其民者也. 故勝民之本在制 民, 若冶於金·陶於土也. 本不堅, 則民如飛鳥禽獸, 其孰能制之? 民本, 法也. 故善治 者塞民以法, 而名地作矣."(『商君書』, 「畵策」 第18, 高亨, 137-138쪽)

는 나라는 민중 (의식을) 약화시키기에 힘쓴다."[43] 이와 같이 상앙학파
가 주장하는 법치주의의 목표는 기본적으로 민중의식의 자발적인 계
발·발전을 억제하고, 민중들에게 오직 국가가 규정하는 법규에 복종
할 것만을 강요하는 민중 적대적인 전제주의 국가 의지의 실현[44]에 있
다. 이 점에 대하여 뒤벤다크는 다음과 같이 말한다.

  이와 같은 (상앙학파의) 법 개념은 인간의 마음속에 살아있는 정의 개
  념을 법률화하는 것과는 아무런 연관이 없다. 그것은 다만 국가권력의
  중앙집권화 및 세력 팽창적인 여러 목적들을 달성하기 위해서 편리하다
  고 생각되는 국가제도나 형법의 (제정)만을 의미한다. 그것은 성장하는
  국가 자신의 자의식을 표현한 것이다. (그러나) 아주 놀라운 사실은 우리
  가 법을 공포할 필요가 있을 때, 그 밖의 다른 곳에서와 같이 그것은
  장차 국민들의 권리와 특권을 보장해 주기 위한 민중의 희망을 표현한
  것이 아니라는 점이다. … 국가와 국민은 적대적인 두 요소이다. 국가는
  부유하고 강력해야 하지만, 백성들은 전적으로 국가에 의존하지 않을 수
  없을 정도로 약하고 빈한한 상태에 있게끔 극심히 배려해야만 한다는
  것이다. 그럴 때라야 백성들은 국가에 유용할 수 있으며, 그럴 때에만
  군대가 강해질 수 있으며 백성들의 절대복종이 보장된다.[45]

철저하게 혁신적인 상앙학파의 법치주의는 바로 이런 점에서 철저
하게 반동적인 전제주의 국가 의지의 표현인 것이다.

---

43 "民弱國彊, 國彊民弱. 故有道之國, 務在弱民."(『商君書』, 「弱民」第20, 高亨, 155쪽)
44 이 점에 관해서는 특히 『商君書』, 「去强」第4, 「說民」第5, 「弱民」第20篇 등 참조.
45 J. J. L. Duyvendak, The Book of Lord Shang, 앞의 책, pp.81-82.

5. 중형경상重刑輕賞론과 반反문화적 군국주의

1) 농전農戰 주장과 중형경상론

현실주의적인 상앙학파의 지식인들에 의하면 강대한 국력 창출은 백성의 노동력을 농업생산〔農〕과 전투력〔戰〕이라는 오직 '하나'〔壹〕의 창구로 일원화시킬 때에 비로소 가능하다.

> 국가는 농업생산과 전투력에 의하여 안정되고, 군주는 농업생산과 전투력에 의하여 존귀해진다. ⋯ 이 '하나'(즉 農戰)에 힘쓰면 국가는 부유해진다. 국가가 부유해지고 정치가 안정되는 것이 왕업(王業, 천하통일)의 길이다.[46]

그렇다면 군주는 어떻게 실리적이고 이해 타산적인 인간들을 '고달픈' 농업생산과 '위험한' 전투작전에 몰두시킬 수 있는가? 상앙학파는 인간의 실리적 타산성에 기초하는 상벌賞罰의 대권을 통하여 군주는 소기의 목적을 성취할 수 있다고 주장한다.

> 사람은 태어나면서 좋아하는 것과 싫어하는 것이 있기 때문에 (군주는) 백성을 다스릴 수 있다. 군주는 (백성)의 좋아함〔好〕과 싫어함〔惡〕을 잘 알지 않으면 안 된다. '좋아함'과 '싫어함'이 상벌의 바탕이다. 사람의 마음은 작위와 봉록을 좋아하고 형벌을 싫어한다. 군주는 이 둘(상벌)을 세움으로써 백성의 의지를 제압하고 또한 그들이 바라는 것〔爵祿〕을 보증해야 한다. 백성이 힘을 다했을 때 작위가 따라야 하고 공을 세웠을 때 상을 내려야 한다. 군주가 백성들로 하여금 이 점을 마치 광명한 해

---

[46] "國待農戰而安, 主待農戰而尊. ⋯ 壹務則國富. 國富而治, 王之道也."(『商君書』, 「農戰」第3, 高亨, 35쪽)

와 달처럼 믿게 한다면 그의 군대는 천하에 무적일 것이다.[47]

백성에게 일을 시킬 때 고생스러운 것이 농사요, 위험스러운 것이 전투이다. 이 둘은 효자라도 부모를 위해서 다하기 곤란하고 충신이라도 임금을 위하여 다하기 곤란하다. 지금 (군주가) 백성들로 하여금 효자 충신도 하기 어려운 일들(농업과 전투)을 하게 하려면 형벌로써 겁을 주고 상으로써 독려하지 않으면 안 된다고 나는 생각한다. …옛날의 군주[先王]들은 자기 백성들로 하여금 칼날을 밟게 하고 화살과 투석 앞에 서게 하였다. 그 백성들이 그렇게 하기를 원했던 것은 그것이 학습하기 좋아서가 아니요 형벌을 피하려고 했기 때문이다. 따라서 나는 '실리[利]를 얻고자 하는 사람은 농사를 짓지 않으면 얻을 수 없고, 형벌을 피하고자 하는 사람은 전투를 하지 않으면 안 된다.'는 명령을 내린다. 이에 국내 백성들은 먼저 농사와 전투에 힘쓰지 않고서는 나중에 그들이 즐겨 갖고자 하는 소득을 가질 수 없다. 따라서 토지는 적어도 양식은 많으며 백성은 적어도 군대는 강하다. 국내에서 이 두 가지를 관철할 수 있으면 패업[覇]이나 왕업[王]의 길은 다 완수한 셈이다.[48]

상앙학파의 주장에 의하면 엄한 형벌로써 백성들에게 겁을 주며, 동시에 국가이익에 충실한 공로를 세운 사람에 대하여는 정략적으로 상

---

47 "人君而有好惡, 故民可治也. 人君不可以不審好惡. 好惡者, 賞罰之本也. 夫人情好爵祿而惡刑罰, 人君設二者以御民之志, 而立所欲焉. 夫民力盡而爵隨之, 功立而賞隨之, 人君能使其民信於此如明日月, 則兵無敵矣." (『商君書』,「錯法」第9, 高亨, 88쪽)

48 "使民之所苦者無[無猶唯也]耕, 危者無[無猶唯也]戰. 二者, 孝子難以爲其親, 忠臣難以爲其君. 今欲毆其衆民, 與之孝子忠臣之所難, 臣以爲非劫以刑而毆以賞莫可. … 且先王能令其民蹈白刃・被矢石, 其民之欲爲之? 非如學之, 所以避害. 故吾敎令: 民之欲利者, 非耕不得; 避害者, 非戰不免. 境內之民莫不先務耕戰, 而得其所樂. 故地少粟多, 民少兵彊. 能行二者於境內, 則霸王之道畢矣." (『商君書』,「愼法」第25, 高亨, 182-183쪽)

을 베풂으로써, 국가는 '상벌'로 언제든지 백성들을 그들이 원래는 싫어하는 '농사'와 '전쟁'을 기뻐하면서 하게끔 할 수 있다는 것이다. 말하자면 국가는 법적 강제성을 가지고서 백성의 노동력을 농업과 전쟁에 집중시킴으로써만 천하통일의 왕업을 달성할 수 있다. 이들은 국가이익에 백성들을 더욱 굳게 결속시키고 그만큼 더 국가의 통치 질서체제를 무리 없이 유지하기 위해서 상보다는 형벌에 의지해야 한다는 중형경상重刑輕賞론을 편다.

> 나라가 다스려지면 형벌이 많고 상은 적다. 나라가 어지러우면 상은 많고 형벌은 적다. 따라서 천하의 임금[王]은 형벌은 아홉 번 주지만 상은 한 번 내린다. 망해가는 나라는 상을 아홉 번 내리고 형벌을 한 번 내린다.[49]

상벌은 처음부터 백성들의 이익 증진을 위해서 설정된 것이 아니고 오로지 국익을 도모하기 위하여 백성들에 대한 강력한 위협수단과 그들의 마음을 잡기 위한 물질적 미끼(유혹) 수단으로서 설정된 것이다. 따라서 소극적인 유혹 수단으로서 상보다는 처음부터 백성들의 자율적 의지를 강력하게 압제할 수 있는 혹독한 처벌의 비중을 크게 강조하지 않을 수 없었다. 그들은 경미한 범죄도 원천적으로 완전봉쇄하기 위하여 경죄輕罪에 대한 중형을 요구한다.

> 가벼운 죄에 중형을 주면 경미한 범죄가 생기지 않으니 중한 범죄는 생겨날 수 없을 것이다. 이것이 통치 질서를 안정 국면에서 다스린다는

---

49 "治國刑多而賞少, 亂國賞多而刑少, 故王者刑九而賞一, 削國賞九而刑一."(『商君書』, 「開塞」第7, 高亨, 78쪽); "重罰輕賞, 則上愛民, 民死上; 重賞輕罰, 則上不愛民, 民不死上. … 王者刑九賞一, 彊國刑七賞三, 削國刑五賞五."(『商君書』, 「去强」第4, 高亨, 46쪽)

것이다. 형벌을 줄 때 중죄를 중하게 경죄를 경하게 다스리면 경죄가 그치지 않으니 중죄를 그치게 할 수 없다. 이것은 통치 질서를 혼란 국면에서 다스린다는 것이다. 따라서 경죄에 중죄를 주면 형벌이 없어지니 국력이 강해진다. 중죄에 중벌, 경죄에 경벌을 주면 형벌을 주어야 하고 사건이 터지니 국력은 약화된다.[50]

경죄에 대한 중벌이라는 폭압적 조치만이 경죄를 막을 수 있고 또한 원칙적으로 중죄를 막을 수 있는 효과를 거둘 수 있다. 그러나 범죄에 대한 결과적 처벌, 즉 경죄에는 경벌, 중죄에는 중벌의 조처로써는 범죄 발생을 미리 예방할 수 없다. 백성들의 범죄 가능성을 근원적으로 없애고, 강한 국력을 현실화하기 위해서는 경죄를 중벌 하여, 통치 질서 안정에 한 점이라도 악영향을 끼칠 수 있는 해이하고 허술한 사회 분위기나 상황을 조성해서는 안 된다. 이런 해이한 사회 분위기를 조성할 여지가 있는 '선한 사람'에 대한 표창이나 상급 부여는 금지해야 한다.

통치 잘하는 사람은 악인을 벌주지만 선인을 상주지 않는다. 그 결과 형벌을 주지 않아도 백성이 착해진다. 형벌을 주지 않아도 백성이 착해지는 것은 형벌이 무겁기 때문이다. 형벌이 무거우면 백성은 감히 범법하지 못한다. 따라서 형벌을 내리지 않아도 사람들은 감히 나쁜 짓을 하지 못한다. 이로써 온 백성이 다 착해지는 것이다. … 마치 도둑이 아니라고 상줄 수 없듯이 (국가는) 선인을 상줄 수 없다. 따라서 통치 잘하는 사람은 도척盜跖 같은 대악당까지도 진실하게 만드는 것이니, 하물며

---

50 "故行刑, 重其輕者, 輕者不生, 則重者無從至矣, 此謂治之於其治也. 行刑, 重其重者, 輕其輕者, 輕者不止, 則重者無從止矣, 此謂治之於其亂也. 故重輕, 則刑去事成, 國彊. 重重而輕輕, 則刑至而事生, 國削."(『商君書』, 「說民」 第5, 高亨, 55쪽)

백이伯夷와 같은 착한 백성들이야 말해 무엇 하겠는가! 통치를 못하는 사람은 백이 같은 선인도 확신을 못 갖게 하니 도척 같은 악당은 말해 무엇 하겠는가! 객관적 형세가 범죄를 저지를 수 없게 되면, 비록 도척 이라도 진실해지고, 객관적 형세가 범죄를 일으키게 할 형편이면 비록 백이라도 마음이 흔들릴 수 있는 것이다.[51]

이제 상앙학파들이 노리는 것은 백성들에게 국가가 폭압적인 형벌을 행사함으로써 어떠한 범법도 일어날 수 없는 — 말하자면 모든 사회 범죄가 원천적으로 사라질 수밖에 없는 — 객관적인 사회 분위기[勢]의 조성에 있음이 밝혀졌다. 이런 사회 분위기를 조성하기 위하여 상앙은 그의 제1차 변법(356 BC)에서 이미 5가家와 10가 단위의 행정 편제에 의한 상호 감독 및 공동 연대 책임법[連坐制], 그리고 경죄중벌 원칙에 입각한 범죄 고발 장려책을 도입하였다.[52] 이들은 범죄 없는 사회를 지향하기 위한 하나의 수단인 범죄 고발 장려제도에 대하여 다음과 같이 설명한다.

범죄행위가 끝난 뒤에 형벌을 준다면 악행은 없어지지 않고 백성들이 옳다는 것[義]에 상을 주면 범죄는 그치지 않는다. 형벌이 악행을 없앨 수 없고 상으로 범죄가 그치지 않는다면, 사회는 반드시 혼란해진다. 따라서 왕업(천하통일)을 이루는 군주는 장차 있을 범죄에 형벌을 내림으로써 큰 범죄가 생겨나지 못하게 한다. 범죄를 고발하는 자에게 상을 준

51 "故善治者, 刑不善而不賞善, 故不刑而民善. 不刑而民善, 刑重也. 刑重者, 民不敢犯, 故無刑也. 而民莫敢爲非, 是一國皆善也. … 賞善之不可也, 猶賞不盜. 故善治者, 使跖可信, 而況伯夷乎! 不能治者, 使伯夷可疑, 而況跖乎! 勢不能爲姦, 雖跖可信也. 勢得爲姦, 雖伯夷可疑也."(『商君書』,「畫策」第18, 高亨, 140쪽)

52 "令民爲什伍, 而相牧司連坐. 不告姦者腰斬, 告姦者與斬敵首同賞, 匿姦者與降敵同罰."(『史記』,「商君列傳」, 앞의 책, 2230쪽)

다면 작은 범죄도 놓치지 않을 것이다. 백성을 통치함에 큰 범죄가 생겨나지 않고 작은 범죄도 놓치지 않는다면 국가 질서는 안정된다. 국가는 질서가 안정되면 반드시 강해진다. … 이렇게 함으로써 혹형으로써 (백성을) 덕德에 귀일시키고, 정의를 폭력과 합일시키고자 한다.[53]

여기서 이들이 말하는 덕德이란 물론 백성들의 자율적인 도덕을 말하는 것이 아니라 "단지 국가가 제정한 법에 대한 복종"[54]의 미덕을 말할 뿐이다. 상앙학파의 정치적 이상은 인위적으로 제조된 혹독한 형벌로써 백성들로 하여금 법령을 지키지 않았을 때 받아야 될 처벌에 대한 끔찍한 공포심을 갖게 하여 그들이 온전히 법에 순종할 수밖에 없고, 그 결과 사회 질서가 안정되어 형벌 자체가 소용이 없는 일사불란한 전제주의 국가의 구축에 있다. 국가는 이제 폭력의 심리적 효과만을 가지고 폭력이 없는 이상사회를 만들 수 있다. 오직 만사는 힘(권력)에 의해서만 결정된다는 폭력과 정의를 합일시킨 무서운 전제주의적 외침은 국가의 모든 폭력적 행위(예 전쟁, 사형, 중형 등)를 다음과 같이 정당화한다.

전쟁으로써 전쟁을 없앨 수 있으면 전쟁을 해도 되며, 사형으로써 사형을 없앨 수 있으면 사형을 내려도 되며, 형벌로써 형벌을 없앨 수 있으면 중형도 옳다.[55]

---

53 "刑加於罪所終, 則姦不去. 賞施於民所義, 則過不止. 刑不能去姦而賞不能止過者, 必亂. 故王者刑用於將過, 則大邪不生. 賞施於告姦, 則細過不失. 治民能使大邪不生・細過不失, 則國治. 國治必彊. … 此吾以殺〔兪樾說殺乃效字之誤〕刑之反於德, 而義合於暴也."(『商君書』, 「開塞」第7, 高亨, 78-79쪽)

54 J. J. L. Duyvendak, *The Book of Lord Shang*, 앞의 책, p.84.

55 "故以戰去戰, 雖戰可也. 以殺去殺, 雖殺可也. 以刑去刑, 雖重刑可也."(『商君書』, 「畫策」第18, 高亨, 136쪽)

2) 반문화적 군국주의

만백성을 오로지 농업과 전쟁에 몰입시키려는 부국강병 정책에 가
장 문제가 되는 것은 농촌을 떠나 도시로 몰려나온 뿌리 없는 인간 집
단(예, 상인, 잡예인, 지식인 등)들이 대다수의 백성(즉 군인이기도 한 농민)
들보다 더 부유하고 더 잘 살고 있다는 엄연한 사실이었다. 당대의 이
와 같은 역설적 사회 현실이 지양되지 않는 한, 제아무리 혹독한 형벌
의 심리적 압박과 위협 효과를 통한 부국강병책인들 크게 실효성을 거
둘 수 없다고 상상학파의 지식인들은 처음부터 판단하고 있었다. 따라
서 상앙은 농업과 토지 개간을 장려하기 위하여 국가의 곡가 정책·조
세 정책 등에 의한 상업 억제 정책[56]을 폈을 뿐만 아니라, 지식인 고관
들의 학문 추구와 유세遊說 행위를 금지시킴으로써 농민들에 대한 철
저한 우민정책을 쓰고자 하였다. 그는 다음과 같이 말한다.

나라의 대신과 대부(귀족)들이 지식을 넓히고 지혜를 논하며 자유롭
게 노니는 것 모두를 못하게 되고, 더욱이 여러 지방으로 유세할 수 없
으면, 농민들은 다른 곳의 변화된 생각들을 들을 수 없게 된다. 농민들
이 다른 생각들을 들을 수 없게 되면, (이미) 지식 있는 농민이라도 그의
예전 일(농사)로부터 떠날 수 없고, 어리석은 농민은 무식하여 학문을
좋아하지 않게 된다. … 그러면 농사에만 힘쓸 것이다.[57]

국력통일에는 백성들의 견문을 넓혀 주고 그들의 정신을 계발·발
전시켜 주는 학문은 금기사항인 것이다. 오직 농사와 전쟁에만 전념해

---

56 이 점에 관한 자세한 정책은 특히 『商君書』「墾令」, 「農戰」, 「外內」 등 참조.
57 "國之大臣諸大夫, 博聞·辨慧·游居之事, 皆無得爲, 無得居游於百縣, 則農民無所
聞變見方. 農民無所聞變見方, 則知農無從離其故事, 而愚農不知, 不好學問. … 則務
疾農."(『商君書』, 「墾令」 第2, 高亨, 26쪽)

야 한다는 국가 '당국'의 법령을 소리 없이 준수하는 것을 백성들에게
유일한 미덕으로 제시했기 때문에, 상앙학파들이 제일 경계하는 것은
백성들이 전국시대 당시에 유행하는 여러 지식인 집단[諸子百家]들이
유포하는 사상들에 오염되어, 전례적인 행위규범[禮樂]을 주장하고,
군주의 절대주의를 비판하거나, 농업을 버리고 도시로 유랑해 나가거
나, 전쟁을 반대하는 등등의 사례가 발생하는 일이었다. 따라서『상군
서』의 여러 곳[58]에서는 국력 통일 정책에 유해한 다른 학파들의 가치
체계와 이론들을 국익에 해로운 '독소'[害], 또는 기생충[蝨, 이] 등으
로 규정하고 이들 해독의 퇴치, 즉 당시 계몽된 여러 비판적 도덕철학
등에 대한 철저한 탄압을 주장한다.

그들이 열거하는 국가의 해독에는 첫째로 지식인 엘리트[君子]들의
도덕적 자각성에서 출발하여 군주의 독단적 절대주의를 부정하는 유
가사상의 인의仁義와 효제孝悌 등의 도덕 가치 관념, 그들의 전례적인
행위규범(禮와 樂) 및 경전(『詩』와 『書』 등), 둘째로는 농촌을 버리고 명
리名利를 추구하기 위하여 도시에서 도시로 유랑하는 종횡가縱橫家 지
식인들의 화려하고 사기적인 언변[辯]과 그들의 지략[慧], 셋째로 생
산하는 만민의 연대투쟁을 벌이는 묵가의 전쟁 반대 논의(非戰과 羞戰)
및 그 밖의 전제專制주의적 국가 권위에 복종하기보다는 개개인의 도
덕적 자각과 자율을 강조하는 도덕규범(예 修善, 貞廉, 誠信 등)이 열거
되어 있다.[59] 상앙은 군주들에게 다음과 같이 경고한다.

지금 군주들은 모두 자기 나라의 위험과 군대의 약함을 염려하면서
유세객의 말을 열심히 듣고 있다. 이에 유세객들이 무리를 이루고 언론
들이 무성하지만 (모두) 실용성이 없는 것이다. 군주가 (공허한) 이론을

---

58 『商君書』「農戰」, 「去强」, 「斬令」 등 참조.
59 특히 『商君書』, 「斬令」 第13, 高亨, 106-107쪽 참조.

좋아하고 실리를 찾지 않으면 오직 유세객들만이 득의하여 길거리에서
왜곡된 의론만 일삼고 큰 무리를 이루게 될 것이다. 백성들은 이런 변설
들이 왕공대인王公大人들의 마음을 끄는 것을 보고는 모두 그것을 배우
고자 할 것이다. … 그러면 농사짓는 백성은 적어지고 놀고먹는 사람은
많아질 것이다. … 교육이 성행하면 백성들이 농사를 버리고 이론에만
열중하니 … 이것이 바로 나라를 가난하게 하고 군대를 약하게 하는 가
르침인 것이다.[60]

상앙에 의하면 나라를 망치는 것은 가르침(교육)이다. 따라서 인간의
자기계발·발전인 교육을 거부하고 만인을 무지한 자연 상태로 되돌
리려는 반문화적인 조치가 절대적으로 필요하다. 백성들이 전제국가
의 명령을 잘 따르기 위해서는 그들이 무지몽매한 상태에서 '소박'
[朴]한 자연적인 단순성을 가져야 하고, '빈곤'[窮]해야 한다고 한다.
그들의 주장에 의하면 "사람의 마음은 소박하면 노동을 하는 데 힘을
아끼지 않게 된다. 가난하면 머리를 짜내어 이득을 재보게 된다. 힘을
아끼지 않으면 죽음을 가벼이 보고 명령을 즐겨 받게 된다. 이득을 재
보면 벌을 무서워하고 고생을 쉽게 생각하게 된다. 고생을 쉽게 생각
하면 농사일이 잘되는 것이요, 명령을 즐겨 받으면 군대가 힘을 다하
게 된다."[61]는 것이다. 또한 사람들은 "소박[朴]하면 농사를 짓고 농
사를 지으면 쉽게 근면해지고 근면하면 (자연히) 부유해진다."[62]고도

---

60 "今世主皆憂其國之危而兵之弱也, 而彊聽說者. 說者成伍. 煩言飾辭, 而無實用. 主
好其辯, 不求其實. 說者得意, 道路曲辯, 輩輩成群. 民見其可以取王公大人也, 而皆
學之. … 故其民農者寡而游食者衆. … 學者成俗, 則民舍農從事於談說, … 此貧國弱
兵之教也."(『商君書』,「農戰」第3, 高亨, 40쪽)

61 "夫民之情, 樸則生勞而易力, 窮則生知而權利. 易力則輕死而樂用, 權利則畏罰而易
苦. 易苦則地力盡, 樂用則兵力盡."(『商君書』,「算地」第6, 高亨, 63쪽)

62 "樸則農, 農則易勤, 勤則富."(『商君書』,「壹言」第6, 高亨, 83쪽)

말한다. 그러나 농민들이 부유해져서 "역량이 많아졌어도 전쟁을 하지 않는다면 범죄와 기생충", 즉 게으름과 나태가 생겨나기 때문에 "적을 공격함으로써 (백성의) 역량을 소모"[63]시켜야 한다. 인간은 부유해지면 정신적으로 여유를 갖게 되고, 그 여유 속에서 자기의 내면적 가치, 즉 자기의 이상을 실현해 보려는 문화적 정신활동을 시작하기 때문에, 상앙학파는 이런 여유 있는 정신 활동을 미리부터 차단하기 위하여 무식한 농민들을 끊임없이 전쟁에 끌어들이고자 한다.

나라가 가난할 때 전쟁을 하면 그 해악은 적국敵國에서 일어나고 여섯 가지 기생충이 없으니 반드시 강해진다. 나라가 부유한데도 싸우지 않으면 그 해악은 국내에서 생기며 여섯 가지 기생충이 생겨나서 반드시 약해진다.[64]

여기서 인간의 어떠한 정신적 여유도 허용하지 않는 상앙학파 법치주의의 철저한 반문화적 군국주의가 여실하게 드러난다.

6. 맺음말: 유가와 법가의 대결

공자는 정치의 핵심은 한 국가정부가 ① 충분한 경제력(足食), ② 충분한 군비(足兵), 그리고 ③ '민'으로부터의 신임을 기르는 것이라고 하였다. 그중에서도 대외적인 군비 문제보다는 대내적인 문제가 더 중요하며, 대내적인 문제라도 경제력의 문제와 '민' 즉 '하下'가 '상上'을

---

63 "力多而不攻, 則有姦蝨. … 殺力以攻敵也."(같은 곳)

64 "國貧而務戰, 毒生於敵, 無六蝨, 必彊. 國富而不戰, 蝨生於內, 有六蝨, 必弱."(『商君書』, 「靳令」第13, 高亨, 105쪽)

신임하는 문제 중에 상·하의 화합문제가 더욱 중요하였다.[65] 여기서 우리가 주목해야 할 것은 상앙학파는 바로 공자가 보는 정치의 핵심적 비중을 공자와 정반대로 보고 있다는 점이다. 더욱이 공자가 제일 소중하다고 생각하는 상·하의 화합문제는 ─ 기본적으로 국가와 백성의 관계를 이해의 '모순적 대립'의 관계로 보는─ 상앙학파의 극히 방편적인 시각에서 보자면, 처음부터 배제시켜야 할 정치적 과제에 불과한 것이었다. 강력한 절대주의 국가는 백성의 의지를 수렴함으로써 그들과 화합하는 것이 아니라, 오직 '국가' 자체의 이익을 관철시키기 위하여 국가의 강력한 행정[政] 및 사법[刑] 권력으로써 백성들을 지배하고 군림해야만 하는 것이기 때문이다.

통치자(上)와 백성(下) 사이의 조화로운 화합에서 대동大同사회의 이상을 펴는 공자의 철학적 입장에 서서, 상앙학파의 민중 적대적인 전제주의, 즉 근본적으로 인간의 자연적 도덕률을 무시하고 오직 국가적 실리의 최대추구라는 공리적인 목표 아래 무자비하게 관철되어가는 독단적인 군주 절대주의에 대하여, 가장 격렬한 반론을 전개한 사상가는 맹자(372-289 BC)라고 하겠다. 맹자는 군주 절대주의를 정면에서 부정하면서 다음과 같이 말한다.

민民이 제일 중요하고, 다음이 나라[社稷]이고, 군주의 문제가 제일 가볍다. 그러므로 민으로부터 신의를 얻는 자는 천자가 된다. … 군주[諸侯]가 나라를 위태롭게 하면 (군주를) 다시 세워야 한다.[66]

걸桀과 주紂가 천하를 잃은 것은 그들이 백성을 잃은 것이다. 천하를

---

65 송영배, 『중국사회사상사』, 앞의 책, 100쪽.
66 "孟子曰: 民爲貴, 社稷次之, 君爲輕. 是故得乎丘民而爲天子, … 諸侯危社稷, 則變置."(『孟子』, 「盡心」下 14:14, 楊伯峻, 『孟子譯注』, 328쪽)

얻는 데는 원칙이 있다. 백성을 얻으면 이미 천하를 얻은 셈이다. 그 마
음을 얻는 데는 원칙이 있다. 그들을 위하여 원하는 바를 쌓아 주고 싫
어하는 바를 그들에게 행하지 않는 것이다.[67]

맹자에 의하면 국가의 통치는 무엇보다도 먼저 민생을 안정시켜 주
며 그 결과 백성으로부터 신임을 받아야 한다. 이것이 맹자가 말하는
인정仁政, 즉 덕치德治이론이다. 이런 덕치의 주체는 민생 안정을 도덕
적 책임을 가지고 실천해 가야 하는 '군자君子', 즉 지식인·엘리트들
이다. 왕업(천하통일)을 이루는 길은 맹자에 의하면 군주가 정치를 독단
적으로 하지 않고 지식인들을 등용시키고 그들에게 상당한 자율권을
인정하는 데서만 가능하다. 맹자는 일찍이 제齊 선왕宣王(통치 319-301
BC)에게 군주가 관리를 임용하거나 처형을 집행하고자 할 때는 독단적
으로 처리할 것이 아니라 반드시 고관, 귀족 및 평민들의 여론을 다
들은 다음에야 비로소 결정을 내려야 할 것을 말하였다.[68]

춘추전국시대의 사회적 발전의 의미는 군주 중심의 중앙 권력 국가
를 탄생시킬 수 있는 물질적 여건이 성숙되었다는 사실에만 있는 것이
아니다. 그것은 또한 당시에 상당한 사유 재산(토지)을 가진 자유농민
이나 지주들을 배경으로 권리와 의지를 독자적으로 펼치려는 수많은
지식인 집단들이 성장하고 자유롭게 활동할 수 있었다는 역사적 사실
에서도 나타난다. 상앙을 위시한 법가의 이론가들이 바로 '절대군주국
가'의 의지를 표명한 것이라면, 맹자를 비롯한 유가 및 다른 지식인
집단(예 묵가, 도가, 음양가 등)들은 당시 국가 간 전쟁, 경쟁하는 과도기
적 상태에서 성장한 농상공農商工 계층의 주체적·자율적 의지를 강
력하게 표출한 것이다. 이런 지식인들의 통치자들에 대한 뚜렷한 독립

---

67 『孟子』「離婁」上 7:9, 楊伯峻, 앞의 책, 171쪽.
68 『孟子』「梁惠王」下 2:7, 楊伯峻, 앞의 책, 41쪽.

적인 '주체의식'은 당시 지식인 안촉顏斶이 앞서 언급한 제齊 선왕宣王
과 나눈 대화에서 웅변적으로 나타나고 있다.

> 제 선왕이 안촉을 만났다. 왕이 말했다. "안촉은 앞으로 나오시오!"
> 안촉 또한 말했다. "왕은 앞으로 나오시오!" 선왕은 불쾌하였다. 좌우 대
> 신이 말했다. "왕은 군주이고, 안촉은 신하입니다. 왕께서 안촉을 앞으
> 로 나오라고 하셨다고 안촉 또한 왕을 앞으로 나오라고 하시면 되겠습니
> 까?" 안촉이 대답하였다. "저는 전에 권세를 사모했고, 왕은 전에 지식
> 인에 취향을 보였습니다. 저로 하여금 권세를 사모하게 하기보다는 왕이
> 지식인에게 취향을 보이는 것이 낫지 않겠습니까?" 왕이 화난 표정을 지
> 으며 말했다. "왕이 고귀한가? 지식인이 고귀한가?" 안촉이 대답했다.
> "지식인이 고귀합니다. 왕은 고귀하지 않습니다." 왕이 말했다. "근거 있
> 는 말인가?" 안촉이 말했다. "근거 있습니다. 전에 진秦이 제나라를 칠
> 때 유하계柳下季(노魯의 현인)의 묘로부터 50보 거리에서 감히 나무를 하
> 거나 채집하는 자는 사형 죄를 받고 사면되지 못한다는 명령을 내렸고,
> 또한 제나라 왕의 목을 얻은 자는 일만 호戸의 봉토와 황금 천일(1鎰=24
> 兩 — 필자)의 상금을 내린다는 명을 내렸습니다. 이것으로 보면 살아있
> 는 왕의 머리는 일찍이 죽은 지식인의 묘보다 못한 것입니다."[69]

군주의 독재 권력을 거의 안중에 두지 않는 지식인들의 주체적 정
치의식을 대변한 것이 유가의 사상이다. 지식인 중심의 정치론 즉, 덕

---

[69] "齊宣王見顏斶, 曰:「斶前!」斶亦曰:「王前!」宣王不悅.左右曰:「王, 人君也; 斶, 人
臣也; 王曰'斶前', 亦曰'王前', 可乎?」斶對曰:「夫斶前爲慕勢, 王前爲趨士; 與使斶
爲趨勢, 不如使王爲趨士.」王忿然作色曰:「王者貴乎, 士貴乎?」對曰:「士貴耳, 王者
不貴.」王曰:「有說乎?」斶曰:「有. 昔者秦攻齊, 令曰: '有敢去柳下季壟五十步而樵
采者, 死不赦.' 令曰: '有能得齊王頭者, 封萬戸侯, 賜金千鎰.' 由是觀之, 生王之頭曾
不若死士之壟也.」"(『戰國策正解』, 漢文大系十九, 18쪽)

치德治의 사상은 순자荀子(313-238 BC)에게도 뚜렷이 나타난다.[70]

　　법은 통치의 한 수단이요, 군자(지식인)는 법의 근원이다. 그러므로
군자가 있으면 법이 비록 엉성해도 두루두루 시행할 수 있고, 군자가
없으면 법이 완전해도 그 시행의 선후를 알지 못해 사태의 변화에 적응
할 수 없으므로 혼란을 초래하기에 족하다. … 그러므로 현명한 군주는
서둘러 인물을 찾으려고 하고 몽매한 군주는 먼저 권세를 잡기에 급급
하다. 서둘러 그 인물을 얻으면 몸은 편하고도 나라는 잘 다스려지며 공
적이 크고 이름이 빛날 것이다. … 그러므로 군주는 인물을 구하기 위해
힘써야 하며 그에게 위임함으로써 쉴 수 있다.[71]

　　순자도 통치의 문제는 결국 '군자', 즉 지식인들이 책임져야 할 것
으로 주장한다. 이와 같이 유가들은 이른바 '덕치' 이념으로 군자君子,
즉 도덕적 수양을 쌓은 지식인들이 국가권력에 참여하는 것을 정당
화·합법화하려고 하였다. 그것은 상앙 및 법가학파들이 강력히 추진
한 '군주의 절대주의'에 대한 부정과 도전이었다. 춘추전국시대라는
격렬한 사회적 전환기 속에서 상앙을 비롯한 법가의 사상가들이 냉철
히 현실을 파악하여 구체제에 대한 혁신적 개혁을 하고 국가 간의 '전
쟁·경쟁체제' 하에서 국력 통일에 적합한 '전제주의 국가'의 강압적
통치 수단을 제시하였다면, 도덕적 원칙론에서 출발하는 유가사상은
인본주의적인 철학적 원칙에서 법가의 절대주의적 통치를 거부했다.
사회개혁과 발전을 추진하면서 상앙 및 법가사상들은 진보성을 보였

---

70 이 점에 관해서는 송영배, 『중국사회사상사』, 앞의 책, 68-75쪽 참조.

71 "法者, 治之端也, 君子者, 法之原也. 故有君子, 則法雖省, 足以徧矣, 無君子, 則法雖
　具, 失先後之施, 不能應事之變, 足以亂矣. … 故明主急得其人, 而闇主急得其埶. 急
　得其人, 則身佚而國治, 功大而名美, … 故君人者, 勞於索之, 而休於使之."(『荀子』,
　「君道」十二; 章詩同, 『荀子簡注』, 上海, 1974, 124쪽)

지만 이와 동시에 당시 사회에서 성장하고 있는 자유로운 농민들이나 지주층의 자율적인 사상을 전제주의적인 폭력과 반문화적인 군국주의를 통해서 철저히 봉쇄하려고 하였다. 여기에서 상앙 및 법가사상의 지나치게 반문명적인 반동성이 드러나는 것이다.

오랜 전쟁 상태가 지양되고 한 초漢初에 '관료적인 중앙집권제'가 확고히 정립되면서 새로운 사회의 지배세력은 바로 지식인・관료들일 수밖에 없었다. 이들은 그들의 이해에 따라서 유가의 덕치 이념을 국가의 공식 통치이념으로 세웠다. 한 초(기원전 2세기)의 지식인・관료들은 과거 그들의 무서운 적이었던 상앙에 대하여 다음과 같이 평한다.

이제 보면 상앙은 정도[道]를 버리고 편법[權]을 쓴 것이다. 도덕을 무시하고 힘(권력)만을 믿었다. 엄한 법과 혹독한 형벌로써 잔악한 행위가 습성화되었다. 옛 친구를 속여서 공을 세웠고, 귀족을 벌줌으로써 권위를 잡았다. 백성들에게 베푼 은덕이 없고 제후들에게 신의가 없었기에 백성들은 그에게 원한을 갖게 되고 귀족들에게는 원수가 되었다. … 지금 보면 진秦나라 사람들이 상앙의 법령을 원망하고 미워하는 것이 개인의 원수보다 더 심하였다. 따라서 효공孝公이 죽은 날로 전국이 그를 공격했으니, (상앙은) 동서남북 도망갈 곳이 없었다. 이에 그는 하늘을 우러러 보며 탄식했다고 한다. "아아! 정치의 폐해가 이 지경에까지 이르렀구나!" 마침내 그는 마차바퀴에 찢어 죽임을 당하고 그의 일족은 멸했으니, 온 세상에 웃음거리가 되었도다. 이 사람은 자살한 것이지 남이 그를 죽인 것이 아니다![72]

---

72 "今商鞅棄道而用權, 廢德而任力, 峭法盛刑, 以虐戾爲俗, 欺舊交以爲功, 刑公族以立威, 無恩于百姓, 無信于諸侯, 人與之爲怨, 家與之爲仇. … 今秦怨毒商鞅之法, 甚于私仇, 故孝公卒之日, 擧國而攻之, 東西南北莫可奔走, 仰天而嘆曰:「嗟夫, 爲政之弊, 至于斯極也!」卒車裂族夷, 爲天下笑. 斯人自殺, 非人殺之也."(『鹽鐵論』,「非鞅」第7; 『新編諸子集成』第2冊, 『鹽鐵論』, 世界書局, 9쪽)

참고문헌

『商君書』, 高亨, 『商君書註譯』, 北京: 中華書局, 1974.

『墨子』, 王煥鑣 著, 杭州: 浙江文藝出版社, 1984.

『論語』, 楊伯峻, 『論語譯注』, 北京: 中華書局, 1982.

『孟子』, 楊伯峻, 『孟子譯注』, 北京: 中華書局, 1984.

『荀子』, 章詩同, 『荀子簡注』, 上海, 1974.

『禮記』, 王夢鷗, 『禮記今註今譯』, 臺北, 臺灣 商務印書館, 1974.

『鹽鐵論』, 『新編諸子集成』(共8冊), 第2冊, 『鹽鐵論』, 臺北, 世界書
    局, 1982.

司馬遷, 『史記』, 北京: 中華書局, 1972.

『戰國策』, 『戰國策正解』, 漢文大系(영인본)十九卷, 서울, 1982.

張國華 主篇, 『中國法律思想史』, 北京: 新華書店, 1982.

鄭良樹, 『商鞅及其學派』, 臺北, 1987.

齊思和, 「商鞅變法考」, 『燕京學報』 第33號, 北京, 1947.

楊寬, 『商鞅變法』, 上海, 1973.

『共匪「批孔」資料選輯』, 臺北: 中共研究雜誌社編印, 1974.

馮友蘭, 『中國哲學史新編』 第2冊, 香港, 1982.

徐復觀, 『兩漢思想史』 卷一, 臺北, 1978.

楊寬, 『戰國史』, 上海: 人民出版社, 1955.

剪伯贊 主編, 『中國史綱要』, 廣州, 1979.

송영배, 『중국사회사상사』, 서울: 한길사, 1986.

송영배, 「墨家의 평등박애와 주체적 실천론」, 『오늘의 책』, 1985년
    봄호, 서울: 한길사, 1985.

J. J. L. Duyvendak, *The Book of Lord Shang*, Introduction, London,
    1928.

Vitaly A. Rubin, *Individual and State in Ancient China*, New York, 1976; 임철규 역, 『중국에서의 개인과 국가』, 서울: 현상과 인식사, 1988.

제5장 『노자』철학의 이중성:
개인주의적 철학과 황로黃老사상

1. 문제 제기

　『노자老子』에 대한 이제까지의 수많은 연구는 크게 두 가지 범주로 개괄할 수 있다. 하나의 범주는 문헌학적 고증을 통하여 『노자』의 성립을 공자 이전으로 보는 주장과 전국시대(약 기원전 4-3세기)로 보는 주장의 대립이다. 호적胡適(Hu Shi) 이래로 『노자』의 성립을 공자 이전으로 보는 전자의 입장은 중국대륙에서 최근까지 주류를 이루고 있다. 그러나 양계초梁啓超(Liang Qichao)가 호적을 비판한 1920년대 이래로 후자의 입장 또한 상당한 영향력을 미치고 있다.[1] 또 다른 연구 범주는 아주 추상적인 차원에서 도道의 형이상학적 원리를 다양하게 해석

---

[1] 『노자』의 성립을 孔子(기원전 551-479) 이전으로 보는 입장은 胡適, 『中國哲學史大綱』(1920년대)에서 최초로 발단한다. 그러나 그 당시 그에 대한 梁啓超의 반론은 중국학계를 뒤흔들었다. 『老子』의 성립 시기를 孔子 이전으로 보는 전자의 주류가 현재까지 중국(대륙)학계에 지배적이다. 그 방면의 최근 대표적 업적으로는 詹劍峯, 『老子其人其書及其道論』(河北人民, 1982)이 있고, 또한 최근에 중국철학사 전체에서 道家철학사상을 탐구한 『道家與中國哲學』(孫以楷 主編, 北京人民, 2004) 등이 있다. 이들은 방대한 문헌 자료를 수집하여 『老子』를—공자가 가르침을 받기 위하여 그를 방문했다고 전해지는—노담老聃의 완전한 저술로 설득한다. 그러나 梁啓超를 위시하여 『老子』를 戰國시대, 즉 기원전 4세기 말이나 3세기에 편집 정리되어 출판된 것으로 보는 견해도 여전히 건재하다.

해 온 작업들이다. 이것은 중국대륙과 대만은 물론 동서양 모두에서
두루 진행되고 있는 연구 형태다. 5,000여 자의 작은 책인『노자』는
경구의 집합이고, 극히 추상적으로 서술되어 있기 때문에, 독자나 연
구자의 철학적 입장에 따라서 다양한 해석이 얼마든지 가능하다. 그러
나 그중 어느 해석이 철학적으로 더 의미 있는가는 많은 논쟁을 요구
한다. 물론 이제까지의 수많은 주석 가운데 가장 많은 영향을 끼친 것
은 위진魏晉시대(3세기) 이래 중국철학사에서 이른바 '현학玄學' 학풍
을 실질적으로 이끌어 낸 왕필王弼(226-249)의『노자도덕경주老子道德
經注』[2]이다. 그러나 왕필의 철학적 해석은—그보다 시간적으로 훨씬 앞서
진행된 바 있는—『노자』에 대한 최초의, 그리고 최고最古의 주석서인
『한비자韓非子』[3]의「해로解老」,「유로喩老」편의 해석과도, 그리고 한
漢대의『노자하상공주老子河上公注』[4]의 주석과도 상당히 다르다. 한비
의 해석은 황로학黃老學과 깊은 연관이 있고,『노자하상공주』는 후세
도교道敎의 입장과 상당한 연관이 있기 때문이다.[5] 따라서『노자』의
철학적 해석 작업에서 다양한 해석의 편차를 피할 수 없다.

　필자가 보기에『노자』의 성립연대를 둘러싼 치열한 논쟁은 이제 거
의 종식될 수 있게 되었다. 왜냐하면 1973년 마왕퇴馬王堆 한묘漢墓에
서 출토된『백서노자帛書老子』(갑, 을본)[6] 및 1993년에 출토된『곽점초
간노자郭店楚簡老子』3종(갑, 을, 병)[7]을 통하여『노자』의 성립과 발전

---

2 『王弼老子注』의 권위 있는 판본은『王弼集校釋』, 樓宇烈 校釋, 北京: 中華書局,
　1980이다.
3 『韓非子新校注』(상/하), 陳奇猷 校注, 上海古籍, 2000;『韓非子全譯』, 張覺 譯注, 貴
　州: 人民出版社, 1992 등 참조.
4 『老子河上公注』의 저자는 구체적으로 누구인지 알 수 없으나, 대략 2세기경에 출현
　한 것으로 본다.『老子道德經河上公章句』, 王卞 點校, 北京: 中華書局, 1993.
5 위의 책,「前言」, 1-17쪽.
6 『帛書老子』(갑·을)본의 텍스트로는『帛書老子校注』, 高明撰, 北京: 中華書局, 1996;
　『帛書老子釋析』, 尹振環 著, 貴州: 人民出版社, 1995 등 참조.

에 관하여 새로운 확실한 정보를 얻었기 때문이다. 우선 ①『왕필노자주』를 통행본이라 칭한다면, 내용상 이와 근접하는 ②『백서노자』(갑, 을)본 및 그보다 조금 앞서는 ③ 한비의 부분적인 주석에 나타난 『노자』 텍스트, 그리고 이제까지 출토된 ④ 최고最古의 『노자』 즉 『곽점죽간노자』 3종(갑, 을, 병)본의 텍스트를 대비해 보면, 처음부터 책의 분량이나 구성 형식에서 통행 『노자』본과 똑같은 책은 존재하지 않았음을 알 수 있다. 분량이나 구성 형식면에서 서로 차이를 보이는, 예를 들면 『곽점초간노자郭店楚簡老子』 3종(갑, 을, 병)본처럼, 각기 다른 고본 『노자』 텍스트들이 상당히 오랜 시기에 걸쳐 유통되었음을 알 수 있다.[8]

이런 텍스트의 차이와 변천을 인정하더라도, 우리는 또한 ─『곽점초간노자』로부터 통행본 『노자』에 이르기까지 ─ 모든 『노자』 텍스트의 기저에 있는 다음과 같은 철학적 문제의식을 인정하지 않을 수 없다.

1) 『논어』나 『묵자』 등에서는 주로 인도人道(사회원리)가 핵심 주제지만 『노자』에서는 사회원리〔人道〕와 자연원리〔天道〕를 관통하는 형이상학적인 근거로서 도道가 중국철학사상 최초로 제시되어 있다.

2) '도'는 동시에 '유有'와 '무無'라는 두 추상적 개념과 연관되어 설명된다. 『노자』에서 말하는 '도'는 감각적 경험을 통해 파악할 수 없는 형이상학적인 존재근거(원리)이기 때문에, 경험세계 안에 실재하는 사물들, 즉 '유有'와는 존재론적 차원을 달리한다. 따라서 '도'는

---

7 『郭店老子』본의 철저한 고증과 정리로는 『郭店楚簡老子校釋』, 廖名春 著, 北京: 淸華大學, 2003 참조.

8 『郭店老子』본에 대한 연구서들은 최근 많이 출판되었다. 우선 武漢大學中國文化硏究院編, 『郭店楚簡國際學術硏討會論文集』, 湖北: 人民出版社, 2000을 들 수 있다. 그 뒤에 텍스트나 글자 등의 용례를 분석하여, 『곽점초간노자郭店楚簡老子』 삼 종(갑, 을, 병)본의 성립이 상당이 오랜 기간에 걸쳐 이루어졌음을 밝힌 聶中慶, 『郭店楚簡『老子』硏究』, 北京: 中華書局, 2004(이하에서 聶中慶으로 인용)는 특히 주목할 만하다.

'유'에 속하지 않기 때문에 '무無'로 표시할 수밖에 없다. 그러나 '무'
는 아무것도 아닌 '절대적인 허무'가 결코 아니다. 그것은 오히려 다양
한 만물, 즉 '유'를 생성하는 보편적인 근원적 '존재 근거'이기 때문에
—'유'와 존재론적 지평을 달리하는— '무'존재로 파악된다. 경험적 대상
은 아니지만 모든 존재물들의 존재 근거로 기능하는— 형이상학적인—
'무'는 억지로 '도'라고 불린다. 따라서 이런 '무'로서의 '도'는 결국
'유有'의 형이상학적인 존재근거인 셈이다. 이와 같이 『노자』철학의
핵심인 '도'는 '유有', '무無' 개념 등에 대한 철학적 해석과 긴밀하게
연관되어서 설명된다.

3) 『노자』에서 논의되는 철학적 문제에는 서로 대립하는 개념의 짝
들 간에 '상대-의존적'인 상관적 사유가 제시되어 있다. 도道와 만물
〔物〕, 성인과 백성〔民〕, 유有와 무無, 음陰과 양陽, 고高와 하下, 강强
과 약弱, 귀貴와 천賤, 선善과 불선不善 등등의 짝들은 개념의 차원에
서 서로 대립하지만, 현실세계에서는 상대가 없으면 자신 또한 존
재할 수가 없기 때문에, 서로가 서로에 대하여 존재-의존적인 '상
관적 사유'가 매우 특징적으로 부각된다.

4) 『노자』에는— 전국시대 중엽(기원전 4세기) 이래 제나라 직하학궁稷下學
宮을 중심으로 전개된 직하 도가道家나 『장자莊子』에서와는 달리— '도'가 아
직 '기氣'와 철학적으로 융합되어 파악되지 않고 있다. 다만 '도'와 '기'
의 철학적 연계 가능성이 『노자』 10장과 42장에 보일 뿐이다.[9]

---

9 현행 『노자』에는 다만 세 곳에서 '氣'자가 보이나, 아직 '도'를 '보이지 않는 氣'로
파악하기보다는 '보이지 않는 無'로만 설명하고 있다. "心使氣曰强."(55장); "專氣
致柔, 能嬰兒乎?"(10장); "道生一, 一生二, 二生三, 三生萬物. 萬物負陰而抱陽, 冲氣
以爲和."(42장)의 세 곳에 '氣'가 보이나 본격적인 철학적 논의로서 '기'와 '도'의
결합은 보이지 않는다. 또한 『맹자』나 『장자』에서처럼, '심'과 '기'의 결합도 보이
지 않는다. 또한 『管子』의 「內業」, 「心術」에서처럼, '精氣'설도, '道', '氣', '心'의
철학적 연관도 아직 개진되고 있지 않다.

　이런 철학적 사유의 공통적 특징이 『노자』에 분명히 드러나지만, 동시에 해석하는 철학자의 관점에 따라서 『노자』의 철학적 원리들이 서로 다르게 풀이된다. 비록 『노자』의 철학원리들이 각양각색으로 설명되고 있을지라도 그들의 공통적인 문제점은 하나의 근본적인 문제에 귀결된다. 바로 『노자』에서 내용상 오직 하나의 정합적 철학체계가 있다고 처음부터 가정하고 오직 '그 하나의 정합적 해석'을 찾기 위하여 갖가지 다양한 설명이 시도되고 있다는 점이다. 그러나 본 연구의 입장은 그와 다르다. 시대의 변천에 따라서 『노자』의 많은 단편적 판본들(예 『곽점초간노자』의 갑, 을, 병 본이나 그와 함께 출토된 곽점초간의 「太一生水」 등처럼)[10]은 서로 다른 형태의 책자로 전해내려 오면서 다시 상이한 편집자의 철학적 입장에 따라서 편성되어 왔기 때문에, 결과적으로 서로 어긋나는, 즉 하나의 체계로 통합될 수 없는 철학적 원리들이[11] 『노자』 텍스트에 병존하고 있다는 점이다. 예를 들면 『노자』 현행본 1장은 다음과 같다. "'무'는 천지의 시작을 이른 것이고, '유'는 만물의 어미를 이른 것이다. 고로 언제나 '무'는 도의 오묘함을 보려함이요, 언제나 '유'는 '도'의 (드러난) '가장자리'〔徼〕를

10　郭店楚墓에서 출토된 죽간본 18편을 荊門市박물관에서 『郭店楚墓竹簡』(文物出版社, 1998년5월)으로 발표한 이후부터 最古의 판본들에 대한 학계의 관심은 고조되기 시작하였다. 활발한 학술토론의 결과물로는 『郭店楚簡國際學術硏討會論文集』, 武漢大學中國文化硏究院編, 湖北人民, 2000年; 『郭店楚簡硏究』, 『中國哲學』 第20輯, 遼寧敎育, 1999; 『郭店楚簡校讀記』, 李零著, 北京大學, 2002; 『郭店楚墓竹簡思想硏究』, 丁四新 著, 北京: 東方, 2000 등 참조.

11　張舜徽는 그의 『周秦道論發微』(北京: 中華書局, 1982)에서 『노자』의 道를 곧 군주의 南面之術로 설명하는 탁월성을 보이지만, 그의 주장과는 달리 『노자』에는 또한 사회정치적 폭력의 확대를 고발하고 통치의 압박을 적게 할 수 있는 소국과민의 이상사회와 개인의 소박한 삶을 찬미하는 개인주의적인 면모도 보인다. 즉 전자가 황로학적 통치술로 발전했다면, 후자는 우주정신과 소통하는 莊子학파의 자유주의로 발전하였다. 군주의 통치술과 그것을 넘어서고자 하는 개인주의적 경향 같은 서로 대립되는 경향들이 함께 보인다.

보려함이다. 이 둘은 같은 곳에서 나와서 이름을 달리한다. 같게 말하면 '아리송하다'〔玄〕고 한다."**12** 이 1장에 의하면, '도'를 유有와 무無의 통일로 보는 철학적 입장이 뚜렷하다. 그러나 『노자』의 다른 곳에서는 도가 바로 '무'라고는 말하지 않지만, 무엇이라 규정할 수 없는 '황홀'한 어떤 것**13**이요, 그래서 보이지 않는 "도는 언제나 이름이 없고", "숨어 있어서 이름이 없다."**14** "나는 그 이름을 알 수 없어서 '도'라고 부른다."**15**고 한다. 이렇게 보면 세상만물의 어머니인 '도'는 바로 무엇이라 부를 수 없는 그저 '황홀'하기만 한 것, 그래서 무엇이라 부를 수 있는 '이름이 없기'〔無名〕 때문에, '무'라고 말할 수밖에 없다. 그렇다면 이러한 '무', 즉 도에서 '유', 즉 만물의 존재성이 파생되어 나온 것으로 볼 수 있다.

『노자』 현행본 40장(『萬物生於有, 有生於無』)처럼 '무'가 '유'에 대하여 존재론적으로 우월한 위치에 있는 반면, '유'의 존재는 '무'에 의존, 또는 파생하는 것으로 보는 '무본無本'론의 입장이 분명하게 보인다. 또한 『노자』의 도처에서는 만물, 그것의 총체개념인 '유'에 존재론적으로 앞서는 '도'의 '무위無爲'(예 『道常無爲』, 현행 『노자』 37장)가 ─ 만물(또는 物)들의 ─ '유위'의 근원적 원리로 제시된다.

『노자』 통행본 1장에 나타난 『노자』의 ('유'와 '무'를 동등하게 보는) 입장을 ①'도겸유무道兼有無'의 철학적 원리라고 부를 수 있다. 이와는 대조적으로 만물을 '유', 또는 '유위'의 측면에서 보면서, 그것들의 존재론적 근거로서 등장하는 도를 '무', 또는 '무위'로서 설명하는 ②'무본無本'론의 형이상학을 『노자』에서 인증해 낼 수 있다. 현행본

---

12 "無, 名天地之始; 有, 名萬物之母. 故常無, 欲以觀其妙; 常有, 欲以觀其徼. 此兩者, 同出而異名, 同謂之玄."(1장)
13 "道之爲物, 惟恍惟惚. 惚兮恍兮, 其中有象; 恍兮惚兮, 其中有物."(21장)
14 "道常無名."(32장), "道隱無名."(41장)
15 "可以爲天下母. 吾不知其名, 字之曰道."(25장)

『노자』에는 '도겸유무'의 패러다임보다는 오히려 '무본'론, 또는 '무'의 입장에서 '유'를 다스리는 '이무치유以無治有'의 패러다임이 많은 곳에서 통치의 원리로서 제시된다.[16]

'이무치유以無治有'의 철학적 패러다임을 분명하게 드러내기 위해서, 필자는 우선 연구 대상이 되는 『노자』에 대한 비판적인 텍스트 이해가 필수적이라고 본다. 따라서 다음 장에서는 『노자』에 대한 비판적인 텍스트 이해를 시도하고자 한다. 다음으로 『노자』에 담긴 '이무치유'의 철학적 패러다임이 어디에서 연원하고 있는가를 살피기 위해, 우선 『손무병법孫武兵法』, 특히 「허실虛實」 등을 중심으로 '이무제유以無制有'의 병법원리를 살펴볼 것이다. 그런 연후에 손무의 '이무제유' 병법과 구별되는 『노자』의 '이무치유以無治有'의 철학적 패러다임을 본격적으로 논의할 것이다.

2. 『노자』 텍스트들의 비교연구와 현행본 『노자』의 성립

위진魏晉시대(3세기) 이래로 중국에 막강한 영향을 미친 도가道家사상의 기본 텍스트인 『노자』는 23세에 요절한 천재소년 철학자 왕필王弼(226-249)의 『노자도덕경주老子道德經注』본이 가장 널리 알려져 있다. 이것을 보통 『노자』의 현재 통행본으로 본다. 이외에도 우리는 중국에서 고고학 성과와 더불어 1973년 장사長沙 마왕퇴馬王堆 한묘漢墓에서 출토된 백서帛書 『노자』(갑, 을)본과 1993년 곽점郭店에서 출토된 초간楚簡 『노자』 갑, 을, 병 세 책(이것은 『곽점초묘죽간郭店楚墓竹簡』 〔1998〕을 통하여 세상에 알려짐)이라는 새로운 『노자』 텍스트를 가지고

---

16 이 점을 張舜徽, 앞의 책에서 특히 「敍錄」 1-28쪽; 「道論通說」 29-66쪽; 「道論足徵記」 67-92쪽에서 강조하였다.

있다. 백서본『노자』는 기원전 2세기 텍스트이고, 곽점죽간본『노자』
는 그것보다 150년 이상 앞선 기원전 4세기 초楚나라 무덤에서 출토
된 것이다. 곽점죽간본『노자』의 출토는『노자』가 전국시대 이전, 즉
『노자』의 저자로 알려진 노담老聃(춘추시대 말엽)의 시대로 거슬러 올
라갈 수 있는 가능성을 열어 놓고 있다. 다시 말해『곽점초간노자』의
출토는『노자』사상의 기원이 이미 공자 이전으로 갈 수 있으며, 그 단
편들이 이미 공자의 생존 당시에도 있을 수 있음을 시사한다. 따라서
사마천司馬遷(기원전 145-?)의『사기史記』에서 말하는 것처럼 고본『노
자』의 저자는 노담老聃일 개연성이 높다.

현재까지 출토되고 정리된『곽점초간노자』세 책(글자수: 갑본 1072;
을본 380; 병본 259, 총 1711)[17]에 쓰인 문자에 대하여 면밀히 연구한
섭중경聶中慶(Nie Zhongqing)은 죽간『노자』의 특징을 다음과 같이 지
적한다.

형태로 볼 때, 죽간竹簡『노자』는 백서帛書(갑, 을)본이나 통행본과 (구
성)형식이 완전히 다르다. 초간楚簡『노자』가 세 가지 다른 형식의 죽간
에 기록되어 있어서, (죽간의) 정리자들은 초간『노자』갑, 을, 병 본으로
분류하였다. 이들은 실제로 삼 종의 다른『노자』판본이며, 그들이 기록
된 연대가 (또한 각각) 다르다. 죽간『노자』는 아직 장章으로 나뉘지 않았
기에, 죽간 문장의 단락이나 연결의 순서로 보자면, 백서본과 통행본 81
장의 배열 순서와 크게 다르다. … 내용면에서도 죽간『노자』는 백서본
과 현행본과 상당히 다르다. 예를 들면 금본『노자』19장의 '절성기지絶
聖棄智', '절인기의絶仁棄義'는 죽간에는 '절지기변絶智棄辯', '절위기려
絶僞棄慮'로 되었다.[18]

---

17 聶中慶, 41쪽, 表一 참조.
18 聶中慶, 3-4쪽.

이 밖에도 죽간 『노자』와 현행본 『노자』의 차이는 더 많이 지적할 수 있다.[19]

섭중경聶中慶은 특히 곽점 『노자』 갑, 을, 병 세 본에 사용된 전국시대 초楚나라 계통의 문자가 "진전秦篆(李斯가 만든 秦나라 글체)체나 한漢의 예서隸書와 다를 뿐만 아니라 금문金文이나 갑골甲骨문과도 다르다."는 사실을 주목한다. 그리고 "곽점郭店 『노자』는 가차자假借字, 이체자異體字와 옛날과 지금의 글자[古今字]로 충만"[20]함을 지적한다. 특히 곽점초간 『노자』 갑, 을, 병 본에서 '의동이체자義同異體字'(뜻은 같으나 서체가 다른 글자)[21]를 주목하여 우선 '無'의 이체異體(古體인 '亡'과 현행 글자 '無')의 사용 용례를 살펴봄으로써, 갑, 을, 병 3본의 장기간에 걸친 편집시기를 다음과 같이 설명한다.

'망亡'자는 초간楚簡 『노자』에서 모두 21번 쓰였는데, 모두 갑본과 을본에서 쓰였다. '무無'는 모두 5번 쓰였는데, 병본에 4번 보이고 갑본에 1번 보인다. 죽간 『노자』에서 '亡(無)'자의 사용빈도는 매우 높다. 그중 '亡'자는 다만 갑본과 을본에 보이고, 병본에는 '無'자만 쓰이고 '亡'자는 쓰이지 않았다. 이런 현상은 결코 우연이 아니다. 『금장소장 갑골복사金璋所藏甲骨卜辭』(638)에 '호무망우乎舞亡雨'라는 기록이 있고, 『은허서계 전편殷墟書契前編』(2·35·1)에는 '왕래망재往來亡災'라는 기록이 있다. 이 '亡'의 뜻은 '有無'의 '無'이다. 이렇게 보면 亡의 본뜻은 '도망'이 아니라 '유무'의 '무'이다. … '無는 舞('없다'의 뜻)의 본 글자이다.'(『甲骨文字典』) 無가 亡의 뜻을 갖게 된 후에, 자신의 본뜻인 舞가

---

19 예를 들어 철학적 해석에서 중요한 차이점은 특히 郭店『老子』甲本 제5편 18장: "天下之物生於有, 生於無."(廖名春, 355쪽)와 통행본 40장: "天下萬物生於有, 有生於無."(樓宇烈, 110쪽)에 보인다.

20 聶中慶, 25쪽.

21 聶中慶은 이 밖에도 10여 종의 '의동이체자'를 분석한다. 같은 책, 33-40쪽.

사라지고 나타나지 않으니, 나중에 舞('춤추다'의 뜻)자가 다시 만들어졌다. … (이렇게 본다면) '亡'과 '無'는 모두 유무의 '무'의 뜻을 나타내는 것으로 쓰였으나, 비교적 오랜 과도기를 거친 뒤에 '無'가 '亡'의 뜻을 완전히 대신하게 되어 완전히 유무의 '무'를 표시하게 되었을 때 더 이상 '亡'자가 쓰이지 않고 '無'만 쓰였다. 병본에 '無'만 쓰이고 '亡'이 쓰이지 않았다는 것은 병본이 형성될 때는 '亡'에서 '無'로의 전환이 이미 끝났음을 말해준다. (그런데) 갑본 31죽간에 나타난 '無'는 갑본과 을본 전체가 '亡'을 쓰고 '無'를 쓰지 않는 현상과 대비해 보면 단지 개별적 언어현상에 불과하다. (그 당시에) '無'가 '亡'자의 뜻을 갖는 현상이 이미 나타나고 있었으나 아직 사회에서 보편적으로 인정받고 쓰이지 않았음을 의미한다. 이런 현상은 동시에 갑본 중에 '無'가 들어 있는 의미단락은 아마도 갑, 을본의 다른 의미단락에 비하여 형성시기가 늦다는 것을 말해준다. … (이와 같이) 초간『노자』갑, 을, 병본에 사용된 글자 중에 다량의 '의동형이義同形異'〔뜻은 같고 글자형태가 다른〕현상이 존재한다. 이 현상은 초간『노자』갑, 을, 병본의 형성에 시간적 차이가 있음을 나타내주는 것이다.[22]

이와 같이 쓰인 글자의 변화를 추적해 보면, 곽점『노자』3본 각각은 형성시기가 상당한 차이가 있음이 인정될 뿐만 아니라, 더 나아가서 동일한 텍스트에 쓰인 글자의 변이를 추적해 보면, 3본의『노자』텍스트 각각 또한 결단코 동일한 시기에 편집된 것이 아님을 알 수 있다. 요컨대, '의동형이義同形異'의 글자를 추적해 보면, 같은 텍스트에 속했더라도 각 문장의 성립 시기 사이에는 서로 상당한 차이가 있다는 점을 섭중경聶中慶은 지적하고 있다. 그 대표적인 경우가 '道'자

---

22 聶中慶, 26-28쪽.

의 고체 '衍'의 용례이다.

> '衍'는 죽간 『노자』의 갑본 1조組의 6간簡, 10간, 13간에 쓰였고, '道'자는 갑본 1조의 18간, 20간 및 갑본 기타 조組와 을, 병본 중에 쓰였다. 결국 갑본 1조 13간 이전에는 '衍'만 쓰였고, '道'는 쓰이지 않았다. 13간 이후 및 을, 병본에는 다만 '道'만 쓰이고 '衍'는 쓰이지 않았다. … 13간 이후의 『노자』텍스트가 형성될 때 사회에서 이미 '衍'가 더 이상 사용되지 않고 '道'만이 사용되었다. 이로써 우리들은 이렇게 추단할 수 있다. 초간 『노자』 3종 본의 내부에서, 조와 조 사이는 물론이고, 또한 같은 조 내의 글자라도, 그 문자의 연원과 형성 시간이 모두 같지 않다. 갑본 13간 이전에 '衍'가, 18간, 20간에는 '道'자가 사용된 것처럼, 이들은 갑본의 1조에 함께 속해 있다.[23]

섭중경聶中慶은 더 나아가서 『노자』의 정확한 성립연대를 고증하기 위하여, 선진先秦문헌과 연관된 고문헌[24] 속에 인용된 『노자』 문장을 전부 조사하여 제시한다.

고본 『노자』의 인용문과 곽점본 『노자』를 합쳐서 『한비자』「해로」, 「유로」에 인용된 『노자』 인용문을 대비해 본다면, 확실히 『한비자』에

---

23 聶中慶, 같은 책, 32-33쪽.

24 예를 들면 『說苑』「敬愼」(현행본 43, 76장); 『太平御覽』「兵部」(4장); 『戰國策』「魏策一」(81장); 『戰國策』「齊策四」(39장); 『莊子』「胠篋」(36, 45, 80장), 「在宥」(13장), 「達生」(10장), 「知北遊」(56, 2, 48, 38장), 「寓言」(41장), 「天下」(28장); 『韓非子』「六反」(44장), 「難三」(65장) 등에 인용된 노자의 문장을 현행본 『노자』와 곽점 『노자』 3본과 대조하여 그 출처를 밝히고 있다. 이들 인용문 중에서 동시에 죽간본에 보이는 것은 갑본("夫知者不言, 言者不知." 56장; "知足不辱, 知止不殆." 44장) 및 을본("大巧若拙." 45장; "故貴以身爲天下, 則可以託天下; 愛以身爲天下, 則可以寄天下." 13장; "故曰: 爲道者日損, 損之又損, 以至於無爲, 無爲而無不爲也." 48장; "太白若辱, 盛德若不足." 41장) 등임을 지적한다. 聶中慶, 14-16쪽 참조.

인용된『노자』구절들이 아직 상, 하편의 구별이 없고, 81장으로 문장이 구별되지 않고 있다는 점에서, 한비자가 인용한『노자』텍스트는 백서(갑, 을)본『노자』나 현재 통행본『노자』보다는 빠르지만, 곽점초간본『노자』보다는 뒤에 작성되었음을 알 수 있다. 왜냐하면「해로」의 주석이 완전한 현행본『노자』38장에서 시작한다는 점, 그리고 그 38장의 텍스트가 백서『노자』와 차이가 나며, 또한「해로解老」에서 현행본『노자』제1장이 ― 백서『노자』나 현행『노자』의 경우처럼 ― 전체 문장으로 인용되어 해설되지 않고, 25장의 "强字之曰: 道"와 연계하여 겨우 "道之可道, 非常道也" 부분만 해석되고 있다는 점 등은 한비가 보았던『노자』본은 완연하게 백서『노자』와는 차이가 남을 짐작할 수 있다. 그렇다면 곽점죽간『노자』3종본이나「태일생수」, 그리고 한비자가 보고 주석했을 고본『노자』텍스트는 춘추시대 말기 또는 전국시대 초기부터 여러 경로를 통하여 전해져 내려온 노자의 텍스트들일 것이다. 이것이 처음에는 곽점죽간에 보이는 3종의 다른 형태로 채록되었고, 시간이 경과함에 따라서 한비가 주석한 고본『노자』텍스트로 정리되었을 것으로 추단할 수 있다. 요컨대, 전국시대 말기에 생존한 한비(기원전 ?-233)의 시대에도『노자』텍스트를 확연히 두 편[25]으로 구분하는 백서『노자』나 두 편에 속한 문장을 다시 배열 순서를 약간 바꾸어서[26] 81장으로 구분하는 현행본『노자』가 아직 성립되지 않았음을 알 수 있다.

 그렇다면 백서『노자』나 현존『노자』와 같은 완정한『노자』본은 언제쯤 완성되었는가? 일찍이 장순휘張舜徽(Zhang Shunhui)는 "무릇 한

---

25 「德」편과「道」편의 명칭 구분은 최초로 백서『노자』을본에 나타난다.
26 帛書『노자』에는 통행본『노자』80장(小國寡民장)과 81장(信言不美장)의 내용이 「德」편의 맨 끝이 아니라, "江海之所以百谷王者…"(통행본『노자』66장)의 내용 바로 뒤에 배열되어 있다.

학설의 흥기는 결코 한 사람이 어느 한 시기에 갑자기 창조한 것도 아니며 또한 그렇게 할 수도 없다. 반드시 앞에서 계승한 것이 있고, 몇 대에 걸쳐 잉태되고 자라나는 과정, 즉 '무'에서 '유'로, '적은 것'에서 많은 것으로, 작은 것에서 큰 것으로, 저급에서 고급으로, 체계가 없는 곳에서 체계가 있는 것으로 발전한다."[27]고 말하였다. 학설의 점진적 성립이란 입장을 계승한 여명광余明光(Yu Mingguang)은 이렇게 말한다.

> 『노자』는 결코 … 한 시기에 나온 것이 아니고 더욱이 한 사람이 완성한 것도 아니다. 그것은 노자의 후학들이 노자사상과 도가 학설을 근거로 하여 부단히 (여러 내용들을) 보태어 완성한 것이다. 그렇지 않다면 백서帛書(『노자』)에 앞뒤가 중복되거나 모순되는 현상이 나타날 수가 없다.[28]

그는 다음과 같이 자기의 주장에 대한 몇 가지 증거를 제시한다.

첫째, 비슷한 철학적 내용이 조금씩 수정·보완되어 여러 곳에서 반복되고 있다.[29]

둘째, 현행 『노자』의 일부 장구에서[30] 일관된 철학적 주장이 중간에

---

27 張舜徽, 앞의 책, 「敍錄」 15頁.

28 余明光, 『黃帝四經與黃老思想』, 哈爾濱: 黑龍江人民出版社, 1989, 頁80.

29 余明光은 그 증거로 다음의 세 구문을 인용하고 있다. "塞其兌, 閉其門, 終身不勤."(52장); "塞其兌, 閉其門, 挫其銳, 解其紛, 和其光, 同其塵, 是謂玄同."(56장); "挫其銳, 解其紛, 和其光, 同其塵."(4장)

30 "人之生也柔弱, 其死也堅强. 草木之生也柔弱, 其死也枯槁. 故堅强者死之徒, 柔弱者生之徒."(76장); "天之道, 其有張弓歟? 高者抑之, 下者擧之; 有餘者損之, 不足者補之. 天之道, 損有餘而補不足; 人之道, 則不然, 損不足而奉有餘."(77장); "天下莫柔弱於水, 而攻堅强者莫之能勝, 以其無以易之. 弱之勝强, 柔之勝剛, 天下莫不知, 莫能行."(78장)

삽입된—다른 철학적 함의를 가진—문장에 의하여 일관성이 차단되고
있다.31 따라서 『노자』는 결코 한 사람에 의해서 한 번에 편집되고 완
성된 것이 아니다.

　셋째, 『노자』에는 인용문의 출처를 분명히 밝힌 것도 있고 그렇지
않은 것도 있어서, 편집 원칙이 통일되지 않고 있다. 이런 점은 "『노자』
가 한 때에 이루어진 것도, 또한 한 사람에 의해 저술된 것도 아니며,
도가道家의 후학들에 의해 부단하게 편찬되어 이루어진 것임을 증명한
다. 이 중에는 당연히 노자 본인의 사상도 포함되었다."32

　여명광余明光은 그 밖에 20세기에 여러 차례에 걸친 고고학 발굴
자료를 근거로 하여, 마차의 "30개 바퀴살이 하나의 바퀴구멍을 공유
하니, 그것의 '없는 공간'〔無〕이 수레에 소용된다."33의 성립 연대는
30개 바퀴살이 마차바퀴의 표준형으로 정착된 전국시대 말기, 즉 기원
전 3세기 진秦의 시황始皇(기원전 259-210) 시대일 수밖에 없다고 말한
다. 왜냐하면 크기를 달리하는 여러 형태의 마차바퀴가 춘추시대부터

---

31 『노자』 현행본의 76장과 78장 "부드러운 것은 생명의 부류이고 굳고 딱딱한 것은
　죽음의 부류이다."(76장), "(예를 들면) 세상에 물보다 부드럽고 약한 것이 없지만
　굳고 딱딱한 것을 이기는 데 물만 한 것이 없다."(78장)에서 동일한 철학적 주제가
　일관되게 주장되고 있는데, 그 사이에 '유족한 것을 덜어서 모자라는 것을 보태주는
　것'이 '자연의 도리'〔天之道〕라면 '부족한 자를 수탈하여 유족한 자를 받드는 것'이
　'사회운영의 도'〔人之道〕라는 당대 사회통치에 대한 통렬한 비판이 끼어 있다. 요
　컨대, 76장과 78장에서 동일한 철학적 주제가 일관되게 개진되고 있는데, 다른 철
　학적 주장이 엉뚱하게 중간에 끼어들어, 그 주제의 일관성을 분산시키고 있는 奇現
　象을 余明光은 지적한다.

32 余明光, 위와 같음, 81쪽. 예를 들면, 현행본 41장("故建言有之"), 42장("强梁者不得
　其死"). 동일한 문장이 『說苑』 「愼」에도 보이는데, 高亨에 의하면 이것은 예전부터
　통용된 말이다. 또한 22장(古之所謂曲則全者, 豈虛言哉?)의 내용들은 모두 옛날부
　터 전해진 古言들이다. 그 밖에 『노자』에는 많은 내용이 "聖人云"으로 되어 있다.
　이것은 "모두 古言이거나 노자 본인의 언설이다. 이러한 인용문들은 어떤 것은 시
　대가 빠르고 어떤 것은 시대가 늦다. 따라서 『노자』는 일시에 한 사람에 의해서
　완성된 것이 아님을 증명할 수 있다."(余明光, 같은 책, 82쪽)

33 "三十輻共一轂, 當其無有車之用也."(11장)

존재해 오다가 30개 바퀴살이 표준형으로 정착된 것은 진시황 시대이기 때문이다.[34]

결론적으로 말하면, 기원전 6세기(춘추시대 말기), 혹은 5세기(전국시대 초기)에 처음으로『노자』텍스트가 출현했을 것이다. 기원전 4세기 중엽 제齊나라 직하학궁의 도가사상을 전하는『관자』의「내업內業」,「심술心術」등에서『노자』사상이 발전되어, '도'가 '기氣'를 매개로 '마음'〔心〕 밖의 자연세계에 존재할 뿐만 아니라 '마음'〔心〕 안에 내재함으로써, 마음 안에서 '도'를 찾거나 파악하려는 마음의 수련이 「내업」,「심술」,「백심白心」등에 나타나는 것을 보면,『노자』텍스트에는 출현 초기에도, '도', '유', '무' 등의 형이상학적 요소가 있었을 것이다. 그러나 처음부터 완정完定한 체계를 갖춘 하나의 통일된 철학사상이 표현되었다고는 볼 수 없다. 오히려 초기의 고본『노자』에서는 — 전국시대 중기『곽점초간노자』(갑, 을, 병본)처럼 — 노자사상이 후학들에 의해 서로 다르게 편집되었을 것이다. 이런 몇 종의『노자』텍스트들에 — 물론 일정한 사상이나 개념들이 공존하면서도 — 서로 다른 철학적 사유가 복잡하게 뒤얽혀 표현되어 오다가 전국 말기, 진시황 때에 통합되어, 비로소 (백서帛書『노자』처럼) 온전한 형태를 갖춘『노자』텍스트가 확정된 것으로 보인다. 그렇다면, '유', '무', '도' 등의 형이상학적 철학사유를 포함한 고본『노자』는 어떻게 형성된 것인가?

---

34 1923-1933년 河南省 濬景新村에 위치한 서주시대 귀족무덤에서 출토된 마차바퀴에는 19개 바퀴살 구멍이 발견되었으며, 1950-51년에 河南省 輝縣의 古圍村의 전국시대 중기의 魏나라 왕족의 무덤에서 발견된 중소형 마차바퀴살은 26개이고 대형은 30개이고, 또는 1727호 거마갱車馬坑에서는 바퀴살 25, 28, 26, 34개의 마차가, 그리고 1051호 거마갱에서는 바퀴살 25, 25, 25, 25, 25, 30개의 마차가, 1811호 거마갱에서는 바퀴살 26, 44, 27, 27개의 마차가 출토되었다. 30개 바퀴살의 마차는 아주 드물어서 아직 표준형이 못된다. 그리고 1980년 11월에 陝西省의 秦始皇兵馬俑博物館에서는 실물 크기의 靑銅병마용이 마침내 발견되었다. 30개의 바퀴살 마차는 진시황 때에 비로소 표준형 마차로 정착된 것이다. 余明光, 같은 책, 84-88쪽.

3. 손무孫武의 '이무제유以無制有' 병법兵法원리

『노자』 철학사상의 핵심적 특징은 '유', '무'의 범주를 활용하여 도의 형이상적 원리를 설명하는 데에 있다. 이런 철학적 사유의 원천을 찾기 위해 필자는 무엇보다 먼저 '유', '무' 범주의 상호 대립적－의존적 관계를 주목하고자 한다.

사실『노자』에서는 유무有無, 음양陰陽, 동정動靜, 강유剛柔, 강약強弱, 길흉吉凶, 화복禍福, 정반正反, 생사生死, 기정奇正, 장단長短, 고하高下, 난이難易, 손익損益, 좌우左右, 성패成敗, 득실得失, 곡전曲全, 왕직枉直, 다소多少, 대소大小, 치란治亂, 이해利害, 와영洼盈, 변눌辯訥[35] 등등의 대립범주의 상호전환 가능성이 본격적으로 논의되고 있다. 그러나 대립범주의 상호 전환을 집중적으로 주목한 것은『노자』가 처음이 아니다. 그것은 중국고대, 즉 은殷(기원전16-11세기)때부터 점서로 알려진『역易』(혹은『주역周易』)에서 연원한다. 길흉, 화복, 음양, 강약 등의 상호 전환은 오래된『주역』의 주제이다. 이런『주역』의 전통은 오랜 경험의 누적에서 나온 것이다.『주역』의 대립물의 상호전환 가능성을 전략적인 차원에서 최초로 주목한 것은 병가兵家사상이다. 손무孫武[36]의『손자병법』에서도 "음양陰陽, 한서寒暑, 상하上下, 전후前後, 좌우左右, 동정動靜, 험이險易, 광협廣狹, 원근遠近, 기정奇正, 허실虛實, 분합分合, 피기彼己, 중과衆寡, 치란治亂, 공수攻守, 진퇴進退, 용겁勇怯, 노일勞佚, 사생死生, 귀천貴賤, 승패勝敗 등등의 대립범주"[37]가 주요하게 고려된다.

---

35 『道家與中國哲學』(先秦卷), 孫以楷 主編, 北京: 人民出版社, 2004, 192쪽.
36 孫武의 생존연대는 대략 孔子(기원전 551-479)와 비슷하거나 그보다 약간 후대로 보는 것이 통설이다.
37 『道家與中國哲學』(先秦卷), 孫以楷 主編, 위와 같음.

춘추시대로부터 본격적으로 시작된 겸병兼倂전쟁이 계속 확대일로로 치닫게 됨에 따라서 각 제후국諸侯國들이 전쟁에 동원하는 병력兵力 수도 점차 증가하여, 수십만에 이를 정도로 그 규모가 커지게 되었다. 새로운 전쟁 상황이 전개됨에 따라서 효율적인 전쟁 수행을 위해 전략 전술의 필요성은 날로 높아지게 되었음은 말할 나위도 없다. 당시에 이미 대규모의 야전, 진공陣攻, 방어, 기습, 매복, 간첩, 심리전 등의 전술이 존재하였다.

『손무병법』에는 이런 모든 전술을 망라하는 군사사상이 반영되어 있다. 그러나 손무 전략의 최고봉은 '아군'의 역량이 적에게 노출되지 않는 완전 차단〔無〕과 적의 역량에 대한 완전 파악〔有〕의 강조에 있다. 상대가 파악할 수 없는 나의 군사력〔無〕만이 확실하게 파악된 적의 역량〔有〕을 파괴할 수 있는 계책을 확실하게 보증하기 때문이다. 손무에 의하면 적과의 전쟁은 결국 적과의 정보 전쟁에 불과하다. 아군이 필승할 수 있는 형세〔形〕를 창출하려면 아군에 대한 정보는 제로〔零〕, 즉 완전 차단〔無〕하거나 거짓 정보를 흘림으로써 적이 아군에 대한 부정확한 정보를 갖게 하여야 한다. 반대로 아군은 어떠한 상황에서도 적에 대한 정확한 정보〔有〕를 확보함으로써, 적의 실實과 허虛를 정확히 파악해야 한다. 다시 말해, 적으로 하여금 아군의 실과 허에 대하여는 부정확한 판단을 갖게끔 유도하고, 아군은 적군의 허와 실에 대하여 항상 정확한 정보를 파악해 내야만 한다. 나에 대한 정보를 완전 차단〔無〕하고 동시에 적을 완전히 파악〔有〕한 위에서, 적의 실을 피하고 나의 실로써 적의 허를 치는, 요컨대, '무無로써 유有를 제압'〔以無制有〕하는 전쟁의 비결을 손무는 이렇게 말한다.

(아군이) 진격해도 방어할 수 없는 것은 적의 허虛를 친 것이고, 퇴각해도 (적이) 추격할 수 없는 것은 신속하여 (무형한 아군을) 따라올 수 없기 때문이다. 따라서 우리가 전쟁하려고 하면 적이 비록 높은 보루와 깊

은 해자 속에 안주할지라도 (그곳에서 나와서) 우리와 전쟁을 하지 않을 수 없는 것은 적이 반드시 구제할 곳을 치기 때문이다. 우리가 전쟁을 바라지 않아 지상에 방어선을 긋고 수비하면 적이 우리와 전쟁을 할 수 없는 것은 적이 진격하는 방향을 (다른 곳으로) 돌려놓기 때문이다. 따라서 남의 형체는 드러내고〔形人〕 우리는 형체가 없으면〔我無形〕 우리(의 전력)은 오로지 하고 적(의 전력)은 나뉜다. 우리는 오로지 하여 하나가 되고 적은 열로 나뉘게 된다. 이렇게 열 곱(의 힘)으로 그 하나를 공격하니 우리는 (전력이) 많고 적은 적다. 많은 수로 적은 수를 친다면 우리가 싸워야 할 적은 적을 것이다. 우리와 싸워야 할 지역이 (어딘지 적이) 알 수 없게끔 만든다면, (적은) 알지 못하기 때문에 적이 방비할 (지역이) 많게 된다. 적이 방비할 곳이 많으면 우리와 싸울 (적의 수는) 적을 것이다. 그러므로 앞을 방비하면 뒤는 적고, 뒤를 방비하면 앞이 적을 것이다. 왼쪽을 방비하면 오른쪽은 적고, 오른쪽을 방비하면 왼쪽이 적을 것이다. 방비하지 않는 곳이 없으면 (적이) 적지 않은 곳이 없을 것이다. (군대가) 적은 것은 적을 대비하기 때문이고, 많은 것은 적으로 하여금 자기를 대비하게 하기 때문이다. 그러므로 전쟁할 지점을 알고 전쟁할 날짜를 안다면 천리千里를 가서 전쟁을 할 수 있다. 전쟁할 지점도 모르고 전쟁할 일시도 모른다면 왼쪽은 오른쪽을 구제할 수 없고, 오른쪽도 왼쪽을 구제할 수 없고, 앞은 뒤를 구제할 수 없고, 뒤는 앞을 구제할 수 없다. 하물며 (전쟁터가) 먼 경우 수십 리이고 가까워도 수數 리里라면 (구제할 길이 없다!) … 그러므로 (孫子는) '승리는 만들 수 있다. 적이 비록 많더라도 싸우지 못하게 할 수 있다.'고 말한다.[38]

---

38 "進而不可禦者, 衝其虛也; 退而不可追者, 速而不可及也. 故我欲戰, 敵雖高壘深溝, 不得不與我戰者, 攻其所必救也. 我不欲戰, 雖畫地而守之, 敵不得不與我戰者, 乖其所之也. 故形人而我無形, 則我專而敵分. 我專爲一, 敵分爲十, 是以十攻其一也, 則我衆而敵寡. 能以衆擊寡者, 則吾之所與戰者, 約矣. 我所與戰之地不可知, 〔敵〕不可知, 則敵所備者多. 敵所備者多, 則吾所與戰者, 寡矣. 故備前則後寡, 備後則前寡, 備

이와 같은 '이무제유'의 전략은 다음 문장에서 극치에 이른다.

(아군의) 전투력을 (호도糊塗하는 것이) 극치에 달하면 '형체가 없는 것〔無形〕'처럼 보이는 데까지 이른다. 그렇게 되면 깊이 들어온 간첩도 (아군의 전투능력을) 훔쳐볼 수 없고, 지략가라도 대응할 계책을 세울 수 없다. (적의) 상황변화에 따라, 민중(의 눈앞)에서 승리를 거두어도 그들은 (어떻게 이겼는지를) 알지 못한다. 사람들은 모두 우리가 승리한 상황은 알지만, '승리를 가능케 한 형편'〔所以制勝之形〕은 알지 못한다. 진실로 전쟁에서 승리(하는 방법)는 반복되지 않으므로 (그때그때의) 상황〔形〕에 대한 대응책은 무궁하다.[39]

이상의 논거를 통하여 필자는 '유'와 '무'가 상호 전환하는 원리는 전술적 차원에서 『손무병법』에 의해 이미 충분히 반영되었다고 본다. 일찍이 고본 『노자』의 편집자도 '이무제유'의 전략을 알고 있었다.

『용병用兵』에 이런 말이 있다. "우리는 공격을 하지 말고 수비를 해야 한다. 한 치를 진격해서는 안 되고 한 자를 퇴각해야한다." 이것이 "전열은 있되, (적이 공격할) 행렬이 없고, 부딪치되 (적에게 노출될) 어깨가 없고, 무기를 잡되 (적에게 보이는) 무기는 없고, 돌격하되 (저항할) 적이 없다."는 말이다.[40]

左則右寡, 備右則左寡, 無所不備, 則無所不寡. 寡者備人者也, 衆者使人備己者也. 故知戰之地, 知戰之日, 則可千里而會戰. 不知戰地, 不知戰日, 則左不能救右, 右不能救左, 前不能救後, 後不能救前, 而况遠者數十里, 近者數里乎? … 故曰: 勝可爲也. 敵雖衆, 可使無鬥."(『孫武兵法』,「虛實」)

[39] "故形兵之極, 至於無形. 無形, 則深間不能窺, 智者不能謀. 因形而錯勝於衆, 衆不能知. 人皆知我所以勝之形, 而莫知吾所以制勝之形. 故其戰勝不復, 而應形無窮."(위와 같음)

[40] "用兵有言:「吾不敢爲主, 而爲客; 不敢進寸, 而退尺.」是謂: 行無行, 攘無臂, 執無

『노자』에서는 병가에서 발전된 '이무제유'의 전략에 대해 더 신중한 태도를 보인다.

이런 맥락에서 보자면 고본 『노자』의 '유'와 '무'의 철학적 범주는 손무 시대거나 그보다 조금 늦은 춘추 말기, 또는 전국 초기인 기원전 5세기경에 비로소 성립되었다고 필자는 추단한다.

4. 『노자』의 형이상학적 담론과 '이무치유以無治有'의 패러다임

기원전 5세기에 최초로 통용되었을 고본 『노자』가 아직 발굴되지 않았기 때문에, 기원전 4세기의 곽점초묘郭店楚墓에서 출토된 죽간竹簡 『노자』 속에서 '유', '무', '도' 등의 담론들이 어떻게 나타나고 있는지를 한번 살펴볼 필요가 있다. 왜냐하면 그 속에서 최초로 중국적 형이상학의 면모가 보이기 때문이다. 곽점초간 『노자』에서 '유有', '무無(亡)', '도衍(道)' 등에 관한 문장들은 다음과 같다.[41]

- 是以聖人亡爲, (故)亡敗; 亡執(故)亡(失). … 聖人(欲)不(欲), 不貴難得之貨; (敎)不(敎), 復衆之所(過).
- 衍(恒)亡爲也, 侯王能守之, 而萬(物)(將)自(化).
- 爲亡爲, 事亡事, (味)亡(味). … 大, (小)之; 多易必大(難).
- (有)亡之相生也, (難)(易)之相成也, 長(短)之相(形)也, 高下之相(盈[42])

兵, 扔無敵."(帛書 『老子』, 69장 참조)

41 곽점초간 『노자』 갑, 을, 병본의 인용은, ①『郭店楚墓竹簡: 老子甲, 老子乙丙』, 北京: 文物出版社, 2002, ②『老子繹讀』, 任繼愈 著, 北京圖書館出版社, 2006, ③『郭店楚簡老子校釋』, 廖明春 著, 淸華大學出版社, 2003을 참조하였다.

也, 音(聲)之相和也, 先後之相(隨)也. 是以聖人居亡爲之事, 行不言之(教). 萬(物)(作)而弗(始)也, 爲而弗(恃)也, 成而弗居. '夫'唯弗居也, 是以不去也.

- 道(恒)亡名, (樸)(雖)(微), 天(地)不敢臣.

- (有)〔象〕〔混〕成, 先天(地)生, 敓〔清〕[43](穆)〔寥〕, (獨)立不(改), 可以爲天下母. 未(知)其名, (字)之曰道, (吾)(强)爲之名曰大. 大曰(逝), (逝)曰(遠), (遠)曰反. 天大, (地)大, 王亦大. 國中(有)四大(焉), 王(居)一(焉). 人法(地), (地)法天, 天法道, 道法自(然).

- 天(地)之(間), 其猶(橐)(籥)與? 虛而不屈, (動)而愈出. 至虛, (恒)也; (守)中, (篤)也.

- 爲之於其亡(有)也. (治)之於其未亂.

- (故)不可得〔親〕, 亦不可得而(疏); 不可得而利, 亦不可得而害; 不可得而貴, 亦〔可〕[44]不可得而(賤). (故)爲天下貴.

- 以正(治)邦, 以(奇)(用)兵, 以亡事取天下. (吾)(何)以(知)其(然)也? 夫〔君〕[45]多(忌)(諱), 而民(彌)(叛). 民多利器, 而邦(滋)昏. 人多(知), (而)(奇)(物)(滋)(起). 法(物)(滋)(彰). (盜)(賊)多(有). 是以聖人之言曰: 我無事而民自(富). 我亡爲而民自(化). 我好(靜)而民自正. 我(欲)不(欲)而民自樸.

- (益)生曰(祥), 心(使)(氣)(强), (物)(壯)則老, 是(謂)不道.

---

42 여기서 盈은 盈縮(커지고 줄어듦)의 뜻이다. 여기서는 '高下間的盈縮', 즉 '對較消長'(대상에 맞추어 줄거나 커짐)의 성질을 나타낸다. 丁原植, 『郭店竹簡老子釋析與研究』 增修版, 109頁. 여기서는 廖明春, 『郭店楚簡老子校釋』, 北京: 淸華大學出版社, 2003, 167쪽 주1에서 재인용.

43 敓: 廖明春은 '이 字는 淸인 것 같다'라고 말한다. 같은 뜻이 '涚'와 互用되다가, 楚簡에서 '敓'로 借用된 것으로 본다. 廖明春, 같은 책, 210쪽.

44 '可'는 衍文이다. 『郭店楚墓竹簡』, 荊門市博物館, 113쪽.

45 天은 民과 對句를 이루기 때문에 天을 君의 뜻으로 읽어야 한다. 廖明春, 같은 책, 297쪽.

- 返也者, 道(動)也. (弱)也者, 道之(用)也. 天下之(物)生於(有), 生於亡.
  (이상 갑본)

- 學者日益, 爲道者日(損). (損)之或(損), 以至亡爲也, 亡爲而亡不爲.
  (을본)

- 爲之者敗之, 執之者(失)之. 聖人無爲, (故)無敗也; 無執, (故)〔無失
  也〕. (愼)終若(始), 則無敗事(矣).
  (병본)

위에서 인용된 문장들을 보면 곽점초간『노자』갑, 을, 병본 모두에
'무위無爲'가 나타난다. 그리고『노자』텍스트의 내용이 많이 남아 있
는 갑본에는 '有', '無', '行(道)', '有無', '無有', '無事', '無味', '無名',
'有名' 등이 보인다. 요컨대, 위에 열거한 곽점초간『노자』갑, 을, 병
본에서 찾아낸 어구들에는 '도'와 '만물', 그리고 '무', '유', '만물'의
관계에 대한 철학적 사유가 이미 명백하게 드러나 있다.

1) '유'와 '무'의 상생과 '무본無本'론

고본『노자』에 의하면, '유'는 '무' 없이 존재할 수 없고, '무' 또한
'유' 없이 홀로 존재할 수 없다. 이 때문에 '유'는 '무'에 의해 존재 의
미가 드러나고, '무' 역시 '유' 없이는 홀로 존재할 수 없다. 따라서
"'유'와 '무'는 상대방 덕분에 존재한다."〔有無相生〕이것을 좀 더 풀
어서 통행본『노자』에서는 이렇게 말한다.

바퀴살 30개가 하나의 바퀴통을 공유하되, 바퀴통의 '허공'〔無〕에 수
레의 쓰임이 있다. 찰흙으로 질그릇을 빚는데, 그 '허공'〔無〕에 그릇의
쓰임이 있다. 문과 창을 내서 방을 만드는데, 그 '허공'〔無〕에 방의 쓰

임이 있다. 그러므로 '있음'〔有〕이 이로움이 되고, '허공'〔無〕이 쓸모가 된다.[46]

차의 축을 받아들일 수 있는 허공, 즉 '무'를 확보할 수 있을 때, 30개의 바퀴살을 가진 마차의 바퀴, 즉 눈에 보이는 '유'는 비로소 '유용성'〔利〕을 갖게 된다. 질그릇은 '허공', 즉 '무'가 확보될 때 비로소 눈에 보이는 그릇, 즉 '유'가 쓸모 있는 그릇이 된다. 방안의 허공, 즉 '무'가 확보될 때 비로소 눈에 보이는 방, 즉 '유'가 쓸모 있는 방이 된다. 다시 말해서, '유'의 유용성, 즉 '이로움'은 바로 보이지 않는 '무'에 근거한다. 따라서 '무'는 '유'의 존재근거인 셈이다. 왜냐하면 '무'의 '쓰임', 즉 '무'의 '용도'(用)가 없다면 겉으로 드러난 '유'는 자기의 존재가치, 즉 존재근거를 갖지 못한다. 이렇다면 '유'는 '무' 덕분에 존재하기 때문에 '유'와 '무'가 서로 상생할 뿐만 아니라, '무'는 '유'보다 존재론적으로 앞선다.

만물, 즉 모든 존재하는 개체들은 최고의 '유類'개념인 '존재' 일반, 즉 '유有'에 통섭될 수 있다. 그리고 '유有'는 존재론적으로 그보다 앞선 '무無'에 통섭될 수 있다. 따라서 "세상의 모든 존재자〔天下萬物〕들은 '존재' 일반〔有〕에서 생겨났고, '존재' 일반은 '무존재'〔無〕에서 생겨났다."[47]고 『노자』는 말한다.

『장자』에서는 더 나아가서, 『노자』의 '유무상생'의 도리를 '유용有用'과 '무용無用'의 상생 관점에서 설명한다.

혜시가 장자에게 말했다. "자네 말은 '무용'하네." 장자가 대답했다.

---

46 "三十輻共其轂, 當其無, 有車之用. 埏埴以爲器, 當其無, 有其之用. 鑿戶牖以爲室, 當其無, 有室之用. 故有之以爲利, 無之以爲用."(11장)
47 "天下萬物生於有, 有生於無."(40장)

"'무용'을 이해한 사람이어야 비로소 그와 더불어 '유용'을 말할 수 있네. 무릇 땅덩이는 넓고 크지만, 사람들에게 소용되는 것은 발(걸음)을 수용할 만한 땅뙈기일 뿐이네. 그렇다면, 발이 (딛고 선 땅) 옆을 파고들어가 황천에까지 파내려간다면, (방금 전 '유용'한) 땅뙈기는 아직도 '유용'한 것인가?" 혜시가 말했다. "(그 땅은) '무용'하네." 장자는 대답했다. "그렇다면 '무용'이 '유용'을 만드는 것 또한 자명하네."[48]

혜시의 관점에서는 발이 밟고 서 있는 땅만이 '유용'하고, 그 외의 땅은 '무용'할 뿐이다. 그러나 '무용'한 땅을 모두 배제하고 '유용'한 땅만을 홀로 남긴다면, 방금 전의 '유용'한 땅뙈기는 결국 '무용'할 수밖에 없다. 이와 같이 '유용'이란 '무용'한 것과 짝을 이루어서 비로소 '유용'해진다. 그러므로 장자는 짧은 안목으로는 쓸모가 없는 무한한 대지가, 혜시가 말한 것처럼, 결코 '무용'한 것이 아니고, 그것은 오히려 발이 딛고 선 작은 땅뙈기를 진정으로 '유용'하게 만들어 준다고 말한다. '무용'이 바로 '유용'의 존재론적 근거, 즉 소이연所以然이라는 것이다. 요컨대, '무', '무용'이 '유', '유용'보다 존재론적으로 더 앞선다. 아리스토텔레스 방식으로 말하자면, '유'가 존재하는 모든 것들의 최고 유類개념에 비견되고, 또 '무'는 '유'의 목적인(Final Cause)인 셈이다. 따라서 '무'가 '본本'이 되고, '유'는 '말末'이 된다. 『노자』에서는 이것을 또한 '어미'[母]와 '자식'[子][49]으로 표시한다. 이것이 『노자』의 이른바 '무본無本'론이다.

---

48 "惠子謂莊子曰: '子言無用.' 莊子曰: '知無用而始可與言用矣. 夫地非不廣且大, 人之所用容足耳, 然則厠足而墊之致黃泉, 人尚有用乎?' 惠子曰: '無用.' 莊子曰: '然則無用之爲用也亦明矣'."(『莊子』, 「外物」, 曹礎基, 『莊子淺注』, 北京: 中華書局, 1982, 415쪽)

49 "旣得其母, 以知其子. 旣知其子, 復守其母, 歿身不殆."(52장)

2) 군주 '무위無爲'와 개인주의적 정치의 이상

'무본'론이 『노자』의 형이상학적 인식이라면, 곽점초간 『노자』에서 부터 나오는 '성인무위聖人無爲'나 '도항무위道恒無爲'의 '무위'론은 『노자』 정치철학의 핵심원리이다. 『노자』에서 만물의 총체적인 근원이 '도'라면, 백성 전체를 통치하는 이상적 통치자는 성인이다. 그리고 『노자』의 '무본'론은 통치자의 직접적 통치(즉 '유위有爲'의 정치)의 포기 내지는 차단을 유도하기 위해 특별히 고안된 통치이론이다. 그러나 이런 '무위'의 통치원리는 『노자』에서 두 가지 상이한 방향으로 전개되고 있다. 하나는 개인주의적 정치 이상의 표현이고, 다른 하나는 기존의 제자백가들의 군주 '유위', 특히 유가의 이론을 대체하려는 군주 '무위'의 정치 도술이다. 이 절에서는 우선 개인주의적 이상으로서의 '무위' 정치원리를 논하려고 한다.

양주楊朱와 같은 개인주의적 사상가[逸民들]에게는 성인들이 만든 문화와 문명의 이기는 본래 인간 생명의 안전과 번영에 이바지해야 하는 것이다. 다시 말해, 문화나 문명의 이기利器들이란 인간 본연의 생명활동을 진작시켜 주는 수단에 불과하다. 인간 생명의 자유로운 발전과 번영이 목적이다. 그러나 사회적 현실은 그 반대라는 것이다. 『노자』에서는 각종 문명의 이기나 사회제도, 이념 등이 개개인들의 자율적인 본성을 간섭하고, 심지어 압박한다고 보고 있다. 사회(공동체)의 효율적 유지와 지속적인 발전의 추구에서 비롯되는 다양한 사회적 산물들(예 재산, 권력, 명예, 이념, 관습, 미모 등등)과 같은 인간 생명 밖의 외물外物의 획득에 사람들이 과도하게 몰두한 결과 아이러니하게도 인간의 소중한 생명이 외물에게 압박당하는 인간 소외가 일상적 사회 현상으로 나타난다는 것이다. 이와 같이 문명제도에 의하여 인간 본연의 존엄성과 자유가 압박과 박탈을 당하고 있다면, 이런 도치된 사회적 비극의 책임은 바로 문명창조를 주도한 성인의 죄일 수밖에 없다는 역설적인 문명비판의 목소리가 『노자』 속에 담겨 있다.

오색의 빛깔은 사람 눈을 멀게 하고, 오음의 소리는 사람 귀를 멀게 하고, 오미의 음식은 사람 입맛을 해친다. (왕공 귀족들의) 말 타고 달리는 사냥놀음은 사람 마음을 (욕구로) 미치게 하며, 진귀한 재물은 사람 행동을 들뜨게 한다. 그러므로 성인은 배〔腹〕를 채워 주지 눈을 위하지 않는다. 그래서 저것(허식, 즉 외물)을 버리고 이것〔腹〕을 채워 준다.[50]

세상에 금지사항이 많으면 백성은 더욱더 가난해진다. 백성에게 문명의 이기利器가 많으면 나라는 그만큼 쉽게 혼란에 빠진다. 백성들에게 교묘한 기술이 많아지면 기괴한 물건들이 그만큼 많이 생겨난다. 법령이 많아지면 도둑들이 그만큼 많아진다. 그래서 성인은 말한다. "나는 함이 없어도〔無爲〕 백성들은 스스로 교화되고, 내가 고요함을 좋아하니, 백성들은 스스로 바르게 되고, 내가 아무 일을 하지 않아도 백성들은 스스로 풍족해지고, 내가 욕심을 내지 않으니 백성들은 스스로 순박해진다."[51]

『노자』에 따르면 문명의 이기들이 인간의 욕심과 갈등을 자극하므로 문명적 이기와 법령은 될수록 적어야 한다. 임금이 '무위'의 정치를 하면 백성들은 "스스로 바르게 되고," "스스로 풍족해지고," "스스로 순박해진다." 그런 사회가 이상적 사회로 그려지고 있다.

이런 이상사회에서는 백성들이 누가 임금인지도 모르고, 그들 스스로 다스리고 자족한다.

---

50 "五色, 令人目盲. 五音, 令人耳聾. 五味, 令人口爽. 馳騁畋獵, 令人心發狂. 難得之貨, 令人行妨. 是以, 聖人爲腹, 不爲目. 故去彼取此."(12장)

51 "天下多忌諱, 而民彌貧. 民多利器, 國家滋昏. 人多伎巧, 奇物滋起. 法令滋彰, 盜賊多有. 故聖人云: "我無爲, 而民自化. 我好靜, 而民自正. 我無事, 而民自富. 我無欲, 而民自樸.""(57장)

가장 좋기로는 (임금이) 있는 줄도 모른다네. 그 다음은 그를 가까이 하고 예찬한다네. 그 다음은 그를 두려워한다네. 그 다음은 그에게 모욕을 준다네. (임금과 백성들이 서로) 충분히 신임할 수 없으면, 못 믿는 일 (쿠데타)이 터지게 마련이라네. (임금과 백성 사이에 믿음이 있기에) 아 한가롭구나! 하실 말씀이 (너무나) 없구나! (백성들이 한) 일의 결과가 나오고 (나라의) 일이 진척되어 나가면 백성들은 모두 말한다네. "내 스스로 그렇게 했노라!"[52]

사회적 질곡으로부터 해방, 즉 위로부터 백성에 대한 아무런 간섭과 압박이 없고, 백성들이 그들의 타고난 본성대로 살게끔 자유방임하는 삶의 방식이 『노자』에서 이상사회로 묘사된다.[53] 통치자들의 압박이 없는 사회에서는 당연히 사회적 폭력과 간섭이 없다.

(명령하고 간섭하는) 말소리는 거의 없이 자연스럽게 되어간다. 그러므로 회오리바람 (같은 폭력적 자연현상도) 하루 아침을 지속하지 못하고 (세찬) 소나기는 하루 종일 오지 못한다. (이런 폭력을) 누가 만든 것일까? 바로 천지자연이다. 천지자연도 오래 끌지 못하는데, 하물며 인간(의 폭력)이 어떻게 오래 지탱될 수 있겠는가?[54]

자연에서 오는 폭력조차도 오래 지속될 수 없기 때문에, 통치자에

---

52 "太上, 〔不〕知有之. 其次, 親譽之. 其次, 畏之. 其下, 侮之. 信不足, 安有不信. 猶呵, 其貴言也. 成功遂事, 而百姓謂我自然."(17장) 王弼본 『노자』에서 "下知有之"로 되어 있으나, 淸代의 紀昀, 吳澄, 그리고 朱謙之, 嚴靈峯 등은 "下知有之"의 下를 不로, 즉 "不知有之"로 읽었다. 필자는 이들의 견해를 취했다.

53 물론 이 점은 『장자』에서 더욱더 분명하게 주창된다.

54 "希言, 自然. 故飄風不終朝, 驟雨不終日. 孰爲此者? 天地. 天地尙不能久, 而況於人乎?"(23장)

의한 인위적인 폭력은 더군다나 용납될 수 없다. 그것은 곧 망할 수밖에 없다.

인위적 강제성이 없는 군주의 '무위' 정치를 설득하기 위해, 『노자』는 천지자연의 도리를 빌려서 우선 유가나 묵가의 인의仁義 정치를 배격한다.

> 하늘과 땅 사이는 (속이 텅 빈 거대한) 풀무나 피리 같지 않은가! (속이 텅) 비어 있으나 무궁하고, 작동하면 할수록 더 많이 배출한다. 천지자연의 움직임은 (유가나 묵가가 생각하는 것처럼) 인자하지 않기에 만물을 '풀 강아지'〔芻狗〕로 보고, 성인은 백성들을 '풀 강아지'로 여긴다.[55]

천지 사이는 모든 것을 다 포용하는 무한 수용의 공간이다. 『노자』에서 그것은 속이 없는 거대한 풀무나 거대한 피리에 비유된다. 자기 내용이 없는 무한 공간이지만 작동시키면 시킬수록 그 속에서 바람이 무한히 나오고 음악이 무한히 흘러나오는 것처럼, 온갖 만물이 텅 빈 '허무'〔虛〕에서 무한히 생산된다. 그것은 유가나 묵가가 생각한 것처럼 인간에 대한 사랑과 연민에 의하여 움직이는 것이 아니다. 제사예식의 제물로 쓰이는 '풀 강아지'〔芻狗〕는 화려한 비단으로 장식되고 대광주리에 담겨서, 제주가 그것을 정성스럽게 모시지만, 제례가 끝나면 길가에 버려져 행인이 머리통과 등짝을 밟고 지나간다. 풀 베는 사람은 그것을 집어다 불에 태워버릴 뿐이다.[56] 천지자연에서 만물이란 용도가 있을 때는 예쁘게 쓰이다가, 소용이 없어지면 길가에 버려져 용도 폐기되는 제사용 '풀 강아지' 같은 존재이다. 이러한 자연도

---

55 "天地之間, 其猶槖籥乎! 虛而不屈, 動而愈出. 天地不仁, 以萬物爲芻狗; 聖人不仁, 以百姓爲芻狗."(5장)
56 『莊子』, 「天運」, 曹礎基, 213쪽.

리를 터득한 이상적 지도자인 성인은 백성들을 그들에 대한 사적인 연민의 정서로 대하는 것이 아니라, 자연의 도리를 따라 공평무사에게 대한다.

『노자』에 의하면 사회의 혼란이 격심해지는 것은 다름 아닌 군주들이 자기가 설정한 목표를 달성하기 위해서 백성들에게 강제수단을 쓰기 때문이다. 군주가 백성들을 겁주기 위해 금기 사항을 자꾸 만들고, 백성들로 하여금 문명의 이기利器를 사용하도록 자꾸 부추기고, 사람들로 하여금 기묘한 물건을 만들어 내는 생산기술을 더욱 정교하게 발전시키고, 백성들을 강압적으로 규제하기 위한 법령을 계속 반포하는 등등[57]의 군주의 '유위'정치에서 혼란이 생긴다.[58]

'도'가 천지 간의 만물을 작동시키는 근원적 힘이라면, 그것에 비견되는 군주는 사회 전체를 작동하게 하는 원동력이다. 이런 근원적 '도'가 만물을 "생성시키지만 (그것들을) 소유하지 않고, 작동시키지만 (그것을) 뽐내지 않고, 우두머리지만 (그들을) 주재하지 않는다. 이것을 (도의) 현묘한 덕이라고 한다."[59] 천지자연의 이런 근본 도리를 터득한 이상적 통치자, 즉 성인은, "만물을 작동시키지만 (그것을) 말하지 않고, 생성시키지만 (자기) 소유로 하지 않고, 결과가 이루어지면 (그곳에) 머무르지 않는다." "이렇기 때문에, 성인은 '무위'를 일삼으며, 말 없는 가르침을 행한다."고 말한다.[60]

이런 맥락에서 『노자』에서는 인간의 존엄성을 보장하고, 소외받지

---

57 "天下多忌諱, 而民彌貧; 民多利器, 國家滋昏; 人多伎巧, 奇物滋起; 法令滋彰, 盜賊多有."(57장) 참조.

58 장자는 이 점을 더욱 명확하게 설명한다. 이에 대해서는 이 책 8장 2.2) 도입부 참고.

59 "生而不有, 爲而不恃, 長而不宰, 是謂玄德."(10장, 51장)

60 "萬物作焉而不辭, 生而不有, 爲而不恃, 功成而不居.", "是以聖人處無爲之事, 行不言之敎."(2장)

않는 자유로운 삶을 보장하려면, 사회 조직 단위가 — 최소화되어서 사회 구성원 모두가 서로 인격적으로 교제하고 소통할 수 있는 그런 — 소규모 자급 자족적 공동체에 머물러야 한다고 말한다. "최소 영토에, 최소의 백성 들"[小國寡民]의 자급자족적인 공동체가 이상적 사회로 제시된다. 과 도한 욕망의 추구나 거대한 국가의 건설보다는 문명 초기 단계에서나 가능한 — 백성들이 그들이 속한 작은 공동체 안에서 — 별 큰 욕심 없이 단순 하고 소박하며 무탈하게 즐기는 자족적인 삶을 오히려 긍정적으로 묘 사한다.

> "나라는 될수록 작고 백성은 될수록 적어야 한다네. 열 사람 백 사람
> 몫을 하는 (문명의) 이기는 있어도 사용하지 않아야 한다네. 사람들이 죽
> 음을 귀중히 여겨 멀리 이사 가지 못하게 해야 한다네. (먼 지역으로 이동
> 할 수 있는) 배나 수레가 있어도 타고 나갈 일이 없고 군사 무기가 있어
> 도 쓸 일이 없고, 사람들에게 다시 결승문자를 쓰게 한다네. (자기 고을
> 의) 음식을 맛있게 알고 (자기 고을의) 옷을 아름답게 여기며 (자기 고을의)
> 집에 편안해 하며, (자기 고을의) 풍속을 즐긴다네. 이웃 나라 (마을)들이
> 서로 보이고 닭과 개 짖는 소리가 서로 들린다 해도 사람들은 죽을 때
> 까지 서로 왕래하지 않는다네."[61]

『노자』에서는 이와 같이 신하와 백성들에 대한 군주의 모든 간섭과 억압을 배제하고, 소규모 공동체 안에서 개개 만물(만인)들의 자율성을 최대로 허용하는, 개인 중심의 면모로서 이해할 수 있는 군주의 '무위 無爲'설이 중요하게 논의된다. 개인의 자연스런 생명 전개와 정신적 자

---

61 "小國寡民.使有什佰之器, 而不用. 使民重死, 而不遠徙. 雖有舟輿, 無所乘之. 雖有甲
　　兵, 無所陳之. 使人復結繩而用之. 甘其食, 美其服, 安其居, 樂其俗. 隣國相望, 鷄犬
　　之聲相聞. 民至老死, 不相往來."(80장)

유를 보장하기 위하여, 생산과 행정 단위의 최소화를 외치는 개인주의
자들은 지배체제가 없는 소박한 삶과 자족적인 소규모공동체를 이상
으로 보고, 군주의 '무위' 통치를 말하고 있다. 이것이 『노자』에서 말
하는 군주 '무위' 정치의 첫째 함의, 즉 개인주의적 정치원리이다.

3) '이무치유以無治有'의 통치술과 우민정치의 비극

개인주의적 정치원리로 해석할 수 있는 '무위'론과 다른 철학적 함
의, 즉 '이무치유'의 통치술로 이해할 수 있는 둘째 함의의 '무위'론을
이 절에서 다루고자 한다. '이무치유'의 맥락에서 볼 수 있는 '무위'의
통치술은 어떤 맥락에서 제기된 것일까? 이를 이해하기 위해서는 춘
추전국시대의 성격과 제자백가에 대한 기본적 이해가 필요하다.

춘추시대의 특징은 주周왕실을 중심으로 하는 종법적인 귀족봉건제
의 붕괴에서 찾을 수 있다. 철기가 농업생산에 투입되면서 각 지역 농
업생산력의 차등적 발전과 그에 상응하는 상업의 발전 정도에 따라서
붕괴는 가속화되었다. 그에 따른 사회적 변화에 능동적으로 대처한 몇
몇 제후국들 간에는 때때로 군사력을 동반한 상업적, 군사적 통합이
필연적으로 뒤따를 수밖에 없었다. 그리고 전국시대 당시에 제후국가
들 간의 경쟁, 특히 군사적 경쟁을 통한 사회적 통합의 길이 점점 확
대되고 심화됨에 따라서, 한 나라가 주위의 다른 국가들보다 우세하여
최후로 승리할 수 있는 최강의 국가 체제로 변혁, 발전시키려는 인위
적인 노력과 제도 개혁들이 제자백가들 사이에서 격렬하게 논의되고
있었다.[62] 유가는 지식인을 중심으로 하는 지식인 우위의 상현尙賢론
과 함께 군주의 우월한 영도력을 통해서 아래 백성들을 이끌어 나가는
군주 '유위'설을 주장하였다. 유가의 정치론은 바로 이와 같이 ① 공동

---

[62] 쿠데타로 군위를 찬탈한 田氏의 齊나라 稷下학궁에서 諸子百家들의 爭鳴, 그리고
秦의 商鞅의 변법 추진 등이 그 대표적인 예이다.

체 구성원을 지적 기능의 역할에 따라서 상(지식인, 大人, 또는 君子)과 하(백성, 小人)로 구분하고, ② 상층 계층으로부터 하층민의 민생 보장의 기치를 내걸고, '상'계층의 '하'계층에 대한 통치(지배)를 합법화하는 덕치德治이념을 제창하였다. 그러나 묵가는 하나의 공동체 내에서 이런 상하 계층의 차별(즉 禮制)을 부정하고, 노동하는 백성들의 '공동연대'와 '공동이익' 도모, 즉 겸상애兼相愛·교상리交相利의 철학적 구호를 외치면서 유가 정치론에 대항하였다. 상앙商鞅을 위시한 진秦 법가法家는 군주에게 통치 절대권을 허용하면서, 군주가 절대권자로서 국가에 종속된 백성들의 노동력을 법제를 통하여 농업과 전투력의 증강에 몰입시키는 전제적 절대국가 권력체제의 확립을 적극적으로 추진하였다. 이런 여러 정치 노선들의 상호 격돌 속에서 — 유가, 묵가, 주로 진秦 법가들의 주장과 구별되는 — 군주 '무위'설, 즉 '이무치유以無治有'의 통치 패러다임이 『노자』에 처음으로 등장한다.

　유가를 비롯한 제자백가들은 모두 각각 자기 학파의 입장에 따라서, 학문적 지식을 열심히 쌓아 나갔다. 이런 여러 학파들이 추구한 학문이란 『노자』에 의하면 백성들을 관리하는 신하들이 추구해야 할 학문적 내용이었다. 신하들이 반드시 알아야 하는 "학문을 하면 (도구적 지식이) 매일매일 보태진다." 그러나 어떤 특정한 관직을 갖는 것이 아니라, 각 분야의 책임을 분장하는 모든 관리들을 통솔해야 하는 군주의 '도술'은 — 신하들의 개별적 작업들(individual works), 곧 '유위'와 본질적으로 구분되는, 달리 말해, 이런 개별적 작업 하나하나를 가능케 하는 — **'총체적인 작업'(the holistic Work)**에 관한 것이다. 그것은 모든 개별적인 작업들을 가능케 하는 원동력 자체이기 때문에, 눈에 드러나는 개별적인 작업 내용이 없다. 만물 각각이 자기 이름에 걸맞는 각자의 역할(예 천지, 금수, 인간 등), 즉 각자의 '유위'가 있다면, 이 모든 개별적 존재를 존재케 하는 만물의 소이연인 '도'는 어떤 특정한 내용의 작위作爲없이 '무위無爲'할 뿐이다. 천지만물의 다양성이 천하 만인들의 각기 다

른 다종다양한 역할들에 비견된다면, 천지만물의 생성변화를 가능케
하는 '도'는 '총체적 원동력'(the holistic Power)으로만 작동할 뿐 구체
적, 개별적 행동 내용이 없이 '무위無爲'할 따름이다. 이와 마찬가지로
천하 만민들의 각종 활동을 '총체적으로 가능케 하는 궁극원인'(the
holistic, final Cause)으로만 작동하는 군주는 '도'처럼 '무위'의 통치를
할 뿐이다. 이것이 군주의 '무위' 통치술이다. 이런 맥락에서 『노자』
에서는 이렇게 말한다.

> (신하들이) 학문을 하면 (지식이) 날로 늘어나지만, (군주 통치의) 도술
> 〔道〕을 닦으면 (지식이) 날로 줄어든다. 줄어지고 줄어져서 (자기주장대
> 로) '함이 없음'〔無爲〕에 이르게 된다. (군주가 자기주장대로) '함이 없
> 음'〔無爲〕에 이르면 (신하와 백성들에 의해서) '하지 못할 것이 없게 되는
> 것〔無不爲〕'이다. 천하를 차지하려면 항상 (군주가 자기주장대로 하는) 일
> 이 없어야 한다. (군주가 자기주장대로 하는) 일이 있게 되면 천하를 차지
> 할 수 없다.[63]

이것이 제자백가에서 말하는 다양한 군주 '유위'론과 대립되는 『노
자』가 말하는 '이무치유'의 도술, 즉 군주 '무위'론의 또 다른 해석이다.
그러나 통치의 주권을 자기 손에 장악하기 위해, 다시 말해, 천하의
패권을 장악하기 위해 광분하는 — 왕이든 제후이든 — 최고 권력자들에
게 모든 구체적 통치행위는 신하들에게 맡기고, 이것을 가능케 하는
통치의 틀만을 지키라는 『노자』의 군주 '무위'의 도술은 너무나 이상
적이어서 현실성이 없는 것처럼 보인다. 그러나 『노자』에서는 그것을
이렇게 설득한다.

---

63 "爲學日益, 爲道日損. 損之又損, 以至於無爲. 無爲, 而無不爲. 取天下, 常以無事.
及其有事, 不足以取天下."(48장)

'사람을 통치하든, 하늘을 섬기든,' 정치 지도자에게 가장 중요한 것은 정신과 육체의 힘을 '아끼는 것'〔嗇〕만한 것이 없다.[64]

정치 지도자의 급선무는 그가 직접 통치의 모범을 보이기 위해 모든 지식을 열심히 배우고 힘쓰는 데 있는 것이 결코 아니라, 신하와 백성들의 행위를 정확하게 평가하고 판단할 수 있는 정신적, 육체적 능력을 완벽히 보존하는 것이다.

이와 관련하여 한 초의 사마담司馬談(기원전 190-110)은 도가道家사상의 요점을 다음과 같이 말한다,

도가사상은 사람으로 하여금 정신을 전일케 하고, 행동은 '무형無形'에 합치하여, '모든 것들'(인간을 포함)을 충족하게 한다. 도가는 (사계절의 순환 변화에 대한) 음양가의 대순大順에 바탕을 두고, 유가와 묵가의 좋은 점을 택하고, 명가名家와 법가法家의 핵심을 취한 것이다. (정책은) 계절의 변이와 더불어 사물(의 실정)에 따라 대응하였다. 풍속을 세우고 사업을 추진함에 합당하지 않은 것이 없었다. 지시〔指〕가 간략하여 쉽게 작동하니, 일은 적되 결실은 많았다. 유가는 이와 같지 않았다. 군주는 세상의 모범적 표준이었다. 군주가 선창하면 신하들은 화답하였다. 군주가 선도하면 신하들은 뒤따를 뿐이다. 이와 같으면 군주는 수고로우나 신하들은 편하다. … 정신은 크게 쓰면 고갈되고, 몸은 크게 수고롭게 하면 망가진다. (임금의) 몸과 정신이 소란스러웠는데, 천지와 더불어 장구하게 생존했다는 것은 (결코) 들은 바 없다."[65]

---

64 "治人事天, 莫若嗇. 夫爲嗇, 是謂早服."(59장)

65 "道家使人精神專一, 動合無形, 贍足萬物. 其爲術也, 因陰陽之大順, 采儒墨之善, 撮名法之要, 與時遷移, 應物變化, 立俗施事, 無所不宜, 指約而易操, 事少而功多. 儒者則不然. 以爲人主天下之儀表也, 主倡而臣和, 主先而臣隨. 如此則主勞而臣逸. … 夫神大用則竭, 形大勞則敝. 形神騷動, 欲與天地長久, 非所聞也."(『史記』, 「太史公自

사마담에 의하면 도가사상은 유가, 묵가, 명가, 법가, 음양가 등의 핵심을 파악하여 각각의 좋은 점을 선택한 것이다. 특히 정치 지도자가 모범을 보임으로써 앞서서 끌고 나가는 유가의 통치 방식과 전혀 다르다. 유가의 통치원리에 따라서 군주가 앞서서 모범을 보이는 일은 보통 정도의 지능을 가진 군주에게는 처음부터 불가능하다. 왜냐하면 지능과 체력이 보통이거나, 그 이하인 군주가 자기의 부족한 지능과 체력으로 유가儒家방식의 정치를 하게 되면, 반드시 그의 정신과 육체가 먼저 피로하여 망가질 것이기 때문이다. 그 반대로 신하들은 도리어 정신이나 육체 면에서 편하게 된다. 아래의 신하들이 편하고 위의 통치자가 정신적, 육체적으로 피곤한 상태에 이르면, 야심 많은 신하들을 통제할 수 없기 때문에, 사회는 위험스런 혼란에 빠지고 말 것이라는 것이다.

통치 이데올로기로서 『노자』의 군주 '무위', 또는 '이무치유'론에 의하면, 현실적으로 한 국가의 최고 통치자로 군림하는 군주君主의 지적, 또는 도덕적 역량이 언제나 탁월할 수 없기 때문에, 군주는 자기 주도적, 즉 자의적 통치행위를 해서는 안 된다. 군주에게는 오직 국가〔公〕에 이익을 가져오는 백성의 행위 결과〔功〕에 상賞을, 그 반대의 경우에 벌罰을 주는 자동-기계적 행위만을 허용해야 한다는 것이다.

물론 『노자』의 '이무치유'의 도술을 발전시킨 후대 학자들(특히 韓非子, 기원전 약 280-233 등)은 도덕적으로 선할 수도, 혹은 악할 수 있는 백성들을 그들의 본성적 자율에만 맡겨서 통치해서는 안 된다고 주장하였다. 그들에게 언제나 자기의 개인적 이익〔私〕을 포기하게 하고 국가 이익〔公〕의 최대 추구를 도덕적으로 설득한다면, 그것은 한낱 환상에 지나지 않기 때문에, 결단코 통치의 효율성을 제고할 필연성을

序」卷七十, 北京: 中華書局, 十冊, 傳四, 3289頁)

확보할 수 없다는 것이다. 따라서 백성들에게는 외재적 규제, 즉 공권력(또는 국가의 刑罰제도)에 의하여 그들에게 주어진 각각의 행위, 즉 서로 다르게 주어진 '유위有爲'의 기능을 자동적으로 수행할 수 있도록 법령제도를 재조정해야 한다고 보았다. 국가 운영의 효율성을 최대로 높이기 위해서는 자각적 지식을 키울 수 있는 모든 비판적 지식과 학문을 아예 금지해야만 한다고 본 것이다.

이런 맥락에서『노자』에서는 군주를 향하여 자기의 감각적, 사변적 판단을 중지할 것을 요청한다. 군주가 '무위', 즉 자기의 주관적 판단의 개입을 차단하기 위해서는 우선 감각적 인식을 배제해야 한다.

> (군주가) 감각기관(耳目口鼻 등)을 막아버리고, 사려작용을 안 하면, 종신토록 탈이 없다.[66] 감각기관을 열어놓고 일을 자꾸 벌이면, 종신토록 (탈을) 고칠 수 없다.[67]

> (군주는) 문을 나서지 않아도 세상일을 다 알고, 창으로 내다보지 않아도 자연의 도리〔天道〕를 알 수 있다. 밖으로 나가면 나갈수록 (참된) 지식은 적어진다. 그래서 성인은 돌아다니지 않아도 알고, 보지 않아도 분명히 알고[68], (몸소) 행하지 않아도 공을 이룬다.[69]

이와 같이 군주의 주관적 인식의 확대를 반대한다. 그것을 포기할 때, 다시 말해, 군주 자신이 몸소 움직이고 깊이 사려하지 않고, 주관

---

66 '兌'는 '口', 즉 각종 감각기관 및 그것을 통한 지각작용까지를 의미한다. 張舜徽, 앞의 책, 126쪽, '終身不勤'의 '勤'은 마땅히 '廑', 즉 질병으로 읽어야 한다. 任繼愈, 앞의 책, 173쪽.

67 "塞其兌, 閉其門, 終身不勤. 開其兌, 濟其事, 終身不救."(52장)

68 이 구절 '不見而名'에서 '名'은 '明'으로 통한다. 任繼愈, 앞의 책, 163쪽.

69 "不出戶, 知天下. 不窺牖, 見天道. 其出彌遠, 其知彌少. 是以聖人, 不行而知, 不見而名〔明〕, 不爲而成."(47장)

적 판단의 개입을 차단하고 '고요할 때'〔靜〕통치의 효율이 높아진다.

이와 동시에 다른 한편으로 개인들을 도구적으로 이용하며 공익(公, 또는 '국가' 이익)을 추구하는 것에 저항할 수 있는 '개인의 자아의식'(또는 비판의식)을 배양할 소지가 있는 학문 습득을 반대한다. 또한 학문에 기초한 군주의 적극적인 통치를 반대한다.

> (어떤 군주가) 천하를 차지하려고 (직접) 일(유위)을 한다면 그는 그것을 해낼 수 없다고 단언하네. '천하' 이 신묘한 물건은 '유위'로 다스릴 수 없네. (군주가 직접) '유위'하면 실패하고, 집착하면 잃어버리네. 그러므로 성인은 '무위'하기에 패하지 않고, 집착하지 않기에 잃지도 않네.[70]

이처럼 '이무치유'의 통치 패러다임에 의거하여, 군주의 주관적 통치 개입의 차단을 말함과 동시에 '이무치유'의 통치패턴을 비판하고 저항할 수 있는 백성들의 지식 습득을 금기시한다. 따라서 군주에게 우민정치를 주문한다.

> 옛날에 도를 잘 닦은 사람은 백성을 깨우쳐 주지 않았고, 그들을 어리석게 하고자 하였다. 백성들을 다스리기 어려운 것은 그들이 아는 것이 많기 때문이다. 그러므로 지능을 가지고 나라를 다스리는 것은 나라의 해가 되고, 지능으로 나라를 다스리지 않는 것은 나라의 복이 된다. 이 둘을 아는 것이 또한 (통치의) 법식이다. 항상 이 원칙을 알고 있는 것, 그것이 오묘한 덕〔玄德〕이다. 이 오묘한 덕은 깊고도 원대하여 일반 사람들의 생각〔物論〕[71]과는 (사뭇) 달라야 그 뒤에 크게 순통하게〔大順〕

---

70 "將欲取天下而爲之, 吾見其不得已. 天下神器, 不可爲也. 爲者敗之, 執者失之. 故聖人無爲, 故無敗; 無執, 故無失."(29장) 이 장의 해석은 『老子繹讀』, 任繼愈著, 北京圖書館出版社, 2006, 65-66頁.

된다.[72]

　(군주가) 현명한 인물을 우대하지 않으면, 백성들은 (현인이 되고자) 서로 경쟁하지 않을 것이다. 얻기 어려운 재화를 귀하게 여기지 않으면, 백성들은 도둑질을 하지 않을 것이다. 욕심이 생겨날 물건을 눈에 띄게 하지 않으면, 백성들의 마음이 어지러워지지 않을 것이다. 그러므로 성인의 다스림은 그들의 마음을 텅 비게 하고, 그들의 배를 채워 주며, 그들의 (사적인) 의지를 약화시키고, 그들의 뼈대〔氣骨〕를 강하게 해준다. 늘 백성들로 하여금 (사적인 욕심을 길러내는) 지식도 욕망도 없게 하며, (허욕을 고취하는) 식자識者들이 설치지 못하게 한다. (군주가 설치지 않는) 무위無爲의 정치를 행하면 다스려지지 않음이 없게 된다.[73]

　군주의 ‘무위’ 도술이 여기에 이르러서는 더 이상 생각하고 비판하는 군주도 신하도 백성도 없게 된다. 백성과 신하들이 열심히 일하지만 비판의식을 가지고 사려와 열정을 다하는 것이 아니라, 주어진 프로그램에 따라서 무반성적으로 작동하는 것이며, ‘무위’하는 군주는 자기 주관의 개입이 없이 결과만을 기계적으로 점검하는 ‘허깨비’ 이상이 아니다. 이처럼 『노자』의 ‘이무치유’의 도술은 군주의 자의적인 독재를 배격하는 대신에 자동기계처럼 작동하는 통치의 틀만 순조롭게 돌아가게끔 하는 이상을 구현하고자 하였다. 그리고 이 틀에 대한

---

71 이 구절 ‘與物反矣’에서 ‘物’은 ‘物論’, 또는 ‘物議’(일반 사람들의 의론과 여론)로 해석하였다.

72 “古之善爲道者, 非以明民, 將以愚之. 民之難治, 以其智多. 故以智治國, 國之賊, 不以智治國, 國之福. 知此兩者, 亦稽式. 常知稽式, 是謂玄德. 玄德, 深矣遠矣! 與物反矣. 然後, 乃至大順.”(65장)

73 “不尙賢, 使民不爭. 不貴難得之貨, 使民不爲盜. 不見可欲, 使民心不亂. 是以, 聖人之治: 虛其心, 實其腹; 弱其志, 强其骨. 常使民, 無知無欲. 使夫智者, 不敢爲也. 爲無爲, 則無不治.”(3장)

비판적 도전을 차단하기 위해 우민정치를 요청하였다. 군주의 자의적인 폭력정치를 차단하고 그 대신 합리적으로 조작되는 이상적 국가 틀(혹은 기계장치)의 꿈은 극단적 우민통치의 비극으로 귀결된 셈이다.

5. 결론: '이무치유'의 도술에서 황로학의 탄생

20세기 후반의 고고학적 발굴은 『노자』 텍스트의 변천을 좀 더 분명하게 이해할 수 있게 해 주어서 기원전 3세기 진시황 때에 비로소 『노자』 텍스트가 완결되었음을 알려주었다. 『노자』는 다양한 편집자들의 손을 거치면서 서로 엇갈리는 해석으로 발전하였다. 우선 점점 커져가는 국가 조직에 대한 거부 반응과 경계가 노자의 '무위' 이론으로 주장되었다. 이런 군주 '무위'론은 당대의 역사적 흐름과 반대되는 '소규모 자족적인 이상사회'의 꿈으로 나타났다. 그리고 그것은 개인주의와 자연주의의 절묘한 조화를 말하는 장자학파의 사상으로 발전하였다.

『노자』의 또 다른 군주 '무위'론은 제자백가, 특히 유가의 '유위'의 정치에 맞서, 군주의 자의적 폭력적 지배를 영원히 지양止揚시키려는 원대한 이상으로 표출되었다. 그러나 이것 또한 반문화적 우민정치로 귀결될 수밖에 없었다. 그리고 『노자』의 '이무치유'의 정치 패러다임은 기원전 4세기 제나라 직하학궁에서 황로학으로 발전해 갔다. 군주의 직접적 통치 개입을 자제할 것을 권하는 황로학은 민생이 파탄 상태에 이른 기원전 2세기 한 초의 사회에 일시적인 질서 회복과 민생 안정을 가져왔다. 그러나 통치자를 근원적으로 '허깨비'로 만들려는 '이무제유'의 통치 패러다임은 처음부터 너무나 비현실적 이상이었다. 그것은 처음부터 현실적으로 제한된 정치적 의미만을 가졌을 뿐이다.

참고문헌

廖名春, 『郭店楚簡老子校釋』, 北京: 淸華大學出版社, 2003.
高明, 『帛書老子校注』, 北京: 中華書局, 1996.
尹振環, 『帛書老子釋析』, 貴州: 人民出版社, 1995.
任繼愈, 『老子繹讀』, 北京: 北京圖書館出版社, 2006.
陳鼓應, 『老子今註今譯』, 北京: 商務印書館, 2003.
王卡 點校, 『老子道德經河上公章句』, 北京: 中華書局, 1993.

李零, 『郭店楚簡校讀記』, 北京: 北京大學出版社, 2002.
荊門市博物館, 『郭店楚墓竹簡』, 文物出版社, 1998.
聶中慶, 『郭店楚簡『老子』硏究』, 北京: 中華書局, 2004.
丁四新, 『郭店楚墓竹簡思想硏究』, 北京: 東方出版社, 2000.
武漢大學中國文化硏究院編, 『郭店楚簡國際學術硏討會論文集』, 湖
　　　北: 人民出版社, 2000.

陳鼓應, 『管子四篇詮釋』, 北京: 商務印書館, 2006.
曹礎基, 『莊子淺注』, 北京: 中華書局, 1982.
張覺 譯注, 『韓非子全譯』, 貴州: 人民出版社, 1992.
陳奇猷 校注, 『韓非子新校注』, 上海: 上海古籍, 2000.
樓宇烈 校釋, 『王弼集校釋』, 北京: 中華書局, 1980.

余明光, 『黃帝四經與黃老思想』, 哈爾濱: 黑龍江人民出版社, 1989.
張舜徽, 『周秦道論發微』, 北京: 中華書局, 1982.
孫以楷 主編, 『道家與中國哲學』, 北京: 人民出版社, 2004.
朱哲, 『先秦道家哲學硏究』, 上海: 人民出版社, 2000.
詹劍峯, 『老子其人其書及其道論』, 河北: 人民出版社, 1982.

제6장 장자莊子의 개인주의적 철학과 관념적 자유정신

1. 머리말

장자가 활동한 전국시대는 중국철학사에서 '사상의 백가쟁명百家爭鳴 시대'라고 불리듯이, 여러 다양한 사상들이 인간과 세계에 대한 상이한 해석과 이해들을 제공하였다. 당시에 전개된 격렬한 전쟁 국면 속에서 이들 제자백가諸子百家들은 사회문제의 해결에서도 당연히 각기 다른 해결책과 정치적 주장들을 가지고 서로 맞서고 있었다. 유가儒家사상의 핵심이 우매한 일반 민중에 대한 소수 지식인 엘리트(즉 君子)들의 강력한 책임의식〔仁義〕과 그들에 의한 지배·통치를 합리화하는 이념이라면, 묵가墨家사상은 생산 활동을 하는 일반 민중의 평등박애〔兼愛〕와 서로의 물질적 이익 증진〔交相利〕 속에서 사회 안정을 실현하고자 했던 급진적 행동파들의 적극적이고 진취적인 사회이념이다. 그러나 인간을 사회적 존재로 보는 이 두 사상의 근저에는 인간의 '실천이성'(또는 도덕적 의지)에 대한 본질적 확신이 공통적으로 깔려 있다. 말하자면 이 두 사상은 각각 자기의 이념적 확신에 따라서 현실사회의 문제를 개선하기 위해 적극적인 인간의 실천의지를 교육하고 이를 객관적으로 실천할 것을 강조한다.

당시 사회 생산력의 급격한 발전은 점차 물질적 요구와 이해 관계의 충돌을 빚어냄으로써, 개인과 개인 또는 집단과 집단 간의 치열한 생존투쟁을 야기하였다. 그뿐만 아니라 국가들 간의 크고 작은 전쟁은 계속 확대일로에 있었다. 이와 같은 사회적 변혁에 의해 기존의 낡은 가치와 도덕적 개념 등은 그 위상이 흔들리게 되었으며, 서주西周시대 이래 지배계층의 행위규범이었던 '예禮'는 이 시기에 이르러 더 이상 지켜지지 않았다. 기존의 인간관계는 전면적으로 파괴된 것이다. 사회적인 위기의식이 급격히 고조됨에 따라서 일부 지식인들은 자연히 현실 도피적으로 되었다. 그들은 인간의 실천적 도덕의지를 근본적으로 회의하게 된 것이다. 이들 일부의 현실 도피적이거나 회의적인 지식인들은 점차 사회 문제에 대한 어떠한 인간의 이상적 해결이나 노력도 불신하게 되었다. 여기에서 사회 문제에 대한 이념적·인위적 해결을 원천적으로 부정하는 도가道家사상이 점차 유묵儒墨의 실천적 도덕의지 및 이념을 비판하면서 새로운 철학사상으로 나타나게 된 것이다.

이 글에서는 당시 '유묵'의 인위적인 사회이념, 즉 서주 이래 귀족들의 행위 규범이었던 예악禮樂을 교양적 바탕으로 하여 당시 새롭게 등장한 지식인〔士, 엘리트〕들의 도덕적 결단〔仁義〕을 요구하던 유가적 이데올로기뿐만 아니라, 엘리트 중심의 이념을 거부하고 생산자 자신들의 철저한 공동연대와 사랑을 호소하는 묵가적 이념까지도 전면 부정했던 장자의 비판이론을 '이념적 명분논리의 부정'과 '지식인의 자유 추구'라는 관점에서 조명해 보고자 한다.

2. 사회적 위기의식과 개인의 자유의식

『묵자墨子』에 기술된 춘추전국시대의 전쟁은 한 나라를 완전히 초토화시켜 버리는 대참극이었다.

지금 왕공대인王公大人들과 천하의 제후들은 … 반드시 자기의 모신謀臣과 무장武將들을 시켜서 수레〔車〕와 배〔舟〕에 군대를 진열시키고, 여기에 견고한 갑옷과 예리한 무기를 갖추고서 무죄한 나라에 가서 공벌攻伐하려고 한다. 그 나라의 변경을 침입해 들어가서는 그 나라의 곡식을 베어 가고 수목을 베어 버린다. 성곽을 부숴 버리고 하천을 메워 버리며, 가축들을 빼앗고 죽이며, 조묘祖廟를 불질러 버린다. 백성을 도살하고 노약자를 짓밟으며 그 나라의 보물을 옮겨 간다.[1]

전쟁에 수반되는 물자와 인명피해 또한 엄청난 것이다.

지금 한번 전쟁을 좋아하는 나라의 형편을 살펴보자. 나라 안에서 군사를 일으키려면 고급 장교가 수백, 또 하급 장교도 반드시 수천은 되어야 하고 병졸은 10만 명이 되어야 한 군대를 이루어 출정할 수 있다. (전쟁은) 길어지면 몇 년이고 짧아도 몇 달이다. 이에 군주는 민정에 전념할 여가가 없고 관리도 자기 직분을 다할 틈이 없으며, 농부는 농사지을 시간이 없고 부인네는 옷감을 짤 시간이 없게 된다. 이렇게 되면 국가는 법도를 잃은 것이요, 백성은 직업을 바꾼 셈이다. 그리고 또 동원된 수레가 파괴되고 말들이 피폐해지며, 장막과 휘장, 전군대의 용구, 군사장비 중에서 5분의 1만 건진다 해도 오히려 괜찮은 편이다. 그리고 또 출정 도중에 흩어져 없어지고, 원로에 양식 보급이 두절되어 식사시간이 일정치 못하게 되니, 잡역부들이 이 때문에 배고프고 추워서 동상에 걸리거나 굶어서 죽고 병을 얻어서 시체가 하천에 버려져 죽으니 이를 합치면 다 헤아릴 수 없다. 전쟁은 사람에게 이롭지 못하니 사회에

---

1 "今王公大人天下之諸侯, … 將必皆差論其爪牙之士, 皆列其舟車之卒伍, 於此爲堅甲利兵, 以往攻伐無罪之國. 入其國家邊境, 芟刈其禾稼, 斬其樹木, 墮其城郭, 以湮其溝池, 攘殺其牲牷, 燔潰其祖廟, 頸殺其萬民, 覆其老弱, 遷其重器."(『墨子』, 「非攻」下)

해됨이 정말 심각한 것이다.[2]

지금 3리里의 소도시와 그 외곽 7리를 공격하자면 정병精兵과 (사람을) 죽이지 않고서 그것을 얻겠는가? 죽은 사람이 많게는 수만이 되고, 적어도 반드시 수천은 된다.[3]

춘추전국시대에는 헤아릴 수 없이 많은 분량의 전쟁물자와 수십만의 인명이 동원되어 수천 또는 수만의 희생자를 내면서 한 도시나 한 나라 전체를 유린하고 초토화시키는 대규모 전쟁들이 길면 몇 년, 짧아도 몇 달씩 지속되었다. 이런 엄청난 전쟁의 결과, 소국은 백성의 생명 안전은 물론 경제 기반이 송두리째 무너질 수밖에 없었다. 오로지 승리하는 몇몇 대국(예 齊, 晉, 楚, 越 등)[4]에 굉장한 물질적인 부富가 집중되었을 뿐이다. 물질적인 부를 소유한 자는 무엇이나 할 수 있기에 이른 것이다. 장자는 이것을 역설적逆說的으로 다음과 같이 말하였다.

무릇 부富는 사람을 이롭게 하지 않는 것이 없다. 좋은 것을 다 이루게 하고, 세력을 극치에 이르게 한다. (이것은) 지인至人이 도달할 수 없

---

2 "今不嘗觀其說好攻伐之國! 若使中興師, 君子(數百), 庶人也必且數千, 徒倍十萬, 然後足以師而動矣. 久者數歲, 速者數月. 是上不暇聽治, 士不暇治其官府, 農夫不暇稼穡, 婦人不暇紡績織絍, 則是國家失卒, 而百姓易務也. 然而又與其車馬之罷弊也, 幔幕帷蓋, 三軍之用, 甲兵之備, 五分而得其一, 則猶爲序疏矣. 然而與其散亡道路, 道路遼遠, 糧食不繼傺, 食飮之[不]時, 厠役以此飢寒, 凍餒疾病, 而轉死溝壑中者, 不可勝計也. 此其爲不利於人也, 天下之害厚矣!"(같은 책, 「非攻」下)

3 "今攻三里之城, 七里之郭, 攻此不用銳, 且無殺以徒得此然也? 殺人多必數於萬, 寡必數於千. 然後三里之城, 七里之郭, 且可得也."(같은 책, 「非攻」中)

4 "今天下好戰之國, 齊・晉・楚・越, 若使此四國者, 得意於天下, 此皆十倍其國之衆, 而未能食其地也."(같은 책, 「非攻」下)

는 것이요, 현인賢人이 미칠 수 없는 것이다. 남의 용기와 힘을 동원하여 위세를 떨치고, 남의 지능과 꾀를 빌려서 명철한 판단을 하며, 남의 덕행을 가지고 현량賢良함을 나타낸다. 국가를 소유한 것은 아니나 그 위엄이 군주와 같다.[5]

장자는 한마디로 당시 사회에서 인간 존엄의 부재 및 물질 만능을 말하고 있다. 대규모 전쟁과 물질력 집중으로 인하여 기존의 인간관계나 과거 종법宗法사회의 통념적인 친친親親 이념이 근본적으로 파괴·부정되어 가는 사회적 전환기의 한복판에 서서 장자는 당시 사람들의 치열하고도 잔혹한 생존경쟁을 매우 비관적으로 묘사한다.

모든 것의 실정과 인간관계의 변환은 그와 같지 않으니 (즉 서로들 압박하고 있으니), 합치려 하면 갈라놓고, 일을 이루려면 훼방하고, 청빈하면 꺾으려 하고, 지위가 높아지면 비평하고, 하는 일이 있으면 손해를 입히고, 똑똑하면 모함하고, 모자라면 속이려 하니, 어떻게 꼭 해야 할 일을 고집할 수 있겠는가? 슬프도다![6]

아래로는 걸桀과 같은 폭군, 척跖과 같은 도적이 있고, 위로는 증삼曾參과 사추史鰌같은 도덕군자가 있게 되니 유가와 묵가[儒墨]가 모두 일어나 (서로 다른 자기주장)만을 한다. 이에 기쁨과 분노가 서로 엇갈리게 되고, 우매한 자와 똑똑한 자가 서로 속이고, 좋으니 나쁘니 서로 비난하고, 거짓과 진실이 서로를 헐뜯게 되어 세상이 쇠락하게 되었다. 큰

---

5 "夫富之於人, 無所不利. 窮美究勢, 至人之所不得逮, 賢人之所不能及. 俠人之勇力而以爲威强, 秉人之知謀以爲明察, 因人之德以爲賢良, 非享國而嚴若君父."(『莊子』,「盜跖」. 이하에서 『장자』 인용은 편명만 기재한다.)

6 "若夫萬物之情, 人倫之傳則不然. 合則離, 成則毁, 廉則挫, 尊則議, 有爲則虧, 賢則謀, 不肖則欺. 胡可得而必乎哉? 悲夫!"(「山木」)

원칙이 서로 같지 않으니 인간의 생명은 크게 손상을 입게 된 것이다. (이제) 누구나 자기 지식(이념)만을 애호하게 되니, 백성들이 서로 갈등을 일으키게 되었다. 이에 도끼와 톱 같은 형구를 만들고, 형법으로 사형을 집행하고, 송곳과 끌로 해결을 보게 되었다. 아, 세상이 시끌시끌 크게 혼란하구나! 잘못은 사람의 마음을 (하나의 이념으로) 묶으려는 데 있다. 이에 현자賢者가 큰 산 바위 밑에 숨고, 대국[萬乘]의 군주가 종묘사당에서 전율하고 있다. 지금 머리 잘린 시체들이 서로 포개어 있고, 형틀 쓴 죄인들이 서로 떠밀리며, 육형肉刑을 당한 사람들이 길에서 서로 바라볼 정도로다. (이런 난세에) 유가와 묵가의 지식인들이 수갑과 족쇄 사이에서 어깨를 걷어붙이고 활보를 하는구나! 아, 너무하다. 그들의 무식한 몰염치가 너무하다![7]

파멸적인 사회적 위기상황에서도 오로지 명분 논쟁만을 벌이는 이념론자들(특히 유가와 묵가 등)을 장자는 파렴치한으로 몰아 붙였다. 그는 공허한 명분 싸움으로는 사회가 결코 개선될 수 없다고 본 것이다. 당시 사회의 생생한 현실은, 그에 의하면, 모든 존재가 서로 맞물어 가며 잡아먹고 먹히는 약육강식弱肉强食의 끔찍한 살인현장과 다를 바 없었다. 이런 위기 상황 하에서 공허한 이념론자들은 오직 자기가 잡아먹을 것에만 골몰해 있기 때문에, 자기 또한 다른 것에게 잡아먹히는 줄도 모르고 서로 자만하며 몸싸움을 벌이고 있다는 것이다. 장자는 당대의 이런 비극적 상황을 다음과 같은 우화를 통하여 묘사한다.

---

7 "下有桀跖, 上有曾史, 而儒墨畢起. 於是乎喜怒相疑, 愚知相欺, 善否相非, 誕信相譏, 而天下衰矣! 大德不同, 而性命爛漫矣. 天下好知, 而百姓求竭矣. 於是乎釿鋸制焉, 繩墨殺焉, 椎鑿決焉. 天下脊脊大亂, 罪在攖人心. 故賢者伏處大山嵁巖之下, 而萬乘之君憂慄乎廟堂之上. 今世殊死者相枕也, 桁楊者相推也, 刑戮者相望也. 而儒墨乃始離跂攘臂乎桎梏之間. 意, 甚矣哉! 其無愧而不知恥也甚矣!"(「在宥」)

장자가 (어느 날) 조릉雕陵의 밤나무 농원을 거닐다가 남쪽에서 오는 이상한 새를 보게 되었다. 날개의 넓이가 7자〔尺〕나 되고, 눈의 직경도 1치〔寸〕나 되었으나 그 새는 장자의 이마를 치면서 밤나무 숲에 앉았다. 장자가 말했다. "이것은 무슨 새일까? 날개는 커도 잘 날지 못하고 눈이 커도 보지를 못하는구나!" (그는) 바지 깃을 걷어잡고 조심스레 걸어가서 새총을 잡아들고 그 새를 기다렸다. (바로 그때) 매미 한 마리가 바야흐로 그늘을 즐기느라고 자기 몸을 잊고 있는 광경을 보게 되었다. 이때 사마귀〔螳螂〕가 톱 이빨을 들이대며 매미를 잡고자 하니 자기 몸을 잊은 것이다. (그 순간) 이상한 새가 쫓아가 그것을 잡고자 하니 그 이득에 홀려서 자기의 타고난 (보는) 능력마저 잃어버린 것이다. 장자가 섬뜩함을 느끼며 외쳤다. "아! 만물은 서로 맞물려서 두 종류가 서로 (잡아먹고자) 끌어당기는구나!" (장자는 놀라) 새총을 버리고 되돌아갔다. 그때 밤 밭 지기가 쫓아오며 그를 욕하였다.[8]

장자의 눈에는 당시 사람들이란 목전의 이득 추구에만 눈이 어두워서 오로지 그것에 몰두해 있기 때문에, 자기가 언제 죽을지도 모르는 위험상태에 놓여 있는 미물微物과 다름없는 불쌍한 존재였다.

장자에 의하면 이런 살인적인 위험과 위기로부터의 해방은—우리의 생명 밖에 있는—인습이나 이념에 의해 우상화되어 있는 모든 대상, 즉 사회적 인간관계에 의해 연루된 모든 것을 버리는 길밖에 없었다.[9] 왜냐하면 인간에게 가장 중요한 것은 자연으로부터 받은 생명의 본모습

---

8 "莊周遊於雕陵之樊, 覩一異鵲自南方來者, 翼廣七尺, 目大運寸. 感周之顙, 而集於栗林. 莊周曰:「此何鳥哉? 翼殷不逝, 目大不覩」蹇裳躩步, 執彈而留之. 覩一蟬, 方得美蔭 而忘其身. 螳螂執翳而搏之, 見得而忘其形. 異鵲從而利之, 見利而忘其眞. 莊周怵然曰:「噫! 物固相累, 二類相召也!」捐彈而反走, 虞人逐而誶之."(「山木」)

9 "夫欲免爲形者, 莫如棄世. 棄世則無累. 無累則正平. 正平則與彼更生, 更生則幾矣!"(「達生」)

을 잃지 않는 것이기 때문이었다.[10] 그러나 장자의 눈에 당대의 인간들은 그들이 임의로 설정한 가치나 이념(즉 外物)을 추구하기 위하여 자기에게 가장 소중한 생명을 희생하는 대착각[大惑] 속에 빠져 있었다.[11] 장자는 이러한 근본적인 착각에는 그 어느 것이 더 옳고 그른 것이 없으며 다 똑같이 부정되어야 할 것이라고 말한다.

> 백이伯夷는 이름[名]을 위해 수양산首陽山에서 죽었고, 도척盜跖은 재화[利] 때문에 동릉산東陵山에서 죽었다. 이 둘이 죽은 이유는 다르지만 그들이 모두 몸을 망치고 생명을 잃은 점은 같다. 어찌하여 백이만이 옳고 도척은 그르다고 할 수 있겠는가? 세상에서 다 같이 죽었는데, 인의仁義를 위해 죽었으면 세속에서 군자君子라 하고, 재물[貨財]을 위해 죽었으면 소인小人이라고 한다. (그러나) 생명이 희생된 것은 똑같은데, 어떤 이는 군자가 되고, 어떤 이는 소인이 되는가? 몸을 망치고 생명을 잃기에 이르러서는 도척 또한 백이인 것이다. 그중에 어찌 군자·소인을 구별할 수 있겠는가![12]

이와 같은 장자의 논의에서 분명히 보이듯이, 당대의 비극적인 대규모 전쟁에 수반되어 나타난 물질적 이해관계의 충돌에서 오는 개개인들이나 상이한 집단 간의 치열한 생존투쟁은 장자나 양주와 같은 개인주의적 지식인들로 하여금 더 이상 사회적 문제에 대한 공허한 이념적인 명분 투쟁에 말려드는 것을 허용할 수 없게 했다. 남의 문제점[惡]

---

10 "彼正正者, 不失其性命之情."(「駢拇」)

11 "夫小惑易方, 大惑易性. … 天下莫不以物易其性矣!"(위와 같음)

12 "伯夷死名於首陽之下, 盜跖死利於東陵之上. 二人者, 所死不同, 其於殘生傷性均也. 奚必伯夷之是而盜跖之非乎! 天下盡殉也, 彼其所殉仁義也, 則俗謂之君子; 其所殉貨財也, 則俗謂之小人. 其殉一也, 則有君子焉?, 有小人焉? 若其殘生損性, 則盜跖亦伯夷已. 又惡取君子小人於其間哉!"(위와 같음)

을 들어서 자기의 완전함[美]을 표방하고자 하는 이른바 '명분론자'나 '이념론자'들을 장자는 특히 '재인灾人'(禍를 입히는 사람)이라고 불렀다. 당시 난세를 살아갔던 개인주의적 철학자 장자의 눈에 이들은 다만 남에게 화를 불러오는 사람들이었기 때문에, 남들도 또한 반대로 그들에게 화를 입힐 것이라고 장자는 크게 경고하였다.[13]

장자는 모든 이념이나 세속적 가치를 부정하기에 이른다. 장자에게는 세속적인 성공이나 이념적 명분 논리보다는 인간 개개인의 생명과 간섭 없는 자유가 무엇보다 더 중요한 것이었다. 장자는 당시의 각박한 사회현실을 물이 말라버린 못에 비유하였다. 인간들을 서로 묶어서 협동하고 서로 사랑할 것을 말하는 '인의仁義'나 '겸애兼愛' 등과 같은 이념적·교조적 명분을 두고 서로 다투기보다는 무한히 변하는 '도道'를 체득해야 한다. 풍부한 강물 속에서 서로를 잊고 사는 물고기들의 비유에 이러한 그의 개인주의적 자유의식이 명백히 나타난다.

샘이 말라서 물고기들이 땅위에서 서로 몸을 맞대고 있으면서, 서로 숨으로 습기를 뿜어내고, 서로 침을 발라주어 물기를 유지하기보다는 큰 강과 호수에서 서로 잊고 사는 것이 더 낫다. 요堯임금을 찬양하고 걸桀을 폭군으로 비판하기보다는 둘(찬양과 비판) 다 잊어버리고 도道와 화합하는 것이 더 낫다.[14]

---

13 "是以人惡有其美也, 命之曰灾人. 灾人者, 人必反灾之."(「人間世」)
14 "泉涸, 魚相與處於陸, 相呴以濕, 相濡以沫, 不如相忘於江湖. 與其譽堯而非桀, 不如兩忘, 而化其道."(「大宗師」)

3. 유묵儒墨의 '의지적 천天' 관념의 부정과 장자의 '자연적 천天' 관념

인간의 '자유' 추구에 최고의 의미를 부여하는 장자의 개인주의적 세계관이 유묵儒墨과 근원적으로 구분되는 점은 우선 '자연관'〔天觀〕에서 나타난다. 서주西周시대에서 춘추전국春秋戰國시대에 이르기까지 '천天'은 주로 — 천명天命사상과 관련하여 — 의지를 지닌 종교적 의미의 '천'으로, 그리고 인간의 화복禍福을 주재하는 인격신으로 인식되어 왔다. 공자 역시 '천天'이 의지意志를 지닌 것으로 이해하였고 '천명天命'은[15] 절대적 권위가 있는 것으로 여겼다.

'천天'을 의인화한 이와 같은 관념들은 지상의 통치구조(지배질서)나 통치자의 존재까지도 '천'의 의지가 반영된 것으로 합리화하여 사회 지배질서를 '정당화', 또는 '절대화'시킬 수 있는 근거가 되었다. 유가儒家뿐만 아니라, 이들의 사회이념에 대항하였던 묵가墨家도 또한 '의인적 사고에서 출발하는' 천관을 강조한다. 물론 양자가 같은 철학적 입장에서 해석하고 있는 것은 아니다. 유가는 도덕법칙성의 '천天'으로 발전시켰고, 묵가는 종교성의 '천'을 계승하게 된다. 그러나 당시 사회현실의 안정체제를 지식인 중심으로 구축해야 할 것이냐, 아니면 하층의 직접 생산계층을 중심으로 구축해야 할 것이냐를 묻는 두 가지 대립된 사회이념에 대한 보다 극단적인 비판의 입장에서 장자는 유묵儒墨의 사상 전거인 — 의인화된 — '의지적 천意志的天' 개념을 부정하고 오직 사실적이고 객관적인 '자연현상'만을 '천天'으로 해석하는 자연적 '천'개념을 새롭게 제시하였다. 노자나 장자에 의하면, '천天'은 유묵의 희망과는 달리, 실제로 아무런 의지도 감정도

---

15 "君子有三畏: 畏天命, 畏大人, 畏聖人之言."(『論語』, 「季氏」)

없는 독립적이고 자연적인 '천天'일[16] 뿐이지 그 이상도 이하도 아니다.

장자의 관점에서 볼 때, 유가와 묵가가 '자연적 천天'을 '의지적·인격적 천天'으로 확대 해석한 것은 인간의 가치판단을 가지고서 억지로 자연을 해석한 것에 지나지 않는다. 전국시대라는 대혼란의 전환기 속에서 제각기 이상적인 질서와 가치관의 구현을 목표로 하였던 유가와 묵가는 '천'을 의인화시켜 자신들의 이데올로기를 '합리화·절대화'하려고 노력하였다. 이에 맞서 장자는 우주만물의 객관세계와 인간사회 어디에나 자연의 질서법칙이자 보편적 존재원리인 '도道'가 내재되어 있다고 주장하면서 '의지적意志的 천天'을 지지 기반으로 하는 유묵의 세계관을 전면적으로 비판했다. 그는 유가와 묵가의 '천'사상은 — 자기 집단 하나의 입장(또는 이해관계)에서 자기에게 상대적으로 나타나는 모든 존재를 일방적으로 규정하고 지배하려는 — 독단적인 사고에서 비롯된 편견의 산물 이상이 아니라고 본다.

> 자연[天]은 큰 아름다움을 지니고 있어도 말하지 않고, 사계절은 분명한 법칙을 가지고 있으나 그것을 의논하는 일이 없다. 만물은 생성원리를 가지고 있으나 그것을 말하지 않는다.[17]

이처럼 장자의 자연관은 기존의 유가와 묵가가 가지고 있던 여러 가지 확신과는 근본적인 차이가 난다. 장자가 이해한 '자연[天]'은 스스로 자기의 존재원리와 운동법칙에 따라 '무위無爲'할 뿐이다. 장자의 자연관을 통하여 바로 서주西周 이래 '천天'의 의지, 즉 천명天命을 원용하여 정당화·합리화하였던 여러 통치구조와 사회질서 및 규범의

---

16 "天地以萬物爲芻狗, 聖人不仁, 以百姓爲芻狗."(『老子』 5장)

17 "天地有大美而不言, 四時有明法而不議, 萬物有成理而不說."(「知北遊」)

정당 근거가 문제시될 뿐만 아니라, 모든 것이 '인간에 의해 조작된 것'이라는 사실이 폭로되고 비판을 받기에 이른 것이다. 또한 '의지적 천天' 자체를 인정하지 않는 장자의 세계관에 의해, 종전까지 마치 '하늘'이 정해준 것으로 여겼던 ─ 따라서 절대불변의 지배질서로 신봉하던 ─ 봉건적 사회질서, 구체적으로 말하면 군자君子와 소인小人 간의 차등적 인간관계라든지, 빈부·귀천의 차등까지도 원천적으로 부정〔또는 저항〕할 수 있는 이론적 무기가 마련되었다.

장자는 나아가서 인간의 지식·인식활동의 무의미함을 증명하기 위해 인간들이 지니고 있는 각종 가치판단, 진위의 표준 자체를 전적으로 의문시하였다. 인간의 모든 지식은 불완전하고 따라서 인식의 절대성이 있을 수 없다는 장자의 혁명적 선언은 당시의 이념적 명분 논리에 대한 정면 공격이었다.

여기에서 장자를 이해하는 데 도움이 되는 양주楊朱(기원전 약 395-335)의 사상을 일별할 필요가 있다. 일찍이 양주는 개인의 생명보존과 자유추구에 제일의적 의미를 부여하였다. 일반적으로 양주사상은 사회적 이념이나 가치 때문에 자신을 희생시키고 개인의 생명을 너무나 각박하게 다루는 묵가墨家의 공리주의 사상과 정반대되는 철저한 무간섭주의를 주장한 것에서 출발한 것으로 이해한다.[18]

양주학파의 개인주의적 사상은 결국 현실적인 사회적 인간관계, 말하자면 맹자가 중요시하는 인간관계의 상하 차등적 위계질서(특히 군신 간의 도덕윤리 등)보다 생명 문제를 더 중요한 것으로 강조한 것이며, 나아가 생명보존 이외의 온갖 이념이나 가치체계는 부차적인 의미에 지나지 않는 것으로 여긴다. 바로 이러한 점 때문에 맹자孟子는 양주楊朱의 개인주의를 결국 군주제도의 부정〔無君〕으로 통하는 '위

---

18 양주사상에 관하여는 제3장 참조.

험한 사고'[19]라고 단정하기에 이른다. 그러나 양주는 ─ 장자처럼, 자기 자신의 고유한 철학적 인식론의 틀을 가지고 ─ 유묵의 세계관과 가치체계를 부정·극복하려는 철학적 이론 (즉 인식론적) 체계를 제시하지 못했다. 그러나 양주의 사상계통을 잇는 장자는 인간들의 지식·인식 활동의 무의미함을 증명하기 위해 인간들이 만든 일체 진위의 표준을 공격·파괴 하는 철학적 인식 체계를 적극적으로 제시한다.

4. 장자의 상대주의적 인식이론: 이념적 명분론의 부정

장자철학의 위대성은 객관적인 절대인식을 부정하는 탁월한 상대 주의적 인식론에서 나타난다. 장자에 의하면 '절대적 진리'는 인간의 경험적 인식에는 드러날 수가 없다. 이와 같이 경험적 인식의 '주관성', 또는 '상대성'을 설득력 있게 논파한 부분에서 그는 상당한 정도까지 이전과 당대의 철학가들의 인식 수준을 뛰어 넘었다고 평가할 수 있다.

장자에 의하면 인식대상의 '유·무'에 대한 '경험적 인식의 확실성'이나 '시비판단 기준'이라는 것은 ─ 인식하는 존재[物]의 존재조건을 떠나서 ─ 독립적·객관적으로 성립할 수 없다.

북쪽에 깊은 바다가 있었다. 그곳에 사는 물고기 이름은 곤鯤이다. … 그것이 붕鵬이라는 새로 변하였다. 아무도 이 붕새의 등이 몇 천 리나 되는지 몰랐다. 그 새가 힘을 다해 날아오르면 그 날개는 하늘에서 내려 온 구름 같았다. 이 새는 바다에 큰 태풍이 일어나야 비로소 남쪽의 깊

---

19 "楊氏爲我, 是無君也. … 無君是禽獸也."(『孟子』, 「滕文公」下)

은 바다로 날아갈 수 있었다. … 또한 물의 부피가 두껍지 않으면 그 물은 큰 배를 띄울 힘이 없는 것이다. 술잔의 물을 마당의 오목한 곳에 부으면 풀잎이 배가 되어 뜬다. 잔을 띄우면 바닥에 닿을 뿐이다. 물은 얕고 배는 크기 때문이다. 바람의 부피가 두껍지 않으면 큰 날개를 감내할 수가 없다. 따라서 9만 리를 가자면 그렇게 큰 바람이 그 밑에 있어야 한다. … 매미와 콩새가 이것을 비웃으며, "우리가 힘을 다해서 날면 느릅나무 가지에 닿을 수 있다. 때로는 그곳에 이르지 못하고 땅에 앉을 뿐이로다! 어떻게 9만 리 남쪽으로 날아갈 수 있겠는가?"라고 말하였다. 근교에 가는 사람은 세 끼 밥을 먹고 돌아와도 아직 배가 부르다. 백리 길을 가는 사람은 밤 새워 길양식을 절구질해야 하고, 천 리 길을 가는 사람은 3개월 간 식량을 모아 두어야 한다. 이 두 (작은) 벌레들이 또 무엇을 알겠는가! 작은 자의 지식은 큰 자의 지식을, 짧게 사는 존재는 오래 사는 존재를 이해하지 못한다. 어떻게 그렇다는 것을 아는가? (하루만 살다 가는) 버섯〔朝菌〕은 (한 달 중의) 그믐과 초하루를 모르고, (여름만 살다 가는) 매미는 봄과 가을을 모른다. 이들은 짧게 사는 존재들이다. 초楚의 남쪽에 있는 명령冥靈나무는 500년을 봄으로 500년을 가을로 삼는다. 상고上古에 있던 대춘大椿나무는 8천 년을 봄으로 8천 년을 가을로 삼는다. 팽조彭祖(800년을 살았다는 전설이 있음, 필자)는 요즈음 장수한 것으로 유명하여 많은 사람들이 그와 같아지고자 하니, 또한 슬프지 아니한가![20]

---

20 "北冥有魚, 其名爲鯤. … 化而爲鳥, 其名爲鵬. 鵬之背, 不知其幾千里也. 怒而飛, 其翼若垂天之雲. 是鳥也, 海運則將徙於南冥. … 且夫水之積也不厚, 則其負大舟也無力. 覆杯水於坳堂之上, 則芥爲之舟. 置杯焉則膠, 水淺而舟大也. 風之積也不厚, 則其負大翼也無力. 故九萬里則風斯在下矣. … 蜩與學鳩笑之曰:「我決起而飛, 槍楡枋, 時則不至而控於地而已矣, 奚以之九萬里而南爲?」適莽蒼者, 三餐而反, 腹猶果然. 適百里者, 宿舂糧. 適千里者, 三月聚糧. 之二蟲又何知! 小知不及大知, 小年不及大年. 奚以知其然也? 朝菌不知晦朔, 蟪蛄不知春秋, 此小年也. 楚之南有冥靈者, 以五百歲爲春, 五百歲爲秋. 上古有大椿者, 以八千歲爲春, 八千歲爲秋. 而彭祖乃今以

　　장자는 경험적 인식이란 인식하는 개체의 지능과 삶의 크기에 의하여 결정된다고 주장한다. 따라서 그 개체의 삶의 크기와 지능을 넘어서는 인식은 그 개체에게는 존재하지 않거나, 또는 무의미한 것일 뿐이다. 한 달의 초하루와 그믐은 한 달 이상을 사는 존재에게만 '존재하는 것'〔有〕일 뿐이며, 하루살이에게는 '존재하지 않는 것'〔無〕이다. 그리고 모든 다양한 개체들의 삶의 양태와 조건들이 상이하기 때문에 서로 다양한 인식이 병존할 수밖에 없다. 그중 어느 인식이 절대적으로 타당할 수가 없는 것이다. 하루살이나 매미와 같이 짧게 사는 존재〔小年〕의 입장에서 보자면, 인간의 인생은 참으로 상상할 수 없이 길다. 그러나 초나라의 명령나무나 옛날의 대춘나무를 표준으로 하여 본다면, 인생은 하루살이나 매미 정도의 무의미한 짧은 기간일 뿐이다. 800년을 살았다고 하는 팽조의 삶도 오래 사는 존재〔大年〕에게는 하찮은 수유의 시간일 따름이다. 따라서 무엇이 '길다', 또는 '짧다'는 판단은 언제나 인식하는 '존재에 의존적'이라는 점에서, 언제나 '상대적 의미'만 가질 뿐이다. 따라서 상대적인 인식을 절대적 표준으로 보고, 그것을 좇아가려고 애쓰는 것은 서글픈 일이라는 것이다. 장자에 의하면 모든 인식은 그것을 인식하는 존재 자체와의 관계에서 상대적인 의미를 가질 뿐이며, 그 인식 개체를 넘어서 객관적으로 타당한 '시비 기준'은 있을 수 없다.

　　장자가 인간사회의 지식의 '절대타당성'을 부정하고 인식의 상대성을 강조하는 목적은 바로 인간의 지식에서 파생된 '옳고', '그름'의 시비판단과 그것에 기초한 강한 '명분논리'나 모든 규범적 이데올로기를 부정하기 위함이다. 그러나 상이한 세계관에서 출발하는 여러 학파의 이념론자들은 오직 자파의 이념과 시비판단 기준만을 절대불변의 진

久特聞, 衆人匹之, 不亦悲乎!"(「逍遙遊」)

리로 확정하고, 상대방의 주의·주장을 부정하면서 서로 격렬히 논쟁하고 투쟁한다. 장자는 인식의 상대성을 주장함으로써 서로의 투쟁과 논쟁의 포기를 선언하고 있다.

그러므로 유가와 묵가의 시비是非논쟁은 상대방이 비非라 하는 것을 이쪽에서는 시是라 하고 상대방이 '시'라 하는 것을 이쪽에서는 '비'라 한다. 상대방이 '옳지 않다'는 것을 '옳다'고 하고 상대방이 옳다고 하는 것을 이쪽에서 옳지 않다고 한다면 그것은 밝은 지혜〔明〕로 하는 것만 못하다. '그것'이 아닌 존재도 없고 '이것'이 아닌 존재도 없다. 그러나 자기가 타인에게는 '저것'이라는 것을 모르고, 자기는 자기에게만 '이것'이라는 것을 안다. 따라서 '저것'은 '이것'에서 나온 것이고 '이것'은 '저것'에 말미암은 것이다. '이것'과 '저것'은 함께 생겨남을 말하는 것이다. … 옳음〔是〕은 그릇됨〔非〕에서 말미암고, '그릇됨'은 '옳음'에서 말미암는다. … (이렇게 보면) '이것' 또한 '저것'이고, '저것' 또한 '이것'이다. '저것' 또한 자기 나름의 하나의 시是와 비非가 있고, '이것' 또한 자기 나름의 하나의 '시是'와 '비非'가 있다. 과연 '저것'과 '이것'은 (구별이) 있는 것인가? '저것'과 '이것'은 (구별이) 없는 것인가?[21]

인간은 습한 데에서 자면 반신불수가 된다. 미꾸라지도 이러한가? 인간은 나무 위에 올라가면 떨어질까 무서워 벌벌 떤다. 원숭이도 이러한가? 이 셋 중 어느 것이 올바른 주거처를 아는가? 사람은 소나 돼지를 먹고, 사슴은 풀을 먹고, 지네는 도마뱀을, 수리부엉이는 쥐를 맛있게

---

21 "故有儒墨之是非, 以是其所非而非其所是. 欲是其所非而非其所是, 則莫若以明. 物無非彼, 物無非是. 自彼則不見, 自知則知之. 故曰: 彼出於是, 是亦因彼. 彼是方(幷)生之說也. … 因是因非, 因非因是. … 是亦彼也, 彼亦是也. 彼亦一是非, 此亦一是非, 果且有彼是乎哉? 果且無彼是乎哉?"(「齊物論」)

먹는다. 원숭이는 암놈과 짝하여 놀고, 고라니는 암사슴과 짝하고, 미꾸
라지는 물고기와 논다. 모장·여희(전국시대 이름난 미인)는 사람들이 좋
아하지만, 물고기가 보고는 물속 깊이 숨고, 새가 보고는 높이 날아가
버리고 사슴이 보고는 놀라 달아난다. 이 네 가지 중에 무엇이 천하의
진정한 아름다움을 알고 있는 것인가? 내가 보기에는 인의仁義의 단서
나 시비是非의 기준이 다 어지럽게 뒤섞여 있다. 내가 어찌 그 분별을
알 수 있겠는가?[22]

장자는 인간의 경험적 인식의 대상으로 나타날 수 있는 우주의 모
든 개체적 존재들의 보편타당한 존재론적 근거를 '도道'라고 불렀다.
그에게 '도'는 무한히 변화하는 "영원한 생성의 우주적 실체"(la Realité
cosmique en perpetuel devenir)[23]이다. 그는 '도'의 관점에서 인식의 상대
성을 다음과 같이 설명한다.

도道에서 보면 모든 개체[物]는 귀천이 없다. 개체의 관점에서 보면
자기는 귀하고 상대는 천하다. … 차별의 관점에서 보아서 어떤 개체가
다른 개체보다 크기 때문에 크다고 한다면, 만물 중에 크지 않은 것이
없다. 어떤 개체가 다른 개체보다 작기 때문에 작다고 한다면, 만물 중
에 작지 않은 것이 없다. 천지가 곡식 낟알만 하다는 것을 인식하고, 한
터럭의 끝이 언덕이나 산山만 하다는 것을 인식하는 것은 사물의 차이
를 상대적으로 본 결과이다. … ('도'의 관점에서) 만물을 똑같이 본다면

---

22 "民濕寢則腰疾偏死, 鰍然乎哉? 木處則惴慄恂懼, 猿猴然乎哉? 三子孰知正處? 民食
芻豢, 麋鹿食薦, 蝍蛆甘帶, 鴟鴉耆鼠, 四者孰知正味? 猨猵狙以爲雌, 麋與鹿交, 鰍與
魚游. 毛嬙麗姬, 人之所美也, 魚見之深入, 鳥見之高飛, 麋鹿見之決驟, 四者孰知天
下之正色哉? 自我觀之, 仁義之端, 是非之塗, 樊然淆亂, 吾惡能知其辯!"(위와 같음)

23 Liou Kia-Hway, *L'esprit synthetique de la Chine*, Paris, 1961. 특히 Chap.II 와 IV,
p.126 이하 및 p.153 이하 참조.

무엇이 짧고 무엇이 긴가? '도'에는 처음도 끝도 없다. 개체[物]에만 삶과 죽음이 있다. 개체는 완성된 하나의 결과에만 머무를 수 없다. 한번 비었다가는 다시 차게 되니 자기 모습을 고정할 수가 없다. 세월은 다시 올 수 없고, 시간은 정지할 수 없다! 소멸과 생성, 채움과 비움은 끝나면 다시 시작한다. … 모든 개체의 삶은 마치 말이 달려가는 것처럼 빠르게 지나간다. 변화하지 않는 움직임이 없고, 흘러가지 않는 시간이 없다. 무엇을 할 것이고 무엇을 하지 말아야 할 것인가? 진실로 스스로 자기 변화에 맡길 것이다![24]

장자는 '무한한 변화'를 만물의 실상으로 말하고 있으며, 또한 '영원히 생성하는 우주적 실체'로서의 '도道'의 관점에서 볼 때 인간이 가지고 있는 지식은 상대적인 크기와 의미만을 가질 뿐이라고 본다. 따라서 그는 우주 삼라만상의 무궁한 변화에 비춰볼 때, 인간의 상식에서 나오는 상대적인 인식과 크기에 집착한다는 것이 얼마나 '서글픈 것'인가를 말하고 있는 것이다. 장자는 '도'의 무한·무궁한 변화의 관점에서, 인간의 한정된 경험적 인식에 서로 뛰어넘을 수 없는 '객관적 크기와 권위'로서 등장하는 이른바 '성인聖人의 진리', 즉 인위적으로 모든 존재에게 부여되는 규범적 가치체계나 이념적인 명분논리를 부정하고 영원한 '도'와 하나가 되고자 하였다. 그는 세속의 모든 규범적 구속에서 벗어나 자기의 환상적 세계에서 정신적 자유를 무한히 누리려고 하였던 것이다.

---

24 "以道觀之, 物無貴賤. 以物觀之, 自貴而相賤. … 以差觀之, 因其所大而大之, 則萬物莫不大; 因其所小而小之, 則萬物莫不小. 知天地之爲稊米也, 知毫末之爲丘山也, 則差數覩矣! … 萬物一齊, 孰短孰長? 道無終始, 物有死生, 不恃其成, 一虛一滿, 不位乎其形, 年不可擧, 時不可止, 消息盈虛, 終則有始. … 物之生也, 若驟若馳, 無動而不變, 無時而不移. 何爲乎? 何不爲乎? 夫固將自化!"(「秋水」)

5. 장자의 자유의식

장자는 유가와 묵가가 주장하는 인간의 강한 실천 의지, 즉 '유위有爲'의 이념적 명분논리 대신에 '무위無爲'의 자유를 구현하려 한다. 따라서 자연(Natur)이 인간에게 부여한 자연적 본성의 함양, 일체의 사회적 현실문제에 대한 적극적인 제도적 또는 이념적 해결에 전혀 집착하지 않고 인간의 내면적인 자유에만 천착하게 된다. 장자는 인간의 적극적인 의지 자체도 인간의 본성에서 벗어나는 것으로 간주하여 '무위無爲'로써 자연自然(즉 스스로 그러함)에 따를 것만을 삶의 원칙으로 제시한다.

장자는 인간의 완전한 자유 상태를 어떻게 묘사하고 있는가? 그에 의하면, 현실의 인간은 온갖 인위적 규범, 제도, 법 그리고 잡다한 외물(부귀영화, 학식, 미모, 행복 등)에 자기의 본성적 생명과 자유를 속박당하고 있다. 인간 일반이 부자유스러운 까닭은 자기 자신이 존재에 매어 있기[有己] 때문이다. 여기에서 장자는 "지극한 사람[至人]은 자기를 떠나 있고[無己], 정신으로 사는 사람[神人]은 일의 결과에 매이지 않고[無功], 현명한 사람[聖人]은 이름[名]에서 벗어나 있음[無名]"을 말한다.[25] '지인', '신인', '성인'은 장자가 말한 이상적 인격의 여러 명칭에 불과하다. 그들은 자신의 존재에 매어 있지 않아서[無己], 자연히 적극적으로 달성하려는 바가 없으며[無功], 다른 사람의 칭찬을 원하지 않기[無名] 때문에 정신적으로 자유롭다.

「대종사大宗師」에 묘사된 진인眞人의 모습은 다음과 같다.

진인은 잠잘 때 꿈을 꾸지 않고, 깨어 있을 때 근심이 없으며, 먹는 것이 달지 않고, 그 숨결은 깊고 깊다. 진인은 발꿈치로 숨을 쉬나 사람

---

[25] "至人無己, 神人無功, 聖人無名."(「逍遙遊」)

들은 목구멍으로 숨을 쉰다. … 삶을 기뻐하거나 죽음을 싫어할 줄도 모르고, 출생을 기뻐하지 않고 죽음을 거부하지도 않으며 조용히 갔다가 조용히 올 뿐이다.[26]

'진인'은 일반인과 생활하는 모습이 다르다. 그들은 삶에 대해서 특별히 즐거워하지 않고, 죽음에 대해서도 특별히 슬퍼하지 않는다. 자연적으로 태어났다가 조용히 사라질 뿐이다. 물론 장자가 묘사한 성인은 현실세계에 존재하지 않으며, 단지 허구적인 정신세계에서나 존재할 수 있다. 「덕충부德充符」에서는 일부러 이상적 인물들을 신체적 불구자나 추악한 모습을 지닌 괴인으로 설정하였다. 그러나 그러한 외양을 지닌 사람들의 정신 상태는 오히려 완전무결함의 전형으로 묘사되어 "덕에 뛰어남이 있으면 모양은 잊어버리게 되는 것"[27]이라고 말한다.

또한 「대종사大宗師」에서 장자는 "일체를 버리고 총명을 내쫓으며, 형체에서 벗어나고 지혜를 제거하여 대도大道에 동화되는 '좌망坐忘'이라고 하는"[28] 정신의 해탈 방법을 말하였다. '좌망'은 철저하고도 무목적적인 '완전한 잊음'을 말하는 것으로 장자는 그것을 정신적 자유를 획득하는 중요한 수행원칙으로 삼았다. '좌망'으로써 자연만물과 혼연일체가 되는 신비한 정신 세계에 도달할 수 있으며, 그러한 신비한 정신 세계에 몰입되었을 때만이 관념상으로 나와 너, 이것과 저것, 사람과 사물의 차별과 한계를 없앨 수 있다.

여기에서 알 수 있듯이 장자가 말하는 인간의 완전한 자유란 어디까지나 정신적 영역에서의 자유이며, 개인의 주관적인 해탈 ─ 장자적

---

26 "古之眞人, 其寢不夢, 其覺無憂, 其食不甘, 其息深深. 眞人之息以踵, 衆人之息以喉. … 古之眞人, 不知說生, 不知惡死. 其出不訢, 其入不距. 儵然而往, 儵然而來而已矣."(「大宗師」)
27 "故德有所長, 而形有所忘."(「德充符」)
28 "墮肢體, 黜聰明, 離形去知, 同於大道, 此謂坐忘."(「大宗師」)

표현으로는 '좌망', '심재心齋' 등— 을 통하여 획득할 수 있는 관념적 자유인 것이다. 따라서 장자가 인간의 자유와 해방을 위해 제시한 방법들은 근본적으로 보자면 주관적인 심리상태의 만족에 머무는 관념의 한계를 벗어날 수 없다.

장자는 인간이 현실적으로 자유로운 존재가 되기 위한 전제인 경제적 조건의 개선이나 제도적 장치의 기능에서는— 오직 인간을 소외시키고 압박하는— '반문명적 역기능'만을 과장하여 말하고 있을 뿐이다. 그는 오로지 만물의 근원이자 존재원리인 '도'와 합일해야만 비로소 인간이 해방될 수 있는 것으로 믿고 있다. 그에게 '무위자연無爲自然'은 '도'와 합일할 수 있게 하는 인간의 자연적 움직임, 말하자면 '주관적 능동성'의 '의도적 배제'인 것이요, '좌망'이란 그것에 도달하려는 관념적 수양방법이다.

6. 맺음말

장자가 보기에 당시의 인간을 소외시키는 것은 궁극적으로 무엇이었는가? 그것은 서로 다른 존재들의 본성적 자유를 허용하지 않고 오직 '자기 하나의' 척도에 묶어 두려는 이념론자들의 독단적인 명분논리와 그것을 유지, 또는 관철시키기 위한 유형·무형의 폭력이었다. 장자에게는 '지식'〔知, 또는 이념〕의 발달 자체가 바로 모든 존재를 압박하는 것이요, 이런 폭력을 조장해 주는 것이었다.[29]

---

[29] "上誠好知而無道, 則天下大亂矣! 何以知其然邪? 夫弓弩畢弋機變之知多, 則鳥亂於上矣. 鉤餌罔罟罾笱之知多, 則魚亂於水矣. 削格羅落罝罘之知多, 則獸亂於澤矣. 知詐漸毒, 頡滑堅白解垢同異之變多, 則俗惑於辯矣. 故天下每每大亂, 罪在於好知."(「胠篋」)

장자가 맞서서 싸우고 부정하고자 했던 것은 다름 아니라 당시 유
묵儒墨이 사회 처방전으로 제시한 독단적 이데올로기였다. 장자는 강
한 이념적 명분논리에 맞서서 상대주의적 인식론을 제기하였으며 도
道의 관점에서 만물을 바라보아야 한다고 주장함으로써, 첫째 당대의
전통이념이었던 '천명天命'사상을 부정하고, 둘째 유묵儒墨 등 대표적
이념적 명분논리의 인위적 허구성을 폭로하고 부정하였던 것이다. 이
렇게 본다면 당시의 봉건적 제도와 이념이 고정 불변하는 절대적 체제
와 진리가 아니라는 장자의 — 독단적 이념론에 대한 — '부정정신'은 차등
적인 신분질서에 의해 유지되던 봉건적 사회 구조에 대항하는 체제 부
정의 힘(혁명성)을 담고 있다고 볼 수 있다. 따라서 장자 철학의 적극적
의의는 일체의 독단적인 사고 및 독재체제와 이데올로기로부터의 해
방, 즉 개개인의 절대적 무간섭의 '자유'(무한한 逍遙遊의 자유)를 추구
한 점에 있다.

그러나 그의 자유는 처음부터 자기 내면세계에서의 '철저한 관념적
해방'이기 때문에, '해방'에도 불구하고 정신세계 밖의 현실세계는 조
금도 변한 것이 없다. 따라서 그의 철저한 '내면적 주관적' 해방은 현
실적으로는 모든 지배적 폭력과 사회적 모순에 대한 '완전한 굴종'일
수밖에 없다. 그것은 폭력을 정당화시켜 주는 모든 독단적 이념 비판
의 날카로운 예지가 번득임에도 불구하고, 현실과 타협하는 또 하나
의 '허구적'인 — 바꾸어 말하면, '자기도취적인' — 해방과 자유인 셈이다.
그것은 일찍이 서양 고대사회 말기에 나타났던 스토아Stoa학파의 객
관화되지 못하고 체념·관조하는 자유와 해방의 의식에 대하여 헤겔
이 말한 바 있는 '불행한 의식'(unglückliches Bewußtsein) 이상이 아닌
것이다.

참고문헌

『莊子』
『老子』
『墨子』
『論語』
『孟子』

Liou Kia-Hway, *L'esprit synthetique de la Chine*, Paris, 1961.

제7장 제자백가의 다양한 전쟁론과
철학적 문제의식

1. 문제 제기

: 기원전 4-3세기 전국戰國시대 전쟁의 사회적 역할

춘추전국春秋戰國시대(기원전 770-221)의 근본적인 사회적 전환의 계기는 철제 농기구의 사용, 우경이나 관개수리 시설 등의 도입에 의한 농업생산력의 급격한 증가에 의하여 마련되었다. 농업생산력의 급격한 증가로 경제적으로나 군사적으로 유리한 위치에 있는 소수의 봉토 소유자들은 주위의 군소群小 영지국가들을 무력으로 통합하여 갔다. 특히 기원전 4세기 이래 강력한 대제후국, 말하자면 만승의 국가(戰車 만 대의 병력을 보유한 국가)들은 당시의 전면적인 전쟁 상황에서 그들의 세력 강화를 위하여 각각 나름대로 철저한 국가적인 사회개혁, 즉 변법變法을 도모하지 않을 수 없었다. 그 강해진 국력들은 필연적으로 엄청난 규모의 대전쟁을 치르면서, 개별적인 전쟁승리와 관계없이 혹은 쇠잔해지거나 강력해질 수밖에 없었다. 사실 더 강력한 '하나의' 관료적 절대주의 국가에 의한 '다수' 제후국의 멸망과 그로 인한 중국 고대사회 미증유의 '새로운 천하통일'의 실현은 당시에 필연적인 역사적 흐름이었다. 이와 같은 역사 필연적으로 긴박한 전쟁 상황 속에서 일어났던 대규모 전쟁들의 내용은 『춘추좌전春秋左傳』, 『국어國語』, 『전국책戰國策』, 『사기史記』 등에 광범하고도 극명하게 기술되어 있다. 특히 기원전 4-3세기 전국시대에는 개개 국가들의 정치적 군사적 세력중심지, 즉 도시를 거점으로 활동했던 수많은 군사외교 전략가, 즉 종횡가縱橫家[1]들이 있었다. 이들의 잡다한 제안과 책략들로 구성된 외교적인 군사 음모들을 통하여 제후국들은 몇몇씩 연합하거나〔合縱說〕 또는 그 연합전선에 대항하면서〔連橫說〕, 온 국력을 대규모 전쟁에 투입하지 않을 수 없었다.

전쟁을 유도 조절함으로써 전국시대를 가장 풍미했던 이들 종횡가들은 — 전쟁이라는 강한 '힘의 논리'를 쓰지 않고서는 — 경쟁하는 국가들 간의 사회적 충돌과 갈등의 해결, 즉 '천하통일天下統一'을 이룩할 수 없다는 전쟁옹호론을 폈다.

옛날에 신농神農은 보수補遂씨를 정벌했으며, 황제黃帝는 탁록涿鹿지역을 쳐서 치우蚩尤를 사로잡았다. 요堯는 환두讙兜를 쳤고 순舜은 삼묘三苗씨를 정벌하였다. 우禹는 공공共工씨를 쳤으며, 탕湯은 하夏를 정벌하였다. 문왕文王은 숭崇을 쳤고, 무왕武王은 (殷나라) 주紂왕을 징벌하였다. 제齊 환공桓公은 전쟁으로 천하의 패자覇者가 되었다. 이렇게 (모든 왕업이 전쟁에 의한 것이라고) 본다면, 어떻게 전쟁을 아니 할 수 있겠는가! 옛날부터 (제후의) 사신使臣들이 많은 마차를 타고 질주하면서 서로 맹약을 하고 천하를 하나로 통합하려 하였다. 그들은 합종설合縱說을 좇기도 하고 혹은 연횡설連橫說을 좇으면서, 전쟁을 계속하였다. … 침략전쟁이 그치지 않으니 (맹약의) 문사文辭는 현란하건만 세상은 안정되지 못하였다. (세상의 평화를 아무리) 혀가 닳고 귀가 막힐 정도로 외쳐도 공효를 볼 수 없었으며, 아무리 맹약에 대한 신의信義를 외쳐 보

---

1 당시 縱橫家의 굉장한 사회적 영향력은 孟子의 다음 말에 극명하게 나타난다. 『孟子』, 「滕文公」, "公孫衍, 張儀, 豈不誠大丈夫哉! 一怒而諸侯懼, 安居而天下熄."

아도 천하天下는 서로 가까울 수 없었다. 이에 문치文治를 폐하고 군비軍備에 집중하여 죽음을 각오하는 무사를 크게 양성하고 병기를 정비하여, 전쟁터에서 승리를 취하고자 하였다. 그저 가만히 있으면서 경제력이 커지고, 그저 안주하면서도 영토가 확장되기를 바라기만 한다. 비록 (과거의 이상적인) 삼왕三王이나 오제五帝, 오패五覇, 또는 명주明主, 현군賢君이라도 앉아서 그것을 바란다면, 형세는 그것을 허용하지 않을 것이다. 따라서 전쟁이 이어질 수밖에 없는 것이다. … 지금 천하를 병합하고자 대국을 침략하고 적국의 기세를 꺾은 다음, 온 천하를 제압하여 만백성을 자식으로 삼고 제후들을 신하로 부리자면 전쟁 없이는 안되는 것이다.[2]

과거 '춘추'시대에 50여 제후국들이 병립한 단기 소규모 전쟁의 양상은 이젠 더 이상 찾아볼 수 없게 되었다.[3] 대규모의 전쟁 교전 국면은 이른바 칠웅七雄(즉 韓, 魏, 趙, 齊, 秦, 楚, 燕) 간의 싸움으로 압축되었기 때문이다. 따라서 이미 춘추 중기 이후부터 격화되기 시작한 전쟁 양상은 필연적으로 전쟁 방식의 변화를 가져오기 시작하였다. 종래의 참전 인원이 많지 않았던 전차戰車 중심의 전쟁이 점차 대규모의 보병전으로 전환되기 시작했다. 이와 같은 전쟁 양상의 대규모화는 자

---

2 "昔者神農伐補遂, 黃帝伐涿鹿而禽蚩尤, 堯伐驩兜, 舜伐三苗. 禹伐共工, 湯伐有夏, 文王伐崇, 武王伐紂, 齊桓任戰而伯天下. 有此觀之, 惡有不戰者乎! 古者使車擊馳, 言語相結, 天下爲一, 約縱連橫, 兵革不藏. … 戰攻不息, 繁稱文辭, 天下不治. 舌弊耳聾, 不見成功. 行義約信, 天下不親. 於是, 乃廢文任武, 厚養死士, 綴甲厲兵, 效勝於戰場. 夫徒處而致利, 安坐而廣地, 雖古五帝, 三王, 五伯, 明主賢君, 常欲坐而致之, 其勢不能. 故以戰續之. … 今欲幷天下, 凌萬乘, 詘敵國, 制海內, 子元元, 臣諸侯, 非兵不可!", 『戰國策正解』, 「秦上·惠文君」, 3-5쪽.

3 春秋戰國시대 참전병력 규모의 변화와 발전에 대해서는, 王輝强, 「先秦軍隊發展探析」, 『先秦軍事研究』(軍事科學院戰略部 后勤學院學術部歷史室編), 北京: 金盾出版社, 1990, 24-29쪽.

연히 전쟁의 장기화로 이어졌다.[4] 따라서 이로 인한 사회적 참상과 혼란 및 당대 민중들의 고통은 최악의 상태였다. 대규모 전쟁으로 전야田野와 도성은 황폐화되거나 피로 물들었고, 수십만의 포로가 학살되거나 노예로 전락했으며, 광범위한 지역이 약탈되어 많은 사람들이 삶의 터전을 등지거나 기존의 사회적 신분을 박탈당하기도 하였다. "부모는 헐벗고 굶주리고 형제와 처자가 서로 흩어진다."[5] "토지 때문에 전쟁을 하면 죽은 사람들이 들판에 가득하고, 도시[城] 때문에 전쟁을 하면 죽은 사람들이 성을 메운다."[6]라는 맹자의 말은 당시의 전쟁 수행으로 인한 참상을 단적으로 말해주고 있다.

대규모 전쟁을 가능하게 해 주었던 것은 춘추전국시대에 본질적으로 증가한 농업생산력의 발전이다. 이로 인한 춘추전국시대 사회적 변혁의 의미는 근원적으로 보자면 우선 서주西周(기원전 11세기-771)시대 이래 낙후되고 고립되어 있던 혈연적 연합체로서의 잡다한 군소 봉건제후 국가들이 필연적으로 역사에서 소멸하고, 온 중국을 하나로 통일하는 중앙집권적 관료주의 국가가 등장할 수 있었다는 사실에서 찾을 수 있다. 그러나 어쩌면 이보다 더 중요한 본질적인 사회적 변혁의 의의는 종래의 소수 혈연적 세습귀족 대신에 새로운 사회적 지도세력으로, 춘추전국시대 사회적 경제적 발전과 더불어 사유재산제의 확립과 확산에 따른—비非귀족적—자율적인 지식인 계층이 등장했다는 것이다.

이들 중에는 강력한 제후를 중심으로 중앙집권적 절대주의 국가를 창출하려는 정치 혁신적인 법가法家 사상가들도 있었고, 당시 긴박한

---

4 春秋戰國시대의 전쟁양상에 대해서는 Cho-yun Hsu, *Ancient China in Transition*, Standford, 1965, Ch. 3 "Wars and Warriors", 53쪽 이하; 楊寬, 『戰國史』, 上海, 1980 284-292쪽.

5 『孟子』, 「梁惠王」上, "父母凍餓, 兄弟妻子離散."

6 『孟子』, 「離婁」上, "爭地以戰, 殺人盈野, 爭城以戰, 殺人盈城."

상호 겸병의 전쟁상태에서 국가의 '안위존망安危存亡'을 결정하는 위험한 전쟁을 효율적으로 운용하기 위한 원리를 제시하는 병가兵家도 있었다. 그러나 군주의 절대주의(또는 霸權) 창출은 당시 새로운 지도세력으로 등장한 지식인 계층의 자율성을 필연적으로 크게 제한할 수밖에 없었다.

유가는 지식인 계층의 자율성을 행정적〔政〕 또는 사법적〔刑〕 명령을 통하여 강하게 규제하려는 (법가의) '절대주의' 노선을 원칙적으로 문제시할 수밖에 없었다. 춘추전국시대라는 새로운 확장된 역사공간에서 유가적인 자유지식인들은 ─물론 그들은 '혈연상' 서주西周시대 봉건체제에서 상대적으로 상당한 자율성을 누렸던 귀족계층, 즉 세습적 군자君子들은 아니지만─ 종래 세습귀족〔君子〕들의 전통적인 행위규범〔禮〕에 근거하여, '비非귀족적'인 자신들을 '유신維新'된 군자'(신유형의 君子)[7]로서 자임하면서 자신들의 자발적 계발성(또는 도덕성)에 의한 정치질서의 확립을 강조하였다. 요컨대, 유가적 지식인들은 자신들의 도덕성〔즉 仁〕에 기초하는 하층민〔民〕들에 대한 포용과 조화를 중시하는 자율적 지식인들의 덕치德治이념을 크게 주장하고 나왔다.

군주의 절대주의든, 지식인의 덕치이든 모두 직접생산자〔民〕들의 노동활동을 기본적으로 전제한다. 하지만, 실제로는 이들의 지배구도나 통치 질서가 어떤 형태로든 전쟁을 긍정하거나 방임하는 한, 또는 지배계층의 존귀함을 드러내기 위하여 사회적 부를 편파적으로 소모하는 한, 결국 민생民生은 보장될 수 없다. 이로부터 법가나 유가의 노선 모두를 강력하게 반대하여 침략전쟁 반대와 만민의 공동적 이익 추진을 주장한 묵가 집단이 등장한다.

---

7 공자가 당시 새롭게 제시한 새로운 인간유형인 "유신된 君子"상에 대해서는, 송영배, 『중국사회사상사』, 제1부, 제2장, 2 「공자의 사회윤리론」, 1) 새로운 인간유형: '君子' 참조.

묵가는 당시 전쟁 상황 속에서 직접생산자들이 생산에 종사하고 있지만 "배고픈 자는 먹지 못하고, 추운 자는 옷을 못 입고, 수고한 자는 쉴 수 없는"[8] 민생파탄의 측면에서, 무엇보다도 먼저 '민생강화'를 위한 사회적 부의 최대 창출에 관심을 두었다. 이와 동시에 지배자나 통치계층 중심의 국가적 부의 소비·소모는 물론 민생의 기반을 송두리째 앗아가는 침략전쟁을 전면적으로 반대하고 나섰다. 이들은 모든 인간의 차별 없는 사랑과 상호 공동적 이해의 증진〔兼相愛, 交相利〕이란 구호 아래, 강력한 집단 활동을 통하여 모든 침략전쟁을 반대하는 적극적인 방어활동을 조직적으로 전개하였다.

여러 상이한 이해관계와 그에 따른 서로 모순되는 세계관을 가진 지식인 집단(즉 諸子百家)들 간의 사상(또는 理念)과 실천적 활동의 격렬한 대립양상은 결과적으로 각 학파가 표명하는 '이상'을 통한 사회안정을 가져 오지 못하고, 오히려 개인과 개인, 집단과 집단, 그리고 크게는 국가와 국가 간의 크고 작은 충돌과 전쟁을 조장하였다. 개개 인간들 사이는 물론이고, 더 나아가 집단이 개인에 대한, 또한 큰 집단이 작은 집단에 대한 범죄적 폭력이 만연하였다. 큰 국가는 작은 국가를 전쟁을 통해 강제적으로 겸병하여 세력을 확장해갔다. 이 같은 각종 — 사적인 또는 공적인 — 사회적 폭력의 난무는 결국 필연적으로 일부 비판적인 지성인들에게 마침내 '인간의 실천적 의지'와 '문명발전'을 전반적으로 회의하고 부정하게 하였다. 이들 회의적인 지식인들이 『논어論語』에서는 '일민逸民'으로 불리고 있다.

이들로부터 '경물중생輕物重生'— 말하자면 인간개체의 생명과 자유가 첫째이며, 그 밖의 사회적 연관에서 비롯된 규범이나 이념은 부차적이라는 — **강한 개인주의 사상인 '도가'철학이** 발전해 갔다. 이들은 — 물리적이든 관념

---

8 『墨子』, 「非樂」上, "民有三患: 飢者不得食, 寒者不得衣, 勞者不得息. 三者民之巨患也."

적이든— 모든 형태의 (외부적) 강제성과 폭력을 부정하고, 또한 그것들을 합리화하는 각기 다른 제자백가諸子百家들의 '독단적 이념들'을 파괴하기 위하여 인식의 상대성을 제창하였다. 나아가 일체의 인위적 조작과 폭력이 없는, 따라서 모든 것이 전혀 외부의 강제성 없이—마치 산천초목이 외부로부터 어떤 강력한 통제나 지도·감독 없이도 사계절의 변화와 잘 어우러지며 풍성하게 생성 발전하는 것처럼—무심無心하고도 자연스럽게 자유로이 발전해 나가는 '무위無爲'의 유토피아를 제시하였다.

필자는 '춘추전국'시대 전쟁을 통한 중국 고대사회의 근원적인 변혁과정 속에서, 제자백가들이 서로 상이한 철학적 입장에서 제기할 수밖에 없었던 서로 대립되는 다양한 전쟁론 — 법가法家·병가兵家의 주전론主戰論, 유가儒家의 의전론義戰論, 묵가墨家의 반전론反戰論, 도가류道家類의 비전론非戰〔非鬪〕론 등 — 을 검토해 봄으로써, 우선 그들의 상이한 철학적 문제의식을 더욱 분명하게 조명해 보고자 한다. 그리고 결론 부분에서 이들의 상이한 철학적 세계관과 결부된 전쟁론의 의미와 한계를 치열한 전쟁의 발전을 통한 전쟁의 지양과 새로운 천하통일의 완성이라는 점과 함께 고려하면서 비판적으로 평가해 보고자 한다. 또한 여기에서 한 걸음 더 나아가 현대사회의 역사적 격변과 그에 대응하는 적절한 안목을 찾아 볼 것이다.

2. 법가와 병가의 주전론主戰論과 국가 공리주의

1) 제齊 법가法家의 전쟁 신중론과 필승론

기원전 8세기 이후부터 중국 고대사회가 철기 문명권으로 진입하면서 이룩한 농업생산혁명은 사회생산력의 급격한 상승을 가져왔고, 이로 인한 봉건 제후국들 간의 경제적 교류와 통합은 새로운 질서의 편성을 요구하게 되었다. 이에 따라 상호 겸병 전쟁은 날로 심각한 국면을 맞게 되었다. 『손무병법孫武兵法』, 『손빈병법孫臏兵法』 및 관중管仲에 가탁하여 직하稷下학궁에서 편집된 『관자管子』[9] 등을 통하여 — '주전론'적인 — 제齊 법가의 전쟁 신중론과 필승론을 고찰하고자 한다.

(1) 『손무병법孫武兵法』

춘추시대에 전차戰車를 중심으로 진행되었던 전쟁이 전국시대에 이르러 기병과 보병 중심으로 바뀌게 되었다. 이 같은 상황이 전개됨에 따라 변화된 전쟁 양상에 맞는 새로운 전략, 전술의 필요성이 날로 높아졌고 전쟁의 경험 또한 풍부해졌다. 당시에도 이미 대규모의 야전, 공격, 방어, 기습, 매복, 첩보, 심리전 등의 전술이 존재하였다. 그와 같은 겸병兼幷전쟁 경험에서 누적된 군사지식의 결정체가 바로 『손자병법孫子兵法』(또는 『孫武兵法』)[10]이다. 『손무병법』에 의하면 전쟁이란 정치적 승리를 획득하기 위한 중대한 수단이다. 따라서 전쟁 수행의 주체인 군대는 국가의 중추이므로 군비 문제에 항상 깊은 관심을 기울여야 한다.[11]

『손무병법』에 의하면, 전쟁 그 자체가 엄청난 국력과 인명의 소모와 희생을 담보하는 것이기 때문에 어떤 상황에서든지 무조건 실전實戰을 통한 전쟁 승리만이 최상의 방책일 수는 없다. 최선의 방법은 전쟁

---

9 胡家聰, 『管子新探』, 北京: 社會科學出版社, 2003 참조.

10 『史記』, 「孫子吳起列傳」에 의하면 先秦시대에 병법에 능통한 두 명의 孫子가 있었다고 한다. 그 중 한사람은 春秋말기 齊의 孫武〔대략 孔子와 동시대인〕이다. 당시 吳王 闔閭는 그의 병법 13편을 읽었으며, 孫武는 吳에 망명하여 크게 활동하였다. 다른 한 인물은 戰國時代의 孫臏(대략 380-320 BC)이다. 그는 일찍이 魏에서 同學 龐涓의 시기를 받아 양 무릎의 힘줄이 제거되는 殘刑(즉 臏刑)을 당했으나, 후에 田忌의 도움으로 齊에 망명하여, 그의 막료로서 크게 활동하였다. 그의 兵法書인 『孫臏兵法』은 일찍이 逸失되었으나 1972년 銀雀山 馬王堆에서 漢의 竹簡과 帛書의 출토로 다시 알려지게 되었다. 그러나 『漢書』, 「藝文志」에는 吳 孫子(春秋時代의 孫武) 兵書 82편과 齊 孫子(戰國時代의 孫臏) 兵書 89편으로 기록되어 있다.

11 『孫子兵法』, 「計」, "兵者, 國之大事, 死生之地, 存亡之道, 不可不察也."

없이 다만 정치·외교적 수완으로 목적을 달성하는 것이요, 부득이한 경우에 한해서 군사력을 써야 한다. 그것도 가능하면 군사력을 손상시키지 않고 이권利權을 온전히 취할 수 있어야 한다.12 따라서 어디까지나 전쟁은 정치·경제적 이익을 얻는 수단이지 목적은 아니며 억제의 대상이다. 왜냐하면 전쟁이란 결국 개인과 국가가 수년 간 축적한 재력을 하루아침의 전쟁 승부에 거는 엄청나고도 위험천만한 도박이기 때문이다.

> 무릇 전쟁에 동원되는 십만 명이 천 리千里까지 출정하자면, 백성들의 부담과 국가의 지출을 합쳐서 하루에 천 금千金(1金 = 萬錢)이나 소요된다. 국내외가 동란으로 불안해지며, (긴급한 수송으로) 도로에서 지쳐서, 조업(생산 활동)을 못하는 사람까지 (합치면) 70만 호戶나 될 것이다. 서로 수년 동안 축적한 국력으로 단 하루의 승리를 다툴 뿐이다.13

지나치게 전쟁을 좋아해도 망하지만〔好戰必亡〕, 너무 전쟁을 잊고 지내도 위험한 것〔忘戰必危〕이 전쟁의 특성이다. 『손무병법』에서는 오직 필승을 담보할 수 있는 전쟁만이 허용된다는 전쟁신중론을 펴고 있다.14 문제는 오로지 어떻게 하면 전쟁을 이길 수 있는가 하는 전쟁 운용의 수단인 것이다. 따라서 『손자병법』에 의하면, 전쟁이란 그 자체 도덕적 목적이나 명분성을 따지는 정도正道라기보다는 오히려 — 전쟁의 피해를 극소화시키며 자신의 전투력을 강화시키는 — 방편적 수단, 즉

---

12 『孫子兵法』, 「謀攻」, "故善用兵者, 屈人之兵, 而非戰也. 拔人之城, 而非攻也. 破人之國, 而非久也. 必以全爭於天下. 故兵不頓而可全. 此謀攻之法也."
13 『孫子兵法』, 「用間」, "凡興師十萬, 出征千里, 百姓之費, 公家之奉, 日費千金. 內外騷動, 怠於道路, 不得操事者, 七十萬家. 相守數年, 以爭一日之勝."
14 『孫子兵法』, 「謀攻」, "是故百戰百勝, 非善之善者也. 不戰而屈人之兵, 善之善者也. 故上兵伐謀, 其次伐交, 其次伐兵, 其下攻城."

'속임수'〔詭道〕[15]일 뿐이다.

『손무병법』에 의하면 인간이 수행하는 전쟁도 일반 다른 사물들처럼 언제 어느 상황에서나 상대적이며 유동적이고 변화한다. 그렇기 때문에 정세의 변화에 근거해서 상황을 재빨리 판단하고 전세를 주도 장악하는 것이 바로 승리를 쟁취하는 전쟁의 정석이다. 「허실虛實」은 바로 이런 판단과 전쟁 운용을 통하여 전쟁 주도권을 장악하는 중요한 전술로서 상황에 따라 천변만화千變萬化하면서 항상 적敵의 '실實'을 피하고 '허虛'를 재빠르게 치는〔避實而擊虛〕 신출귀몰한 용병술을 설명해 준다.

전장戰場의 객관적 조건이 유리하더라도 실제 전투의 주체인 병사들이 전의戰意를 상실하면 허수아비에 불과할 것이다. 이와 관련하여 『손자병법』은 지휘관과 일반대중이 일체감을 갖도록 하는 일(즉 上下同欲)을 승리를 아는 다섯 가지 중의 하나로서 강조한다.[16] 유능한 장군은 평소에 상벌賞罰로써 지휘하면서 언제나 "군졸을 자기의 어린아이처럼 돌보면서 깊은 골짜기(위험상황)에까지도 함께 대처할 수 있으며, 군졸을 자기 자식처럼 아끼므로 그들과 죽음을 함께 할 수 있다."[17]는 것이다. 그리고 모든 전세戰勢 판단은 현장 지휘관의 고유권한이어야 한다.

그러므로 반드시 승리할 전투라면 군주가 하지 말라고 해도 싸우는 것이 옳으며, 승산이 없는 전투라면 군주가 하라고 해도 싸우지 않는 것이 옳다.[18]

---

15 『孫子兵法』, 「計」, "兵者, 詭道也."
16 『孫子兵法』, 「謀攻」, "故知勝有五: … 上下同欲者勝."
17 『孫子兵法』, 「地形」, "視卒如嬰兒, 故可以與之赴深溪. 視卒如愛子, 故可與之俱死."
18 『孫子兵法』, 「地形」, "故戰道必勝, 主曰無戰, 必戰可也. 戰道不勝, 主曰必戰, 無戰可也."

이제『손무병법』이 가르쳐주고 있는 사물의 상호전화相互轉化 가능성과 주관적 능동성에 대한 철학적 안목에 주목해 보고자 한다.『손무병법』에 의하면 자연현상의 운동과 변화는 끝없이 상대적으로 변화한다. 전투 중에도 쌍방 간에 어느 한쪽이 유리하다고 해서 끝까지 그 상황이 고정적으로 지속되는 것은 아니다. 얼마든지 다시 불리하게 변할 수도 있다. 왜냐하면 전투수행 중에는 중/과(衆/寡), 강/약(强/弱), 용/겁(勇/怯), 진/퇴(進退), 허/실(虛/實) 등의 상황이 ― 결코 배타적 절대모순 관계로 굳어져 있는 것이 아니라 ― 물 흐름처럼 언제나 변하기 때문이다. 그때그때 장수의 용병술, 군졸들의 사기, 전투의 지형조건, 기후변화 등등에 의한 무수한 상황 변화에 따라 잠정적 상대적으로 '상호대립' 또는 '상호의존'의 양상을 보이면서 서로 전환하고 발전한다. 따라서 이런 상호대립과 의존의 관계를 끊임없이 유동적으로 전환 발전시킴으로써 먼저 자기의 약점을 최소화하고 아울러 적의 약점을 최대로 이용해야 한다.

『손자병법』에서는 전쟁 전에 미리 대비해야 할 전쟁 승리의 조건으로 다음의 다섯 가지를 들고 있다.

> 승리를 아는 것에는 다섯 가지가 있다. 전쟁할 만한 상대냐 아니냐를 (미리) 안다면 승리한다. 큰 부대와 소부대를 (적절히) 운용할 줄 안다면 승리한다. 상하가 일치단결하여 싸울 수 있으면 승리한다. 작전 준비를 미리 하고서 준비가 안 된 상대를 만나면 승리한다. 지휘관이 능력이 있고 군주가 간섭하지 않으면 승리한다. 이 다섯 가지가 승리를 아는 방도이다.[19]

---

19 『孫子兵法』,「謀攻」, "故知勝有五: 知可以戰與不可以戰者勝, 識衆寡之用者勝, 上下同欲者勝, 以虞待不虞者勝, 將能而君不御者勝. 此五者, 知勝之道也."

전쟁의 승패는 어디까지나 객관적 조건이 결정한다는 것을 충분히 인식하고 있기 때문에 『손무병법』에서는 도덕론자들의 명분론적인 전쟁론을 배격한다. 상대방의 병력수와 전력의 강약 등을 일차적인 판단근거로 삼아서 그것에 적절한 대응 작전을 모색한다는 주장은 인식의 합리성을 넘어 군사적 과학성의 면모를 유감없이 보여준다. 유명한 "상대방을 알고 자신을 알면, 무슨 싸움이든 이긴다!"〔知彼知己, 百戰不殆〕[20]란 명언은 자신이 보유하고 있는 전투력을 기초로 정보수집 활동에서 획득한 적〔상대방〕에 관한 자료를 분석하여 얻은 확실한 판단에 근거한 전쟁이라면 언제나 승리로 끝날 수 있다는 주장이다.

자기 정보를 완전히 차단하여 '형적도 소리도 없게' 만드는 한편 상대방의 정보를 완전히 장악하게 된다면, 전쟁의 승리는 언제나 보장된다.

> (나의 형세는) 묘연하고 묘연하여 '아무 형체도 없음'〔無形〕에 이르렀도다! (나의 행군은) 신묘하고 신묘하여 '아무 소리도 없음'〔無聲〕에 이르렀도다! 따라서 (언제나) 상대방을 제압할 수 있도다![21]

(2) 『손빈병법孫臏兵法』

『손빈병법』의 저자인 손빈孫臏은 손무孫武보다 약 100년 뒤 인물로 대략 상앙商鞅이나 맹자孟子와 동시대인으로 추정된다. 손빈 역시 손무의 병법을 계승하여 전쟁을 상대적 힘의 전환을 통하여 서로를 이기려는 일종의 투쟁이라고 인식하였다. "전쟁에서 승리하여 강자로 서면 천하가 복종한다."[22]는 주장에서 알 수 있듯이, 그는 천하통일의

---

20 『孫子兵法』, 「謀攻」 참조.
21 『孫子兵法』, 「虛實」, "微乎微乎, 至於無形! 神乎神乎, 至於無聲! 故能爲敵之司命."

방법으로서 전쟁의 중요성을 인식하였다. 그러나 『손무병법』과 마찬 가지로 『손빈병법』도 전쟁은 매우 신중하게 대처해야 할 것으로 말 한다.

> 전쟁이란 잘 살펴보지 않으면 안 된다. 전쟁을 (장난삼아) 즐기면 망한 다. 전쟁 승리로 이득을 보려 하면, (오히려) 욕을 볼 것이다. 전쟁은 놀 이의 대상이 아니며, 승리도 이득을 가져오는 것이 아니다.[23]

어디까지나 전쟁은 차선책次善策이요, 어쩔 수 없는 경우에만 사용 해야 한다. "현명한 군주와 명장은 군졸만으로 공리功利를 도모하지 않는다."[24]라는 주장이나, "전쟁을 싫어하는 사람이 전쟁으로 왕업을 이룰 큰 인물"[25]이라는 주장에 『손빈병법』의 전쟁 신중론이 잘 반영 되고 있다.

그러나 손빈에 의하면 인간 집단은 본래 서로 쟁탈하는 싸움을 하 지 않을 수 없기 때문에 전쟁은 현실적으로 존재할 수밖에 없다. 그것 을 억제하기 위해서는 부득이 군대를 출병시켜 바로잡는 도리〔擧兵繩 之〕밖에 다른 방도가 없다는 것이다. 여기에서 우리가 주목해야 할 점은 손빈이 전쟁을 '정의의 전쟁'과 '불의의 전쟁'으로 구분하고 있 다는 사실이다.

> 매사에 충분한 준비를 한 다음에 출병해야 한다. 따라서 도성이 작지 만 방위가 튼튼한 것은 물자가 충분히 비축되어 있기 때문이다. 병력 수

---

22 『孫臏兵法』, 「見威王」, "戰勝而强立, 故天下服矣."
23 『孫臏兵法』, 「見威王」, "故兵者, 不可不察. 然夫樂兵者亡, 而利勝者辱. 兵非所樂也, 而勝非所利也."
24 『孫臏兵法』, 「威王問」, "明主知道之將, 不以衆卒幾功."
25 『孫臏兵法』, 「篡卒」, "惡戰者, 兵之王器也."

가 적으면서도 전투력이 매우 강한 것은 '정의' 때문인 것이다.[26]

이처럼 손빈의 병법에서는 단순히 군수물자의 충분한 비축뿐만 아니라 출병의 '정의로운' 명분성 확보를 전쟁승리의 중요한 관건으로 말한다. 바로 이런 점에서 손빈은 전장戰場에서의 주·객관적 요소〔天利·地利·人利〕를 중요시하면서, 특히 전쟁 수행 주체인 인간의 화합〔人和〕[27]을 매우 강조한다.

(3)『관자管子』의 전쟁론

관중管仲(?-645 BC)이 활동했던 춘추 중기에는 농업생산 분야의 발전에 힘입어 상공업도 상당한 수준에 이르렀다. 진秦 법가들이 중농억상重農抑商정책을 펼쳤던 것에 반해 『관자』에서는 농상병중農商竝重정책을 강조하며, 상업에 대해 개방적인 입장이 돋보인다. "창고가 차 있어야 예절을 알고 의식이 족해야 영욕을 안다."[28]라는 유명한 표현으로 집약되는『관자』의 경제사상은 농업생산을 통한 인간생활의 안정을 강조한다. 일반 백성들의 경제적 안정이 확보된 다음에야 비로소 도덕적 가치판단을 요구할 수 있다는 매우 현실적인 사고를 보여 준다. 그렇다면 이들은 전쟁을 어떻게 인식하였는가?

『관자』에 의하면 전쟁의 결과에 따라 '군주의 지위가 높아지느냐, 낮아지느냐' 하는 문제가 결정될 뿐만 아니라, 군사력의 강약에 의해 국가의 존망存亡과 안위安危가 결정된다. 따라서『관자』는 군비를 강화하는 데 적극 힘써야 할 것을 강조한다. 만일 그렇게 하지 않는다면

---

26 『孫臏兵法』,「見威王」, "事備而後動, 故城小而守固者, 有委之. 卒寡而兵强者, 有義也."
27 『孫臏兵法』,「月戰」, "間于天地之間, 莫貴于人."
28 『管子』,「牧民」, "倉廩實則知禮節, 衣食足則知榮辱."

이는 나라를 남에게 주려는 것과 같은 행위라고 경고한다.[29] 또한 당시에 제기되고 있던 송견宋鈃·윤문尹文의 군비 폐지론〔寢兵之說〕과 묵자墨子가 제창한 만민 박애설〔兼愛之說〕 등의 반전론反戰論은 국력을 약화시킨다는 이유로 반대하였다.[30] 『관자』는 전쟁이 불가피한 이유로 고대 성왕들의 전성시대에도 군대가 있었음을 강조하면서 "지금의 덕이 삼제三帝에 미치지 못하고, 세상에 질서가 없는데 군대를 없애기를 요구하고 있으니 이 또한 문제가 아닌가?"[31]라고 반문한다.

『관자』는 전쟁의 기능을 인정하지만 그렇다고 모든 사회 문제를 전쟁으로 해결할 것을 권장하지는 않는다.[32] 최선의 상태는 싸우지 않고도 문제를 해결하는 방법이다. 엄밀히 말하면 『관자』의 전쟁론은 공격적이거나 호전을 부추기는 입장이 아니다. 자국의 군비 강화를 통하여 상대국의 침략 의지를 사전에 무력화시켜 일체의 도발을 차단하는, 일종의 방어적인 전쟁 억제책을 권장했다고 볼 수 있다. 구체적인 시위 효과를 거두기 위해 『관자』는 "한 나라에 대해 결정적으로 승리하여 다른 여러 나라를 굴복시키면 천하의 모든 나라들이 두려워할 것"[33]이라고 단언하였다. 여기에서 알 수 있듯이 부득이한 경우 무력을 사용하는 전쟁이란 불가피하다는 것을 인정하고, 이와 같은 상황에 대비해서 평화 시기에 군비를 게을리 하지 말고 국방력을 강화해야 함을 주장한다.

세상에서 가장 좋은 재료를 모아 기술자들에게 우수한 무기를 제작하게 한다. 봄과 가을로 모의시험을 통해 단련시키고 정예부대를 우대해

---

29 『管子』,「參患」, "主不積務于兵者, 以其國予人也."
30 『管子』,「立政」, "寢兵之說勝, 則險阻不守. … 兼愛之說勝, 則士卒不戰."
31 『管子』,「法法」, "今德不及三帝, 天下不順, 而救廢兵, 不亦難乎!"
32 袁德金,「論『管子』的軍事思想」,『先秦軍事硏究』, 앞의 책, 275-77쪽.
33 『管子』,「七法」, "勝一而服百, 則天下畏之矣."

준다. 완성된 무기가 규격에 맞지 않으면 사용하지 않고 시험에 부합하지 못한 것은 폐기한다. 세상의 호걸들을 모두 받아들이고 세상의 뛰어난 인물들을 영입한다. 이렇기 때문에 출병하면 (군대의 위력은) 마치 나는 새와 같고, 천둥번개처럼 천지를 진동하며, 비바람이 몰아치듯 진격하니, 앞에서도 그 힘을 당해낼 수 없고, 뒤에서도 해를 입힐 수 없다. 홀로 적진을 뚫고 왔다 갔다 해도, 그들을 막고 포위할 도리가 없을 것이다.[34]

특히 『관자』에서 주목할 것은 전쟁의 승패가 경제력에 의해 결정된다는 점이다. 경제력이 앞선 나라가 가장 우수한 무기를 지니는 것은 당연하다. 『관자』는 우수한 무기의 확보가 곧 승리로 직결된다고 할 정도로 무기 확보를 중요한 문제로 보고 있다. 그 다음으로 중요한 것은 이것을 잘 운용하고 병사를 조직적으로 지휘할 수 있는 능력 있는 지휘관의 선발이며, 군사교육 훈련을 잘 받은 군대의 확보와 유지이다. 『관자』 「치국治國」에서 "나라가 경제력이 있어야 군대가 강해지고 군대가 강하면 전쟁에서 승리하여 영토를 넓힐 수 있다."[35]고 말한다. 또한 「칠법七法」에서는 "나라가 가난하고 쓰임이 부족하면 군사력이 약해지고 병사들의 사기는 떨어지게 된다. 병사들의 전투력이 약하고 사기가 오르지 않으면 싸워서 이길 수 없고 방어도 부실하게 된다. 싸워서 승리할 수 없고, 방어도 제대로 하지 못하면 그 국가는 위태롭다."[36]는 말로 강한 군사력은 결국 부국富國에 달려 있음을 강

---

34 『管子』, 「七法」, "故聚天下之精財, 論百工之銳器. 春秋角試以練, 精銳爲右. 成器不課不用, 不試不藏. 收天下之豪傑, 有天下之駿雄. 故擧之如飛鳥, 動之如雷電, 發之如風雨, 莫當其前, 莫害其後, 獨出獨入, 莫敢禁圉."
35 『管子』, 「治國」, "國富者兵强, 兵强者戰勝, 戰勝者地廣."
36 『管子』, 「七法」, "國貧而用不足, 則兵弱而士不厲, 兵弱而士不厲, 則戰不勝而守不固, 戰不勝而守不固, 國不安矣."

조한다. 따라서 지속적으로 부국강병을 유지하기 위해서는 민생 안정에 힘쓰고 끊임없이 생산을 늘려야만 한다고 말한다. 다시 말해 민생 안정과 부국을 군대 운용의 근본으로 보는 것이 『관자』 군사사상의 핵심이다.

> 자기 백성도 다스리지 못하면서 전력을 강화한 사람은 아직 없었다. 또한 백성을 다스렸더라고 군대 운용에 밝지 못해서는 안 된다. 병력이 강하지 못하면서도 반드시 적국을 이겼던 일은 아직 없었다. 군대는 강하지만 적국을 이기는 이치에 밝지 못하면 승리할 수 없다. 병력이 반드시 적국을 이길 수 있어도 천하(만인)의 분수를 바로잡는 일에 밝지 못하면 또한 이길 수 없다. 그러므로 백성을 다스리는 데는 방도〔器〕가 있고, 병력을 다스리는 데는 공리〔數〕가 있다. 적국을 이기는 데는 이치〔理〕가 있고, 천하를 바로잡는 데는 분수〔分〕가 있다.[37]

전쟁은 복잡한 대외적인 문제를 일거에 타결할 수 있는 또 다른 형태의 정치수단이라고 볼 수 있다. 그러나 아무리 큰 승리를 거둔다 할지라도 승전국에도 크고 작은 손실이 따르기 마련이다. 출병하여 전투에 임했을 때부터 엄청난 양의 군수물자가 소비되기 시작하며 참전한 병력만큼의 노동력이 생산현장에서 감소된다. 당시에도 전쟁으로 인한 국력의 손실에 많은 관심을 가졌던 것으로 보인다. "출동하는 그날에 나라 안은 가난해지고, 전쟁을 한다고 해도 반드시 이길 수는 없으며, 이긴다고 해도 수많은 사상자를 낸다."[38] 당시의 전쟁 양상이 전차

---

37 『管子』, 「七法」, "不能治其民, 而能强其兵者, 未之有也. 能治其民矣, 而不明於爲兵之數, 猶之不可. 不能强其兵, 而能必勝敵國者, 未之有也. 能强其兵, 而不明于勝敵國之理, 猶之不勝也. 兵不必勝敵國, 而能正天下者, 未之有也. 兵必勝敵國矣, 而不明正天下之分, 猶之不可. 故曰: 治民有器, 爲兵有數, 勝敵國有理, 正天下有分."
38 『管子』, 「兵法」, "擧兵之日, 而境內貧, 戰不必勝. 勝則多死."

전 중심에서 보병전으로 옮겨가던 초기 단계였고 참전 병력의 규모도 전보다 늘어나기 시작했던 관계로 "전쟁을 한번 치르게 되면 수대에 걸쳐서 축적된 국력이 다 소진된다."[39]고 하였다. 이에 따라 민생의 안전에 최대의 관심을 지닌 『관자』에서의 전쟁론은 — 주전론의 범주에 포함되지만 — 가능하면 군대의 출동을 자제하려는 신중한 태도를 견지하였다. 이 점은 손무孫武·손빈孫臏의 사상과 일치한다. 출병에는 명분 또한 매우 중요하다. 『관자』가 지지하는 군대는 영토 확장만을 목적으로 하여 침략을 일삼는 군대가 아니다. 그 주장의 강도가 — 후술하게 될 — 유가나 『여씨춘추呂氏春秋』의 주장과 같지는 않지만 군사력의 사용에서 '의義로운 명분'을 강조한다.

병력을 가장 잘 활용하는 것은 땅을 확장하는 데 있지 않고, (남의) 백성의 군주가 되는 것에도 있지 않다. '의'를 세워서 전승을 한층 더 확실히 하는 것이요, 위엄을 지극히 하여 '덕'으로 내용을 채우는 것이다.[40]

땅을 탐내면 전쟁에 힘쓰기 마련이고, 전쟁에 힘쓰면 반드시 민생이 피폐해진다. 민생이 피폐해지면 술수가 많아진다. 술수가 비밀에 붙여진 뒤에 전쟁을 해야 승리한다. 술수란 백성을 믿지 못하는 것이다. 백성을 믿지 못하면 난이 생긴다. 내란이 일어나면 (군주) 자신이 위태롭게 된다. 따라서 선왕先王의 도道를 들었던 옛사람들은 군비 경쟁을 하지 않았다.[41]

---

39 『管子』, 「參患」, "一戰之費, 累代之功盡."

40 『管子』, 「幼官」, "至善之爲兵也, 非地是求也, 罰〔非〕人是君也. 立義而加之以勝, 至威而實之以德."

41 『管子』, 「大匡」, "貪於土, 必勤於兵. 勤於兵, 必病於民. 民病則多詐. 夫詐密而後動者勝. 詐者不信於民. 夫不信於民則亂, 內動則危於身. 是以古之人聞先王之道者, 不競於兵."

이 밖에도 『관자』는 실질적으로 작전을 운용하는 방법을 제시하였다. 그 내용을 요약하면 사전에 치밀한 군대 운용 계획이 필수적이며, 적국에 대한 정보 수집과 아울러 우수한 지휘관의 확보와 훈련된 군대, 그리고 전쟁 수행을 지원할 수 있는 전쟁물자의 확보를 강조한다. 이것들의 준비는 곧 내치內治를 통해 이루어진다. 그리고 이렇게 준비가 갖추어진 군대라 할지라도 항시 적당한 때[適時]에 모든 행동을 맞추어야만 한다. 그래서 "성인은 군비를 갖추는 데 힘을 쏟으며, 때를 신중하게 기다린다. 그 때에 대비하며, 때에 맞추어서 일을 도모하고, 그 때가 오면 출병을 한다."[42] 적절한 때[時]에 대한 강조가 기원전 5세기 춘추시대 말기에 나온 『손무병법』보다도 오히려 전국시대의 『손빈병법』에서 더욱 강조되고 있다는 사실을 주의할 필요가 있겠다.

2) 진秦 법가法家의 절대적 국가 의지 실현과 농전農戰론

전국시대로 들어서면서부터 제후들은 앞 다투어 사회개혁[變法]을 단행하기 시작하였다. 이 개혁조치는 과거 서주西周시대 이래 봉건질서 하에서 각 제후국마다 상대적 자율성을 누렸던 세습귀족들의 세력을 척결해내고, 궁극적으로는 군주의 강력한 절대주의를 실현시키기 위한 전면적인 경제적, 군사적, 행정적 사회개혁운동이라고 하겠다. 각국의 부국강병富國强兵으로 통하는 개혁정책들은 전국시대, 특히 기원전 4-3세기 백여 년 간 열국列國 간의 대규모 무력통합 전쟁의 과정에서 심화되었다. 이런 극심한 대립전쟁 과정에서 전쟁은 부국富國의 필수조건인 토지와 노동인구를 획득하는 중요수단이었다. 따라서 당시 세력을 떨치던 칠웅七雄의 국가(韓, 趙, 魏, 燕, 齊, 楚, 秦)들은 생사존망을 걸고 '천하통일'을 향한 대규모 전쟁을 피할 수 없었다. 이와

---

42 『管子』, 「覇言」, "聖主務具其備, 而愼守其時. 以備待時, 以時興事. 時至而擧兵."

같은 먹느냐 먹히느냐하는 긴박한 전투적 상황 속에서 각국의 군주들은 세력의 확대와 축소 사이 양자택일을 강요당했다. 진秦 효공孝公 때 변법을 주도하여 진의 통일기반을 조성하는 데 결정적인 기여를 한 상앙商鞅은 토지개혁과 아울러 농업생산을 적극적으로 장려하면서 전쟁의 중요성을 역설한 대표적인 인물이었다. 상앙은 사회개혁을 통하여 봉건적 구제도를 철저하게 파괴하고 군주의 절대권력 확립에 필요한 혁신적 조치를 강구하였다. 그는 특히 귀족들의 세습적 특권을 박탈하고자 했을 뿐만 아니라 절대군주제를 위험시하는 지식인들의 자율적이고 비판적인 사상논의도 엄금할 것을 요청하였다. 이러한 일련의 강압적 전제專制주의적 조치로써 상앙은 낙후된 진나라를 정치·경제·사회적으로 부강하게 만들었으며, 이는 진에 의한 천하통일의 초석이 되었다.

(1) 상앙商鞅학파의 농전農戰론

철저한 현실주의자인 상앙은, ─우리가 후술하게 될─ 도덕철학자들(儒家, 墨家 등)의 전쟁비판론들을 정면으로 부정하고 나섰다. 상앙 및 그의 후학들은 오직 강력한 '절대국가권력'의 창출을 목표로 국력을 효과적으로 창출하기 위해서 강제적 공권력〔法〕을 통하여 백성들의 노동력을 농업 생산〔農〕과 전투 행위〔戰〕로 일원화시키고자 하였다.

인간의 본성을 이기적이고 실리 타산적이라고 규정한 상앙학파는 상벌賞罰을 수단으로 한 법적 강제력을 동원하여 민중의 자의식을 약화시키면서 전제주의의 강화를 도모하였다. 상앙학파는 오직 농사와 전쟁에만 전념해야 한다는 당국의 법령을 묵묵히 준수하는 것을 백성들에게 유일한 미덕으로 제시하였다. 국가는 법적 강제성을 가지고서 백성의 노동력을 농사와 전쟁에 집중시켜야만 천하통일의 왕업을 달성할 수 있다고 본 것이다. 상앙학파의 강력한 주전론적 입장은 당시 초긴장된 전쟁 상황 속에서 도덕철학자들의 다분히 관념적인 명분론을 '국력 분산'이라는 차원에서 문제시하고, 오직 강력한 '국가 권력'의 창출을 농업과 전쟁의 획일적인 추진에서 찾았다는 점에서 전체주의적인 국가실리론이라고 볼 수 있다.

(2) 『여씨춘추呂氏春秋』의 '의전義戰'론과 진秦의 무력통일

기원전 3세기 전국 말기로 접어들면서 겸병 전쟁으로 천하통일에 점진적으로 접근하며 과거 첨예하게 대립하였던 상이한 제자백가諸子百家의 사상들이 절충하고 융합하였다. 이와 같은 여건 하에서 진秦의 재상 여불위呂不韋(기원전 ?-235)는 자기의 막강한 경제력과 재력에 걸맞게끔 각 부문의 전문 지식인들을 불러 모아 일종의 사상 전서를 편찬하게 하였다.[43] 이들이 공동 작업하여 기원전 239년에 출간한 『여씨춘추呂氏春秋』는 바로 법가, 유가, 도가, 묵가, 농가農家 등의 선진先秦 사상을 집대성한 절충적인 잡가雜家 저작이다. 『여씨춘추』는 당시 사회의 혼란상을 다음과 같이 말하고 있다.

---

[43] 『史記』에 의하면 그 당시 魏에는 信陵君, 楚에는 春申君, 그리고 趙와 秦에는 각각 平原君과 孟嘗君이 있었다. 이들은 모두 많은 빈객을 거느리고 있었다. 秦의 승상 呂不韋는 그들보다 더 큰 규모로 3천여 명의 식객을 거느렸다고 한다. 『史記』, 「呂不韋列傳」(中華書局) 2510쪽 참조. 秦나라는 전통적으로 특별히 지식인을 중시하는 정책('納士', '用士')을 펼쳐왔다. 이 때문에 타국의 材士들이 능력을 발휘하여 秦의 국력신장에 결정적인 공헌을 하게 되었다. 秦孝公은 衛의 商鞅을 맞아들여 변법을 추진하여 富國强兵의 기반을 확립하였다. 秦惠王은 魏의 張儀를 임용하여 連橫전략을 구사함으로써 秦에 대항하던 東方六國의 合縱책을 분쇄시켰으며, 秦昭王 역시 魏나라의 范雎를 발탁하여 왕권강화와 국력신장을 꾀할 수 있었다. 呂不韋는 자기의 식객들이었던 많은 인재들을 秦의 관료로 진출시켜 활용함으로써 秦나라가 人事에서 宗親의 한계를 넘어서게 하였다. 결과적으로 이와 같은 인적자원의 효율적 활용과 지속적인 민심수습 노력은 군비강화와 더불어 통일기반 조성에 큰 공헌을 하게 되었다. 그러나 秦始皇이 들어서면서부터 李斯의 건의에 따라 이와 같은 외국인 재사 등용정책이 차단된다. 『中國軍事史』(『中國軍事史』編書組編), 第二卷, 北京, 1986, 154-156쪽.

지금 주周왕실이 멸망하여 천자天子가 이미 끊어졌다. 혼란은 천자가 없는 것보다 큰 것이 없다. 천자가 없으면 강자가 약자를 이기고, 다수가 소수를 짓밟는다. 군대로써 서로 해치니 백성들이 쉴 수가 없다. 지금의 세상이 바로 이러하다.[44]

전국 말기에 이르러 격렬한 대규모의 전쟁 결과 "백성들의 고통 또한 더할 나위 없이 극한적인 상황"이었다.[45] 전쟁으로 인한 파국적인 사회적 위기를 극복하기 위하여, 여러 지식인 집단은 앞을 다투며 일체의 전쟁을 폐기할 것을 요구하고 무력통일의 가능성을 전면 부정하는 '전쟁 금지/무기 폐기'〔禁攻偃兵〕론을 제기하였다. 그러나 『여씨춘추』의 작자들은, '무기폐기'〔偃兵〕 이론이란 마치 "음식이 목에 걸려 죽는 일 때문에 세상의 먹거리를 금하거나, 배를 타다 물에 빠져 죽는 일 때문에 세상의 배〔舟〕를 모두 없애려는"[46] 주장처럼 황당무계한 변설이라고 반박하였다. 그들은 오히려 군사력을 통한 물리적 병합만이 가장 실현성이 높고 현실적인 방법이라고 역설함으로써, 결과적으로 진나라의 입장을 정당화하는 강력한 주전론을 펼친다.

도가의 장자莊子 등이 전쟁 자체를 인간 본성의 파괴로 인식하고 있었던 데 반해, 『여씨춘추』의 작자들은 오히려 전쟁이 인간의 본성에서 나온 것으로 이해하였다.[47] 그들은 그 근거로서 전쟁의 역사성을 들고 있다. 따라서 『여씨춘추』에서는 '전쟁이 정의로워야 된다.'고 요구할

---

44 『呂氏春秋』, 「謹聽」, "今周室旣滅, 而天子已絶. 亂莫大於無天子. 無天子, 則强者勝弱, 衆者暴寡, 以兵相殘, 不得休息. 今之世當之矣."

45 『呂氏春秋』, 「振亂」, "黔首之苦, 不可以加."

46 『呂氏春秋』, 「蕩兵」, "夫有以饐死者 欲禁天下之食, 悖; 有以乘舟死者, 欲禁天下之船, 悖; 有以用兵喪其國者, 欲偃天下之兵, 悖."

47 『呂氏春秋』, 「蕩兵」, "兵之所自來者, 上矣, 與始有民俱. 凡兵也者, 威也, 威也者, 力也, 民之有威力, 性也. … 爭鬪之所自來者, 久矣, 不可禁, 不可止."

수는 있어도 전쟁 자체의 취소는 받아들일 수 없다고 본다. "성왕聖王에게 의병義兵은 있어도 언병偃兵은 없다."[48]로 요약되는 이들의 주장은 묵가의 '침략전쟁 반대'〔非攻〕설과 배치된다. 『여씨춘추』에서 개진된 논지의 요점은 무조건 전쟁을 반대할 것이 아니라, 어떻게 하여야 전쟁을 정의正義 실현의 도구로 사용하느냐에 더 비중을 두어야 한다는 것이다.

> 지금 그 일이 의義인지 불의不義인지를 구별하지 않고서 성급하게 그것을 빼앗거나 구원해 주거나 수비해 준다면, 불의함이 이보다 더 큰 것이 없으며 천하 백성에 해됨이 이보다 심한 것이 없다. … 정의로운 전쟁이라면 공격도 정당하고, 구원과 수비도 옳다. (그러나) 불의한 전쟁이면 공격도 부당하고 구조와 수비도 부당하다.[49]

『여씨춘추』의 작자들은 특정 전쟁의 성격 규정, 즉 전쟁의 정의 여부를 구별하지 않은 채 무조건 전쟁을 반대하는 것은 사리에 맞지 않는다고 보았다. 예를 들어, 일체 전쟁을 반대한다면 징벌해야 할 폭군 걸桀의 학정조차도 문제시하지 않기 때문에, 결과적으로는 그의 학정을 그대로 방임하게 될 것이다. 그렇다면 이것은 오히려 그의 학정을 도와주는 일이요, 더 나아가 백성의 고통을 방치하고 그것을 구제하지 못하는 '자가당착'에 빠질 수밖에 없다는 주장이다. 따라서 전쟁을 무조건 반대만 하는 것은 안정을 가져오지 못할 뿐만 아니라 경우에 따라서는 오히려 더 큰 혼란을 불러올 수 있다는 것이다. 그렇기 때문에 "(옛날) 삼왕三王시대 이래로 본래 모두 전쟁을 하였던 것이다. 세

---

48 『呂氏春秋』, 「蕩兵」, "故聖王有議兵, 而無有偃兵."
49 『呂氏春秋』, 「禁塞」, "今不別其義與不義, 而疾取救守, 不義莫大焉. 害天下之民者, 莫甚焉. … 兵苟義, 攻伐亦可, 救守亦可; 兵不義, 攻伐不可, 救守不可."

상이 어지러우면 무력을 썼고, 다스려지면 그만 두었다. 다스려졌는데도 침략전쟁을 한다면 그것보다 불행한 일이 없고, 어지러운데도 토벌하지 않으면 백성에 해됨이 이보다 더한 것이 없다."[50]는 논리를 펴고 있다. 이런 점에서 이들의 전쟁관은 — 상앙학파의 강한 농전農戰론과는 구별되고, 유가의 전쟁관[義戰論]과는 상당히 절충적인 — 또 하나의 '의전義戰'을 앞세운 진秦 법가의 '주전론'이라고 하겠다.

『여씨춘추』의 작자들은 실제로 강한 군대를 유지하기 위한 방책으로 엄격한 병사 선발과 양성, 훈련 등에 상당한 비중을 둔다.『여씨춘추』에서는 전쟁에서 승리하기 위한 조건으로, 훈련된 군대와 지용智勇을 겸비한 지휘관, 그리고 우수한 병기와 유리한 지형을 들고 있다. 주로「간선簡選」 등에서 엄격한 선발과 훈련을 통하여 정예요원을 양성시키는 일[簡選精良]과 무기의 성능을 높일 것[兵械銛利]을 논의하고 있으며, 특히 개개 병사들의 기본기基本技의 숙달을 강조한다.

> 예리한 검劍이 여기 있어도 찔러 맞히지 못하고 내려쳐서 (상대방)에 미치지 못한다면 나쁜 칼과 다를 바 없다.[51]

고대의 상商나라 탕湯왕과 주周나라 무武왕은 이와 같은 과제들을 사전에 가볍게 여기지 않았기 때문에 왕업을 이룰 수 있었던 것이고, 제齊 환공桓公, 진晉 문공文公 그리고 오吳왕 합려闔閭 등도 이것을 잘 운용하여 패업을 이룰 수 있었다고 말한다.

『여씨춘추』에서는 단순한 전쟁 운용상의 기술적인 측면보다 더 근원적인 '강한 군대력'을 창출하는 산업경제 정책에 한층 더 주의를 기

---

50 『呂氏春秋』,「召類」, "三王以上, 固皆用兵也. 亂則用, 治則止. 治而攻之, 不祥莫大焉. 亂而不討, 害民莫長焉."

51 『呂氏春秋』,「簡選」, "今有利劍於此, 以刺則不中, 以擊則不及, 與惡劍無擇."

울인다. 이 점에서 『여씨춘추』는 확실히 상앙의 농전農戰정책을 계승한다. 따라서 '농업을 높이고 생산업[本]에 힘써야 한다.'[上農務本]는 정책을 강조한다.

> 패업覇業이나 왕업王業은 먼저 농사에 힘쓰지 않고 그 업적을 이룬 경우가 고금에 없었다.[52]

> 백성이 본本(생산업)을 버리고 말末(소비나 유통업)에 힘쓰면 (국가) 명령이 서지 않는다. 명령이 서지 않으면 수비도 할 수 없고 공격도 할 수 없다.[53]

'상농上農·무본務本'이라는 근본 지침에 따라서 진나라는 백성을 농번기에 부역에 동원하는 일 등을 철저히 금지시켰고, 유명한 정국거鄭國渠 개설의 예처럼 농업생산에 절대적으로 필요한 관개수리 시설을 크게 개선시켜 농업생산의 획기적인 발전을 추진하였다. 상업 방면에서도 『여씨춘추』는 과감한 개방정책을 개진한다. 그 결과 진秦나라는 당시 상당한 수준에 이르렀던 상업 교역의 규모를 적절히 활용하여 곡식을 비롯한 전쟁 물자를 원활하게 확보함으로써, 통일전쟁을 성공적으로 수행할 수 있었다.[54] 이 점에서 『여씨춘추』의 상업관은 사실 상앙의 억상抑商정책과 좋은 대조가 된다.

「결승決勝」에서는 언제나 승리를 쟁취할 수 있는 정의로운 전쟁의 형세를 다음과 같이 묘사한다.

---

52 『呂氏春秋』, 「貴當」, "覇王有不先耕而成覇王者, 古今無有."
53 『呂氏春秋』, 「上農」, "民舍本而事末則不令, 不令則不可以守, 不可以戰."
54 劉春志, 「『呂氏春秋』軍事思想初探」, 『先秦軍事研究』, 앞의 책, 306-307쪽.

무릇 전쟁에는 근본이 있다. 반드시 정의〔義〕롭고, 지혜〔智〕로워야 하며, 반드시 과감한 용기〔勇〕가 있어야 한다. 군대가 정의로우면 적들이 고립무원하게 되고, 적들이 고립무원하면 위아래가 허약하게 되고, 백성들이 흩어지며, 부형父兄들이 원망하게 되고, 현자가 비방을 받게 되어 내란內亂이 일어난다. 지혜〔智〕가 있으면 때의 변화를 알고, 때의 변화를 알면 허실虛實·성쇠盛衰의 변화를 알게 되고, 먼저 할 일과 나중에 할 일〔先後〕, (지형상의) 원근遠近에 따라, 적을 죄기도 하고 풀어 놓기도〔縱舍〕하는 이치〔數〕를 알게 된다. 용기가 있으면 과감한 결단을 내릴 수 있다. 일단 결단을 내리면 번개 치듯 빠르고 회오리바람처럼 정신없고 폭우처럼 사납게, 산이 무너져 내리고 제방이 무너져 나가는 형세로 진격할 수 있다.[55]

그렇다면 이러한 위세 있는 의병義兵은 어떠한 역사적 기능을 수행해야 하는가? 『여씨춘추』에서 천하통일의 주체로 내세우고 있는 '의병'의 역사적 모델은 — 형식상으로는 — 유가들이 말하는 '의전義戰'과 사실 크게 다를 바 없다. 그것은 한마디로 "폭군을 주살하고 고통받는 백성을 구제하는"[56] 군대라야 한다. 이들을 운용하여 의로운 자를 상주고 불의한 자를 벌주게 되면, "이들(의병)이 다다르면 이웃나라 백성들이 그들에게 모이는 것이 마치 물이 흘러들어 오는 것 같고, 주멸誅滅당한 나라의 백성들이 그들을 마치 부모를 보듯이 바라본다."[57]

---

55 『呂氏春秋』, 「決勝」, "夫兵有本幹, 必義, 必智, 必勇. 義則敵孤獨, 敵孤獨, 則上下虛, 民解落, 孤獨, 則父兄怨, 賢者誹, 亂內作. 智則知時化, 知時化, 則知虛實盛衰之變, 知先後遠近縱舍之數. 勇, 則能決斷, 能決斷, 則若雷電飄風暴雨, 能若崩山破潰."

56 『呂氏春秋』, 「蕩兵」, "兵誠義, 以誅暴君, 而振苦民, 民之說也, 若孝子之見慈親也, 若饑者之見美食也."

57 『呂氏春秋』, 「懷寵」, "義兵至, 則隣國之民, 歸之若流水, 誅國之民, 望之若父母."

지난 역사상 폭군들(즉 桀, 紂, 夫差, 智伯 등등)이 자의적으로 벌인 전쟁이란 "크게 무도無道와 불의不義를 행한 것이고 죄 없는 백성을 학살한 것"[58]이기 때문에, 그런 불의하고 파국적인 '불의'의 전쟁은 이제 정의로운 전쟁에 의하여 종식되어야만 한다는 것이다. 따라서 이를 정벌하는 진秦나라의 군대는 말 그대로 "폭군을 주살하고 백성을 구제한다."〔誅暴君, 而振苦民〕는 명분을 지닌 정의의 군대라고 미화함으로써 진의 무력통일 논리를 강화시켜주고 있다.

『여씨춘추』의 군사론이 갖는 특징은 그 책의 편집 목적에서부터 내용에 이르기까지 일관성을 유지하면서 진나라의 군사행동을 정당화시켜 주고 나아가 '의병義兵'으로 미화시켜 무력통일을 이론적으로 측면 지원한다는 점이다. 다른 제자諸子의 저서나 병서兵書들이 특정 군주나 국가를 대상으로 하기보다는, 자기 학파의 이론적(이념적) 원칙을 밝힌 책이라고 한다면, 바로 이 점에서 『여씨춘추』의 군사론은 그 성격을 달리한다. 왜냐하면 『여씨춘추』에서 말하는 '의전'이란 사실 —유가의 '의전'과 완전히 역사적 내용을 달리하는— 오직 진나라에 의한 '모든 전쟁의 종식과 천하통일의 실현'을 의미할 뿐이기 때문이다. 이런 점에서 —비록 진나라 군대만이 '의병'이라는 독선적 견해를 지니고 있기는 하지만— 기존 열국들의 단순한 군웅할거라는 현상 유지 차원을 벗어나 만성적인 전쟁 상황에 대한 더욱 확실하고 적극적인 종전 대책을 제시했다는 평가를 받을 수 있다.

---

58 『呂氏春秋』, 「禁塞」, "大爲無道, 不義, 所殘殺無罪之民者, 不可爲萬數."

3. 유가儒家의 의전義戰론과 왕도王道정치의 이상

1) 공자의 '화합'의 이상 사회와 '천자'의 '정벌'전쟁론

춘추시대의 정치상황에 대해 한漢 초의 사마천司馬遷(기원전 145-86)이나 동중서董仲舒(기원전 180-115) 같은 학자들이 보통 "임금의 시해 36, 나라의 멸망 72"〔弑君三十六, 亡國七十二〕로 서술하는 것처럼, 춘추시대는 사회적으로 엄청난 대혼란기였다. 공자는 그의 당대를 "세상에 질서가 없다."〔天下無道〕라고 보았다. "예禮・악樂・정征・벌伐"이 더 이상 천자天子에게서가 아니라 제후諸侯들에게서 나왔기 때문에, "세상에는 질서가 없다"고 본 것이다. 주보경朱寶慶(Zhu Baoqing)의 「『춘추좌전』전쟁연표」(春秋左傳戰事年表)에 따르면, 『춘추좌전』에서 다룬 254년(기원전 722-468) 간의 역사 기록에서 전쟁은 총 531건이나 언급되었고, 전쟁이 없었던 기간은 겨우 34년뿐이다. 또한 공자 평생(기원전 551-479)에도 크고 작은 전쟁과 무장 반란 등이 모두 149건이나 있었다.[59] 이런 외부 침략에 의한 전쟁의 사회적 파탄 말고도, 동일한 사회 내에서 통치를 담당하는 '군자' 계층과 생산을 담당하는 '소인' 계층 간의 불화不和와 갈등〔怨〕 등에 대하여 공자는 상당한 우려와 염려를 표시하고 있다. 그리고 공자 자신도 가끔 폭도의 횡포나 전쟁의 와중에서 직접 생명의 위협을 당했음을 여러 번 말한다.[60]

이런 물리적인 위협들에 대한 공자의 해결책은—법률적 외재적인 '행정명령'〔政〕이나 강제적인 처벌〔刑〕보다는—인간의 도덕적 자율성에 호소하는 일이었다. "행정명령〔政〕으로 이끌고 형벌로 다스리면 백성들은 〔잠시 벌을〕 면하려 할 뿐이요, 〔도덕적으로〕 부끄럽게 여기지 않을 것이다.

---

59 朱寶慶, 『左傳兵法』, 「春秋左傳戰事年表」, 西安: 人民出版社, 1991, 282-306쪽.
60 『論語』, 「述而」 7:23; 「子罕」 9:5; 「先進」 11:2, 11:23; 「衛靈公」 15:2 등 참조.(이하에서는 편명만 명기함.)

덕德으로 이끌고 예禮로 다스리면 사람들이 도덕심을 갖게 되고 마음에서 받아들인다."[61]라고 공자는 말한다. 따라서 공자에게 사회적인 불화와 심각한 갈등을 해소시키고 평화와 화합을 이룩할 수 있는 유일한 길은 우선 각자의 도덕성을 발양하는 일이었다. 물론 여기서 말하는 사회적 규범으로서의 '예' 또한 주요 공능은 바로 '화합'[和]을 이루어 내는 일이었다.[62] 따라서 '군자'가 할 일은 바로 "자신을 닦아서 (자기 주위의 지도적인) 사람들을 편안하게 해주는 일"과 더욱이 "자신을 닦아서 백성들까지 편안하게 해주는 일"이었다.[63]

공자에 의하면 "자신을 닦는 일"[修己]은 바로 '인仁'을 이루어 내는 일이었다. '인'을 실현하는 길은 바로 각자가 자기의 입장을 미루어서 상대방을 절실하게 이해하여 자신에게 싫은 것을 상대방에게 하지 않는 최소한의 실천행위[恕]와, 내가 원하는 것이 또한 상대방도 원하는 것이라면 내가 양보하여 상대방이 먼저 그것을 이루게 돕는 최대한의 적극적 실천행위[忠], 즉 '서'와 '충'을 통한 대화합大和合의 실현이었다. 이런 '인'의 발현을 통한 덕치가 바로 사회적 평화와 안정에 필수적이라고 보았다. 공자에게는 한 사회의 안정과 평화를 이룩하는 문제는 결국 근원적으로는 통치를 담당해야 할 '군자'들로부터 백성들에 대한 '화합'을 이루어 내는 일이었다. 이런 화합을 이루어 내기 위한 우선적인 과제는 무엇보다도 먼저 백성들의 생활을 안정시켜 주는 일, 즉 '민생民生'의 안정이었다.

그렇기 때문에 공자는 그의 제자 염구冉求(또는 冉有)가 노魯나라의 대귀족 계씨季氏의 관리가 되어서 계씨를 위하여 백성들로부터 더 많은 세금을 거두어들이는 일에 대하여 매우 분노한다. 그리고 "계씨는

---

61 「爲政」 2:3 참조.
62 "禮之用, 和爲貴.", 「學而」 1:12.
63 "修己以安人", "修己以安百姓.", 「憲問」 14:42.

주공周公보다 더 부유한데 염구가 그를 위하여 세금을 거두어 그를 더욱 부유하게 하였으니", "그는 (더 이상) 나의 제자가 아니다."라고 선언하면서 제자들로 하여금 그를 맹렬히 비판할 것을 역설한다.[64] 그리고 『논어』의 또 다른 곳에서 공자는 염구가 '전유顓臾'라는 영지를 무력으로 침략하려는 정책에 대하여 정면으로 반대하면서 "내가 듣기로는 나라를 가진 자(군주)나 봉토를 가진 자(귀족)는 적은 것을 근심하지 않고 고르게 분배되지 않음을 걱정하며〔不患寡, 而患不均〕, 가난함을 걱정하지 않고 불안함을 걱정한다.〔不患貧, 而患不安〕 대체로 균등하면 가난함이 없고, 고르면 적음이 없고, 안정되면 (나라가) 기울어지지 않는다."[65]고 말한다.

공자는 위정자와 백성들과의 화합에 우선적인 관심을 두고 있기 때문에 위정자들이 자기의 세력 확산만을 위하여 남의 영지를 침략하거나 과도한 세금을 징수하는 '공리功利'주의적인 정책을 비판한다. 공자는 도덕성을 발양하여 덕치를 통해 백성들을 화합 조화시켜야만 만인에게 평화를 가져올 수 있다고 본다. 공자는 만인들의 화합을 위해서는 생산물의 균등한 분배가 생산 자체의 추구보다 더 본질적이라고 본다. 이와 같이 공동체 안에서의 만인들의 화합과 평화가 바로 공자 자신이 추구하는 이상이었기 때문에 그는 자기의 가까운 제자들에게 그의 이상적 삶이란 "노인들을 편안히 해 주고 친구들이 신임해 주고, 어린이들을 가슴에 품어 주는 일이다."[66]라고 말한 것이다. 요컨대, 공자는 당대의 엄청난 사회적 혼란 속에서 지식인들이 모두 도덕심을 발휘하여 공리주의를 극복하고 덕치에 힘쓰며, 모두 서로 균등하게 편안히 살면서 젊은이와 노인들을 아끼고 보호해 주며, 동료와 친구들 사

---

64 「先進」 11:17 참조.
65 「季氏」 16:1 참조.
66 "子曰: 老者安之, 朋友信之, 少者懷之.", 「公冶長」 5:26.

이에 우애와 신의를 느끼는 이상적인 공동체를 꿈꾸었다.

공자는 공동체의 화합을 추구하였기 때문에 그것을 물리적으로 위협하는 전쟁에 대하여는 대체로 부정적인 입장을 취할 수밖에 없었다. 따라서 그는 전쟁을 매우 조심스럽게 대하였다.[67] 일찍이 위衛나라 영공靈公이 진陣을 치는 방법에 대해 물어왔을 때, 공자는 "제사에 대한 일은 일찍부터 알고 있었지만 군대에 대한 일은 배우지 못하였다."[68]는 말로 전쟁 문제에 대한 대답을 회피하였다.

그렇다고 공자가 전쟁의 문제에 전혀 무지했다고 볼 수는 없다. 실제로 공자는 상당한 수준의 군사 지식을 지니고 있었다고 볼 수 있다.[69] 그러나 공자는 물리적인 용기나 힘보다는 신중하고 진지한 충실성을 중요하게 여겼다. 제자들 중에 용맹으로 뛰어난 자로子路의 군사 통솔 질문에 대한 공자의 답은 실제 전쟁에서 단순한 용맹보다 전략·전술을 운용하는 사고 능력을 강조한 것이라고 볼 수 있을 것이다.[70]

공자는 천하의 질서를 바로잡기 위하여 최고 통치자인 천자天子가 그에 종속된 '제후諸侯'나 '귀족大夫'의 부당한 도발을 '바로잡거나' 〔征〕나 '토벌'〔伐〕하는 수단으로서의 전쟁만을 인정하였다. 그러나 공자에 의하면 그의 당대에는 전쟁이 더 이상 '천자'가 아니라 주로 '제후'나 대 귀족〔大夫〕에 의해서 자행되었기 때문에 세상에는 더 이상 질서가 없었다.[71] 공자는 '천자'가 천하 통치를 안정시키기 위한 전쟁만을 '정당한 조치'〔有道〕로 보고, 그 밖의 '제후'나 '귀족'들의 세력 확대를 위한 물리적인 전투행위는 모두 '사회적 혼란'을 일으키는 '사

---

67 "子之所愼: 齊, 戰, 疾.", 「述而」 7:13.
68 「衛靈公」 15:1 참조.
69 "冉有爲季氏將帥, 與齊戰於郎克之. 季康子曰: 子之於軍旅, 學之乎? 性之乎? 冉有曰: 學之於孔子.", 『史記』, 「孔子世家」.
70 「述而」 7:12 참조.
71 「季氏」 16:2 참조.

회적 위기'〔無道〕로 간주하였다.

요컨대 그는 천자의 정벌만을 정당한 전쟁〔義戰〕으로 여기고, '천자' 중심의 통치 질서에 실질적인 개편을 초래할 '제후'나 '귀족'들이 야기하는 모든 전쟁을 '사회를 위기'〔無道〕에 빠뜨리는 폭력행위〔亂〕로 간주하여 반대하는 입장을 보였다. 요堯, 순舜, 우禹, 탕湯, 문文왕, 무武왕, 주공의 정치를 찬양하고, 공자 당대의 제후들이나 귀족들이 행하는 겸병전쟁으로 민생이 피폐하는 것을 반대하는 공자의 전쟁관은, 그가 주장한 덕치이념, 즉 지도자들의 도덕 함양을 통한 '민생'의 안정과 공동체의 대화합, 즉 대동大同의 이상사회 실현에 걸맞는 비폭력적인 호소라고 볼 수 있다.

2) 맹자의 '인정仁政'론의 이상과 의전義戰론의 의미

점점 격렬해지는 겸병전쟁의 결과 맹자(약 기원전 390-305)가 목도한 사회적 비극은 너무나 참혹하였다. 당시 강성한 무력으로 침략 전쟁을 일삼는 진秦이나 초楚나라에서는 "백성들에게서 농사지을 시기를 빼앗으니 그들은 농사를 지어서 부모들을 모실 수 없게 되었다. 그들의 부모들은 〔추워서〕 동상에 걸리거나 굶주리고 있으며, 형제들과 처자식들은 뿔뿔이 흩어졌다."[72] 이들이 가진 재산은 "위로 부모를 모시기에 부족하며 아래로는 아내와 자식들을 양육하기에도 부족하다. 풍년이 와도 일 년 내내 고생스럽고 흉년이 들면 (굶어) 죽거나 (고향을 떠나) 유망流亡할 수밖에 없다."[73]

전쟁으로 인한 민생의 완전한 파탄 속에서 맹자는 공자와 마찬가지로 침략 전쟁을 반대할 수밖에 없었다. 맹자에게는 천하를 통일하는 왕王이 되는 길(즉 王道)이란 바로 군주들이 즉각 전쟁을 포기하고

---

72 「梁惠王」상 1:5 참조.
73 「梁惠王」상 1:7 참조.

완전히 파탄난 민생 경제를 회복시켜 주는 일(즉 仁政)을 당장 시작하는 것뿐이었다. 맹자는 백성들에게 "농시農時를 어기지 않게 하면 곡식은 이루 다 먹을 수 없을 정도로 많아질 것이며, 촘촘한 그물을 못에 던지지 않으면 물고기와 자라들이 이루 다 먹을 수 없을 정도로 많아질 것이다. 산의 나무를 때 맞추어 벌채하면 재목도 이루 다 사용할 수 없을 정도로 많아질 것이다. 이렇게 되면 백성들은 산 사람들을 양육하고 죽은 이를 장사지내는 데 걱정이 없게 된다. 산 사람들을 양육하고 죽은 이를 장사지내는 데에 걱정이 없게 하는 것이 왕도王道의 시작이다."[74]라고 말한다. 이렇게 '인정'을 실시하는 '인자仁者'가 군주로 된다면 틀림없이 천하를 통일하는 '왕자王者'가 된다는 것이 맹자의 확신이었다. 예를 들어, 옛날에 탕湯임금은 70리의 작은 영토를 가졌으나 '인정'을 베풀었기 때문에 "온 세상 사람들이 그를 믿었다. (그가) 동쪽으로 진격하면 서쪽의 야만인들이 원망을 하였고, 남쪽으로 진격하면 북쪽의 오랑캐들이 '왜 우리를 뒤로 하는가?'하고 원망을 하였다. 백성들이 그를 바라보기를 마치 큰 가뭄에 먹구름과 무지개를 바라는 것처럼 기다렸다."[75]고 맹자는 말한다.

맹자에 의하면 백성들이 이런 정도로 군주를 신임하게 되면 "나무 몽둥이를 만들어 가지고서도 견고한 갑옷이나 예리한 무기로 무장한 진秦나라와 초楚나라를 토벌할 수 있다."[76]는 것이다. 그는 대담하게 "백성들을 지역으로 묶는 것을 영토의 경계선으로 할 수 없으며, 국방을 튼튼히 하는 것은 산세나 계곡의 험준함으로 할 수 없고, 천하에 위세를 떨치는 것은 무기들의 날카로움으로 할 수 없다. 도리를 얻으면 (즉 '인정'을 베풀었으면) 도움을 많이 받게 되고 도리를 어기면 도움

---

74 「梁惠王」상 1:3 참조.
75 「梁惠王」하 2:11 참조.
76 「梁惠王」상 1:5 참조.

이 적어진다. 도움이 적어지면 가까운 인척들도 배반하며, 도움이 많아지면 온 세상이 다 순응한다. 따라서 (인정을 베푼) 군자는 전쟁을 하지 않고도 전쟁을 하면 반드시 이긴다."[77]고 말한다.

맹자는 춘추시대나 자기 당대에 무력에 호소하며 전쟁으로 민생을 파탄시키는 전쟁론자들의 주장을 맹렬하게 비판한다. "그러므로 전쟁을 잘하는 자는 극형을 받아야 하고, 제후들과 외교를 잘하여 연합하는 자가 그 다음의 형벌을 받아야 하고, 풀밭과 쑥밭을 개간하여 백성들에게 토지를 경작하게 하는 자가 그 다음의 형벌을 받아야 한다."[78]고 맹자는 말한다. 또한 맹자는 "어떤 사람이 '나는 진陣을 잘 치고 전쟁을 잘 한다'고 말한다면, (그는) 큰 죄인이다. … 각자가 자신을 올바르게 하려고 한다면, 전쟁이 무슨 소용이 있는가?"[79]라고 말하면서 침략 전쟁을 주장하는 주전론자들을 민생을 파탄시키는 범죄자로 맹렬하게 비판한다.

맹자는 힘에 의거하여 타국을 겸병해 나가는 정치를 특히 '패도霸道'라고 하여 자기가 주장하는 '왕도'의 이상과 대비시킨다. "힘으로 '인仁'을 가장하는 것은 패도정치이다. 패자霸者는 반드시 큰 나라를 소유해야 한다. 덕으로 '인'을 실행하는 것이 왕도정치이다."[80]라고 맹자는 말한다. 이어서 맹자는 과거 하夏, 은殷, 주周의 "삼대三代에 천하를 얻은 것은 '인' 때문이요, 그들이 천하를 잃은 것은 '인하지 못했기'〔不仁〕 때문이다. 나라가 흥하고 쇠하고 존재하고 망하는 (이치가) 이와 같다. 천자가 '불인'하면 온 세상(천하)을 보전하지 못하고, 제후가 '불인'하면 사직을 보존하지 못하고, 경이나 대부들이 '불인'하면,

---

77 「公孫丑」하 4:1 참조.
78 「離婁」상 7:14 참조.
79 「盡心」하 14:4 참조.
80 「公孫丑」상 3:3 참조.

(조상의) 종묘를 보존하지 못하며, 선비나 백성들이 '불인'하면 자기 몸도 보존하지 못한다."[81]고 말한다. 위정자들이 백성들과 화합하여 평화를 이루어 낼 수 있는 기틀은 바로 일찍이 공자가 말했던 '인'의 도덕적 교의를 더욱 더 절실하게 실현해 내는 일이었다.

맹자의 '인정'론은 바로 "백성이 제일 귀하고 사직社稷이 그 다음이요, 군주는 (잘못하면 대체될 수 있기에) 가벼운 일"[82]이라고 보는 민본주의 사상에 뿌리를 박고 있다. 맹자 사상의 위대한 점은 백성들의 존재를 ─ 법가, 특히 상앙商鞅(약 390-338)의 주장처럼 ─ 단순히 국가의 부국강병, 즉 힘든 농업생산에 징발되거나 위험한 전쟁에 투입되어야 할 도구나 수단으로만 보지 않고, 군주가 민생을 확실하게 보장해 주어야만 한다는 민본주의 사상을 표명한 점에 있다.

민생을 보장하는 그의 '인정'은 무엇보다도 먼저 백성들에게 일정한 경작지(예를 들어, 다섯 식구로 구성된 성인 남자의 가정에 100畝의 토지)와 그 밖에 그들이 생활 자료를 얻어 쓸 수 있는 약간의 사유지를 공여하는 것이다. 그는 생산노동의 공동체인 '정전제井田制'의 부활을 적극 권장한다. 맹자가 그리는 이상향은 바로 "죽거나 이사를 해도 본래의 마을을 떠나지 않으며, (아홉 구획으로 나뉜) 마을의 '정전'을 공유하면서, 집 밖이나 안에서 서로 우애를 다지며 (외적의 침입을 함께) 방위하고 서로 도우며, 질병이 생기면 서로 돌보아 주고 서로 화목하게 지내는"[83] 공동체 안에서 백성들의 자족한 생활이었다. 백성들이 자족하는 이런 이상적 마을 공동체의 실현이 바로 맹자의 '인정'론의 궁극 목표였다.

이런 이상적 꿈을 가진 맹자에게 군주란 백성들 위에 결코 군림하

---

81 「離婁」상 7:3 참조.
82 「盡心」하 14:14 참조.
83 「滕文公」상 5:3 참조.

는 것이 아니라, 바로 백성들과 함께 동고동락을 하는 것이었다. 이런 경지에 도달할 때에야 비로소 그가 말하는 지상에서의 평화, 즉 왕도 王道가 실현된다고 보았다. "백성의 즐거움을 더불어 즐거워하는 군주 라면, 백성들도 또한 그의 즐거움을 즐거워할 것이다. 백성들의 근심 을 더불어 걱정하는 군주는 백성들 또한 그의 근심을 걱정할 것이다. '온 세상 사람들'〔天下〕과 함께 즐거워하고 '온 세상 사람들'과 함께 걱정하였는데도 (천하를 통일하는) '왕'이 안 된 일은 아직까지 없었 다."[84]고 맹자는 말한다. 유교에서 말하는 이상적 성군들인 요堯, 순 舜, 우禹, 탕湯, 문왕文王, 주공周公 등이 바로 백성들에게 풍족한 삶을 마련해 주고 그들과 완전히 화합하여 천하를 통일하였던 위대한 왕자 王者들이라는 것이다. 따라서 그는 당대의 군주들에게 이런 성군들의 '왕도'정치를 본받기를 요구한다.[85]

　지극히 이상적인 '왕도'사상에 젖어있는 맹자에게는 "춘추시대에는 '의로운 전쟁'〔義戰〕은 없었다. 저 군주가 이 군주보다 (상대적으로) 나 을 수는 있었다. '정벌'〔征〕이란 (王道를 행하는) 위에 있는 이가 (覇道 를 행하는) 아랫사람을 토벌하는 것이다. 동급의 나라들은 서로 토벌할 수가 없다."[86] 맹자가 보기에는 국가의 공리를 앞세우면서 백성들의 삶을 압박하고 있는 당대의 군주는 그 누구도 진정한 의미에서의 '왕 도'를 시행하는 것이 아니고, 모두 약간의 정도 차이는 있으나 — 그 차이는 겨우 "오십 보五十步 백 보百步" 정도일 뿐 — 근원적으로는 다 같은 '패도'를 따르는 '의롭지 못한'〔不義〕 군주들일 뿐이다. 맹자에게는 '왕도'와 '패도'가 서로 모순되는 것이기 때문에 '패도'를 따른다면 그 것은 '왕도'가 아니며, '왕도'를 따른다면 그것은 '패도'일 수가 없다.

84 「梁惠王」하 2:4 참조.
85 「離婁」상 7:1-2 참조.
86 「盡心」하 14:2 참조.

'왕도'를 행하면 천하의 모든 백성이 그 '왕'을 "마음속으로 기뻐하며 진심으로 따르게"〔中心悅, 而誠服也〕[87] 되고, 백성들을 압박하는 '패도'는 백성들이 극도로 싫어하기 때문에, "'인정'을 실시하는 '인자仁者', 즉 '왕자'는 더 이상 적이 있을 수 없다."〔仁者無敵〕[88] 따라서 '인자'만이 할 수 있는 '의전義戰'은 결국 '패도'의 민생 적대적인 침략전쟁을 종식시키는 것을 의미한다.

전국시대, 특히 맹자 당시 각국의 상황은 '천하의 통일'을 목전에 두고서 '생사존망'을 다투는 대규모 전쟁을 피할 수가 없었다. 어쩔 수 없는 전투 상황 속에서 살아남기 위한 강한 국가체제를 건립하기 위하여 현실주의적 정치가들(특히 法家의 지식인들)은 사회 제도의 개혁이나 효율적인 전쟁 방법을 강구해 나갔다. 이런 국가공리주의적인 노력들은 맹자가 보기에 모두—백성들을 압박하고 민생을 근본적으로 파괴해 가는—폭력행위, 즉 '패도'에 불과하였다. 따라서 맹자는 전쟁의 와중에서 백성들의 고통을 덜어주는 민중 고통의 해방자로서 천하에 일대 평화를 실현해 주는 새로운 도덕적인 왕의 출현을 무척이나 기대하였다.[89] 오직 '인자'만이 천하 통일을 이루어 내는 '새로운 왕'으로서 '올바른 전쟁', 즉 의전義戰을 통하여 모든 침략적인—민생 파괴적인—전쟁들을 멈추게 하여 천하에 평화를 가져올 수 있다고 보았다.

맹자의 너무나 낙관적인 '의전義戰'론의 이상은 맹자 당대의 지극히 암울한 사회적 혼란을 넘어서려는 민본주의적인 공동체의 이상을 표출한 것으로 볼 수 있다. 따라서 맹자의 민본주의적 이상론이 전하는 메시지는 그것이 갖는 '비현실성'의 약점에 있다기보다는 안정되고 평화롭게 살 수 있는 공동체의 이상에 대한 밑그림과 그것을 실현

---

87 「公孫丑」상 3:3 참조.
88 「梁惠王」상 1:5 참조.
89 "五百年必有王者興", 「公孫丑」하 4:13.

해 내는 '이상적 도덕 군주'의 출현에 대한 강력한 희망의 목소리에
있다.

3) 순자의 '의병'론: 예치禮治의 실현과 '인의의 군대'〔仁義之兵〕론

맹자는 인간의 타고난 '본성'〔性〕을 '도덕적'인 것으로 보고 끊임없
는 반성적 사고〔思〕와 실천을 통하여 '도덕적 본성'을 기르고 확충해
나가는 데서 그의 이상인 '왕도'의 실현을 역설하였다. 이에 비해 순자
荀子(약 313-238)는 한편에서는 — 공자나 맹자와 마찬가지로 — 당시 군주
들에게 민생을 안정시키는 '인의仁義'의 도덕정치를 말하면서도, 다른
한편에서는 인간의 이기적 본성을 제어해 줄 객관적인 사회 규범, 즉
'예禮'에 기초하는 이상적 사회에 대하여 말한다.

순자의 입장에서 보자면 "인간이란 결코 도덕적으로 선한 존재가
아니다. 인간은 태어날 때부터 무한한 욕구를 가지고 있기 때문에, 욕
구가 커지면 커질수록 사회적 재화는 점점 더 줄어들게 되고, 궁핍해
진 사회적인 재화는 필연적으로 사회적 갈등을 일으키고 만다. 요컨
대, 순자는 사회적 갈등의 원인을 삶의 방식이나 지능이 서로 다른 여
러 인간들의 무한한 욕구 추구로 보고 있다. 이런 무절제한 욕구 충족
에서 오는 사회적 갈등을 해소하기 위해서 인간의 욕구 절제를 통한
사회생산물의 효과적인 생산과 확보를 요구했다."[90] "만약에 모든 사
람이 재력과 지위가 같고 좋아하고 싫어하는 것이 같으면 그들이 요구
하는 재화가 넉넉하지 못하기 때문에 필연적으로 서로 다툴 것이요,
서로 다투면 반드시 (사회가) 혼란해질 것이다. 혼란하면 (사회적 재화
는) 궁핍해질 것이다. 옛날의 이상적인 임금들〔先王〕은 이런 혼란을
싫어했기 때문에 '예禮'와 '의義'를 제정하고 직분을 정하였다. 빈부와

---

90 송영배, 『제자백가의 사상』, 현음사, 1994, 403쪽 참조.

귀천의 차등을 있게 하여, (사람들이 각자 자기 일을 하면서도) 서로 함께 대면할 수 있는 이것(사회적 분업)이 세상을 양육하는 근본다."[91]라고 순자는 말한다. 이와 같이 순자는 '예'와 '의'만이 사회적 혼란을 막아 줄 수 있다고 보았다.

사회를 안정시키기 위해서는 '예치'가 필요할 뿐만 아니라, 민심이 동요한다면, 공자나 맹자처럼 이들을 안정시키는 일이 무엇보다도 중요하다고 보았다. 순자는 "말이 수레를 놀라게 하면 수레 안의 군자가 불안해하는 것처럼, 백성들이 통치를 위협하면 군자가 그 지위에서 편안할 수가 없다. 말이 수레를 위협하면 안정시키는 것이 최상의 방책인 것처럼 백성들이 통치를 위협하면 은혜를 베푸는 것이 최선의 방책이다. 현명하고 좋은 인재를 등용하며 효심[孝]과 (형제간의) 우의 [悌]를 진작시키고 (불쌍한) 고아나 과부들을 수용하고 빈궁한 자들을 보태주는 일을 하면 서민들은 정치에 안심을 할 것이다. 서민들이 정치에 안심을 하고 난 뒤에 군자들은 자기 지위에 편안할 수 있게 된다. … 따라서 군주가 편안하려고 하면 정치를 고르게 하여 백성을 사랑함만 못하고, 공명功名을 세우려면 현인을 높이고 능력 있는 사람을 부리는 것만 못하다. 이것이 군주 (통치)의 핵심"[92]이라고 말한다. 요컨대, 순자는 '예치'를 통한 사회 구성의 기본 틀을 제시하는 동시에 ― 공자나 맹자처럼 ― 군주가 유능한 지식인(인재)을 등용할 것과 백성들의 동요를 막기 위해 '인정仁政'을 실시하여 '왕도'를 실현할 것을 주장한다.

이런 사회 철학적 의식에서 순자는 ― 단지 백성을 상과 벌의 잣대로 농업생산이나 전투력의 증강을 위해 수단적으로 부려먹는 ― 법가의 민생 적대적인 공리주의 정책을 매우 신랄하게 비판한다.

---

91 『荀子』, 「王制」; 송영배, 앞의 책, 410쪽 참조.
92 『荀子』, 「王制」; 송영배, 앞의 책, 411쪽 참조.

무릇 사람이 상을 받기 위하여 행동을 한다면 손해를 입게 되면 그칠 것이다. 그러므로 상, 벌, 속임수는 사람의 힘을 다 발휘하여 목숨을 내놓게까지 시키기에 부족하다. 무릇 군주가 되어서 아래의 백성들과 교제하는 바탕〔所以〕인 '예禮', '의義', '충忠', '신信'이 없다면 대체로 상, 벌, 속임수로 아랫사람(백성)들을 압박하면서 그들의 효용만을 기대하는 것이리라! 큰 도적이 침입하니 그 백성들로 하여금 위험한 도시를 지키게 하면 (백성들은) 반란을 일으킬 것이고, 적을 맞아 전쟁을 하게 하면 반드시 패배할 것이다. 고생스럽고 번거로운 일들만 하게 되면, (백성들은) 반드시 도망갈 것이고 뿔뿔이 흩어질 것이다. 도리어 아래의 (백성들은) 그 군주를 제압할 것이다. 따라서 상과 벌과 속임수로 방도를 삼는 것은 '일꾼'을 (돈으로) 사고파는 방도이니 많은 민중들을 (내심에서) 화합시키고 나라를 아름답게 만들기에는 부족하기 때문에 옛날의 (이상적인) 현인들은 부끄럽게 여기고 '도리'라고 부르지도 않았다. 좋은 말씀을 후하게 보태어서 이들을 선도하고 '예의'를 밝혀서 이끌어 가며, '충의'와 '신의'로써 그들을 사랑하고 현자를 높이고 능력 있는 이를 천거하여, 그들 자리를 차례 짓고 작위와 상급으로 그들의 마음을 기쁘게 해야 한다. 때때로 일을 시킬 때는 부담을 가볍게 하고 잘 조절하여 마치 어린아이를 보호하듯이 기르고 양육해야 한다.[93]

주전론자인 법가들은 체제 내의 인적·물적 자원을 총동원하여 전쟁의 효과적인 수행을 보장하는 전시관리 체제를 역설해 왔다. 그러나 앞의 공자나 맹자 등 유가의 이상론자들과 마찬가지로 순자 역시 천하에 평화를 가져 올 수 있는 전제조건으로 백성을 안심시키고 보호해 주는 인정仁政을 거론하고 있다.

---

[93] 熊公哲 註譯, 『荀子今註今譯』, 「議兵」, 臺北, 1984, 304-304쪽 참조. (이하에서 『순자』는 편명과 쪽수만 언급함.)

맹자는 춘추시대나 당대에 일어나는 모든 전쟁을 바로 민생의 파탄만을 가져오는 대재난으로 보았다. 따라서 국가 공리주의적인 입장에서 전쟁을 추진하는 전략가들, 제후국들 간의 군사동맹전선을 각자의 개인적 이득을 위하여 이리저리 추구하는 종횡가縱橫家들, 전쟁 수행에 필요한 물질적인 재원을 마련하기 위해 토지 개간을 서두르는 사회개혁가 등등을 민생을 해치는 무도한 "죄인"[94]으로 낙인찍고 그들을 처단할 것을 주장하였다. 무력으로 주周 천자를 대신하여 소강국면을 지켰던 "오패五覇"를 도리어 이상적 평화시대를 열었던 옛날 "삼왕三王의 죄인"이며, 또한 "당대의 제후"들을 "오패의 죄인"[95]으로 혹평하면서, '인정'을 실시하는 '인자仁者'의 출현 앞에서 모든 국가 공리주의적인 전쟁을 사회적 범죄로 치부하였다.

기원전 3세기에 이미 진秦의 강성한 무력에 의한 천하통일의 위업이 한창 무르익어 가고 있었기 때문에, 순자는 전쟁의 의미를 심각하게 받아들이지 않을 수 없었다. 이미 진秦은 광대한 영역을 새로운 영지로 확보하였으며, 전쟁의 규모 역시 한 전투에 수십만씩 군사들이 동원되는 엄청난 대동란 체제였다. 진秦의 장군 백기白起는 기원전 260년에 조趙의 군사력을 결정적으로 약화시키기 위하여 항복해 온 조나라 군사 40만 명을 거의 생매장시켰다. 이런 엄청난 규모의 전쟁이 이어지는 가운데 순자는 ─ 맹자처럼 ─ '인의'를 실현하는 '왕자王者'의 '의전義戰' 구호만으로 군대 문제를 간단히 해결할 수 없다고 보았다. 따라서 순자는 다음의 두 가지 관점에서 군대의 운용이 필요하다고 보았다. 첫째로 민생을 보장하는 '왕도'의 실현을 무력화시키는 '공리주의적'인 무장폭력과 그 화근을 제거〔禁暴除害〕하기 위하여 군대가 필요하다. 그러나 순자가 말하는 민생을 보장하는 '인의'의 군대는

---

94 『孟子』, 「離婁」상 7:14 참조.
95 『孟子』, 「告子」하 12:7 참조.

결코 "쟁탈"하는 것이 아니다.[96] 둘째로 이미 무력으로 강탈하여 겸병한 지역을 어떻게 안정되게 '응집', 또는 '동화'〔凝〕시키느냐 하는 문제였다. 따라서 전쟁은 공격하여 쟁탈하는 겸병의 차원을 넘어서서 새로 편입된 영지의 백성 마음을 어떻게 동화시키느냐 하는 문제도 함께 고려해야 한다고 보았다. 무력에 의한 겸병은 쉽지만 "동화"(응집, 凝)는 결코 침략전쟁을 강구하는 기술만으로는 풀 수 없다.[97] 따라서 순자에게 전쟁은 단순한 전략적 공격이나 방어 기술의 문제만이 아니었다. "전쟁의 궁극적 요점은 백성들을 잘 규합"[98]하는 일이었다.

순자는 백성들의 마음을 얻어내어 민심을 규합하려는 군대 운용의 최고 원칙을 무시하고 오로지 "속임수와 공리적인 속셈"으로 군사조직을 운용하여 쟁탈만을 일삼는 군대를 특히 "도둑 군대"〔盜兵〕로 몰아붙이고 있다.

따라서 (모리배를) 초청해 오고 모집하여 선발하면서 힘과 사기술을 우대하고 공리를 앞세우는 것은 속임수로 꾀는 것이다. (군대를) '예의'로써 교화시키면 (그들의 마음을) 화합시키고 규합시키는 것이다. 속임수로써 속임수(를 쓰는 상대방을) 만나면 혹 어느 쪽 기술이 우세할 수도 그만 못할 수도 있다. (그러나) 만약 속임수(를 쓰는 군대)가 (마음이) 화합한 군대를 만나면 (그 결과는) 비유하면 마치 송곳이나 칼끝의 미미한 (날카로움)으로 (거대한) 태산泰山을 허물어 버리려고 하는 것과 같다. 스스로 세상에 가장 우매한 사람이 아니라면 결코 이런 (어리석은) 시험은 하지 않으려고 할 것이다. … 걸桀과 주紂는 모두 당대의 천자天子였다. 그러나 탕湯임금과 무武왕이 군대를 일으킨 것은 나라 사람들이 모두

---

96 「議兵」, 297쪽 참조.
97 「議兵」, 308쪽 참조.
98 "兵要在乎善附民而已.", 「議兵」, 283쪽.

버려 버린 '홀로된 사내'〔獨夫〕를 토벌하여 죽인 것이다. … (모리배를)
초청해 오고 모집하여 선발하면서 힘과 사기술을 우대하고 공리를 앞세
우는 군대라면 전승할 때도 패할 때도 있어서 일정한 기준이 없다. 홀연
히 강성하고 홀연히 쇠잔하고 홀연히 모이고 홀연히 흩어지며 홀연히
존재하다가 홀연히 망하며, 서로 바꾸어 가며 '암놈'과 '수놈'이 되는 것
이니, 이것은 (속임수로 훔치어 낸) 이른바 '도둑 군대'이다. 군자는 결코
(그것을) 쓰지 않는다."[99]

순자는 당시의 유명한 전략가들, 즉 '제齊의 전단田單, 진秦의 상앙
商鞅, 초楚의 장교莊蹻' 등이 모두 '도둑 군대'를 이끈 혐의를 벗을
수 없다고 보았다.[100] 순자에 의하면 군대가 '대화합'〔大齊〕을 이루어
내면 '천하를 제압'할 수 있고, '작은 화합'〔小齊〕을 이루어 내면 "이
웃의 적들을 다스릴 수 있다." 바로 이들이 '제 환桓공, 진晉 문文공,
초 장莊왕, 오 합려闔閭, 월 구천勾踐'이라는 것이다. 이들 오패五覇들
의 ― 각각 소규모로 백성의 '마음'과 조화를 이루어 낸 ― 군대, 즉 민심을
'조화시키고 규합시킨 군대'〔和齊之兵〕로는 천하 통일을 가져올 수
있는 '왕도'는 못 되지만 소강상태인 '패도覇道'는 이룰 수 있다는 것
이다.[101]

순자의 공리 추구적인 전쟁론에 대한 철저한 부정과 비판에 대하여
법가인 이사李斯(기원전 약 280-208)는 다음과 같이 반박하고 나선다.

진秦은 4세대(孝公, 惠文王, 武王, 昭襄公)가 전쟁에서 승리하여 군대
는 세상에서 가장 강하고 제후들에게 위력을 보였습니다. 이것은 '인의'

---

99 「議兵」, 288쪽.
100 위와 같음.
101 「議兵」, 292-293쪽.

로써 한 것이 아닙니다. '편리함'〔便〕을 따라서 일을 처리한 것일 뿐입니다.[102]

이사의 이의 제기에 대하여 순자는 이렇게 대답한다:

(인의의 왕도는) 자네가 아는 바가 아니네. 자네가 말하는 '편리함'이란 '불편한 편리함'〔不便之便〕이네. 내가 말하는 '인의'는 '크게 편리한 편리함'〔大便之便〕이네. 저 '인의'라는 것은 정치를 닦아 나가는 바탕이네. 정치가 닦이면 백성들은 자기 임금을 가까이 하고 자기 임금을 좋아하여 죽는 것을 가볍게 여기네. … 진은 4세대나 (전쟁에서는) 이겼으나 벌벌 떨며 언제나 천하가 한데 뭉치어 자기를 압박할까 두려워하고 있네. 그것은 이른바 말세末世의 군대요, 아직 '본통本通'을 얻지 못한 것이네.[103]

순자가 전쟁하는 목적은 오로지 '백성의 마음을 하나로 하는 것'〔壹民〕 또는 그들의 '마음을 잘 붙드는 것'〔善附民〕에 있었다.

군대를 쓰고 공격하고 전투하는 것의 근본은 백성의 마음을 하나로 일치시키는 데 있다. 활과 화살이 잘 조정되지 않으면 명사수 예羿도 작은 표적을 맞힐 수 없고, 여섯 필의 말이 화합하지 않으면 조보造父도 먼 곳에 다다를 수 없으며, 사대부와 백성이 서로 친하지 않으면 탕湯임금이나 무왕武王도 승리할 수 없을 것이다. 따라서 백성들을 잘 따르도록 하는 것, 이것이 용병을 잘하는 것이다. 그렇기 때문에 전쟁의 요점은 백성을 잘 따르게 하는 데 있을 뿐이다.[104]

---

102 「議兵」, 299쪽.
103 위와 같음.

순자에게 '전쟁'의 의미는 — 당장의 승리만을 목적으로 하여 — 속임수나 공리적 이윤 추구를 이용하는 쟁탈 전쟁이 결코 아니요, 그 요점은 오로지 백성의 마음을 하나로 통일시키고〔壹民〕 백성들이 잘 따르게 하는 것〔善附民〕을 성취해 내는 매우 포괄적인 정치 작업인 것이다. 그렇다면 이런 목표를 달성하려면 군주는 어떻게 해야 하는가? 이에 대한 순자의 대답은 매우 간단하다. 바로 군주가 '예를 닦는 일'〔修禮〕과 '백성을 사랑하는 일'〔愛民〕을 하면 되는 것이다. 순자는 '예'를 올바른 사회의 기틀이라고 보았기 때문에, 군주가 위에서 예를 잘 닦고 '예'에 따른 정치를 한다면 국가는 반드시 안정되고 군대가 강해져서 전쟁에서 반드시 승리하게 된다고 말한다. 만약 이런 방식으로 통치하는 군주, 즉 인자仁者가 나타나면, "정치가 바르게 되고 백성들이 그 군주를 친하게 여겨, 군주를 즐겁게 해주기 위해 죽음까지도 가볍게 여기게 된다."[105]고 보았다. "그러므로 어진 사람이 위와 아래에 있으면 여러 장군들이 한마음이 되고, 삼군三軍이 힘을 같이하고, 신하는 임금에게 아랫사람은 윗사람에게 (각각) 마치 아들이 아버지를 섬기듯이 하고, 아우가 형을 섬기듯이 할 것이다."[106] 이렇게 되면 — 맹자가 말한 "인자무적仁者無敵"처럼 — '인의'의 군대는 "전쟁을 하지 않아도 이기고, 공격을 하지 않아도 얻게 되며, 갑옷과 무기를 동원하지 않아도 온 세상이 복종하게 될 것이다."[107]라고 순자는 말한다. 이와 같이 모든 전쟁을 이길 수 있는 군대, 즉 천하통일을 할 수 있는 "왕의 군대"〔王者之軍〕는 바로 "인의의 군대"이며, 그것은 또한 '예치'에 기초하고 있다.

---

104 「議兵」, 283쪽.
105 「議兵」, 299쪽.
106 「議兵」, 283-284쪽.
107 「王制」, 154쪽.

'예'는 다스림의 극치이고, 나라를 강하게 하는 근본이며 위세를 떨치는 방도요, 공명을 얻는 총본산이다. 임금이 '예'를 따르면 천하를 얻을 것이고, 따르지 않으면 나라가 망할 것이다. 그러므로 튼튼한 갑옷이나 예리한 무기만으로는 승리하기에 부족하고, 높은 성곽이나 깊은 방어 연못만으로는 수비하기에 부족하며, 엄한 명령이나 번거로운 형벌만으로는 위세를 떨치기 부족하다. 그 '도道'를 따르면 실현이 되지만 그 '도'를 따르지 않으면 망한다.[108]

군주는 '예'에 따라 통치하고 백성들과 '인화人和'를 이루어 백성들이 자기 군주를 위하여 최선의 직분을 다하게 해야 한다. 이것을 이루어 내도록 순자는 당대의 군주들을 설득하려고 하였던 것이다. 이런 '예'에 기초하여 천하를 통일하려는 '왕王'의 군대에 대하여 순자는 다음과 같이 말한다.

장수는 죽기를 다해서 북을 치고 전차를 모는 사람은 죽기를 다해 말고삐를 지키고 모든 관리들은 죽기를 다해 각자 맡은 일을 수행하며, 사대부들은 죽기를 다해 행렬을 지켜야 한다. 북소리가 들리면 진격하고 징 소리가 들리면 후퇴하는데, 명령을 따르는 것이 우선이고, 공을 세우는 것은 그 다음이다. 진격 명령이 없는데 진격하는 것은 후퇴 명령이 없이 후퇴하는 것과 같으니 그 죄는 동일하다. … 노약자는 죽이지 않고, 곡식을 짓밟지 않으며, 항복하는 자는 포로로 잡지 않고, 대항하는 자는 그대로 내버려 두지 않으며, 목숨을 건지려고 투항하는 자는 포로로 잡지 말아야 한다. 무릇 처형은 백성을 처벌하는 것이 아니라 그 백성을 혼란케 만든 자를 처벌해야 한다. … 왕자王者에게는 토벌과 형벌은 있지만 전쟁은 없다. 성곽을 지키기는 하지만 공격은 하지 않고 적

군의 저항이 완강하면 공격하지 않는다. (적국의) 군주와 백성들이 서로 기뻐하면 그것을 경하고 성안의 백성들을 모두 죽이지 않고, 군대를 몰래 공격하지 않으며, 출병하여 밖에 머무는 것이 한 계절을 넘기지 않는다. 이 때문에 혼란한 나라의 백성은 '왕자'의 정치를 동경하고, 자기들의 군주에게 불안을 느끼어 왕자의 군대가 오기를 바라게 된다.[109]

순자가 가장 이상적으로 생각하는 군대는 — '일민壹民'(백성의 마음을 하나로 통일시킴)과 '선부민善附民'(백성들이 잘 따르게 함)을 실현해 내는 — '인의의 군대'〔仁義之兵〕이다. 이는 능력과 지능이 다른 여러 인간들이 서로 융합해 가며 조화롭게 사회적 분업을 이루어 나가는 '예치'에 기반을 둔 '왕도'의 군대이다. '인의의 군대'는 마치 오랜 가뭄 뒤의 단비처럼 정신을 진작시키고 감화를 주는 해방군인 것이다:

저들 '인자仁者'는 반드시 사람을 사랑한다. 사람을 사랑하기 때문에 사람이 사람을 해치는 것을 싫어한다. '의義'는 도리를 따르는 것이다. 도리를 따르기 때문에 사람들이 (사회적) 분란을 일으키는 것을 싫어한다. 저들의 군대는 '폭력'을 금하고 (사회적인) '해로움'을 제거하려는 근거이지 쟁탈하려는 바탕이 아니다. 따라서 '인자'의 군대가 있는 곳에서 (백성들의) '정신이 진작되고'〔神〕, 지나가는 곳에 '감화'〔化〕가 있게 된다. 마치 때마침 내리는 비처럼 기뻐하지 않는 사람이 없다. 이런 것이 '요'가 환두驩兜를, '순'이 유묘有苗를, '우'가 공공共工을, '탕'이 유하有夏를, '문왕'이 숭崇을, '무왕'이 주紂를 정벌한 것이다. 이 네 '황제'〔帝〕와 두 '왕'은 모두 '인의의 군대'를 천하에 펼친 것이다. 그러므로 가까운 이들은 그들의 '선행'을 친애하고 멀리에 있는 이들은 그들의 덕을 사모한다. 병기에 피 묻힌 칼날이 없어도 원근에서 모두

와서 복종하였다.[110]

순자에 따르면 천하에 평화를 보장하는 '왕도'의 실현에는 '인의의 군대'를 거느리는 군주의 정치적 결단과 역량이 근본이고, 전쟁을 잘하는 기술자, 즉 장수들의 — 물론 전쟁하는 좋은 기술을 가져야 하지만[111] — 전쟁 능력과 기술은 '부차적인 것'[112]에 불과하다. 왜냐하면 순자 '왕도론'의 '본통本通'은 군주가 '애민愛民'[113]하여 백성들의 마음을 '하나로 묶음'〔壹民〕을 실현하는 데에 있기 때문이다.

일찍이 공자가 당대의 사회적 혼란 속에서 꿈꾸었던 이상적 세계는 물질적 욕심을 포기하고 서로 포용하고 사랑하는 — 그 속에서 노인과 어린아이와 어른들이 모두 신의와 사랑을 가지고 서로 협조하고 도와주는 — 이상 공동체였다. 사회 구성원 모두가 '화합'으로 어우러지는 이상적 공동

---

110 「議兵」, 297-298쪽.
111 순자는 「議兵」에서 작전을 지휘하는 장수가 지켜야 할 원칙을 제시한다. 첫째 자신 없는 책략을 쓰지 않는다는 '기의棄疑', 둘째 작전 행동을 신중히 하여 과실을 예방해야 한다는 '무과無過', 세째 충분히 생각하고 최선을 다해 성취할 수 있는 것은 전부 성취하여 유감을 남기지 않는다는 '무회無悔'이다. 또한 그는 병법의 운용에도 심오한 조예를 보여준다. 그는 실제 전투에서 요구되는 '전투수칙'과 같은 몇 개의 원칙을 제시하는데, 그것은 장수가 작전을 지휘하는 기본 원칙인 '육술六術'과 전투 중인 장수가 참고해야 할 '오권五權', 전장에서 절대적으로 지켜야 할 고정불변의 원칙인 '삼지三至', 그리고 작전을 지휘하는 장수가 어느 상황에서든지 신중하게 살펴서 태만함이 없어야 한다는 '오무광五無壙' 등이다. 「議兵」, 293-294쪽.
112 "凡在於君, 將率末事也.", 「議兵」, 299쪽.
113 "나라를 가진 자가 백성을 사랑할 수 없고 백성을 '이롭게' 할 수 없는데도 백성들이 자기에게 친애하기를 바라는 것은 이룰 수 없다. 백성이 (군주를) 가까이하지도 사랑하지도 않는데, 그들을 자기를 위하여 쓰고, 자기를 위하여 죽기를 바랄 수는 없다. 백성들이 자기를 위하여 쓸 수도 죽을 수도 없는데 군대가 강해지고 도성이 견고하기를 바랄 수는 없다. 군대가 강하고 도성이 견고하지 않은데 적이 오지 않기를 바랄 수 없다. (이런 지경에 이르면) 적이 침입하여 (나라가) 위태롭고 (영토가) 잘려 나가고 멸망하지 않기를 바랄 수는 없다.", 「君道」, 244쪽.

체의 실현을 위하여, 제1차적인 중요성을 갖는 사회적 과제는 — 효율적인 전쟁의 수행이 결코 아니며 — 민생의 보장과 사회적 화합을 이루어 내려는 통치자와 지식인들의 윤리적인 '사랑', 즉 '인仁'의 실천이었다.

맹자 또한 전쟁의 여파로 극단적으로 황폐해진 상태에서 각국의 군주들이 당장 해야 할 일은 민생을 파탄으로 빠뜨리는 모든 '침략' 전쟁의 폐기라고 보았다. 당대의 전쟁으로 인한 비참한 현실 속에서 모든 백성들이 애타게 바라는 것은 다름 아닌 민생의 안정과 평화, 즉 위로 부모를 모시고 아래로 처자식을 먹여 살리며 적당한 교육을 통해 윤리 도덕 질서를 바로 잡을 수 있는 평화롭고 이상적인 공동체의 실현이라고 맹자는 생각하였다. 만약 그런 사회적 여건을 충족시켜 주는 군주, 즉 백성들과 진심으로 동고동락하는 '인자仁者'가 출현한다면, 바로 그 '인자'인 군주에게 모든 백성들의 마음이 반드시 하나로 쏠릴 것이기 때문에, 결국 더 이상의 소모적인 전쟁은 있을 수 없다. 요컨대, 맹자는 지극히 어두운 사회현실 속에서도 해방자를 기다리는 낙관론을 피력한 것이다.

순자는 물론 맹자처럼 전쟁을 인간사회를 위협하는 범죄라고 못 박지는 않았지만, 결국 백성들을 사랑하지 않고, 이용하기만 하려는 군주라면 역시 백성들로부터 적극적인 지지와 화합을 얻어내지 못한다고 보았다. 오직 '예치'와 '애민愛民'에 기초하는 '인의의 군대'만이 왕도의 정치 — 즉 온 세상(天下)에 화합과 태평의 이상 — 을 실현해 낼 수 있다고 본 것이다.

일찍이 공자가 노나라 당대의 최고 실권자인 계강자季康子에게 "'정치한다'(政)는 것은 (자신을) '바르게 함'(正)입니다. 대감께서 솔선하여 바르게 하면, 누가 감히 올바르지 않겠습니까?"[114]라고 대답했던

---

114 『論語』, 「顔淵」 12:17.

것처럼, '개개인의 안정된 삶과 사회의 평화'를 실현해 내려는 유교적 가르침의 핵심에는 그 사회를 이끌고 가는 위정자나 지식인들의 윤리적인 '올바름'이 문제가 된다. 그리고 백성들을 단순히 착취, 또는 통치의 대상이라는 수단적인 측면에서만 보지 않을 때, 다시 말해, 통치자들이 이들을 포용하고 민생을 안정시켜 줄 때, 비로소 사회적 갈등과 전쟁이 없어지고 안정되고 평화로운 이상적 사회가 실현될 수 있다는 것이다. 유가의 전쟁론은 — 그 당대의 절박한 전쟁의 위기에서 그 폐해 또한 어쩔 수 없이 오직 승리하는 '전쟁'이라는 폭력적 수단을 통해서만 해결할 수밖에 없다고 보았던 법가法家나 병가兵家의 현실주의적, 또는 국가 공리주의적인 주전主戰론과 구별되는 — 인류의 영구 평화, 또는 인문주의를 '초시대적'으로 실현하려는 근원적이며 궁극적인 목표 설정에 그 보편적인 철학적 의의가 있다.

4. 묵가의 '만민박애'〔兼愛〕의 이상과 '침략전쟁 반대'〔非攻〕론

1) 묵가의 '노동' 본질론과 전쟁으로 인한 처참한 민생 파탄

기원전 4세기 맹자孟子가 활동할 당시만 해도 묵가墨家[115]의 세력은 상당한 영향력을 발휘하고 있었던 것으로 기록되어 있다. "양주楊朱·묵적墨翟의 말이 천하에 가득하여, 천하의 말이 양주에게로 돌아가지 않으면 묵적에게로 돌아간다."[116]라고 맹자가 말할 정도로, 묵가사상

---

115 묵가사상의 주요 내용은 현재 51편의 『墨子』 속에 전해지고 있다. 그 내용은 거의 전국시대 300여 년에 이르는 묵가사상의 발전과 변화의 흐름을 담고 있는데, 그 학파의 창시자인 墨子(본명은 墨翟, 기원전 약 480-420) 1인에게 가탁하여 기술하고 있다.

116 "楊朱·墨翟之言, 盈天下, 天下之言, 不歸楊則歸墨.", 『孟子』, 「滕文公」하, 6:9

은 전국시대 말기까지 유가儒家사상과 대결하면서 상당한 영향력을 발휘하였다.[117] 그러나 기원전 3세기 진한秦漢시대 이래 중앙집권적 관료체제가 등장하고 이에 따라 유가사상이 정통적 국가이념으로 확립되면서 거의 자취가 소멸하였다.[118]

묵가는 일찍이 인간의 본질을 '노동행위'에서 찾았다. 묵가에 의하면, 인간이 금수와 다른 점은 바로 노동에 의해 '옷과 음식'을 얻어 내어 자신을 부양하는 데 있으며 이런 인간의 '노동', 즉 생산 활동에 의하여 인간은 생존해 나간다고 말한다.

> 지금 인간은 본래부터 금수나 고라니, 사슴이나 날짐승, 곤충 등과 다른 존재이다. 지금의 금수나 고라니, 사슴이나 날짐승, 곤충들은 깃과 털로써 옷을 삼고, 발굽이나 발톱으로써 신을 삼고, 물과 풀로써 음식을 삼는다. 그런 까닭에 수컷이 밭 갈고 씨 뿌리며 농사짓지 않고, 암컷 역시 실뽑기와 길쌈을 하지 않더라도 먹을 재물들이 본래부터 갖추어져 있다. 인간은 이와 다른 존재로서 노동에 의존하는 자는 살지만, 노동에 의존하지 않는 자는 살지 못한다.[119]

참조.

117 "世之顯學, 儒・墨也. 儒之所至, 孔丘也. 墨之所至, 墨翟也.", 『韓非子』, 「顯學」第 50 참조.

118 墨家사상은 秦始皇(통치 기원전 246-210) 초기까지 상당한 영향력을 발휘했던 것으로 보인다. 묵가사상에 대한 언급은 『韓非子』, 「顯學」 외에도 『呂氏春秋』, 「有度」에는 "孔墨之弟子徒屬, 滿天下."; 「當染」에는 "孔墨之後, 學顯榮於天下者衆矣, 不可勝數也."라고 적혀 있다. 『韓非子』, 『呂氏春秋』는 모두 秦始皇 초년에 완성된 책들이다. 그러나 그로부터 50-60년 뒤에 『史記』를 쓴 司馬遷(기원전 145-86)은 다만 墨家의 창시자 墨翟에 대하여 다음과 같이 간단히 언급하고 있을 뿐이다. "蓋墨翟, 宋之大夫, 爲節用. 或曰並孔子時, 或曰在其後.", 『史記』, 「孟子荀卿列傳」 참조.

119 『墨子校釋』, 王煥鑣 注, 「非樂」상, 276쪽.(이하에서 『묵자』는 편명과 쪽수만 기재함)

묵가의 관점에 의하면, 기원전 5세기에서 3세기에 걸친 전국시대에 가장 결정적인 사회적 위해危害는 바로 인간의 상호 침탈에 의한 상호 파멸적인 상황과 그로 인한 도덕의 타락이다. "큰 나라가 작은 나라를 공격하고, 큰 귀족 가문이 작은 귀족 가문을 침입하고, 강자가 약자를 짓밟고, 큰 집단이 작은 집단을 누르며, 약은 자가 우직한 자를 속이고, 신분이 높은 자가 천한 자를 무시하는 것, 그것이 천하의 해害"이며, 또한 "군주가 은택을 베풀지 않고 신하가 불충하고, 아비가 자애롭지 못하고 아들이 불효하는 것, 이것도 천하의 해害"[120]라고 하였다. 이미 춘추시대의 공자가 당대를 더 이상 질서가 없는 '천하무도天下無道'라고 규정하였다면, 전국시대 벽두에 침략전쟁에 의한 민생의 처참한 파괴를 목도한 묵자墨子 역시 당대를 '불인不仁'·'불의不義'의 이기적, 파멸적 사회라고 보았다.

묵가의 관점에 따른다면, 모든 인간은 각자 노동하여 그 노동의 결실을 자기 소유로 하여야 한다. 그러나 현실에서는 ─ 자기는 아무런 노동 생산 활동을 하지 않고서 ─ 단지 약탈과 도적질 등으로 타인의 노동 산물을 갈취하는 일[121]이 자행되고 있었다. 묵가는 바로 그런 약탈을 사회적 '불의不義'로 보았다. 이처럼 묵가는 '사회적 정의'〔義〕를 노동하는 존재인 인간 각자가 자기의 노동성과를 소유하는 데서 찾고 있는 것이다. 따라서 전쟁을 통한 약탈은 묵가에 의하면, 가장 큰 사회적 불의요, 따라서 엄청난 사회적 범죄인 셈이다.

묵가학파가 적극적인 활동을 전개하기 시작하는 전국시대 초기에는 오직 약육강식의 법칙만이 통용되는 처절한 전쟁 상황이 지배적이었다. 묵자는 침략전쟁에서 비롯된 당시의 참혹한 사회상을 다음과 같이 고발한다.

---

120 「兼愛」하, 116쪽.
121 「天志」하, "不與其勞, 獲其實, 已非其有所取之故.", 239-240쪽.

지금 세상은 전염병이 나돌고 있고, 백성들 대부분이 수고롭게 부지런히 일해도 추위에 떨거나 굶주리며 죽은 자를 방치하여 도랑과 구덩이에 굴러다니는 경우가 매우 많다.[122]

전쟁이 본격화되면서 국가 재정과 민생이 파탄하여 얼어 죽고 굶어 죽는 백성이 헤아릴 수 없을 정도에 이르렀던[123] 것이 전국 시대 초기의 상황이었다. 묵자는 이러한 상황에 직면한 국가와 백성의 처참한 현실을 '일곱 가지 환난'〔七患〕과 '세 가지 환난'〔三患〕으로 각각 표현하였다. 묵자는 우선 전국 시대 초기 국가가 직면한 '칠환七患'을 다음과 같이 말하고 있다.

묵자께서 말씀하셨다. 나라에는 일곱 가지 환난이 있다. 일곱 가지 환난이란 무엇인가? 성곽과 해자는 지키지 못하면서 궁궐을 짓는 것이 첫째 환난이다. 적군이 국경을 침범해 와도 사방 이웃 나라들이 구원해 주지 않는 것이 둘째 환난이다. 먼저 백성들의 노동력을 쓸모없는 공사에 고갈시키고, 무능한 자들에게 상을 주어서, 백성의 노동력이 쓸모없는 일에 고갈되고, 손님을 접대하느라 재물이 헛되이 탕진되는 것이 셋째 환난이다. 벼슬아치들은 제 녹만을 지키려 하고, 벼슬하지 않는 선비들은 파당을 짓고, 임금은 법을 정비하여 신하를 토벌하고, 신하는 무서워 임금을 거슬러 간언하지 못하는 것이 넷째 환난이다. 임금이 스스로를 성스럽고 지혜롭다 생각하여 신하들에게 일을 물어보지 않고, 스스로를 안전하고 강하다고 생각하여 지키고 대비하지 않으며, 사방 이웃 나라들이 음모를 꾸며도 경계할 줄 모르는 것이 다섯째 환난이다. 신임하는 자들은 충성스럽지 못하고, 충성스러운 자들은 미덥지 않은

---

122 「兼愛」하, 123쪽.

123 "民財不足, 凍餒死者, 不可勝數也.", 「節用」상, 168쪽.

것이 여섯째 환난이다. 가축과 곡식은 백성을 먹이기에 부족하고, 대신
들은 나라를 경영하기에 부족하며, 상을 내려도 (백성들을) 기쁘게 할
수 없고 벌을 주어도 두렵게 할 수 없는 것이 일곱째 환난이다. 일곱
가지 환난을 가지고 나라에서 살아간다면 사직은 반드시 보존할 수 없
고, 일곱 가지 환난을 가지고 성을 지킨다면 적이 쳐들어오면 나라는
무너질 것이다. 일곱 가지 환난이 있으면 나라는 반드시 재앙을 당할
것이다."[124]

이러한 국가적 재난 속에서 백성들은 기본적인 생활수단을 박탈당
하여 생명마저도 위협받는 극도로 곤궁한 처지에 빠지지 않을 수 없었
다. 묵자는 이어서 '칠환'에서 비롯된 백성들의 곤궁한 상황, 즉 '삼환
三患'을 이렇게 말하고 있다:

　백성들에게는 세 가지 환난이 있다: 굶주린 자가 먹을 수 없고, 추운
자가 옷을 입을 수 없고, 수고한 자가 쉴 수 없는 것이 그것이다.[125]

묵자는 국가와 백성이 처한 가장 큰 고통인 '7환'과 '3환'이라는 위
기상황을 타개하기 위해서는 일차적으로 전쟁 상황이 종식되어야 한
다고 생각하였다. 왜냐하면 전쟁은 엄청난 인명 피해를 가져올 뿐만
아니라 양식, 무기, 의복, 성곽 등 막대한 재정적 피해를 가져오는 경
제 파탄의 원인이 되며 동시에 정치적 혼란과 사회 기강의 해이 등 무
질서를 수반하기 때문이다.

이러한 극단적인 민생 파탄 상황에서 공자를 추숭하는 유가儒家들
은 붕괴되어 가는 주周나라의 문물제도, 즉 서주西周 이래의 예禮·악

---

124 「七患」, 27-29쪽.
125 「非樂」상, 272쪽.

樂 등에 나타나 있는 '귀족계층'〔君子〕의 통치 질서 회복을 희구하면
서, 당대에 ─ 더 이상 귀족이 아닌 ─ 새로운 '군자', 즉 지식인들의 도덕
적 수양을 통한 대화합과 민생의 안정, 요컨대, 덕치德治를 통한 '왕
도'의 이상 실현에 몰두하고 있었다. 이에 반해 묵가는 종래 귀족계층
의 행동규범에서 유래한 '예'·'악'을 철저히 부정하고, 생산에 참여
하는 만민들의 철저한 '공동적 연대', 즉 '만민박애'〔兼相愛〕와 그를
통한 '상호 (물질적) 이익의 증진'〔交相利〕의 기치를 높이 들고서, 당시
사회의 파멸적인 위기 상황을 극복해 나가고자 하였다.

2) '침략 반대'〔非攻〕론과 방위론

묵자는 우선 침략전쟁을 옹호하는 주전主戰론의 논리적인 모순을
지적하고 나선다.

> 여기에 어떤 사람이 남의 정원이나 밭에 들어가서 남의 복숭아나 자
> 두를 훔쳤다고 하자. 모두가 들으면 그것을 비판한다. 위에서 정치하는
> 사람은 그에게 반드시 벌을 준다. 이것은 무엇 때문인가? 남을 해쳐서
> 자신을 이롭게 했기 때문이다.[126]

사람들이 남의 개나 돼지를 훔친 것은 복숭아나 자두를 훔친 것보
다 나쁘며, 한 명의 무고한 사람을 죽이는 것은 남의 소나 말을 훔치
는 행위보다 나쁘다. 그래서 더욱더 큰 죄를 받아야만 한다. "사람 하
나를 죽이는 것은 '불의不義'한 것이니 반드시 한 번 죽을죄를 짓게 되
는 것이요, … 열 사람을 죽이면 '불의'가 열 번 거듭되니 반드시 열
번 죽을죄를 짓게 되는 것이요, 백 사람을 죽이면 '불의'가 백 번 거듭

---

126 「非攻」상, 133쪽.

되니 반드시 백 번 죽을죄를 짓게되는 것이다. 이런 경우에는 세상의 군자들이 모두 그것의 잘못됨을 알고서 비난하며, '불의'라고 말한다." 그러나 "지금 크게 불의를 저질러서 남의 나라를 침략하면 (도리어 그것의) '잘못됨'을 모르고, (남들을) 따라서 그것을 칭송하고 '의'라고 말하니, 진실로 그것(침략 전쟁)이 '불의'함을 모르는 것이다."[127]

묵가 사상에 의하면, 사회적 '의'란 자기의 노동 결과를 자기가 소유하는 것이며, 남의 노동 결과를 갈취하는 것은 바로 '불의'인 것이다. 남의 것을 훔치고, 더욱이 노동생산의 원천인 인간 자체를 죽이는 것을 모든 사람들은 '불의'라고 비판할 줄 안다. 그러나 역설적으로 수천, 수만의 사람을 죽이고 민생을 처참하게 파탄시키는 '침략'전쟁에 대해서는 오히려 '의롭다'고 하는 것은 논리적인 모순이라는 것이다. 따라서 노동하는 만민의 '공동적 연대'인 '만민박애'〔兼相愛〕와 '상호 이익증진'〔交相利〕을 통하여 민생 안정을 사회평화 실현의 최우선 과제로 삼고 있는 묵가집단은 사회생산력을 엄청나게 파괴·소모하고 민중들의 물질적 행복과 생명의 안전을 근원적으로 희생시켜 가면서 수행되는 '침략전쟁'〔攻〕을 절대로 허용할 수 없었다.

더 나아가서 민생을 파탄시키는 침략전쟁은 하늘과 귀신과 사람 모두에게 이롭지 못한 것이다. 그것은 하늘과 귀신과 사람의 조화로운 공존을 해치는 위협적인 것이기 때문이다.

이것이 과연 하늘을 이롭게 하는 것인가? 무릇 하늘(에 속한) 백성을 탈취하고, 하늘(이 정한) 도읍을 침공하고, 하늘의 백성을 찔러 죽이며, 신위를 박살내고, 사직을 뒤엎으며, 희생제물을 빼앗고 죽이는 것은 반드시 하늘의 이익에 맞지 않는 것이다. 아니면 이것이 귀신을 이롭게 하는 것인가? 무릇 사람을 죽이고, 귀신의 제주를 공격하여 멸망시키며,

---

127 「非攻」상, 135쪽.

선왕의 사당을 폐지하여 없애고, 만민을 해치고 학대하며, 백성들을 흩어지게 하는 것은 귀신의 이익에도 맞지 않는다. 이러한 전쟁은 사람에게 이로운 것인가? 무릇 사람을 죽이는 것이 사람에게 이롭다는 것은 패륜이며, 또 전쟁의 낭비를 계산해보면 이것은 두루 살리는 근본을 해치는 것으로서 천하 백성의 재물과 이용을 고갈시킨다. 그러므로 전쟁은 아래로 사람의 이익에 맞지 않는다.[128]

전쟁의 폐해가 이와 같다면 전쟁에서 승리한 국가라 할지라도 결국 "얻은 것을 헤아려 보면 오히려 잃은 것이 더 많게 된다."[129]

묵가들이 '반전'〔非攻〕론을 강력히 펼쳤다고 해서 모든 형태의 전쟁을 반대한 것은 아니다. 묵가는 특별히 호전적인 침략전쟁을 문제 삼았던 것이다. 그들에 의하면 전쟁은 '공攻'(침략)과 '주誅'(처벌)의 두 부류로 구분된다. '공'이란 한 나라의 영토와 노동력을 지속적으로 확대하기 위해 타국을 침략하고 약탈하는 '공격전쟁'을 말하는 것이다. 그것은 '불의不義'한 것이니 마땅히 금지해야만 한다. 그러나 '주誅'라는 것은 '성인과 같은 군주'〔聖君〕가 포악한 통치자로부터 민중을 구출해내기 위하여 불가피하게 취할 수밖에 없는 '처벌'을 말한다. 우禹가 유묘有苗를 정벌하고, 탕湯이 걸桀을 정벌하고, 무왕武王이 주紂를 벌한 것 등이 바로 '주誅'의 대표적인 사례라고 주장한다.[130]

끝으로 주목해야 할 점은 묵가집단은 단지 이론으로만 '침략 반대'〔非攻〕의 구호를 외친 것이 아니라는 사실이다. 이들은 상대적으로 우수한 방어무기의 개발과 수성守城 기술의 향상만이 침공을 억제할 수 있다고 본다. 실제로 묵가집단의 우두머리인 '거자巨子'[131]는 이론적

---

128 「非攻」하, 151쪽.

129 "計其所得, 反不如所喪者之多.", 「非攻」중, 139쪽.

130 「非攻」하, 156-157쪽.

— 즉 면밀한 방어 계획과 전술 운용의 — 측면에서 침략전쟁을 계획하고 있는 '큰 나라'의 군주에게 '침략전쟁'의 무용無用함을 적극적으로 설득하였다. 또한 묵가집단은 동시에 '방어집단'으로서 실전에 배치되어서 침략받는 소국을 방어해 주었다. 묵가집단은 이와 같이 '거자'라는 지도자를 중심으로 뛰어난 방어 무기나 방법, 기술 등을 발명하고 응용하여 제후들에게 침략전쟁이 결국 실패할 수밖에 없음을 입증하고자 하였으며, 실제로 제후들의 침략전쟁 의지를 억제・해소시키는 적극적인 평화 실현의 실천 활동을 벌였다.

　'주전론'을 펼쳤던 법가法家나 병가兵家를 제외한 '제자백가'(특히 儒家, 道家 등)들이 모두 침략전쟁을 반대하였지만, 구체성과 실천적인 면에서, 묵가의 반전론은 상당히 우월하다. 당시 제후국들이 각국의 인적・물적 자원을 총동원하여 영토와 노동력을 확보[廣土衆民]하기 위해 겸병전쟁에 혈안이 되어서 서로 '먹느냐, 먹히느냐?' 치열한 각축을 벌이던 상황 속에서도 묵가의 이론과 실천은 어디까지나 전쟁으로부터 민생을 구제하려는 실천적 구세救世 행위에 초점이 맞추어져 있었다. 묵가는 전쟁으로 인한 피폐한 민생파탄을 목격하면서 그것의 근본 원인을 찾고 그 해결책을 적극적으로 모색하였다. 맹자의 언급과 같이, 묵자는 "이마를 갈아 발꿈치에 이르더라도 천하에 이로우면 하였다."[132] 그러한 과정에서 묵자는 인간과 사회를 보다 근원적으로 성찰하며 사회 안정을 실현하기 위한 일련의 주장들을 제창하였다.

---

131 묵가집단의 초대 巨子로는 墨翟(즉 墨子)이 활동하였고, 뒤를 이어서 禽滑釐, 孟勝 등이 활약하였다. 孟勝은 荊의 城邑 陽城의 방어임무를 부탁 받고서 楚의 침공에 맞서 분전하였으나 실패하였다. 그는 실패에 책임감을 지고 자결하였는데 이때 따라 죽은 묵가의 무리는 무려 183명이었다고 한다. 이후 '거자' 자리는 宋나라 田襄子에게 물려졌고, 그 뒤로는 끊어졌다고 한다. 禽滑釐에 대해서는 『墨子』, 「公輸」; 『莊子』, 「天下」 등, 그리고 孟勝에 대해서는 『呂氏春秋』, 「上德」 등 참조.

132 "孟子曰: 墨子兼愛, 摩頂放踵, 利天下, 爲之.", 『孟子』, 「盡心」상 13:26 참조.

묵자께서 말씀하셨다. 무릇 나라를 다스릴 때는 반드시 (그 나라에 맞는) 책무를 택하여 종사해야 한다. 나라가 혼란하면 그 (임금)에게 '인재의 존중'〔尚賢〕, '윗사람 (교의에) 동의'〔尚同〕를 말하고, 나라가 빈곤하면 그 임금에게 절용節用・절장節葬을 말하고, 나라가 (놀고먹으며) '음악'〔樂〕에 빠져있으면 그 임금에게 '음악의 부정'〔非樂〕과 (열심히 일하기 위한) '숙명론의 부정'〔非命〕을 말하고, 나라에 불법이 난무하고 '예禮'가 없으면 그 임금에게 (의례에 따르는) '하느님 섬기기'〔尊天〕와 '귀신의 모심'〔事鬼〕을 말하고, 나라가 침략전쟁에 매몰되어 있으면 그 임금에게 '만민박애'〔兼愛〕와 '침략 반대'〔非攻〕를 말한다. 따라서 (그 나라에 맞는) 책무를 택하여 종사해야 한다고 말하는 것이다.[133]

요컨대, 묵가들은 '침략전쟁반대'〔非攻〕를 주장하고 민생의 안정에 소요되는 사회적 부를 축적하기 위하여, 한편에서 통치계층에 의한 재화의 낭비를 규제하기 위하여 '절용節用', '절장節葬', '음악 반대'〔非樂〕 등을 요구하였으며, 다른 한편에서는 유능한 '인재의 존중'〔尚賢〕과 '윗사람 (교의에) 동의'〔尚同〕를 함께 주장한다. 주전론자들의 명분이 공통적으로 부국강병과 천하통일을 목적으로 함으로써 '국가공리주의'의 강한 관철을 표출해낸 것이라면, 그와는 다른 — 생산하는 민중의 입장에서 — 묵가의 반전론은 전쟁의 구렁텅이 속에서 고난받는 민중의 고통을 해소하고 구원해 내기 위한 '반反전쟁・평화'론의 인도주의적 사상이며 동시에 — 인류 역사상 전례가 없는 — 과감한 실천행위였다고 평가할 수 있다.

---

133 「魯問」, 392-393쪽.

5. 도가학파의 '전쟁부정'론과 내면적 자유의 추구

1) 양주楊朱학파의 '경물중생輕物重生'론과 전쟁부정론

양주학파의 '경물중생'론은 중국철학사에서 "자기 자신을 귀하게 여기는"[134] 개인주의 사상을 최초로 표출한 것이다. 그들이 자기 자신〔己〕의 문제에 주목하게 된 계기는 자기 밖의 "세상일은 기약할 수 없다."〔外物不可必〕는 생각에서 비롯된 것으로 보인다.

세상일은 기약할 수 없다. 그래서 용방龍逢은 처형당했고, 비간比干은 죽음을 당했고, 기자箕子는 미쳤으며, 오래惡來는 죽었고, 걸桀왕과 주紂왕은 망했다. 군주는 신하가 자신에게 충성을 다하기를 바란다. 그러나 (신하가) 충성스럽더라도 반드시 (군주로부터) 신임을 받는다고 할 수 없다. … 부모로서 자식이 효자이기를 바라지 않는 자는 없다. 그러나 효자라고 반드시 (부모로부터) 사랑을 받는 것은 아니다. 그래서 효기孝己는 (부모의 학대 때문에) 근심했고, 증삼曾參은 (부모의 구박 때문에) 슬퍼했다.[135]

이러한 생각은 자기 몸 밖의 대상 세계 전부에 대한 불신과 좌절을 반영한다. 이러한 상태에서 가장 확실한 것은 오직 '자기 자신 안에 있는 것'〔在己〕일 뿐이다. 왜냐하면 '남에게 달려있는 것'〔在人〕은 '자기의 확실성' 너머에 있기에 어찌해 볼 도리가 없기 때문이다. 외부 세계에 대한 철저한 좌절 속에서 개인주의자들은 '자신의 길'에만 관심을 두었다. 세상을 우선 자신이 할 수 있는 부분과 그렇지 않은 부

---

134 "陽生貴己.", 『呂氏春秋』, 「不二」.
135 『莊子』(曹礎基, 『莊子淺注』, 北京: 中華書局, 1982), 「外物」, 407쪽; 『呂氏春秋』, 「必己」.

분으로 명확히 나눈 뒤에, 자신의 소망 혹은 의지를 관철시킬 수 없는 부분(즉 자기 밖의 세계)에 대한 관심은 일단 보류해 두고 오직 자신이 할 수 있는 부분(즉 자기만의 세계)에만 관심을 집중했다. 그렇다면 이렇게 자기 자신의 세계에만 눈을 돌린 '양주'학파는 그 안에서 무엇을 찾아냈을까?

이들은 우선 자기 자신[己]의 '생명'[生]의 문제에 주목하였다. 이들에 의하면, 남과 더불어 세상을 살아가면서 나타나는 사회적인 모든 범주들, 예를 들면, 관습·규범·이념·재산·지위·천하 등등은, 자기 생명 밖의 대상, 즉 외물外物에 불과하며, 이런 '외물'은 결국 자기의 '생명'을 기르는 도구에 불과하다고 규정한다.[136] 따라서 자기 외부의 대상[物]이 인간의 삶보다 우위에 있어서는 안 된다는 것이다. 이에 양주학파에서는 "외물을 가벼이 여기고 삶을 중시해야 한다"[輕物重生][137]고 말한다.

지금 나의 생명은 나를 위해 있는 것이니, 그것이 나를 이롭게 하는 것 역시 크다. 귀하고 천한 것을 논한다면 천자天子의 작위만한 것이 없으나 나의 생명보다 귀하지 않다. 무겁고 가벼운 것을 논한다면 천하를 다 가진 것보다 부유한 것은 없으나 나의 생명과 바꿀 수는 없다.[138]

요컨대, 양주학파의 개인 '생명 제일주의'의 입장에서 보자면, 국가 공리주의 실현과 전쟁에 의한 천하통일을 주장하는 '주전론자'들의 입

---

136 "物也者, 所以養生也, 非所以生養也. 今世之人, 或者多以性養物, 則不知輕重也. 不知輕重, 則輕者爲重, 輕者爲重矣.", 『呂氏春秋』, 「本生」.

137 "有人於此, 義不入危城, 不處軍旅, 不以天下大利易其脛一毛. 世主必從而禮之, 貴其智而高其行, 以爲輕物重生之士也.", 『韓非子』, 「顯學」.

138 "今吾生之爲我有, 而利我亦大矣. 論其貴賤, 爵爲天子, 不足以比焉. 論其輕重, 富有天下, 不可以易之.", 『呂氏春秋』, 「重己」.

장은 결코 용납될 수 없는 것이다. 왜냐하면 주전론을 주장하는 법가의 인간관에 의하면, 일반 백성은 결국 전쟁 물자의 생산과 전투를 담당할 노동력으로만 치부될 뿐이기 때문이다. 따라서 법가가 주장하는 평화의 길, 즉 열심히 생산하여 전쟁 물자를 마련하고 목숨 바쳐 전쟁을 수행하는 과정 자체가 인간 개개인의 '온전한 삶'을 파괴하는 과정에 불과하다. 그 밖에 '왕도'의 실현을 위한 '의전義戰'을 말하는 유가의 전쟁론이나 '만민박애'〔兼愛〕에 입각하여 '침략전쟁 반대'를 부르짖는 묵가의 '방어'의 논리도 모두 각각 자신의 이념적인 명분을 내세워 전쟁을 정당화하려는 자의적인 억단臆斷에 불과한 것이다. 이들 유가나 묵가의 주장들도 자신의 삶보다 자기 외부의 대상〔物〕을 더 중시하는 입장에 지나지 않는다고 양주학파는 볼 것이기 때문이다.

2) 송견宋鈃·윤문尹文의 평화론

(1) '편견의 제거'〔別宥〕와 마음의 평화

곽말약은 송견과 윤문[139]을 전국 중기 제齊나라 직하稷下학궁에 속하였던 양주楊朱, 즉 도가道家의 직계로 보았고, 또한 『관자管子』의 「심술心術」 상·하, 「내업內業」, 「백심白心」 등 네 편을 송견·윤문의 저작으로 본다.[140] 그리고 송견·윤문학파의 핵심 사상으로는 '모욕을 당해도 욕되게 생각하지 않음'〔見侮不辱〕과 '욕구의 절제'〔情欲寡淺〕가 전해진다.

---

139 이들의 생몰연대는 상세하지 않다. 宋鈃은 대체로 맹자와 같은 시기이거나 조금 빠른 시기에 활동했다고 볼 수 있다. 『孟子』, 「告子」하 12:4 참조.

140 郭沫若, 『十批判書』, 「稷下黃老學派的批判」, 北京, 1948, 140-143쪽 참조. 그러나 이에 대한 반론도 만만치 않다. 祝瑞開는 이 네 편의 내용이 일관성이 없고 상호 모순되는 諸子들의 사상을 담고 있다는 점을 들어 송견·윤문의 저작이 아니라고 주장한다. 祝瑞開, 『先秦社會和諸子思想新探』, 福建: 人民出版社, 1981, 262-268쪽; 그리고 張舜徽는 이 네 편을 黃老學의 대표적인 작품으로 보고 있다. 張舜徽, 『周秦道論發微』, 北京: 中華書局, 1982 참조.

만약 인간의 마음에 욕망이 가득 차면 눈은 색깔을 제대로 보지 못하며, 귀는 소리를 제대로 듣지 못하고, 마음은 평형을 잃는다. 따라서 이들은 '걱정'〔憂〕, '즐거움'〔樂〕, '기쁨'〔喜〕, '노여움'〔怒〕, '욕망'〔欲〕 등을 우선 '마음'에서 제거해야 한다고 말한다.

'마음'〔心〕이 드러남에 저절로 가득 차고 저절로 넘쳐 흐르며, 저절로 생겨나서, 저절로 자신을 이룬다. 때때로 그것이 그 온전함을 잃는 것은 반드시 근심과 쾌락, 기뻐함과 노함, 욕망과 탐심 때문이다. 그러한 것들을 제거하기만 한다면 '마음'은 곧 본래의 상태를 회복하여 온전해진다. 그 '마음'의 본성〔情〕은 안정되고 편안한 상태를 최고로 친다. 번거롭지 않고 어지럽지 않다면 '마음'의 평화는 저절로 이루어진다.[141]

이와 같이 송견·윤문학파는 항상 안으로 마음을 비우고 고요하게 하여, 일체의 욕망과 생각을 버림으로써 외물의 유혹을 받지 않으면서 '마음'의 평화를 추구할 것을 말한다. 일찍이 장자는 송견(즉 宋榮子)에 대하여 다음과 같이 말하였다.

송영자는 오히려 빙긋이 웃을 뿐이다. 온 세상이 칭찬해도 그를 더 열심히 하게 할 수 없었고, 온 세상이 비난해도 그를 의기소침하게 할 수 없었다.[142]

이렇게 본다면 송견은 나름대로 자기 확신 속에서 일종의 '부동심'

---

141 "凡心之刑, 自充自盈, 自生自成. 其所以失之, 必以憂樂喜怒欲利. 能去憂樂喜怒欲利, 心乃反濟. 彼心之情, 利安以寧, 勿煩勿亂, 和乃自成.", 『管子』, 「內業」.

142 "而宋榮子猶然笑之. 且擧世而譽之而不加勸, 擧世而非之而不加沮", 『莊子』, 「逍遙遊」.

의 경지에 도달한 현자같이 보인다.

이들이 평화로운 사회를 구현해 내기 위하여 강조한 것은 무엇보다 먼저 사람이나 사물들에 대한 '편견의 제거'[別宥]였다. 송견·윤문은 먼저 '마음'이 '겸허하고 한결같이 고요해야'[虛一而靜]만 올바르고 정확하게 인식할 수 있다고 보았다. 마음을 밝은 거울이나 물같이 고요하게 하면 외계의 사물을 비추더라도 있는 그대로 비추어 더하거나 덜 하는 것이 없다는 것이다. 마치 "그림자가 형태를 본뜨려 하는 것과 같고 메아리가 소리에 응하는 것 같이"[143] 대상을 있는 그대로 받아들이는 것이다. "좋아하는 것에 이끌려도 안 되고 (억지로) 싫어하는 것을 피해서도 안 된다. 싫어하게 되면 그 이치를 올바르게 판단하지 못하게 되고, 과욕은 그 '실정'[情]을 넘어서게 된다."[144]고 이들은 말한다. 인식에는 '인因'이 필요하다. "'인'이란 자기를 버리고 대상물[物]을 법도로 삼는 것이다."[145] 이렇게 함으로써 비로소 주관적인 편견으로부터 해방된다. 이렇게 그들은 마음의 평화 추구, 다시 말해, 타인과 갈등을 해소하기 위하여, 마음의 '편견을 제거'[別宥]하는 일부터 실천해 나갔다. 그리고 그들은 점차 사람들 간에 화합을 이루어 내고 전쟁을 종식시키고자 하였다.

(2) '침략 반대와 무기 폐기'[禁攻寢兵]론
『장자』「천하」는 다음과 같이 이들의 평화운동에 대해 말하고 있다.

만사를 대할 때 '편견의 제거'를 으뜸으로 삼았다. 마음의 관용을 말하고, 그것을 '마음 씀'이라고 하였다. 온화한 말로 (세상 사람들과) 마

---

143 "影之象形, 響之應聲", 『管子』, 「心術」상.
144 "不怵乎好, 不迫乎惡. 惡, 不失其理; 欲, 不過其情.", 위와 같음.
145 "因也者, 舍己而以物爲法.", 위와 같음.

음의 기쁨을 같이하며, (비참한 전쟁 상황에 있는) 세상을 화합시키려고 하였다. 이들(송견·윤문학파)은 이것을 (그들의) 주요 과제로 삼았기에, '모욕을 당해도 욕으로 생각지 말라'[見侮不辱]는 설득으로 사람들 간의 (개인적) 다툼을 말리고, (국가들 간의) 침략전쟁과 무기 폐기론을 들고서 세상의 다툼을 종식시키고자 하였다. 이런 (만민의 화합과 평화) 사상을 가지고 온 천하를 두루 다니면서, 위로는 (임금들을) 설득하고 아래로는 (관리와 백성들에게) 설교하였다. 비록 세상 사람들이 (이들의 말을) 듣지 않으려고 하여도 억지로 귀에다 대고 말하며 그치지 않았다. 이 때문에 윗사람이나 아랫사람들이나 (모두 이들을) 만나기를 싫어해도 억지로 만나 보고자 하였다. 오직 이러했으니 이들은 남들을 위해서는 많이 했으나 그들 자신을 위한 것은 너무나 적었다. … (이들은) "군자들이란 (남에 대해) 각박하게 따져서는 안 되고, 자기 (이익) 때문에 남의 힘을 빌리고자 해도 안 된다!"고 말하였다. (이들은) 사회 전체에 이롭지 못한 것을 명백히 밝히어 (그것을) 그치게 하는 것보다 더 (큰일은) 없다고 생각하였다. (이에) '전쟁 반대와 무기의 폐기'를 밖의 일로, '욕심을 적게 가짐'을 내심의 일로 삼았다. (이것이) 이들의 (이론과 실천의) 크고 작은 일이요 (또한) 핵심과 대강이니, 이들의 행동은 이런 점에서 다할 뿐이다![146]

이 밖에도 송견의 반전활동에 대한 언급은 『맹자』「고자告子」하편에도 보인다. 진秦과 초楚 양 대국 간의 전쟁을 미리 막을 목적으로 '초'나라로 가던 송견이 맹자를 만나 이들 두 나라의 군주 중 적어도 한 명은 설득시킬 수 있을 것이라는 의욕을 보이고 있다.[147] 『한비자韓非子』에서는 송견의 이러한 평화 실천적 면모에 대하여, "사람과 싸우

---

146 『莊子』,「天下」.
147 『孟子』,「告子」下 12:4.

지 않기로 하고, 원수를 갚지 않기로 하며, 감옥에 갇히는 것도 부끄럽게 여기지 않고, 모욕을 당해도 부끄럽게 여기지 않는다. 세상의 군주들은 그 점을 너그럽다고 생각하여 그들을 예우한다."[148]라고 요점적으로 서술하고 있다.

묵가는 '만민박애'〔兼愛〕의 정신에서 민생 구제를 목표로 하여 침략 전쟁 행위를 남의 재물을 약탈하는 사회적인 '불의'와 범죄로 규정하고, 우월한 무기나 방어술의 개발을 통하여 적극적인 방어 전략을 펼쳐 나갔다. 이에 비해 송견·윤문학파는 개별 인간의 '욕구 절제'〔情欲寡欲〕와 '편견 제거'〔別宥〕를 통하여 서로 간의 마찰을 피하여 전쟁의 종식과 평화를 찾고자 한 것이다. '편견 제거'와 '욕구 절제'로 얻는 '내면적인' 마음의 평화를 적극적으로 설득함으로써, 그들은 군주들의 전쟁 의욕을 약화시키고, 더 나아가서 군비 철폐로부터 얻어낼 수 있는 사회적 공익의 증진을 열심히 계몽했다. 송견·윤문학파의 평화론은 '침략전쟁반대'〔非攻〕의 요구를 온 천하를 상대로 공공연하게 전개했다는 점에서는 분명히 묵가의 '반전'론에 매우 근접한다고 볼 수 있다. 그러나 논의의 중심이 어디까지나 인간의 '편견 제거'와 '욕구 절제'를 통한 '부동심不動心'과 세계의 '평화'에 있다는 점에서 송견·윤문학파의 입장은 역시 도가의 한 부류로 볼 수 있다.

3) 노자의 '무위無爲'의 이상과 '전쟁 부정'〔非戰〕론

『노자』에서는 인간의 인식과 판단은 결코 절대적일 수 없고 상대적일 수밖에 없다고 본다. '아름다움'〔美〕과 '미움'〔惡〕, '좋은 것'〔善〕과 '나쁜 것'〔不善〕, '있음'〔有〕과 '없음'〔無〕, '어려움'〔難〕과 '쉬움'〔易〕, '긴 것'〔長〕과 '짧은 것'〔短〕 등등을 각각 하나로 고립되어 있는

---

148 "設不鬪爭, 取不隨仇, 不羞囹圄, 見侮不辱, 世主以爲寬而禮之.",『韓非子』,「顯學」.

독립적 실체로 파악할 것이 아니라, 상호 의존적·상대적으로 파악하고 이해해야 한다고 본다.[149] 즉, 어느 일방을 타방과 관계없이 절대적으로 인식할 수 없다는 것이다. 따라서 단지 하나의 입장만을 절대적·배타적 기준으로 내세우는 어느 학파의 어떤 적극적 주장도 노자는 결코 절대적인 '진리'로 받아들일 수가 없었다. 그에 의하면 그런 '참된 진리', 즉 '도道'는 언어적 규정이나 개념적 정의 너머에 있는 것이다.[150] 따라서 『노자』에서 만날 수 있는 것은 모든 인간의 적극적인 실천 행위에 대한 부정이다. 유가가 '인의'를 말하고, 법가가 국가 공리주의의 실현을 위한 강력한 '법치'를 말하고, 묵가가 민생의 구제를 위한 '겸애' 사상과 실천을 적극적으로 펼쳐나갔다면, 『노자』에서는 이런 모든 '드러난 주장'들, 즉 적극적인 '유위有爲'의 주장과 실천을 부정하는 '무위無爲' — 즉 전혀 인위적인 조작이 보이지 않는, 또는 어느 하나의 이념으로 절대적·배타적으로 규정할 수 없는, 따라서 다른 존재들과 충돌하거나 간파될 수 없는 — 부정적인 주장과 실천을 대안으로 제시한다.

노자는 당대 사회에서 전쟁이 지속되며 혼란이 심화되는 사회적 '재난'〔禍〕은 다름 아닌 통치자들의 "만족을 모르는" 과도한 욕망에서 빚어진다고 보았다.

> 허물은 소유의 욕구보다 더 큰 것이 없고, 불행은 만족을 모르는 것보다 더 큰 것이 없다.[151]

이것을 한비자韓非子는 다음과 같이 풀이한다.

---

149 『老子』 2장.
150 "道, 可道, 非常道. 名, 可名, 非常名.", 『老子』 1장.
151 "咎, 莫大於欲得; 禍, 莫大於不知足.", 『老子』 46장.

사람은 욕심이 나면 셈이 엉망이 되고, 셈이 엉망이 되면 욕심이 심해진다. 욕심이 심해지면 나쁜 마음이 승하고, 나쁜 마음이 승하면 일의 법도가 끊어진다. 일의 법도가 끊어지면 재난이 생긴다. 이렇게 본다면 재난은 나쁜 마음에 이끌린 것이요, 나쁜 마음은 욕심나는 것에 이끌린 것이다. … (이에) 불의가 생겨나니 군주가 약한 군주(국)를 침략하여 재난이 다다르면 백성들이 많이 다치게 된다. … 이익을 탐하는 마음을 없애지 못하면 그것은 몸의 근심이 된다. … 크게는 '제후'들이, 작게는 나머지 '천금'의 재산을 가진 이들이 그 소유의 욕구를 없애지 못하니, … 이제 만족을 모르는 자들의 근심은 평생 풀릴 길이 없다. 따라서 (老子는) '재난은 만족을 모르는 것보다 더 큰 것은 없다.'고 말하는 것이다."[152]

(晉의) 지백智伯이 (韓의) 범范씨와 (魏의) 중행中行씨와 함께 조趙를 공격하여 멈추지 않으니, '한'과 '위'가 '지백'에게 반기를 들었다. (이에 지백의) 군대는 진양晉陽땅에서 패하였다. (그의) 몸은 고량高梁의 동쪽에서 죽으니 마침내 (그의) 영토는 분할되고 (趙씨가) 그의 해골에 옻칠을 하여 술잔으로 삼았다. 따라서 (老子는) '재난은 만족을 모르는 것보다 더 큰 것은 없다.'고 말하는 것이다.[153]

한비자가 『노자』의 문장을 이와 같이 해석하고 있는 것처럼, 『노자』에서는 욕구의 절제를 모르는 무한한 욕구의 충족을 개인과 사회를 파멸로 이끄는 근본적인 재난으로 보고 있다. 따라서 『노자』의 도처에서는 욕망의 '절제''〔止〕, 또는 '욕구의 배제'〔不欲, 無欲〕, 더 나아가서 '무집착'〔無執〕 '무위無爲', '무사無事' 등을 통하여 비로소 개인과 사

---

152 陳奇猷 校注,『韓非子集釋』상,「解老」, 上海: 人民出版社, 1974, 361-362쪽 참조.
153 앞의 책,「喩老」, 387쪽 참조.

회의 문제가 스스로 만족스럽게 해결된다고 한다.[154]

사회적인 범죄도 갈등도 없는 '자연세계'〔天〕가 『노자』에서는 골치 아픈 '인간세계'〔人〕와 대조되는 이상적인 질서의 이미지로 등장한다. 아무런 마찰 없이 조화롭게 움직이는 '자연세계의 법칙'〔天道〕은 서로 "투쟁하지 않으면서도 잘 이기고 (서로) 말을 하지 않아도 잘 응대하고 명령하지 않아도 스스로 오며 비록 느린 것 같지만 계획에 잘 맞는다. 자연의 도리는 넓고도 넓어서 엉성해도 놓치는 일이 없다."[155]고 말한다. 따라서 이런 '자연의 도리'〔天道〕를 체득한 성인聖人 또한 이렇게 말한다. "내가 '의도된 행위를 하지 않으니'〔無爲〕 백성들이 저절로 교화되고, 내가 (이욕에 담담하여) '고요함'〔靜〕을 좋아하니 백성들이 저절로 바르게 되고, 내가 '의도적으로 벌이는 일이 없으니'〔無事〕 백성들이 저절로 풍족해지고 내가 '의도적으로 욕심 내지 않으니'〔無欲〕 백성들이 저절로 순박해진다."[156] 여기에서 더 나아가 노자는 유가의 성인들이 만들어 낸 문명의 법도, '인의예지'의 인륜도덕, 묵가나 법가가 말하는 공리적 유용성, 법령 등등, 모든 것들을 끊어버린다면, 백성들의 삶은 그만큼 더 소박하고 이롭다고 말한다.[157]

노자는 백성들이 평화롭고 안정된 삶을 살고자 한다면, "겉은 단순하고 마음은 순박해야 하며, '이기적 성향'〔私〕을 줄이고 욕심을 적게 가져야 한다."[158]고 말한다. 따라서 노자가 그리는 소국과민小國寡民

---

154 "知止, 可以不殆"(32장); "不欲以靜, 天下將自定"(37장); "知足不辱, 知止不殆"(44장); "取天下常以無事"(48장); "我無欲而民自樸"(57장); "聖人無爲故無敗"(64장); "無執故無失"(64); "聖人處無爲之事"(2장); "道常無爲"(37); "上德無爲"(38); "無爲之益"(43장); "我無爲而民自化"(57장) 등 참조.

155 "天之道, 不爭而善勝, 不言而善應, 不召而自來, 然而善謀. 天綱恢恢, 疏而不失." (73장)

156 "故聖人云: 我無爲而民自化, 我好靜而民自正, 我無事而民自富, 我無欲而民自樸."(57장)

157 『老子』3장, 19장, 57장, 74장 등 참조.

의 이상사회는 문명 이전의 단순 소박한 사회에 비견될 수 있다.[159]

자연 회귀적, 또는 반문명적인 유토피아 사상을 가진 노자는 당대에 각축을 벌이는 전쟁에 대하여는 매우 비판적일 수밖에 없었다. 노자에 의하면 "세상에 도리가 있다면 (전쟁터에서) 뛰어다닐 말들을 도리어 (농토에) 분뇨를" 운송하는 데 써야 할 것이며, "세상에 도리가 없어서 (전쟁이 빈번하면) 야전 장에서 망아지가 태어날"[160] 수밖에 없다. 따라서 노자는 다음과 같이 무기와 전쟁에 대하여 극단적으로 부정적인 평가를 내리고 있는 것이다.

> 무기란 상서롭지 못한 기물이기에 누구라도 그것을 싫어한다. 따라서 '도'가 있는 사람은 그런 일에 관여하지 않는다. 군자는 평 시에 왼쪽을 귀하게 여기나 싸울 때는 오른쪽을 귀하게 여긴다. 따라서 무기는 군자의 기물이 아니라 상서롭지 못한 기물이다. 부득이해서 쓸 뿐이다. 담담한 마음이 최상이요, 이기고도 좋게 여기지 않아야 한다. 만약 좋게 여긴다면, 이는 사람을 죽이기를 즐거워하는 것이다. 무릇 사람 죽이기를 좋아하면 천하에 뜻을 펼 수가 없다. 이 때문에 길사吉事에는 왼쪽을 높이고 흉사에는 오른 쪽을 높인다. … (전쟁으로) 죽은 사람이 많으면 비감한 애통으로 조문하고 전쟁에 이겨도 상례喪禮로 처리해야 한다.[161]

3) 장자의 절대인식의 부정과 전쟁무용론

(1) 장자의 상대주의적 인식론과 폭력으로부터의 해방

유가와 묵가를 비롯한 제자백가들이 각기 그들 나름대로 인간의 적

---

158 "見素抱樸, 少私寡欲."『老子』19장.
159『老子』80장.
160『老子』46장.
161『老子』31장.

극적인 실천 행위를 통하여 당대 사회 문제들을 해결하고자 한 것과 달리, 장자에게 가장 중요한 철학적 관심은 사회, 즉 공동체의 문제를 해결하는 데 있는 것이 아니라, 그보다 더 근원적으로 그 공동체를 실제로 구성하는 개개인들의 '개인적인 자유와 해방'에 대한 철학적 문제의식에 있었다. 당대에 계속 확대일로에 있는 사회적 혼란양상들과 전쟁의 빈발은 장자와 같은 개인주의적 철학자들에게는 너무나 위험스러운 것이었기에 더 이상 인간의 '실천이성'을 믿을 수 없게 되었다. 따라서 장자는 — 성인의 법도라는 미명으로 — 개인을 지도·감독·구속하려는 일체의 행정적 또는 이념적 규제와 간섭을 기껏해야 — 불행을 불러오는 — '인위적 재앙'으로 규정한다.[162] 이에 개인주의적 경향을 보이는 도가학파의 지식인들은 그것들에 대한 정면 도전과 해체를 외치는 일종의 '부정의 철학'을 제기했다고 하겠다.

이미 공자시대를 전후하여 사회적 규범 밖에서 자신들의 자유를 추구하던 '일민逸民'들의 '경물중생輕物重生'론, 즉 '개인주의적인 생명존중론'이 일단 양주楊朱학파에서 크게 고조되었다면, 이런 양주의 사상을 더욱 철학적으로 고양하여, 단순한 개인 생명의 물리적 보존뿐만 아니라, 이를 넘어서는 '정신의 자유', 즉 무한한 '소요유逍遙遊'의 추구는 바로 장자에서부터 본격적으로 논의된다.

(2) 장자의 '자아'의 해방의식과 전쟁 무위의 비유

전국시대 중기에 활동한 장자 역시 다른 사상가들과 마찬가지로 당시에 전개되고 있던 전쟁의 영향권 밖에 있을 수 없었다. 그러나 상대주의적 인식론에서 출발하는 장자에게는 전쟁을 정당화시키는 어떤 형태의 이념들도 — 그것이 법가식 국가 공리주의든 유가식 '의전'론이든, 아니

---

162 "命之曰: '灾人'. 灾人者, 人必反灾之.", 曹礎基, 『莊子淺注』, 「人間世」, 北京: 中華書局, 1982, 50쪽 참조.(이하에서 『장자』는 편명과 쪽수만 언급함.)

면 묵가식 '방어'전이든 — 진지한 것으로 받아들일 수가 없었다. 왜냐하면 그에게는 그의 마음을 구속할 수 있는 절대인식이 결코 있을 수 없기 때문이다. 그에게는 오직 자신의 개인적인 삶을 속박할 수 있는 외부의 모든 — 물리적 또는 정신적 — 압박으로부터 해방하는 것이 가장 큰 철학적 관심사였다. 일찍이 장자의 철학세계에 대해 다음과 같이 말하였다.

실제는 항상 홀연히 흘러가니 일정한 형태가 없다. 모든 존재는 무상하게 변화해 가는 것이다. 무엇이 삶이고 무엇이 죽음인가? 나는 자연과 함께 가는 것인가? 정신은 어디로 움직여 가는 것인가? 그들은 홀홀 어디로 가고, 총총히 어디로 떠나가 버리는가? 모든 존재는 눈앞에 펼쳐 있으되, 돌아갈 곳을 모르는구나! 옛날 도술道術의 이런 면을 장주莊周가 듣고서 기뻐하였다. … 그는 홀로 천지자연과 더불어 정신을 교류하였으나, 뽐내어 만물을 경시한 적이 없었다. 그리고 옳고 그름〔是非〕을 따지지 않고 세속에 섞여 살았다. 그의 글은 비록 장대하지만 완곡하여 어그러짐이 없다. 그의 말들이 비록 들쭉날쭉하고 괴상해도 읽어볼 만하다. 꽉 들어차 있어 끝날 줄을 모른다. 그의 정신은 위로는 천지의 조물자造物者와 함께 노닐고, 아래로는 삶과 죽음, 처음과 끝을 넘어서 있는 자연과 벗이 된다. 그의 철학사상은 원대하고 넓고, 깊고 무한하다. 모든 변화에 적응하고 모든 존재를 해석함에 그의 이론은 무진장하다. 그 이론의 전개는 끝이 없고 홀홀忽忽 망망茫茫하여 다 파악할 수 없도다!163

모든 것이 덧없이 흘러가는 광대무변한 우주 속에서 장자의 "정신

---

163 「天下」, 508쪽; 송영배, 『제자백가의 사상』, 현음사, 1997, 287-288쪽 참조.

은 위로는 천지의 조물자造物者와 함께 노닐고, 아래로는 삶과 죽음, 처음과 끝을 넘어서 있는 자연과 벗이 되는" 삶을 추구했다. 따라서 장자에게는 그의 당대에 벌어지고 있는 전쟁이란―아무런 의미 없는―무모한 소모전에 불과하였다.

> 대진인戴晉人이 말하였다: "임금께서는 달팽이를 아십니까?" (魏왕이) 대답하였다. "알지요." (대진인이 말했다.) "그 달팽이의 왼쪽 뿔 위에 나라를 세운 자를 촉觸씨라고 하고, 오른쪽 뿔 위에 나라를 세운 자를 만蠻씨라고 부릅니다. 늘 서로 땅을 다투며 전쟁을 하는데, 죽은 시체가 몇 만이며, 패하여 달아나는 적병을 쫓아서 15일이나 달리다가 돌아왔습니다." 임금이 말했다. "아, 그것은 헛소리가 아닙니까?" (대진인이) 말하였다. "제가 사실이라는 것을 증명해 보겠습니다. 임금께서는 천지사방이 끝이 있다고 생각하십니까?" 임금이 대답했다. "끝이 없지요." (대진인이) 말하였다. "무궁한 (우주에) 마음을 노닐게 하고, (인간들이) 왕래하는 (지구상의) 나라를 되돌아보면 (그것은 아주 미세하여) 있는 것도 같고 없는 것도 같다는 것을 아십니까?" 임금이 대답했다. "그렇다 하겠소." (대진인이) 말하였다. "그 왕래하는 나라 안에 '위'나라가 있고, 그 위나라 안에 (서울인) '양梁'이 있고, 그 '양' 안에 임금께서 계십니다. 임금과 (달팽이의 오른쪽 뿔 위에 나라를 세운) 만蠻씨 사이에 무슨 차이가 있습니까?" 임금이 말하였다: "(그렇게 본다면) 차이가 없겠소."[164]

광대한 우주를 만든 '조물자'와 노닐며 "홀로 천지 정신과 더불어 정신을 교류"하려는 장자에게는, 인간 세상의 전쟁 놀음이란 거대한 우주의 관점에서 보자면 하잘것없는 것이었다. 어떠한 이념과 명분을

---

[164] 「則陽」, 393쪽.

내세웠다 할지라도 전쟁의 결과가 생명을 해치고 세상을 황폐하게 만든다는 점에서는 차이가 없다. 전쟁은 그래서 하찮고 무용할 뿐이다.

장자의 눈에 비친 군주는 한결같이 평화를 정착시키려는 의지가 없었다. 진정 백성을 사랑하고 아긴다면 그들을 지배하고자 하는 욕심마저 버리고 백성에 대한 일체 간섭을 없애야 한다는 것이 장자의 주장이다.

무후武侯가 서무귀徐無鬼를 만나서 말하였다. "제가 선생을 만나보고 싶어한 지가 오래되었습니다. 저는 백성을 사랑하고, 의를 위하여 잠시 전쟁을 쉬어볼까 하는데, 이것이 과연 가능한 일입니까?" 서무귀가 대답하였다. "안 되지요, 백성을 사랑한다는 구실은 백성을 해치는 시작입니다. '의'를 위하여 잠시 전쟁을 쉰다면 도리어 전쟁을 조성하는 근본이 됩니다. 임금께서 그렇게 하신다면 아마도 성공할 수 없을 것입니다. 무릇 '아름다운 것'〔美〕을 이루려는 것이 '흉악한' 도구가 됩니다. 임금께서는 비록 '인의'를 행한다 할지라도 거의 '사기'(의 연출)가 될 것입니다. 형세는 반드시 (또 다른) 형세를 조성하게 되고, (이렇게 대립이) 이루어지면 (각자는) 과시를 하게 되니, 형세의 변화는 진실로 밖으로 전쟁을 일으키게 합니다. (진정으로 평화를 원하신다면) 임금께서는 또한 강병强兵을 높은 망루에 진열시켜서는 안 됩니다. 보병과 기병을 궁궐의 제단 앞에 두어서도 안 됩니다. 기교로써 남을 이기려 해도 안 되고, 계략으로써 남을 이기려 해도 안 됩니다. 전쟁으로 남을 이기려 해서도 안 됩니다. 남의 나라 백성들을 죽이고 남의 나라 땅을 겸병함으로써 자기의 사익과 자기의 '기개'〔神〕를 기르려고 한다면, 그런 전쟁에서 어느 편이 좋은지를 알 수 있겠습니까? 승리가 어디에 있겠습니까? 임금께서 만약 그런 전쟁을 그만두시겠다면, 마음속의 정성을 닦음으로써 천지자연의 참된 것을 따르도록 하고 그것을 어지럽히지 않도록 해야 합니다. (그래야만) 백성들이 죽음에서 벗어날 수 있으니, 임금께서 (일부러 잠시) 전쟁을 쉽게 할 필요가 있겠습니까?"[165]

전쟁은 어느 한편이 잠깐 쉰다고 해서 해결될 문제가 아니라고 장자는 생각한다. 사회적 이해 갈등에서 완전히 자유로울 수 없는 한, 고식적인 정전은 또 다른 전쟁을 불러오는 구실 이상이 아닌 것이다. 진정으로 평화를 원한다면 '천지자연'의 진정한 이치를 따를 수 있는 순수한 마음의 정성을 따라야만 한다고 장자는 말한다. 따라서 천지자연의 참된 것을 따르려는 순수한 마음이 없이 고식적으로 전쟁을 잠시 쉰다는 것은 그에게는 무용한 사기극으로 비칠 뿐이다.

그럼에도 불구하고 전쟁이란 각종 전략과 전술, 정보, 조직, 판단, 무기 제조 기술 등등을 필요로 하고, 고도의 인간 지식을 통해 이루어지는 것이며, 인류사회 발전의 어느 시기에도 사라진 적이 없다. '침략전쟁 반대'[非戰]론을 적극 실천한 묵가집단 역시 나름의 원칙과 명분을 지키기 위해서 이와 같은 과학적·군사적 지식과 기술을 개발하고 사용하였다. 그러나 인간 지식의 발달을 욕망의 구체적 표현 단계로 이해하는 장자는 문명과 기술의 발전을 거부하는 입장을 분명히하였다. 그리고 인간의 실천이성을 철저히 불신하는 장자는 더 나아가서 — 인간 인식의 절대적 확실성을 부정함으로써 — 여러 학파의 명분론자들이 제시한 각종 전쟁 목적의 정당화를 희화하고 그것들의 허구성을 폭로하는 데 상당한 설득력을 보여주고 있다.

장자가 전쟁의 폭력성을 비판하는 예지가 아무리 날카롭게 번뜩인다고 하더라도, 그가 살던 당시에 개개인의 실존적 상황이 바로 현존하는 강국들의 물리적 폭력(군사력)이 부딪치는 전쟁터였다면, 우리는 장자의 이상주의를 어떻게 평가해야 할 것인가 하는 현실 문제에 부

---

165 「徐無鬼」, 365쪽.

닥치고 만다. 현실에 대한 실제적인 처방 능력이 없는 장자는 단순한 허무주의자인가?

그 당시가 인간사회에 대한 신뢰가 근본적으로 부정되는 매우 '억압적'이고 매우 '비관적'인 상황이었음에도 가련한 속인들처럼 자질구레한 '작은 이권'들에 매달려 서로의 이익을 다툼하지 않고, '비관적 심리'를 훌쩍 뛰어 넘어서서 초연하게 대자연의 질서와 화합하고자 한 장자의 웅대한 정신세계는ㅡ단순히 관념적인ㅡ허무주의만으로 치부할 수 없을 것이다.

6. 결론

춘추전국시대의 처참하고 지리支離했던 '전쟁'은 당대를 호흡한 지식인들의 주된 관심사였다. 대부분의 제자백가들은 '객관적인 전쟁 현실'에 대해 강렬한 문제의식을 갖고서 그 해결에 앞장섰다. 초기에는 부국강병을 이루기 위한 방법이나 전쟁기술 등이 주된 관심이었으나 전국시대 중기 이후로 접어들면서 천하 통일의 방법으로서 '전쟁'에 대한 다양한 입장들이 맞서게 된다. 이를 필자는 지식인들의 자주적인 문화의식의 대결로 본다. 이들은 크게 '전쟁'을 현실적으로 불가피한 정치적 해결수단으로 인정하여 효율적인 전쟁수행을 모색하여 능동적으로 대처하려 했던 주전론主戰論의 부류와, 전쟁의 역기능인 파괴와 살상, 민생 파탄 등에 주목하여 전쟁과 군비에 대해 부정적인 입장을 지녔던 '반전'〔非戰〕론의 부류로 나눌 수 있다.

법가와 병가는 주전론의 입장을 대표하였고, 유가는 제한된 범위에서 전쟁을 인정하였다. 법가의 경우 (인적, 물적) 국가 자원의 조직적인 활용을 중시하여 일찍부터 변법을 통한 효율적인 전시 관리 체제를 확립하여 군사력을 앞세워 통일을 추진함으로써 당대 사상가 중에서 보기 드물게 정치적·군사적 진보성을 보여 주었다. 하지만 그들은 국가 공리주의를 획일적으로 관철시키려는 과정에서 다양한 관심을 가진 지식인들의 문화적 자율성을 크게 제한하는 반동성을 극복하지 못한 한계점을 지녔다.

대표적인 반전론을 제시한 묵가의 '침략전쟁 반대'〔非攻〕론은 전쟁의 구렁텅이 속에서 고난 받는 민중의 시각에서 형성된 반전·평화론이다. 사회생산의 확대와 보호를 위해 '만민박애'〔兼愛〕와 '상호 이익 증진'〔交相利〕을 추구한 묵가집단이 보여준 이타정신에서 우리는 ─ 인류 역사상 그 유례를 찾아보기 힘든 ─ 이성적 도덕주의의 이상과 실천이 통일된 위대한 모습을 볼 수가 있다. 유가의 의전론이나 도가의 반전론은 지식인들의 자율성과 책임에 근거하는 당대의 전쟁 현실에 대한 또 다른 인문주의의 표현이라고 본다. 그러나 이들 모두는 ─ 전쟁 자체의 본질에 대한 ─ 부정적 이해 때문에, 당대의 현실적인 문제를 해결하는 데에는 별로 큰 도움을 주지 못했다.

역사는 제자백가들의 다양한 전쟁론을 뒤로 한 채 전쟁에 의해 통일되어 춘추전국시대(기원전 770-221)라는 긴 전쟁의 시대는 일단 종식되고 '진한秦漢' 이래 관료적 중앙집권 국가가 등장한다. 통일국가가 들어서고 전쟁이 종식되면서 '전쟁'이라는 역사 현실에서 실제적 '수요'를 요청받았던 법가의 주전론과 묵가의 반전론은 자연히 소멸과 좌절의 길을 걷게 되었다. 그 대신 유가의 '의전론'이 체제유지를 목표로 한 현실적 수요에 의해 독존하게 되었으며, 도가의 '전쟁부정'〔非戰〕론, 또는 '전쟁무위'론은 하나의 유토피아로 남게 되었다.

전쟁은 개인의 의지와 무관하게 발생한다. 현대에도 국가경영을 위탁받은 소수 권력자들의 의지에 따라 결정되고 있으며, 지금 이 시각에도 지구촌에는 ─ 그것이 국지전이든, 전면전이든 ─ 계속되고 있다. 전쟁의 양상이 고대와 차이가 있다면 파괴 강도와 살상 능력의 효율성 차이가 있을 뿐이다. 그러나 동기와 목적은 유사하다. 개인이 속한 공동체가 일단 전쟁 상황에 놓이게 되면 개인이 동의하지 않은 전쟁이라고 해서 '전쟁 상황'으로부터 도피할 수 없다. 이것이 전쟁이 변함없이 인간에게 부여하는 고통스런 현실이다. 지난 세기 우리가 겪은 한국전쟁이 그러했고 60년대 대리전으로 치른 월남전이 그렇다. 가깝게는 90년대 초반 이래 이라크를 상대로 하는 미국의 전쟁 또한 그러하다. 전쟁이 지속되는 동안 무고한 양민들이 계속 희생될 수밖에 없다. 우리는 전쟁 당사국이 아니면서도 연일 계속되는 현지 전황 보도에 눈과 귀를 매어 두어야 했다.

만일 전쟁이 눈앞에서 일어났을 때 현대 국가체제처럼 정보 통치와 대중조작이 발달한 사회에서 과연 지식인들의 '반전' 공간을 확보할 수 있을까? 대답은 비관적이다. 방대한 전산관리 시스템은 이미 개개인을 언제라도 동원 가능하게 대기시켜 놓고 있다. 게다가 다양한 조작매체는 개인의 주체적인 판단을 체계적으로 흐려 놓는다. 어쩌면 몸으로는 눈부시게 발전한 과학문명의 혜택을 누리면서도, 상업주의적인 이윤추구 때문에 개개인의 전인적인 '정신적 자유', 또는 건전한 '생활세계'(*Lebenswelt*)는 우리가 의식하지 못하는 사이에 소외·조작되어 가는 것이 오늘을 사는 우리의 모습일 것이다. 우리들의 주체적 판단과 실천의 공간은 어디에 있는가? 적어도 고대 중국의 반전론자들의 '이상과 용기'에 비한다면 오늘날 지식인들의 입지는 상당히 부정적일 수밖에 없다.

참고문헌

『論語譯注』, 楊伯峻 譯注, 北京: 中華書局, 1980.

『孟子譯注』, 楊伯峻 譯注, 北京: 中華書局, 1982.

『荀子今註今譯』, 熊公哲 註譯, 臺北, 1984.

『墨子校釋』, 王煥鑣 注, 杭州: 浙江文藝出版社, 1984.

『老子新譯』. 任繼愈 譯注, 上海: 古籍出版社, 1986.

『莊子淺注』, 曹礎基 譯注, 北京: 中華書局, 1982.

『管子通解』, 趙守正 撰, 北京: 經濟學院出版社, 1989.

『韓非子集釋』, 陳奇猷 校注, 上海: 人民出版社, 1974.

『呂氏春秋校釋』, 陳奇猷 集釋, 上海: 學林出版社, 1990.

『戰國策正解』, 漢文大系十九, 東京, 1975(增補版).

司馬遷, 『史記會注考證』, 瀧川龜太郎 撰, 臺北: 中新書局, 1982.

宋榮培, 『諸子百家의 思想』, 玄音社, 1994.

丘陶常, 『先秦思想史槪要及資料選注』, 蒲圻: 湖北人民出版社, 1990.

軍事科學院戰略部編, 『先秦軍事研究』, 北京: 金盾出版社, 1990.

牛鴻恩・邱少華, 『先秦經史軍事論譯注』, 北京: 軍事科學出版社,
　　　1987.

牛鴻恩・邱少華, 『先秦諸子軍事論譯注』, 北京: 軍事科學出版社,
　　　1985.

郭沫若, 『十批判書』, 「稷下黃老學派的批判」, 北京, 1948.

祝瑞開, 『先秦社會和諸子思想新探』, 福建: 人民出版社, 1981.

張舜徽, 『周秦道論發微』, 北京: 中華書局, 1982.

朱寶慶, 『左傳兵法』, 西安: 陝西人民出版社, 1991.

Liou Kia-Hway, *L'esprit synthétique de la Chine*, Paris 1961.

제8장 '상관적 사유'와 유기체적 생명의 이해:
– 장자와 한의학의 유기체적 생명원리를 중심으로 –

1. 문제 제기

　오직 인간만이 '만물의 척도'이며 자연(만물)을 개조해 가는 '역사'(Geschichte)의 주체(또는 '정신')로서 만물에 대한 인간의 특권적 위치를 합법화하는 '인간중심주의적' 세계관이 서양 형이상학의 기본구도임을 누구도 부인할 수 없다. 특히 근대 이래로 인간, 즉 역사 주체의 눈앞에 자연은 인간을 위한 물질적 수단이나 재료로서 다만 피동적으로 '펼쳐져 있는 것'(res extensa)으로만 치부되었다. 이와 같이 주체적 정신(인간)과 객체적 대상(물질, 또는 자연)이라는 철저한 '이분법적' 형이상학의 구도 하에서, 대상세계가 가지는 고유의 존재 의미는 특히 현대 기술사회에 이르러서는 전적으로 배제되고 무화되었다. 그리고 자연의 존재를 오직 인간 문제의 해결을 위한 원자재로만 이해하고, 그것을 다만 수량적 사실적으로만 파악하고 해석하는 자연과학적 방법과 오직 인간의 이해에 따라서 자연 질서에 간섭을 하고 그것을 인위적으로 재배치시켜 나가는 근대적 기술은 엄청나게 번창하고 있다. 근대성이 이룩한 이런 경이적인 과학기술은 인류 공전의 산업사회를 이룩하였고, 그 결과 20세기에 들어오면서 온 지구를 오염, 파괴할 수 있는 원자력시대를 열었으며, 마침내 21세기 오늘에 이르러서는 "생물의 제어 장치 원리를 기계장치에 적용하여 통신, 제어, 정보 처리 등의 기술을 종합적으로 연구하는"[1] '사이버네틱스cybernetics'의 시대를 열어가고 있다.

인간 삶의 의미나 우주생명의 원리 등과 같은 철학적 의미의 추구를 철저히 배제한 채, 오직 추상적 산술적 계산에만 몰두하는 인간의 '도구적 이성'은 인간으로 하여금 생명체의 비밀을 파악하게 하고, 그것으로 (인간 이외의 다른) 생명체뿐만 아니라, 인간 생명체마저도 복제하거나 조작해 낼 수 있는 단계를 목전에 두고 있다. 그리고 이런 변화는 "사이버네틱스의 발전과 더불어 보편화된 인간과 기계가 유기적으로 밀접하게 결합된 디지털 문명시대의 인간 유형",[2] 즉 '사이보그'의 탄생을 의미한다. "앞으로 생명공학과 칩 생산기술이 성공적으로 결합하여 컴퓨터가 인공신경과 생체 칩의 형태로 실용화된다면 … (그것은) 이식이란 과정을 통해 인간의 몸과 하나가 되면서 인간 내부에 침투할 것이다. 그리고 이것은 인간보다 지능적인 컴퓨터가 오히려 인간을 컴퓨터의 일부로 흡수하고, 결국 인간을 포스트 휴먼으로 변신시키는 결과를 낳게 될 것이다."[3]

자연(객체)에 대한 지배와 파괴를 넘어서 인간(주체)의 생명 자체가 하나의 수단적인 '자료'data로만 치부됨에 따라서 인간 생명의 자체 목적성(존엄성)까지도 철저하게 파괴되고 부정되는 '사이보그'의 등장은 — 정신과 물질, 인간과 자연을 적대적으로 양분하는 '이분법적 사유'dualism와 극단적 '인간중심주의'anthropocentrism 형이상학[4]의 바탕 위에서 발생한 —

---

1 이기상, 「존재 역운으로서의 기술―사이버시대에서의 인간의 사명」, 『하이데거 철학과 동양사상』, 하이데거학회편집(하이데거연구 제6집), 철학과 현실사, 2001, 330쪽.

2 이진우, 「사이보그도 소외를 느끼는가? 디지털시대의 자아와 정체성」, 이기상, 위의 논문, 340쪽에서 재인용.

3 이종관, 「사이버 문명, 포스트휴먼, 인간의 운명, 152쪽, 이기상, 위의 논문, 341쪽에서 재인용.

4 이 점에 관하여는 Zimmermann의 다음의 언급을 참조. "몇몇 비평가들에 따르면,

서양 근대의 자연과학적 방법과 과학기술이 빚어낸 인간과 모든 생명의 삶의 의미에 대한 철저한 파멸과 소외현상에 다름 아니다. 과연 이런 비극에서 탈출할 수 있는 것인가? 실증적 개별과학을 더 이상 통제할 수 없는 철학은 존재적 가치를 이미 상실한 것은 아닌가? 그렇지 않다면 이런 '이원론'과 '인간중심주의'의 형이상학을 대체할 수 있는 다른 가능성을 깊은 철학적 성찰을 통하여 모색하지 않을 수 없다. 하이데거(1889-1976)는 현대사회를 위협하는 현대기술의 모순성에 대하여 다음과 같이 매우 비판적인 철학적 문제를 제기하고 있다.

　(현대기술 시대에 자연 사물은) '비은폐'되어서 더 이상 대상으로서도 아니고, 오직 순전히 (욕구 충족을 위한 단순 소모적) 부품으로서만 인간의 관심거리가 되고, 인간은 대상 없는 속에서 그저 부품의 주문자로서 존재한다. 그러자마자 인간은 추락의 낭떠러지 마지막 끝에까지 와 있어, 그 자신마저도 그저 한낱 부품으로서 받아들여질 수밖에 없다. 그런데 바로 이렇게 위협 속에 처해 있는 인간이 (이러니컬하게도 여전히) 지구의 주인이라고 거드름을 피우고 있다. … 그러나 실제 인간은 반대로 오늘날 어느 곳에서든 더 이상 자기 자신을, 다시 말해 자신의 본질을 대면하지 못하고 있다."[5]

서구인들(의 세계관)은 유별나게 인간중심적이다. 인류를 모든 의미나 목적이나 가치의 원천으로 간주하면서, 인간은 자연세계에 대하여 그들이 하고자 하는 어떠한 행위도 정당화시킨다. 서구인들은 또한 정신과 육체, 이성과 감정, 인간과 자연, 남성과 여성과 같은 이원론이나 이원적인 (배타적) 대립의 맥락에서 사유한다. '특권적' 자질(정신, 이성, 인간, 남성)을 소유한 자들은 '열성적' 자질(육체, 감정, 자연, 여성)을 가진 자들을 지배할 권리를 가진 것으로 상정한다. 인간이 ― 흡사 하느님과 같은 ― (절대적) 안전성과 권력을 확보하려는 의도에서, 근대의 서구 이념들은 지구를 거대한 공장으로 전환하라고 외치고 있으며, 그렇게 함으로써 우주만물의 모든 생명이 의존하고 있는 생태계를 위협하고 있다."(Zimmerman, p.240)

5 하이데거, 이기상 역, 『기술과 전향』, 서광사, 1993, 73-74쪽.

현대 기술시대에 우리 주위에 있는 자연사물은 오로지 인간의 욕구 충족을 위한 단순 소모적 '부품' 생산을 위한 '원재료'로 간주되고 있다. 이뿐만이 아니라 사이보그 시대라는 극단적인 상황, 즉 "낭떠러지"에 와서는 인간 자체도 소모품으로 취급되는 인간 본질의 실종을 겪고 있다고 하이데거는 날카롭게 비판한다. 이런 '자아 실종'이라는 비극 탄생의 궁극적 원인은 '이원론'과 '인간중심주의'에 기반을 두고 있는 서양 형이상학이라고 하이데거는 단정 짓고, 그것을 대체하려는 존재론적 형이상학적 문제 제기를 하는 것이다.

하이데거 철학의 현대 기술비판의 경우처럼, 이원론적이고 인간중심적인 서양 형이상학에 대한 대체적인 사유지평을 찾고자 하는 '심층생태학'(deep ecology)의 관점에서, 동양철학의 '상관적 사유'와 '유기체적 생명의 이해'를 논의해 보려는 것이 이 글의 취지이다. 이 글에서는 우선 '장자의 탈−인간중심주의와 유기체적 생명철학'(제2장)의 논의를 간략하게 살펴볼 것이다. 그리고 제3장에서는 개체들 상호 간의 협조와 억제의 관계, 즉 '음양오행'의 '상생 상극' 관계에 근거하는 전통 한의학漢醫學이 전제하고 있는 '상관적 사유'의 모델과 유기체적 생명관을 개략적으로 기술할 것이다. 그리고 이어서 제4장에서 이런 '상관적 사유'와 '유기체적 생명관'이 가지는 형이상학적 의미의 함축을 장자의 철학사상에서 살펴보고자 한다. 인간들이 각자 '자기중심적, 이기적인 집착'에서 자기 주장만을 고집하면서, 자기 생명 밖의 각종 다른 존재들(外物, 즉 명예, 이념, 재산, 미모, 장생 등등)을 차지하기 위하여, 매일 매일 서로 갈등하고 투쟁하는 처참한 생존경쟁에 온정신을 소진하고 있는 가치 전도된 모습에 대한 비탄과 동시에 생명적, 주체적인 삶의 회복과 자유를 말하는 장자의 철학적 사유를 반성적으로 기술할 것이다. 결론에서는 도구적 이성이 전면적으로 지배하는 현대 기술사회에서 모든 존재자들을 존재하게끔 만들어 주는 숨겨진 '존재', 또는 생명력을 망각해 버린 실체론적인 서양 형이상학을 '존재망각'(*Seinsvergessenheit*)으로 단정하고 그로부터 탈출을 모색하는 하이데거의 '내맡김'(*Gelassenheit*)의 철학적 문제 의식과 장자의 철학적 문제 의식을 대비적으로 음미함으로써, 동양 문화에 뿌리를 박고 있는 '상관적 사유'와 유기체적 생명관이 21세기 최첨단 기술시대에 가질 수 있는 '심층 생태학적'인 철학적 의미를 조심스럽게 진단해 보고자 한다.

2. 장자의 '탈인간중심주의'와 유기체적 생명철학

1) 무한변화 속의 '상관적 사유'와 '탈인간중심주의'

장자에게 천지天地로 표현되는 우주 공간 속에 있는 모든 존재[物]와 사건[事]들은 끊임없는 '무한한 변화', 즉 영원한 우주생명의 활동 안에서 서로 상관적인 관계를 맺고 있다.

(모든 존재는 변한다) 생명은 바야흐로 죽음으로, 죽음은 바야흐로 생명으로 변한다. 가능은 바야흐로 불가능으로, 불가능은 바야흐로 가능으로 변한다. 시是(옳음)는 비非(그름)에서 말미암고, '비'는 '시'에서 말미암는다. 따라서 성인聖人은 ('시'나 '비' 하나만을) 따르지 않는다. 자연〔天〕(의 흐름)에 비추어 보면 '이것' 또한 '저것'이고, '저것' 또한 '이것'이다.[6]

변화의 와중에서 '이것'은 '저것'으로 전환되며, '저것'은 바로 '이것'으로 되돌아간다. '이것'의 존재 원인은 '저것'이기에 '저것' 없는

---

6 『莊子』, 「齊物論」, 송영배, 『제자백가의 사상』, 현음사, 1994, 310쪽.(이하에서는 편명만 기재함)

'이것'이 있을 수 없고, 그 역도 마찬가지이다.[7] 더 나아가서 장자는 '있음'[有]과 '없음'[無]이라는 모순 대립하는 존재조차도 독자적으로 존재하는 (실체)로 파악하지 않고, 그들의 존재를 인식하는 주체에 전적으로 의존하는 (상관적 관계)에서 파악한다. 사실 모든 인식은 인식주체 상관적인 상대적인 개념에 불과함을 장자는 다음과 같이 말하고 있다.

> 우물 안의 개구리에게 바다를 말해 주지 못하는 것은 그가 사는 장소에 매여 있기 때문이고, 여름 벌레에게 얼음[氷]을 말해줄 수 없는 것은 그가 사는 시간에 매여 있기 때문이다. (하나의 입장만) 고집하는 지식인[曲士]에게 도를 말해 줄 수 없는 것은 그가 교리에 매여 있기 때문이다. … 천하의 물 가운데 바다보다 큰 것은 없다. 수만數萬의 강물들이 모여드니, 언제 물 흐름이 그쳐서 차지 못하게 될 줄 모르며, 미려尾閭(상상적 배수구)로 (줄곧) 물이 빠져 나가니 언제 물 빠짐이 멈추어 텅 비지 않으리라는 것도 알 수가 없다. 봄이나 가을이나 변하지 않으니 홍수와 가뭄을 모른다. 이 점에서 바다는 강물보다 헤아릴 수 없이 크다. 그러나 나는 이것으로 내 자신이 크다고 생각해 본 적이 없다. 천지로부터 음양의 기운을 받아서 생겨난 것으로 스스로를 생각해보니, 내가 우주 안에 있다는 것은 작은 돌이나 작은 나무가 큰 산에 있는 것과 비슷하여, 바야흐로 적은 양으로 보이는데 또 어떻게 스스로 많은 양이라고 생각할 수 있겠는가! 우주 안에 사해四海가 있다는 것은 큰 연못 안의 물병만 한 빈틈(공간)과 비슷하다고 생각할 수 있지 않을까? 사해 안에

---

7 일찍이 『老子』 2장에 '고움'[美]과 '미움'[惡], '잘함'[善]과 '못함'[不善], '있음'[有]과 '없음'[無], '어려움'[難]과 '쉬움'[易], '높음'[高]과 '낮음'[下] 등등은 그 자체로 독자적으로 존재하는 '실체'가 아니라, 서로 '상관적으로' 존재할 뿐이라는 '상관적 사유'에 대한 분명한 언급이 나와 있다.(송영배, 『제자백가의 사상』, 현음사, 1994, 255-256쪽)

중국中國이라는 나라는 큰 창고 안의 낟알 같다고 생각할 수 있지 않을까? 모든 것들을 만 가지 존재[萬物]라고 부른다면, 사람은 그중에 하나인 것이다. 사람들이 천하에 살고 있다고 해도 곡식들이 자라고 배와 수레가 다니는 곳이란 (우주의) 만물에 대비해 보면 터럭 끝이 말의 몸통[馬體]에 있는 것과 같지 않을까?[8]

무한한 크기를 가진 광대한 전 우주의 관점에서 볼 때, "사해"가 겨우 "큰 연못 안의 물병만" 하고, "중국"이 "큰 창고 안의 낟알 같다"고 한다면, '낟알' 같은 '작은 공간'에 살고 있는 '인간'은 거의 무시할 만한 '미세한 존재'에 불과하다. 따라서 장자가 보기에 인간의 인식 또한 절대적인 기준이 될 수 없다. 그리고 인간의 생명이란 무수한 생명 형태 중에서 우연하게 형성된 하나의 '생명' 현상에 불과하다고 장자는 말한다.

사람이 태어나는 것은 기氣가 모인 것이다. (기가) 모이면 사는 것이요, 흩어지면 죽는 것이다. … 따라서 만물들은 (이런 점에서) 한결같다. 이들은 (다만) 자기가 아름답게 여기는 것은 신기하게 보고, 자기가 밉게 보는 것은 썩은 것으로 여긴다. (그러나) 썩은 것은 다시 신기한 것으로 변화하고, 신기한 것은 다시 썩은 것으로 변화한다. 따라서 온 세상에는 하나의 기氣만 있을 뿐이다.[9]

인간의 생명과 삶이란 결국 우주의 무궁한 변화 속에 기氣가 모이면서 일어난 우연한 현상에 불과하다. 그리고 인간은 자기 생명의 기가

---

8 「秋水」, 앞의 책, 308-309쪽.
9 "人之生, 氣之聚也. 聚則爲生, 散則爲死.… 故萬物一也, 是其所美者爲神奇, 其所惡者爲臭腐, 臭腐復化爲神奇, 神奇復化爲臭腐. 故曰: 通天下一氣耳."(「知北遊」)

흩어지면 죽을 수밖에 없다. 따라서 우연히 인간으로 태어났다고 하여 인간으로만 머물기를 고집하는 (인간 중심적 사고)는 대자연을 움직이는 우주적 생명의 관점에서 볼 때, 결국 자연의 이치를 제대로 터득하지 못했기에 상서롭지 못한 일이라는 것을 다음과 같은 비유로 설명하고 있다.

천지 대자연은 나에게 형체를 주고 나서 삶으로써 나를 고달프게 하였고, (이제) 늙음으로써 나를 편안하게 한다. 죽음으로써 나를 쉬게 하는 것이다. 그러므로 자기 삶을 잘 사는 것이 곧 자기 죽음을 잘 맞이하는 것이다. 지금 노련한 대장장이가 녹인 쇠를 부어 도구를 만들고자 한다고 하자. 그런데 그 쇳물이 날뛰면서 '나는 반드시 막야鏌鎁(名劍의 이름)가 되어야 해!'라고 외친다면, 이 대장장이는 이를 상서롭지 못한 쇠라고 여길 것이다. 지금 어쩌다가 우연히 사람의 형체를 만나서 태어난 것일 뿐인데, (내가) '꼭 사람이 되어야 해, 꼭 사람이 되어야 해!' 하고 외친다면 조물자造物者는 (나를) 반드시 상서롭지 못한 사람이라고 여기지 않겠는가? 지금 바로 하늘과 땅은 큰 용광로라 생각하고 조물자를 훌륭한 대장장이라고 생각한다면, 무슨 존재물이 된들 안 될 것이 있겠는가?[10]

대자연의 무궁한 변화 속에서 생겨난 인간 생명은 '기'가 모인 것으로, 그리고 죽음은 '기'가 흩어진 것으로 이해함으로써, 인간 생명 역시 다른 만물들과 구별 없이 (서로 동등하다고 보는) 장자의 '상관적 사유'의 철학은 바로 (인간 중심주의적인 시각)을 넘어서고 있다.

---

10 「大宗師」, 앞의 책, 345-346쪽.

2) 유기체적 생명관

장자에게 인간들의 '도구적인 지식'[知]의 축적과 발전은 바로 인간이나 존재물들의 삶을 구속하고 압제하는 수단의 확대 발전일 뿐이었다.

> 군주가 진실로 (도구적) '지식'[知]만 좋아할 뿐 참된 '도'가 없으니 세상은 크게 어지럽다. 어떻게 그렇다는 것을 알 수 있는가? 무릇 활이나 쇠뇌나 새 잡는 그물(을 만드는) '지식'이 많아지니 새들은 하늘 위에서 (나는 것이) 혼란스럽게 되었다. 낚시, 미끼, 그물, 전대, 투망, 통발을 만드는 '지식'이 많아지니 물고기들은 물속에서 (살기가) 혼란스럽게 되었다. 덫, 함정, 그물(을 만드는) '지식'이 많아지니 곧 짐승들이 늪의 풀 속에서 (살기가) 혼란스럽게 되었다. 지능, 거짓, 속임수, 혼란, 위선, 교활, … 궤변이 많아지자 곧 세상의 습속은 (이론적) 변론에 미혹되었다. 따라서 세상이 어두운 암흑 속에 빠져서 크게 어지럽게 된 죄는 (도구적) '지식'을 좋아하는 데 있다. … 숨 쉬며 움직이는 벌레나 날아다니는 새들에 이르기까지 모두가 자기의 (자연적) 본성을 잃어 버렸다. 심하도다! (도구적) '지식'을 좋아하는 것이 이토록 세상을 어지럽게 하다니! 3대(즉 夏, 殷, 周 문명시대 진입) 이후로는 언제나 그러하였다.[11]

장자가 살았던 중국 춘추전국시대에 생산기술의 상대적인 발달, 그로 의한 시장경제의 활성화, 도시의 발달, 그리고 전쟁을 수반하는 사회적 혼란과 변혁의 연속은 인간 계층 간의 경제적, 신분적 갈등을 촉진시킬 수밖에 없었다. 또한 막강한 중앙집권적 군주정치제도를 확립하기 위하여 법가가 중심이 되어 추진하는 백성들에 대한 전례 없는

---

11 「胠篋」, 앞의 책, 301-302쪽.

행정적, 사법적 간섭은 자급자족적인 소규모 공동체 내에서 나름대로 정신적 자유를 누려왔던 자유지식인들에게 매우 치명적인 위협으로 다가왔을 것이다.[12] 이들 자유사상가들에게는 사회를 경영하는 원리는 부차적인 수단이요, 개인 생명의 보존과 정신적 자유의 실현이 더 본질적인 삶의 목적이 될 수밖에 없었다. "백이伯夷는 이름〔名〕을 위해 수양산에서 죽었고 도척盜跖은 재화〔利〕 때문에 동릉산東陵山에서 죽었다." 이들이 외물外物을 추구하여 자기 목숨을 희생했다면, 이들 모두는 수단을 얻기 위해서 목적을 해친 생명 파괴자에 불과한 것이다. 따라서 "인의仁義"를 위해 죽었건, "재물"을 위해 죽었건, "그들이 몸을 망치고 생명을 잃기에 이르러서는 도척 또한 백이"인 셈이다. "그 중에 어찌 군자君子·소인小人을 구별할 수 있겠는가?"(「騈拇」, 앞의 책, 303) 인간의 생명 존중보다는 각종 이념들을 내세워 세력 다툼을 함으로써 사회적 혼란만을 조장하는 이념론자들을 장자는 '파렴치한'으로 몰아붙인다.[13]

오직 하나의 '자기' 입장에서 터득한 '자기 이념'만을 절대적 "옳음"으로 규정하고, 그와 대립되는 입장에서 터득한 타자의 이념을 "그르다"고 단정 짓고 서로 무한한 논쟁을 벌이고 있는 파렴치한 이념론자들에 대하여, 장자는 근원적 진실, 즉 '도'는 그렇게 드러날 수 없음을 다음과 같이 말하고 있다.

대지가 기氣를 토해낸 것을 바람이라 한다. 불지 않으면 그만이다. (한 번) 불면 수많은 구멍에서 성난 소리들이 나온다. 자네는 홀로 '쉬쉬' 하고 부는 긴 바람소리를 들어 보지 못했는가? 높은 산 숲 속에 백여 아름이나 되는 거목의 깊은 구멍들, 마치 코, 입, 귀, 물병, 술잔, 절구통,

---

12 이 점에 대하여는 제7장 참조.
13 「在宥」, 앞의 책, 302-303쪽.

소沼나 웅덩이 같기도 한 구멍들에서, 마치 급한 물소리, 화살 날아가는 소리, 질책하는 소리, 숨 쉬는 소리, 울부짖는 소리, 곡하는 소리, 신음 하는 소리, 애처로운 소리들이 흘러나온다. 앞에서 '우'하면 '위'하고 따라한다. 작은 바람에는 작게 화답하고 강풍에는 크게 화답한다. 센 바람이 그치면 모든 구멍들도 소리를 죽인다. 자네는 (멎는 소리에) 바르르 떠는 나뭇가지를 보지 못했는가? … 바람이 불어 (거기서 나온) 천천만만의 다른 소리는 (구멍들이) 모두 스스로 취한 소리다. (그러나) 소리를 낸자는 누구이겠는가!14

각각 다른 크기를 가진 구멍 하나하나에서 나오는 "마치 급한 물소리, 화살 날아가는 소리, 질책하는 소리, 숨 쉬는 소리, 울부짖는 소리, 곡하는 소리, 신음하는 소리, 애처로운 소리들"이란 제자백가들이 내놓은 서로 다른 이념적 주장들에 대한 비유로 이해할 수 있다. 이렇게 본다면 드러난 소리는 자기의 구멍에만 '진실한 소리'이지, 모든 구멍에 보편적인 근원적 진실은 아니다. 소리를 낸 자는 '보이지 않는 바람'이다. 각자가 취한 각각의 소리들은 다만 '보이지 않는 바람'이 만들어 낸 허상들에 불과한 것이다. 이런 드러난 허상들은 임시적이고 방편적이다. 이런 모든 허상(혹은 현상)들의 근원적인 원인, 즉 '도'는 ─보이지 않는 바람처럼─ 현상 너머에 숨겨져 있다. 따라서 "말로써 표현될 수 있는 도道는 (영원히) 실재하는 도〔常道〕가 아니다."15 그래서 "작은 성취"〔小成〕, 즉 유가나 묵가처럼 서로 하나의 자기 입장만을 절대화하고 타자를 배격하고 부정할 때, "도는 어그러진다."16 장자는 이렇게 말한다.

14 「齊物論」, 앞의 책, 304쪽.
15 『老子』 1장, 앞의 책, 266쪽.
16 "道隱於小成", 「齊物論」.

도는 실재하는 진실한 존재이다. (그러나) 무위無爲하고 무형無形하다. (의미는) 전할 수 있어도 (도를) 손으로 받아 줄 수는 없다. 체득할 수는 있어도 눈으로 볼 수는 없다. 그것은 스스로 근본이 되고 스스로 뿌리가 되니, 아직 천지가 있기 전 옛날부터 존재해 온 것이다. 귀신들을 신령하게 하고 하느님〔帝〕을 신묘하게 하였으며, 하늘을 낳고 땅을 생성시켰다. 태극太極보다 위에 있으나 높지 않고, 육극六極(네 방향과 상하)의 아래에 있으면서도 깊지 않다. 하늘과 땅보다 오래되었으면서도 오래되지 않았고, 태고보다 오래되었어도 늙지 않았다.[17]

우주상의 모든 존재자뿐만 아니라, 이들이 자리 잡고 있는 천지자연 자체보다도 선험적으로 미리 존재하면서, 심지어 귀신이나 하느님의 궁극적인 존재론적 근거인 도는 '무형無形'하고 '무위無爲'하기 때문에 당연히 지각이나 언어로는 포착되고 규정될 수 없다. 도는 바로 — 개별적인 존재자들처럼 그에 고유한 '행위'〔有爲〕를 할 수 없고 — 다만 '무위無爲'하기 때문에 모든 만물들을 생성, 양육, 완성, 소멸시키는 근원적 생명력이 된다. 따라서 "하늘은 '무위'함으로써 청명하고, 대지는 '무위'함으로써 안정하게 된다. (하늘과 대지) 이 두 '무위'가 서로 합하기에 만물들이 (무궁하게) 화생化生하는 것이다. 따라서 천지(자연)는 '무위'하기 때문에, (만물들을) 작동하게 하지 않음이 없다."[18]고 장자는 말한다. 이와 같이 '도'는 만물들을 끊임없이 생성, 발전시키고 순환시키는 근원적 생명력이다.

(사람의 생명 활동을 예로 들어보자! 사람의 몸에) 백 개의 뼈, 아홉 개의

---

17 「大宗師」, 앞의 책, 342쪽.

18 "天無爲以之淸, 地無爲以之寧, 故兩無爲相合, 萬物皆化生. … 故曰: 天地無爲也, 而無不爲也.", 「至樂」.

구멍, 여섯 개의 내장이 다 갖추어져 있다. 나는 그중 어느 것과 친한가? 너는 그것을 모두 다 좋아하는가? 아니면 그중 특별히 사랑하는 것이 있는가? 이처럼 (생명 기관들은) 다 신하나 첩처럼 작용하는 것인가? 다 신하나 첩들이라면 (이들은) 아마도 서로 다스릴 수 없지 않을까? 이들은 번갈아 가면서 서로 임금이 되고 신하가 되는 것일까?[19]

장자는 인간의 수많은 신체기관들이 살아서 활동하게끔 생명력을 불어넣고 있는 우주적 근원적 생명의 '무위'와 대비해 볼 때, 이들 각각의 신체기관들, 말하자면, 우주 속의 개개의 존재물들이 — 비록 그들이 각각 자기에게 주어진 크고 작은 다양한 '유위'의 작용을 열심히 수행하고 있지만 — 그들 중에 어느 것이 다른 어느 것보다 위(임금)이거나 아래(신하나 첩)가 될 수 없다고 생각한다. '무위'하는 근원적 생명인 '도' 앞에서 이들의 '유위'는 모두 평등하다. 이들의 생명작용은 마치 "누가 서로 사귀는 것이 아니면서 서로 사귀고, 서로 돕는 것이 아니면서 서로 돕는 일이다."[20] 이에 대한 곽상郭象(252-312)의 주석은 다음과 같다.

손발의 직분은 다르다. 오장은 관할하는 바가 다르다. 서로 간섭하지 않으나 수많은 골절들이 함께 화합한다. 이것이 서로 사귀는 것이 아니면서 서로 사귀는 일이다. 서로 도와준 적이 없지만 안과 겉이 다 제대로 되는 것이다. 이것이 서로 돕는 것이 아니면서 서로 돕는 일이다.[21]

---

19 「齊物論」, 앞의 책, 325-326쪽.
20 「大宗師」, 앞의 책, 346-347쪽.
21 "手足異任, 五臟殊官. 未嘗相與而百骨同和. 斯相與於無相與也. 未嘗相爲而表裏俱濟. 斯相爲於無相爲也."(『莊子集釋』, 265쪽)

니덤Joseph Needham은 장자는 "의식의 통제를 받지 않는 동물이나 인체의 자연스런 생리 작동으로부터 전 우주 안에서까지 '도'는 만물들을 작동시키기 위하여 의식을 필요로 하지 않는다고 상정하고" 있다고 말한다. 의식 너머에서 초연하게 '무위無爲'하는 '도'가 모든 만물에 내재하면서 그것들을 작동시키는 근본 원인이라면, 이것은 명백히 "하나의 진정한 유기체 철학"a veritable organic philosophy이라고 그는 단언한다.[22]

3. 한의학의 '음양오행의 상관적 사유'와 '유기체적' 생명 이해

1) 『주역周易』의 음양 원리와 유기체적 생명관

장자에서 보이는 유기체적 생명관은 『주역周易』에서 더욱 더 심화되어서 중국철학의 근본 특성으로 자리 잡게 된다. 건乾괘와 곤坤괘가 상징하는 양陽과 음陰, 하늘天과 땅地, 움직임動과 멈춤靜, 강剛과 유柔, 남과 여, 길吉과 흉凶 등등과 같은 상호 대립하면서 동시에 서로 생성시키는 두 근원적 성질의 조합과 분열의 '상관적 관계'의 체계가 바로 『주역』의 근본 원리이기 때문이다.

하늘은 높고, 땅은 낮으니, 건곤乾坤이 정해진 것이다. (사람의 서열이) 낮은 데서 높은 데로 배열되니, 존귀와 비천이 자리 잡았다. 언제나 (하늘은) 움직이나 (땅은) 고요하니, (땅을 다스리는 하늘의) 굳셈〔剛〕과 (하늘에 순응하는 땅의) 부드러움〔柔〕이 갈라지게 되었다. 인간〔人〕[23]은 동류

---

22 Needham, 51-52쪽.
23 모든 『주역』의 통행본에는 이 구절이 "方以類聚, 物以群分."으로 되어 있기 때문에,

끼리 모이고, 사물은 무리로써 구분되니, (이에) 좋은 일〔吉〕과 나쁜 일
〔凶〕들이 생겨난다. 하늘에서 꼴〔象〕이 생겨나고 땅에서 모습形이 형성
되어서, (만물의) 변화들이 보인다. 이 때문에 '굳셈'〔剛〕과 '부드러움'
〔柔〕이 서로 부딪치고, 팔괘(즉 하늘乾, 땅坤, 우뢰震, 바람巽, 물坎, 불離,
산艮과 늪兌)가 서로 요동친다.[24] (하늘乾과 땅坤이 부딪칠 때) 천둥〔震〕과
번개〔離〕로 만물을 깨워내고, 비〔坎〕와 바람〔巽〕으로 이들을 촉촉이 적
셔 준다. 해와 달이 운행하여, (계절이 바뀌니), 한 번은 춥고 한 번은 덥
다. 건乾〔陽〕의 원리는 남성이 되고, 곤坤〔陰〕의 원리는 여성이 된다.[25]

이와 같이 건곤(즉 하늘, 땅)과 음양의 융합 발전의 구도 하에서, 천
지 간의 만물의 성장, 발전, 소멸과 인간사의 길흉화복 등 모든 현상을
포괄하여 설명하는 『주역』의 유기체적 생명관이 성립하였다. 그리고

朱子를 포함하여 모든 주역학자들은 '方'과 '物'의 차이점에 대하여 서로 각기 다른
여러 주장들을 내놓고 있다. 그러나 어느 것도 만족할 만하지 못하다. 그러나 高亨
은 篆文의 人자의 모양(𠂉)과 方자의 모양(𤣥)이 아주 비슷하기 때문에 人을 方으로
誤記한 것으로 단정 짓고 있다. 이 「繫辭」전의 서술이 먼저 인간세계를 말하고,
그 다음 자연현상을 말하고 있기 때문에 필자는 고형의 해석을 따랐다. 高亨, 504쪽
참조.

24 이 구절: "剛柔相摩, 八卦相盪."의 해석과 관련하여, 金景芳은 "剛柔가 서로 부딪
친다"는 것을 결코 "乾坤이 결합하여 여섯 자식을 출생한다"로 해석할 수 없다고
말한다. 왜냐하면, 『周易』, 「說卦傳」에는 八卦에서 乾·坤괘와 다른 六卦와의 관
계에 대하여, 剛柔가 아니라 乾坤이 六卦의 부모로, 그리고, 육괘를 乾坤의 六子로
설명하고 있기 때문이다. 따라서 "八卦相盪"하여 비로소 64괘가 형성되는 것으로
해석해야 한다고 말한다. "乾天也, 故稱乎父. 坤地也, 故稱乎母. 震一索而得男, 故
謂之長男; 巽一索而得女, 故謂之長女. 坎再索而得男, 故謂之中男; 離再索而得女,
故謂之中女. 艮三索而得男, 故謂之少男; 兌三索而得女, 故謂之少女."(「說卦傳」, 金
景芳, 7)

25 "天尊地卑, 乾坤定矣. 卑高以陳, 貴賤位矣. 動靜有常, 剛柔斷矣. 人〔方〕以類聚, 物
以羣分, 吉凶生矣. 在天成象, 在地成形, 變化見矣. 是故剛柔相摩, 八卦相盪. 鼓之以
雷霆, 潤之以風雨, 日月運行, 一寒一暑. 乾道成男, 坤道成女.", 高亨, 『周易大傳今
注』, 「繫辭傳」상.

기원전 3세기에 음양론에 오행설이 결합되면서, 기원전 2세기에는 '음양오행의 상관적 사유'가 중국문화를 대표하는 형이상학으로 확고하게 자리 잡게 된다.[26] 동시에 바로 이런 '동양적 형이상학'을 바탕으로 인체의 생리적 현상들을 파악하고 생리적 흐름의 자발적인 균형을 유도해 내어 병증을 치료하는 전통 한의학에서 동양의 유기체적 생명관이 더욱 더 정교한 형태로 자리 잡게 된다.

2) 인간[人]과 자연[天] 생명의 구조적 동형과 상호 영향[天人感應]론

중국인들은 일찍이 장자가 말했던 것처럼, 인간 생명과 죽음을 기氣의 "모임과 흩어짐"[聚散]으로 생각하였다.[27] 동한 때의 왕충王充(27-97) 역시 "사람은 기를 받고서 태어나고, 기를 머금고 성장한다."[28]고 말하였다. 갈홍葛洪(284-364)은 더 나아가서 다음과 같이 말한다.

"사람은 기 가운데 있고, 기는 사람 가운데 있다. 천지天地로부터 만물에 이르기까지 기에 의지하여 살고 있지 않는 존재는 없다."[29]

그 결과, 인간이나 자연사물 모두가 기의 '모임과 흩어짐[聚散] 및 흐름'에 따라서 움직여 나가는 것으로 파악되기 때문에, 천지자연이 '대우주'라면, 인간은 ― '대우주'와 본질상 구조가 같은 ― '소우주'로 파악되었다. 이런 자연[天]과 인간[人] 생명체의 구조적 동형론은 동중서 董仲舒(기원전 180-118)의 『춘추번로春秋繁露』에서 절정에 달하고 있다.

---

26 이 점에 대해서는 특히 『呂氏春秋』, 『禮記』「月令」, 『春秋繁露』와 『淮南子』 등을 참고할 것.

27 앞의 주7 참조.

28 "人稟氣而生, 含氣而長.", 『論衡』, 「命義」.

29 "夫人在氣中, 氣在人中, 自天地至於萬物, 無不須氣以生者也.", 『抱朴者』, 「至理」. 여기서는 劉君燦(2), 511쪽에서 재인용.

사람 몸의 머리가 솟아올라 둥근 것은 하늘의 용모를 나타내고, 머리 털은 (하늘의 수많은) 별들을 나타내며, 코와 입으로 숨 쉬는 것은 바람과 기운을 나타낸다. … 하늘의 일 년의 수數로써 사람 몸을 이루었기 때문에, 작은 뼈마디 366개는 (하늘의) 숫자와 짝하는 것이다. 큰 뼈마디가 12로 나뉘니 (12)달의 수와 짝한다. 속의 오장은 오행의 수와 짝한다. 밖의 사지는 4계절의 수와 짝한다. 잠깐 동안 보고 잠깐 동안 눈감는 것은 낮과 밤에 짝하는 것이다. 잠시 동안 강剛하고 잠시 동안 유柔한 것은 겨울과 여름에 짝하는 것이다. … (하늘의) 이런 현상들은 모두 암암리에 사람 몸에 붙어서 사람과 함께 생존한다. 비슷하면 (서로) 짝하여 합쳐지니, 셀 수 있는 것은 수數와 짝하고, 셀 수 없는 것은 부류〔類〕와 짝한다. 당연히 모두 다같이 (사람 몸은) 하늘〔天〕과 짝하여 하나가 된다.[30]

인간〔人〕과 자연〔天〕 생명체는 소우주와 대우주로서 서로 구조적 동일성을 가졌기에 서로 짝할 뿐만 아니라, 또한 이들을 움직이는 기 氣가 서로 소통함으로써 감응感應한다고 말한다.

(지금) 시험 삼아 금슬琴瑟을 쳐서 궁宮음을 내면 다른 '궁'음이 울리고, 상商음을 내면 다른 '상'음이 대응한다. 오음(궁, 상, 각, 치, 우)이 같으면 (또 다른 오음이) 저절로 울리는 것은 귀신의 장난作亂이 아니다. 수리數理가 그러한 것이다. 좋은 일은 좋은 부류를 불러오고 나쁜 일은 나쁜 부류를 불러오니, (같은) 부류가 상응하여 일어난다. 소가 울면 (다른) 소들도 따라 운다. 제왕이 일어나려면 아름다운 징조 또한 먼저 보이고,

---

30 "人之身首䐶而員象天容也; 髮象星辰也. … 天以終歲之數, 成人之身, 故小節三百六十六, 副日數也; 大節十二分, 副月數也; 內有五臟, 副五行數也; 外有四肢, 副四時數也; 占視占瞑, 副晝夜也; 占剛占柔, 副冬夏也. … 此皆暗膚著身, 與人俱生, 比而偶之弇合, 於其可數也, 副數, 不可數者, 副類, 皆當同而副天一也.", 『春秋繁露』, 「人副天數」 第56, 327-328쪽.(이하 편명만 명기)

망하려면 요상한 재앙이 먼저 보이니, 만물은 진실로 (같은) 부류를 서로 불러온 것이다. … 하늘에 음양이 있고, 사람 또한 음양이 있다, 천지자연에 음기가 일어나면 사람의 음기가 상응하여 일어나고, 사람의 음기가 일어나면 천지의 음기가 또한 마땅히 대응하여 일어난다. (감응의) 도리는 한 가지이다. 이 도리를 분명히 아는 이가 비를 오게 하려면 (인간/지상의) 음기를 발동하여 (하늘의) 음기를 일으키며, 비를 그치게 하려면 양기를 발동하여 양기를 일으킨다. 따라서 비를 오게 하는 것은 신비한 일이 아니다.[31]

3) 한의학에서 보는 인체의 음양오행 관계 작용과 유기체적 생명의 이해

대우주이든 개별적 사물이든, 하나의 전체적 존재(a holistic entity)로서 자기 조직화를 해 나가는 유기체적 생명체라면, 생체리듬의 평형과 안정을 유지시키는 기능을 가지고 있어야만 한다. 인체의 내분비 계통 역시 기능의 항진을 도와주는 작용이 있는가 하면, 동시에 그 항진을 억제하는 기능이 필연적으로 존재한다. 그리고 억제작용이 다시 어느 지점에 다다르면 다시 항진기능으로 변환되어야만 한다. 요컨대, 인체의 여러 기능들은 항진과 억제의 부단한 '되먹임'feedback 작용을 통하여 자기 평형과 안정을 유지하게 되고, 그럼으로써 자기 조직 전체의 생명운동을 지속적으로 반복해나갈 수 있다. 이런 인체 내의 복잡한 '되먹임 작용'을 한의학에서는 '음양과 오행설'로 설명하고 있다.

---

31 試調琴瑟而錯之, 鼓其宮, 則他宮應之, 鼓其商, 而他商應之, 五音比而自鳴, 非有神, 其數然也. 美事召美類, 惡事召惡類, 類之相應而起也, 如馬鳴則馬應之, 牛鳴則牛應之. 帝王之將興也, 其美祥亦先見, 其將亡也, 妖孽亦先見, 物故以類相召也. … 天有陰陽, 人亦有陰陽, 天地之陰氣起, 而人之陰氣應之而起, 人之陰氣起, 天地之陰氣亦宜應之而起, 其道一也. 明於此者, 欲致雨, 則動陰以起陰, 欲止雨, 則動陽以起陽, 故致雨, 非神也.", 「同類相動」 第57, 331쪽.

한의학에서는 기능이 항진하여 영양소가 소진되어 열이 나는 병증은 대개 '양기의 과잉'〔陽盛〕에 속하고, 기능이 온전치 못하거나 감퇴해서 몸이 차지는〔冷〕 병증은 대개 '음기의 과잉'〔陰盛〕에 속하는 것으로 본다. 따라서 "음이 우세〔勝〕하면 양이 병들고, 양이 우세하면 음이 병든다. 양이 우세하면 열이 나고 음이 우세하면 냉하다."[32]고 말한다. 따라서 힘이 없고 나른하며 쉽게 피곤한 것은 밖이 냉하기 때문에 양이 허한 증세이니, 그 병증에는 양기를 보충해 주어야 한다. 피가 모자라서 얼굴이 누렇게 뜨고 몸이 마르고 뼈에 열이 난다면 음이 허한 것이니, 체내에 음기를 북돋는 영양분을 많이 공급해 주어야 한다고 말한다.[33]

오행은 서로 상생과 상극의 관계에 있다. 목, 화, 토, 금, 수의 관계는 "나란히 이웃하면 '서로 생성'〔相生〕하는 관계요, '건너뛰면 서로 억제'〔相剋〕하는 관계이다."[34] 나무〔木〕를 마찰하면 불〔火〕이 생겨나니 목이 화를 생성하는 것이다. 불이 꺼지면 재가 되니 화가 토를 생성하는 것이다. 흙 속에서 광석〔金〕이 나오니 토가 금을 생성하는 것이다. 광석이 녹아서 액체가 나오니 금이 수를 생성하는 것이다. 이것이 오행 상생의 관계다. 그러나 하나를 건너뛰어서, 목제농구로 땅을 파니 목은 토를 이기는 것이다. 제방으로 물길을 막으니 토가 수를 이기는 것이다. 물이 불을 끄니 수가 화를 이기는 것이다. 불로 광석을 녹이니 화가 금을 이기는 것이다. 이것이 오행의 상극관계이다.

오행의 상생상극의 관계는 인체의 장기臟器들 간의 '상생상극'의 관계로 작동한다. 소통과 배설을 주관하는 간肝은 위쪽과 사방으로 잘

---

32 "陰勝則陽病, 陽勝則陰病. 陽勝則熱, 陰勝則寒.",『黃帝內經』,「素問, 陰陽應象大論」. 여기서는 劉君燦(1), 83쪽에서 재인용.

33 劉君燦(1), 83쪽.

34 "〔五行〕, 比相生, 而間相勝也.",「五行相生」第58, 334쪽.

뻗어 나가는 나무의 성질과 유사하니 목에 속한다. 심장에 열이 있으면 위로 화기가 올라와 얼굴이 붉어지니, 심장은 위로 타올라 가는 화에 해당한다. 토양이 없으면 모든 농작물이 생장할 수 없듯이, 먹은 음식을 소화, 배설시키는 비위脾胃가 없으면 생명 유지가 어렵다. 따라서 생명 유지의 기본 작동을 하는 '밥통'〔胃〕과 '지라'〔脾〕는 토에 속한다. 금속을 두드려야 소리가 나는 것처럼 폐기肺氣의 파동으로 사람의 음성이 나오니 폐肺는 금에 속한다. 마신 물이 방광을 통하여 아래로 배설되니 '콩팥'〔腎臟〕은 수에 속한다. 이런 오행의 성질을 띤 장기들은 그 자체의 독립된 실체의 의미보다는 이들이 서로 맺고 있는 '상생과 상극'의 관계(작용)에 본질적인 중요성이 있다.

한의학에서는 인간 생명 전체의 활동은 장기들의 '상생과 상극'의 관계가 내부적으로, 그리고 동시에 외부적으로 자연환경과 상호 영향 관계에서 조화로운 균형과 안정성을 유지할 때, 비로소 정상적으로 활동할 수 있다고 보고 있다. 그러나 만약 목木(즉 肝)의 기능이 지나치게 왕성하면, 그것을 제어할 금金(즉 肺)의 기능이 제대로 발동하지 못한다. 그렇게 되면 지나치게 왕성한 '목'의 기능이 토土(즉 脾胃)를 타고서〔乘〕 '토'의 기능을 과도하게 억제하는 한편, 동시에 '목'(肝)을 '금'(肺)이 제어하는 기능을 저해〔侮〕하는 현상이 나타난다. 반대로 목(肝)의 기운이 부족하면 금(肺)이 목을 타고서〔乘〕 그 기능을 약화시키고, 토(脾胃)는 동시에 목(肝)의 제어하는 기능을 저해〔侮〕하는 현상이 당연히 뒤따르게 된다. 이처럼 오행의 상생과 상극의 정상적인 관계가 파괴되면 여러 가지 병리현상들이 나타난다고 한의학에서 보고 있다. 따라서 한의학에서는 인체 내의 질병의 발생과 전이를 '음양과 오행'의 상생과 상극의 관계에서 진단하고 그에 상응하여 음양과 오행의 과잉과 결핍을 다시 조절해 줌으로써, 그들 간의 균형과 안정성을 회복해준다. 이와 같이 한의학에서는 인간생명, 즉 '전체적 유기적인 생명 활동holistic, organic activities of life'의 유지를 바로 '음양과 오행 간의 상관적 관계' 위에서 파악하고 있다.

4. 상관적 사유의 의미 함축 :
장자에서 유위有爲를 넘어서는 무위無爲의 지평과 자유정신

음양과 오행의 상관적 관계 작용에 의하여 전개되는 하나의 '유기적인 생명'은 — 인간 생명체(소우주)이든, 그 속에 모든 만물을 담고 있는 우주 생명체(天地, 즉 대우주)이든 — 하나의 전일적인 생명을 유지시켜 주는 데 필수적인 부분 개체들의 개별적 작동들과 구별되는 총체적인 생명 활동으로 이해할 수 있다. 그것은 처음부터 총체적인 생명의 전일성의 근거이기 때문에 — 어떤 구체적인 하나의 존재물처럼 — 그에게만 고유한 특정한 작용이나 기능, 즉 '유위有爲'일 수가 없다. 따라서 '도'의 작용은 '유위'를 초월하는 — 엄밀히 말하자면, 만물의 '유위'에 존재론적으로 내재하면서 그것을 넘어서는 — **'무위無爲'**일 수밖에 없다. 모든 존재자, 즉 만물 하나하나를 그러한 만물로 작동하게끔 만들어 주는 존재론적인 형이상학적 근거를 한비韓非(기원전 280-233)는 『노자老子』에서 언급한 '도道'로 이해하였고, 그 '도'를 바로 "만물을 그렇게 이루어주는 소이"〔萬物之所以成也〕[35]라고 정의하였다. 이렇기 때문에 만물의 보편적인 존재론적 근거로서 '도'의 작동과 기능은 — 당연히 만물의 '유위'와 구별되는 — '무위'라고 말할 수밖에 없다. 따라서 모든 만물의 드러난 행위, 즉 '유위' 뒤에는 그것들을 가능하게 해주는 근원적인 형이상학적 근거, 또는 생명의 원천으로서 '도'의 '무위'가 숨겨져 있는 것이다. '무위'하는 '도'의 관점에서 보면, 만물의 서로 다른 기능

---

[35] 『韓非子』, 「解老」.

과 역할은 — 아무리 그것들의 드러난 양태들이 천차만별일지라도 — 모두 평등하다. 그리고 이런 천차만별의 존재 양상은 끊임없는 변화 속에 있을 뿐이다. 장자 철학에 의하면, 그 어느 하나의 입장도 고정화, 절대화할 수 없다. 왜냐하면 변화하지 않는 존재〔物〕는 하나도 없기 때문이다.

('무위'하는) '도'에서 보면 모든 존재〔物〕는 귀천이 없다. (개별적) 존재〔物〕의 (유위의)관점에서 보면 자기는 귀하고 남은 천하다. … 큰 대들보는 성벽은 허물 수 있으나, 작은 구멍을 틀어막을 수 없음은 도구의 (쓰임이 다름을) 말하는 것이다. 바둑 무늬의 화류驊騮(名馬의 이름)는 하루에 천 리를 달릴 수 있으나 쥐 잡는 데는 족제비만 못함은 (각기) 다른 재주를 말한 것이다. 수리부엉이는 밤에 벼룩을 잡을 수 있고 터럭의 끝을 볼 수 있으나 낮에는 눈을 크게 뜨고도 언덕이나 산을 보지 못한다. 따라서 "(儒家나 墨家처럼, 자기 하나의 관점에서) 옳은 것을 본받으면 (자연히) 그른 것이 없어지고, (자기 하나의 관점에서) '사회의 안정'〔治〕을 본받으면 '어지러움'〔亂〕이 없어진다"고 말할 수 있는가? 이런 (자기 독단적인) 주장은 천지자연의 이치와 만물의 실정을 아직 모르는 것이다. 이는 마치 하늘을 본받으면 땅이 없어지고, 음陰을 본받으면 양陽이 없어진다는 것과 같으니, 통용될 수 없음이 명백하다. 그런데도 (하나의 입장을 절대화하는) 논쟁을 시작하면 그치지 않으니 어리석지 않다면 속이는 것이리라! (옛날) 오제五帝 삼왕三王의 선양禪讓 방식이 다르고, 삼대三代(하, 은, 주)의 계승 방법이 달랐다. 시류에 맞지 않고 시속에 거슬렸으면 찬탈자요, 시류에 맞고 시속을 따랐으면 정의의 사도로 불린다. … (道의 관점에서 보면) 만물은 똑같다. 무엇이 짧고 무엇이 긴가? '도'에는 처음도 끝도 없다. (개별적) 존재〔物〕에만 삶과 죽음이 있다. (개별적 존재는) 완성된 하나의 결과에만 머무를 수 없다. 한번 비었다가는 다시 차게 되니 자기 모습을 고정할 수 없다. 세월은 다

시 올 수 없고, 시간은 정지할 수 없다! 소멸과 생성, 채움과 비움은 끝나면 다시 시작한다. 모든 (개별적) 존재[物]의 삶은 마치 말이 달려가는 것처럼 빠르게 지나간다. 변화하지 않는 움직임이 없고 흘러가지 않는 시간이 없다. 무엇을 해야 할 것이고, 무엇을 하지 말아야 할 것인가? 진실로 (도의 흐름을 따라서) 스스로 변화할 뿐이다![36]

장자는 한편으로는 무한히 변화하고 있는 만물 뒤에 있는 '도'의 '무위함'을 특별히 드러내어 보이면서, 다른 한편으로는 — 사람이든 사물이든 — 만물들이 각기 자기 하나의 입장(즉 유위)에서 터득한 지혜나 기능을 절대화하고, 타자를 배척하는 '개체 독존주의', 또는 '인간 독존주의'를 인간 자신의 '어리석음'이거나 '속임수'라고 몰아붙인다. 장자는 아무리 '유위'를 하고 있는 만물들의 다양성을 허용하더라도, 그 어느 하나가 중심이 되어서 타자를 배척하고 부정하는 이념적, 실제적인 폭력에 반대한다. 모든 존재자들은 변화하는 우주생명 안에서 자기의 '유위' 역할을 할 뿐이며, 만물들의 '유위' 하나하나는 결코 '하나의 고정불변한 상태에 머무를 수 없다'고 말한다. 따라서 "세월은 다시 올 수 없고, 시간은 정지할 수 없으며", 만물의 "소멸과 생성, 채움과 비움은 끝나면 다시 시작"한다고 말한다. 왜냐하면 우주적 시간과 공간 속에서의 개별적 존재물들의 '유위적인' '생장과 발전'은 무한히 변동·변화하는 '도'의 '무위'로부터 분리되어서 독자적으로 존재할 수 없기 때문이다. 따라서 '삶'은 '죽음'으로, '유'는 '무'로 변할 뿐이다. 그리고 '무'는 다시 다른 형태의 '유'로 변화한다. 이렇기 때문에 진정으로 자기의 존재 가치를 실현한 '진정한 사람'[眞人, authentic man]이라면 — 그의 몸[形]이 아무리 엉망으로 뒤틀리고 망가진 — 장애인일지

36 「秋水」, 앞의 책, 320-321쪽.

라도 그 '몸'에서 정신을 빼앗기지 않으며,[37] — 아무리 지독한 고통을 주는 — 병으로 인해 죽어간다고 할지라도 그 병(고통)에 정신을 빼앗기지 않는다[38]고 말한다. 사물과 만물의 드러난 '유위' 현상들의 변화는 그것들을 '무화無化'시키는 — 인간의 제어 범위를 넘어서는 — '무위'하는 '자연'(天) 변화의 필연적 영역에 속하는 것이기 때문에, '진정한 인간'의 해방과 실현은 이런 자연의 변화를 수용하는 데 있을 뿐이라고 말한다. 장자는 '진인'에 대하여 이렇게 말한다.

누가 '무無'를 머리로 삼고 삶을 척추로 여기고 죽음을 항문으로 여길 수 있겠는가? 누가 삶과 죽음, 생존과 멸망이 (분리될 수 없는) 한 몸임을 알고 있는가? … 만약에 (천지) 조화의 작용이 점점 더 커져서 내 왼팔을 변화시켜 닭으로 만들어 준다면 나는 사람들에게 새벽을 알려 주겠네. 또 만일 조화의 작용이 내 오른팔을 화살로 만들어 준다면 나는 그것으로 올빼미라도 잡아서 구워 먹도록 할 것이고, 조화의 작용으로 나의 궁둥이를 수레바퀴로 만들고 정신을 변화시켜 말馬로 만들어 준다면 나는 그것을 타고 다닐 것이네. 어찌 따로 수레를 찾겠는가? 또한 (생명을) 얻는 것도 한 때요, 그것을 잃는 것은 (자연 변화에) 순명하는 것이네. 그러니 (살았을) 때에 편안하고 (죽음에) 순명하면, 슬픔이나 즐거움은 끼어들 수가 없게 되네. 이것이 옛사람이 말하는 '속박으로부터의 해방'[縣解]인 것이네. 그런데 속박으로부터 스스로를 해방시키지 못하는 것은 (내 생명 밖의) 사물[外物]이 (마음을) 동여매고 있기 때문이라네.[39]

---

37 특히 「德充符」의 여러 예화 참조.
38 특히 「大宗師」의 여러 진인의 예화 참조.
39 「大宗師」, 앞의 책, 344-345쪽.

인간이 사회생활을 하면서 필요로 한 ─ 물질적, 이념적인 ─ 여러 가지 도구적인 장치들, 예를 들면, 이념, 도덕, 재물, 권력 등등을 장자는 인간이 하늘로부터 받은 자기 본원적 '생명'과 구별하여 외물外物이라고 보았다. 인간의 비극은 바로 자기 생명, 자기 존재의 근원적 의미를 망각한 채, 이런 외물의 추구에 정신이 팔려 있기 때문에 생긴다. 외물 추구로 인간의 생명과 자유가 매일매일 파괴되고 황폐화되며 본말이 전도된 채 인간의 진정한 존재 의미가 극단적으로 소외되는 현실에 바로 인간의 비극이 있다.

> (자기 생명 밖의 각종 다른) 존재들[外物, 즉 명예, 도덕 이념, 재산, 미모, 장수 등등]과 서로 칼부림하고 서로 (심하게) 부딪치면서, 인생을 말이 달리듯이 빨리 달려 그칠 줄 모르고 소진하니, 이 또한 슬프지 아니한가! (사람들은) 평생 애써 힘쓰지만 그 (자연 생명의) 공효를 보지 못하고 있다. 멍하니 마음은 지쳐 있으면서도 자기가 되돌아갈 곳을 모르니, 어찌 불쌍하지 않겠는가? 설령 사람들이 '(자네는) 죽지 않는다.'라고 말한들, 그것이 무슨 도움이 되겠는가? 몸이 노화해 가면 마음 또한 그렇게 노화해 가는 것이니, 참으로 큰 슬픔이 아니라 할 수 있겠는가? 사람의 삶이란 애초부터 이처럼 아둔한 것일까? 나만 홀로 아둔하고 다른 사람들은 아둔하지 않은 것일까?[40]

장자는 도치된 비극적인 인생에서 벗어나서 자기의 진정한 존재의 미를 실현한 '진인'들에 대하여 이렇게 말하고 있다.

> 옛날의 진인들은 출생도 기뻐할 줄 몰랐고, 사망도 싫어할 줄 몰랐다. 태어난 것을 기뻐하지도 않거니와 되돌아가는 것을 거부하지도 않았다.

---

[40] 「齊物論」, 앞의 책, 326쪽.

의연히 가고 의연히 올 따름이다. 자기 (생명)의 시작을 잊지도 않거니와 (생명이 제명대로) 죽는 것도 (억지로는) 추구하지 않았다. (생명을) 받으면 기뻐하고 그것을 잃으면 (자연으로) 다시 되돌아간다. 이것이 (바로 인간의) 마음으로써 도道를 덜어내지 아니하고, 인위〔人〕 때문에 '자연'〔天〕을 돕지 않는다는 것이다. 이래야 '진인眞人'이다. 이러한 사람은 마음을 드러내 보이지 않고, 모습은 적연하며, 앞이마는 소탈하다. 쓸쓸하기가 가을과 같고, 따스하기가 봄과 같다. 기쁨과 노여움의 감정은 사철의 변화와 통하고 만물과 잘 조화되어 그 끝〔極〕을 알 수가 없다.[41]

장자가 말하는 '진인'들은 좁은 인간세계를 다스리는 여러 규범과 한계를 이미 넘어서서 자연의 무한한 변화와 짝한다. 그들이 추구하는 자유정신은 천지자연의 변화와 함께하는 무궁한 자유이다.

누가 서로 사귀는 것이 아니면서 서로 사귀고, 서로 돕는 것이 아니면서 서로 도울 수 있을까? 누가 하늘에 올라가 안개 속에 노닐며 무궁한 곳에 올라가 보고 삶도 잊은 채 다함이 없이 돌아다닐 수 있을까?[42]

한의학이나 장자의 유기체적 생명관의 기저에는 인간(정신)과 자연(물질), 주체와 객체로 이분하여 보는 이원론이 없다. 오히려 이 둘은 '무위'하는 '도'에 의하여 서로 동등하게 작용한다. 따라서 인간 밖에 자연이 없고, 자연 밖에 인간이 없다. 인간의 자유는 인간의 좁은 '유위'의 지평에서 해방하여 자연의 '무위'와 합일할 수 있는 경지에서 실현될 수 있다. 인간은 자연 사물 중에 하나이기 때문에, 인간에 의한 자연 지배를 정당화하는 인간중심주의가 처음부터 배격된다. 그리고

---

41 「大宗師」, 앞의 책, 337-338쪽.
42 「大宗師」, 앞의 책, 346-347쪽.

인간의 자유정신은 장자에 의하면, 사회생활을 영위하면서 어쩔 수 없이 등장한 외물들의 존재의미를 인간의 자연스런 생명 전개를 돕기 위한 수단으로 인식하는 데 있다. 요컨대, 인간의 도구적 지식이 가져오는 수단으로부터 인간의 생명적 자유의 전개가 속박당하지 않는 데서 인간의 진정한 자유는 실현된다고 보는 것이다. 장자에게는 그 반대의 경우는 언제나 비극인 것이다. 그리고 이런 철학적 사유는 궁극적으로 "전 우주의 모든 부분들은 하나의 유기적인 전체에 속해 있고, 모두 자발적으로 자신을 생성해 나가는 (우주)생명의 (총체적) 과정의 참여자로서 상호 영향을 준다는 의미"에서, 천지자연의 생성변화를 하나의 "유기체적 과정"organismic progress[43]으로 이해하는 — 서양적 사유와 전혀 다른 — 중국 고유의 우주론 위에서만 올바르게 이해할 수 있다. 그리고 이런 유기체적 우주생명의 총체적 움직임에 참여하여 상호 영향을 미치는 부분들은 평등한 입장에서 서로 '상관적 평등관계'를 유지하면서 각자 자기 활동을 한다. 물론 비록 존재하는 모든 것들의 작동들이 "적절치 못하여 일시적인 불균형, 불협화음이 뒤따를 수 있지만, (존재론적으로) 오작동을 연출하고 있는 부분(개체)들은 있을 수 없다."[44]

5. 맺는 말:
   21세기 최첨단 과학기술시대에 동양의 '상관적 사유'와 유기체적 생명관은 무슨 의미를 가지는가?

인간에 의한 자연환경의 오염이나 파괴를 염려하며 환경보호의 필요성을 말하지만, 여전히 인간 중심적인 사고의 틀 안에 머물러 있는

---

43 Mote, p.15.
44 Mote, p.21.

"개량주의적인 생태주의 논의와는 달리, 서구적인 인간중심주의나 인간-자연의 이원론의 극복만이 생태계를 파괴로부터 구원해낼 수 있다"[45]고 보는 '심층 생태학'deep ecology에 깊은 영향력을 미친 것은 하이데거의 전통 형이상학의 비판에서 비롯된다. 플라톤(기원전 427?-347?)이 경험적 세계 안에서 변동·변화하는 사물들의 존재근거를 이들을 초월한 "영원불변하게 실재하는 관념"eidos세계에서 찾음으로써, 이원론적인 "서양 형이상학의 2,500년 역사"를 열었다고 하이데거는 말한다. 그리고 로마인들이 사물들의 생성 '원인'을 밝히는 것이 형이상학의 과제라고 이해함으로써 이원적 형이상학은 서양에서 확고하게 자리를 잡았다. 이런 형이상학적 전통에서 중세 신학자들이 생각한 피조물의 존재 근거는 그들 위에 군림하는 창조주 하느님이었다. 근대에는 "데카르트 이래로 자기 확신을 가진 이성적 주체 앞에 (수동적으로 펼쳐져 있는) 객체"로서만 자연 사물을 파악하였다.

이원론적 형이상학적 구도에서 사물이 존재한다는 것은 그것이 "주체(인간)에 의해서 측정되고, 양화되고, 인식"된다는 것을 의미한다.[46] 사물의 존재근거가 플라톤에게는 영원불변하게 실재하는 이념들이고, 아리스토텔레스에게는 실체이며, 중세 신학자들에게는 창조주인 신이고, 근대인에게는 계산만하는 도구적 이성이다. 이들 형이상학적 존재근거들은 사물들 위에 그들의 "바탕, 원인, 기원", 또는 "영원불변한 기반", 말하자면, 일종의 "상위적 존재"로서 군림하고 있다.[47] 이와 같이 "상위적인 '특권적' 자질(정신, 이성, 인간, 남성)을 소유한 자들"과 하위적인 "열성적 자질(육체, 감정, 자연, 여성)을 가진 자들"[48]의

45 Zimmerman, p.260.
46 Zimmerman, p.249.
47 Zimmerman, p.243.
48 앞의 주 4) 참조.

구분이라는 이원구도의 서구 형이상학은 존재자들 간의 상하 차등적
인 불평등을 존재론적으로 정당화하는 일종의 "종속적 관계의 사유(a
subordinative thinking)의 전형으로 간주할 수 있다."[49] 그리고 이런 '종
속적 지배관계'의 극단적인 현상은 근대의 자연과학과 과학기술의 맹
목성에서 두드러지게 드러난다.

근대 과학은 오직 사물들에 대한 통제력을 확보하려는 서구인들의 끊
임없이 증대하는 욕망에 부응하는 이론적인 전제들과 영합하면서 사물
들로 하여금 그들 자신의 모습을 드러내게끔 강제하여 왔다. (과거) 산업
시대에는 그런 통제력이 이룩한 업적이 인간의 재산목록을 증식시키려
는 목적에 대한 수단으로 기술될 수 있었다. 1차 세계대전의 폭력들로
부터 이미 시작되었다고 말할 수 있는 (현대) 기술시대에는 (우리) 인간
들마저도 '권력 때문에 권력을 추구'하는 ─ 하이데거가 말하는 순전한 '(권
력의) 의지에 (종속하는) 의지'라는 ─ 맹목적성에 (이끌려 다니는) 수단으로
전락하였다.[50]

현대 과학기술을 추동하고 있는 (권력) 의지에 종속하는 인간 의지
의 맹목성은 대지를 "최대한으로 채굴해 내야 할 탄광," 혹은 "쥐어짜
내야 할 원자재"로 간주하는 데 그치지 않는다. 여기서 더 나아가 인
간을 포함한 모든 대상에 대한 "비밀스런 이용 가능성"의 탐색이 바로
"오늘날 과학적 탐구"의 "형이상학적 전제"가 되었다.[51] 환경이 인간
에 의하여 파괴되기 때문에 인간은 물론 환경을 보호해야만 한다. 그
러나 모든 대상물을 상품 생산의 원재료로만 생각하고 최대한의 이용

---

49 劉君燦(2), 525頁.

50 Zimmerman, p.249.

51 이기상, 앞의 논문, 318쪽.

과 착취만을 생각하는 과학기술 앞에서 인간은 더 이상 자신이나 환경을 보호하지 못할 형편이다. 지금 사이보그 시대에는 오히려 인간 자신의 존재 의미가 자연보다도 더 심각하게 황폐화되어 가고 있다. 유전공학이 발달하고, 생체 비밀이 알려지면서 '인간-원자재'의 (상품)이용가치가 증폭되며, 인간은 이제 더 이상 "아무런 보호도 받지 못하는 존재"(Schutzlosen)[52]로 전락해 버렸다. 이것이 사이보그 시대에 인간이 대면하고 있는 최대 비극이다. 이런 비극에서 탈출하기 위하여 하이데거는 '종속적 관계의 사유'를 정당화하는 서양 형이상학의 대체적 사유로서 존재론적 형이상학을 펼쳤다.

하이데거는 이런 비극적 상황을 초래한 근본적인 원인을 '종속관계적 사유'에 기반을 둔 '이원론'과 '인간 중심주의'로 대표되는 서양 형이상학에서 인간을 포함한 모든 존재자들을 그러한 존재자로 만들어 주는 존재론적인 근거, 즉 '존재'(Sein)의 의미를 처음부터 배제했다는 "존재의 망각"(Seinsvergessenheit)에서 찾고 있다. 하이데거에게 무엇이 "존재한다는 것은 그것이 스스로 자신을 드러내는 것을 의미"한다. 이런 존재자의 "드러남"(Anwesen)이 가능하려면, (우선) '열림'(Lichtung), '비움', '무無', '부재'(Abwesen)가 있어야만 한다." 하이데거에게 사물, 즉 존재자들의 '드러남'(Sein)에 필요한 '열림'은 바로 "인간의 실존," 즉 현존재(Dasein)의 '열림'일 수밖에 없다.[53] 따라서 기계가 인간을 통제하는 현대 기술시대를 살아가는 길은 사람들이 '무성無性'(Nichtigkeit)을 체험함으로써, 인간 자신을 '죽을 수 있는 존재'로 자각하고 유한성을 인정하면서 자기 마음을 비우는 일이다. 그것은 존재자들을 더 이상 지배하는 것이 아니라, 그 "사물에 내맡김"

---

52 M. Heidegger, "Wozu Dichter?", in: *Holzwege* (GA6), S.273-276 참조. 여기서는 이선일, 앞의 논문, 123쪽, 주14에서 재인용.

53 Zimmerman, p.243.

(Gelassenheit zu den Dingen)을 수용하는 일이다.[54] 이것은 인간이 '사위四位'(das Geviert) 속에서 자신을 '가사자可死者'로 자인하고, 하느님, 그리고 하늘과 땅과 만나면서, 그들을 포용하면서 함께 사는 것을 의미한다. 그것들은 더 이상 인간의 욕구충족을 위한 수단적인 대상이 아니다. 그들의 존재의미를 그대로 수용하며 그들과 하나로 어울리는 아름다운 시적, 예술적 융합을 이뤄야 한다. 따라서 "기술적 대상들의 피할 수 없는 이용"에 대하여는 긍정적 수용인 "예"라고 말할 수 있지만, 그것들이 "인간의 본질을 휘게 하고 헝클게 하면, 아니오."라고 거부해야 한다고 하이데거는 말한다.[55] 그것은 "기술적 대상들을 결코 어떤 절대적인 것이 아니라 보다 높은 것에 의존한 채 남아있는 사물로서 그 자체에 머물러 있도록(auf sich beruhen lassen) 놔두는 것"[56]을 의미한다. 이것이 하이데거가 말하는 "사물들에 내맡김"(Gelassenheit zu den Dingen)의 의미이다. 인간은 더 이상 대상을 지배해서는 안 되고, '상관적인 동등한 관계'에서 그들과 진정으로 예술적으로 소통하고 대화할 수 있어야 한다고 보는 것이다.

인간이 만든 기계에 의하여 인간이 지배당할 정도로 인간의 과학기술이 자연과 인간을 무차별적으로 지배하는 현대 기술사회에서, 우리에게 필요한 것은 인간의 지배욕구의 확장이 아니라, 오히려 인간과 인간, 그리고 인간과 자연의 존재론적 융합이다. 그것이 예술세계에서 구현될 수 있다고 말하는 하이데거의 목소리를 우리가 아직도 경청하고 있다면, 상대 배타적, 상대 적대적인 유위有爲의 한계성을 넘어서서 ─ 자기중심적 고정관념에서 해방하여 ─ '유위'에 가려진 '무위無爲'의 근원적 지평에 들어서서 자연과 인간이 함께 어우러지는 정신의 왕래

---

54 이기상, 앞의 논문, 346쪽 이하 참조.
55 이기상, 앞의 논문, 347쪽.
56 이기상, 앞의 논문, 348쪽.

를 말하는 장자의 목소리에 귀를 기울일 필요가 있다.

장자는 무한히 변동 변화하는 우주적 생명의 흐름 속에 인간이 부르짖는 '유위', 즉 서로 다른 '인간 중심주의'의 잣대들을 모두 버릴 것을 말했다. 왜냐하면 장자철학이나 한의학에서 말하는 수많은 부분들로 구성된 유기체적인 생명체 안에서는 어느 한 부분의 작동과 기능이 과도하게 발달되어 더 이상 통제할 수 없고, 그것에 의한 다른 것들에 대한 통제(지배)가 일방적으로 강화된다면, 그것 자체가 병리현상이기 때문이다. 그런 생명체는 더 이상 자기 안정과 평형을 찾지 못하고 죽을 수밖에 없다. 따라서 '유위', 또는 인간 중심주의의 해독을 고발하는 장자의 생명 철학적 목소리는 지금 사이보그 시대에 하이데거의 "사물에 내맡김"보다 우리의 가슴에 더 절실하게 울려오는지 모른다.

우주생명의 무한한 변화 속에서 시비와 생사를 넘어서 자연과 함께 어울리는 인간의 자유정신을 말하는 장자의 철학적 문제의식은 분명히 인간중심주의적인 서양의 사상과는 다르다. 21세기 최첨단 과학기술시대에 우리에게 필요한 것은 인간 독존주의의 지평을 넘어서 자연과 화합하는 유기체적 생명의 목소리에 좀 더 주의 깊게 귀 기울이는 일일 것이다.

참고문헌

『莊子集釋』, 郭慶藩 輯, 北京: 中華書局, 1978.

『韓非子集釋』, 陳奇猷 校注, 上海: 人民出版社, 1974.

『春秋繁露今註今譯』, 董仲舒 著, 賴炎元 註譯, 臺灣: 商務印書館, 1987.

『淮南子全譯』, 劉安 等著, 許匡一 譯注, 貴州: 人民出版社, 1993.

『論衡全譯』, 王充 著, 袁華忠・方家常 譯注, 貴州: 人民出版社, 1993.

『周易譯注』, 周振甫 譯注, 北京: 中華書局, 1991.

高亨, 『周易大傳今注』, 濟南: 齊魯書社, 1998.

金景芳, 『『周易・繫辭傳』新編詳解』, 瀋陽: 遼海出版社, 1998.

하이데거, M., 이기상 역, 『기술과 전향』, 서광사, 1993.

송영배, 『제자백가의 사상』, 현음사, 1994.

요나스, H., 한정선 옮김, 『생명의 원리: 철학적 생물학을 위한 접근』, 아카넷, 2001.

요나스, H., 이진우 역, 『책임의 원칙: 기술시대의 생태학적 윤리』, 서광사, 1994.

장회익, 『삶과 온생명』, 솔출판사, 1990.

Girardot, N.J/Miller, J,/Liu, Xiaogan (ed.), *Daoism and Ecology*, Harvard University Press, 2001.

Mote, Frederick W., *Intellectual Foundation of China*, 2nd edition, McGraw-Hill Inc., 1989.

Munro, Donald(ed.), *Individualism and Holism: Studies in Confucian and Taoist Values*, The University of Michigan, 1985.

Needham, Joseph, *Science and Civilization in China*, Vol. 2, Cambridge University Press, 1956.

Tomonobu Imamichi/Wang Miaoyang/Liu Fangtong (ed. *The Humanization of Technology and Chinese Culture*, Washington, D.C., 1988.

김수중, 「주역, 중용, 사이버네틱스」, 『과학사상』 제9호, 범양사, 1994.
이기상, 「존재 역운으로서의 기술-사이버시대에서의 인간의 사명」, 『하이데거 철학과 동양사상』, 하이데거학회 편집(하이데거연구 제6집), 철학과 현실사, 2001.
이선일, 「환경철학과 하이데거의 존재사유-보호와 구원」, 『하이데거 와 자연, 환경, 생명』, 하이데거학회 편집(하이데거연구 제5집), 철학과 현실사, 2000.

송영배, 「제자백가의 다양한 전쟁론과 그 철학적 문제의식」(Ⅰ), 『시 대와 철학』 4호, 한국철학사상연구회, 1992.
송영배, 「제자백가의 다양한 전쟁론과 그 철학적 문제의식」(Ⅱ), 『동 양학』 제29집, 단국대학교부설 동양학연구소, 1999.
한정선, 「한스 요나스의 생명이해에서 우주적인 생명운동으로」, 『생 명과 더불어 철학하기』, 우리사상연구소 편, 철학과 현실사, 2000.

劉君燦(1), 「生剋消長-陰陽五行與中國傳統科技」, 『格物與成器』, 洪萬生 主編, 臺北: 聯經出版事業公司, 1996.
劉君燦(2), 「關聯與和諧-影響科技發展的思想因素」, 『格物與成 器』, 洪萬生 主編, 臺北: 聯經出版事業公司, 1996.
蔡英文, 「天人之際-傳統思想中的宇宙意識」, 『天道與人道』, 黃俊 傑 編輯, 臺北: 聯經出版事業公司, 1996.
盧建榮, 「從役物到順化-自然思想的分析」, 『天道與人道』, 黃俊傑 主編, 臺北: 聯經出版事業公司, 1996.

Tu, Wei-Ming, "The Continuity of Being: Chinese Visions of Nature," in: *Nature in Asian Traditions of Thought*, (ed.) Callicott, J. B./Ames, R. T., State University of New York Press, 1989.

Zimmerman, M. E., "Heidegger, Buddhism, and deep ecology", in: *The Cambridge Companion to Heidegger*, ed. Charles B. Guignon, Cambridge University Press, 1993.

제9장 『장자莊子』에서 대화對話의 의미

1. 머리말

이 글에서는 주로 『장자莊子』의 「소요유逍遙遊」, 「제물론齊物論」, 「추수秋水」, 「지북유知北遊」, 「즉양則陽」, 「우언寓言」 등 몇 편을 중심으로 장자의 사상을 대화의 측면에 초점을 맞춰 살펴보고자 한다. 이를 위해서 먼저 대화의 수단인 언어에 대해서 장자가 지닌 생각을 살핀다. 그리고 『장자』에서 대화를 담고 있는 틀인 우언寓言·중언重言·치언卮言의 세 형식 중에서도 가장 소재가 풍부한 '우언寓言'의 형식에 주목할 것이다. 나아가서 이 형식으로 구성된 대화를 통해 그가 궁극적으로 추구하고 있는 것이 유묵儒墨의 이념적 명분론의 독단성을 깨뜨림으로써 인위적 규범의 구속과 지배 이데올로기의 폭력에서 인간을 해방시키고 동시에 개인의 무한한 정신적 자유를 찾는 것이었음을 밝혀 보고자 한다.

2. 언어의 한계와 인식의 상대성

대화에는 직접 대화와 간접 대화가 있다. 간접 대화란 대화 당사자를 직접 면전에 두고 하는 것이 아니라 다른 수단을 통해서 하는 것을 말한다. 예컨대 독서가 바로 이에 해당한다. 다음의 글에서 우리는 여러 면에서 중요한 시사를 얻을 수 있다.

세인들이 말하는 것을 귀하게 여기기 때문에 책이 존재한다. (그러나) 책은 말에 지나지 않으며 말에는 소중한 것이 있다. 말이 소중한 것은 뜻 때문이다. 뜻에는 가리키는 바가 있다. (그러나) 뜻이 가리키는 것은 말로는 전할 수 없다. 그런데도 세상에서는 말을 소중하게 여기기 때문에 책을 전하고 있다. 세인들이 (그것을) 아무리 소중히 여긴대도 나(장자)는 소중하게 여기지 않는다. (왜냐하면 소중히 여겨야 할 것은 뜻이지 말이 아니기 때문이다.) 따라서 그들이 소중히 여기는 것은 진짜 귀한 것이 아니다. 눈으로 보아서 보이는 것은 형체와 색깔이고, 귀로 들어서 들리는 것은 말과 음성이다. 슬프구나! 세상 사람들은 그 형체, 색깔, 말, 음성으로 도의 참모습을 터득할 수 있다고 생각하다니! 이런 것들로는 도저히 도의 참모습을 터득할 수 없다. 그러니까 '참으로 도를 아는 자는 말하지 않고 말하는 자는 알지 못한다.'라는 뜻을 세인들이 어찌 알겠는가?[1]

우선 주목할 점은 장자의 사상체계에 두 층차層差가 존재한다는 점이다. 즉 도의 세계와 세속의 세계이다. 이 두 세계를 이어주는 끈이 바로 글과 말인 셈이다. 그런데 이들 수단은 본래의 역할을 그 속성상 다 할 수 없다는 것이 장자의 생각이다. 왜 그런가? 언어의 경우만 따져 보면 글, 문자도 망라할 수 있을 것이므로 언어에 초점을 맞추자.

우리가 상대방에게 어떤 의사를 전달하려고 할 때 손짓, 발짓 같은 몸놀림도 유효한 전달 수단이 될 수 있지만 좀 더 효과적이고 정확한

---

1 『莊子』, 「天道」, 『校正莊子集釋』, 郭慶藩 撰, 488-89쪽.(이 책은 이하에서 郭으로만 표시함)

의사 전달을 위해서는 대개 말에 의존한다. 물론 이때 말이란 단순히 비명이나 신음소리에 그쳐서는 안 되며 어떤 의미를 지녀야 한다. 아울러 언어를 통한 대화가 성립하기 위해서는 두 사람 이상의 대화 당사자가 있어야 하고, 이들은 또한 건전한 상식을 지닌 정상적 발성기관의 소유자여야 할 것이다. 이런 사실을 전제로 하고 대화의 가장 기본적인 수단인 말(언어)에 대한 장자의 생각을 먼저 살펴보자.

> 물론 말이란 바람소리를 내는 것은 아니다. 말에는 주장하는 것이 있다. (그러나) 말의 (진위가) 판별될 수 없다면 과연 말을 했다고 할 수 있을까? 아니면 안 한 것이나 마찬가지일까? 그래도 새소리와 다르다고 한다면 거기에 구별이 있는 걸까, 없는 걸까?[2]

말(언어)은 물론 단순히 바람소리를 내는 것과는 구별된다. 그러나 장자의 인식이론에 의하면 인간의 경험적 인식 자체는 '객관적으로 절대 타당한 것'일 수 없기 때문에, 말(언어)의 의미 표현 자체라는 것도 궁극적으로 보자면 인간에게 무의미하게 들리는 새소리와 본질적으로 다를 바 없다. 모든 경험적 인식이란 인식하는 주체의 '삶의 크기와 체험'을 떠나서 보편적으로 타당한 절대적 인식이 객관적으로 있을 수 없다고 보는 것이 장자의 상대주의적 인식이론의 핵심적인 주장이다.[3]

상대주의적인 인식의 관점에서 장자는 객관적으로 보편타당한 참된 인식, 즉 도道의 인식은 '말'(언어) 속에서 규정될 수 없다고 본다. 언어란 참된 진리, 즉 '도'를 부분적으로 한정 지움으로써 그것을 가리는 편견일 수밖에 없다고 본다. 따라서 인간이 하는 모든 말은 객관적인

---

2 「齊物論」, 郭 63쪽.
3 장자의 상대주의적 인식이론에 대한 자세한 논의는 이 책의 6장 4 참고.

발언일 수 없고 주관적인 가치판단이 개입된 것일 수밖에 없다는 주장으로 이해할 수 있다. 왜 그런가? 장자의 주장에 의하면, 모든 언어의 내용은 결국 말하는 사람 각각이 자기의 입장에서 '시비의 기준'을 정해놓고 말하는 자기 독백 이상일 수 없기 때문이다.

각자가 자기의 성견成見(주관적 견해)에 따라서 그것을 시비의 표준으로 삼는다면 누군들 표준이 없으랴? 어째서 반드시 사물의 변화, 발전을 이해하고 마음에 얻은 것이 있는 사람이어야만 할까? 어리석은 사람도 가질 수 있다! 마음에 성견이 없는데 시비가 있다는 것은 오늘 월나라로 떠나서 어제 거기에 도착했다는 것과 마찬가지 이치로, 그것은 있을 수 없는 일을 있다고 하는 것이다.[4]

지금 가령 여기에서 누가 (궁극적으로 시비를 가릴 수 없는) 말을 한다고 하자. 지금 그의 말이 이 (시비판단 기준 너머에 있는 道의) 입장과 비슷한가, 그렇지 않은가는 잘 모르겠다. '비슷하냐'〔類〕, '그렇지 않으냐'〔不類〕 하고 따지는 우리의 말(판단)도 (말이므로) 같은 부류가 된다. 그렇다면 (우리의 말도) 저 (시비를 가릴 수 없는 말을 한) 사람과 다를 것이 없다. 그렇지만 한번 시험 삼아 우리의 말(논의)을 해 보자. 시작〔始〕이 있으면, 이 시작이 있기 전의 존재〔未始有始〕가 있고, 또 그 시작이 있기 전의 존재보다도 앞선 시간의 존재〔未始有夫未始有始者〕가 있다. 존재〔有〕가 있으면, 이 존재가 있기 전 시간의 존재〔즉 無〕가 있다. 또 이 '무'존재〔無〕 앞에는 아직 '무가 존재하지 않았던 시간의 존재'가 있고, 또 이 '무가 존재하지 않았던 시간의 존재' 앞에는 "'무無'가 존재하지 않았던 시간의 존재"조차도 존재하지 않았던 시간의 존재가 있다. 이런 식으로 '무'존재가 존재로 나타난 것이다. 이런 '무無'의 존재가 과

---

4 「齊物論」, 56쪽.

연 '존재'〔有〕인지, 아니면 '무無 존재'인지를 모르겠다. 지금 나는 이것
을 말로 표현하였다. 그러나 내가 말한 그것이 과연 '존재'에 속한 말인
지, '무존재'에 속한 말인지를 모르겠다. (이렇게 추론해 가다 보면) "세상
에는 터럭 끝보다 더 큰 것이 없고 태산은 작다", "어려서 죽은 아이보
다 더 오래 산 존재는 없고, 팽조彭祖는 일찍 죽은 셈이다" 등의 말을
할 수 있다. 천지天地는 '나'와 함께 더불어 사는 것이며 모든 존재〔萬
物〕는 나와 더불어 하나이다. 일단 이미 하나가 되었다면 언어는 또한
무엇인가? 이미 하나를 언어로 표현했다면 어떻게 언어가 없어질 수 있
는가? 하나와 언어가 둘이 되고, 둘과 하나가 셋이 되었다. … 따라서
'무無'에서 '유有'로 추론해 가면서 '셋'에 이르렀으니, '有'에서 '有'로
추론해 간다면, 그 또한 얼마이겠는가! 더 이상 추론하지 말자! 모든 존
재들은 이것(자연)에 맡길 뿐이로다!⁵

이미 언급한 바 있지만 장자의 이와 같은 발언에는 세계와 언어가
각각 두 차원으로 분리된 것을 전제하고 있다. 즉 세계가 세속적인
세계와 도의 세계로 나뉘어져 있을 뿐만 아니라 언어도 이와 상응하
여 세속적인 세계의 시비를 말하는 언어와 시비분별을 떠난 도의 세
계를 나타내는 언어로 나뉘어 있는 것이다. 자기의 주관적인 편견을
따라서 판단하는 세속의 말은 필연적으로 시비와 분리될 수가 없고
더 이상 객관적인 사실을 담을 수 없다. 결국 일상적인 언어가 제 역
할을 못하는 이유는 인간의 모든 인식은 상대적이며, 주관적인 편견
에 사로잡혀 있어서 객관적인 절대인식이 불가능하기 때문이다.

---

5 같은 편, 郭 79쪽.

3. 우화寓話 속의 대화對話

1) 우언寓言 · 중언重言 · 치언卮言의 형식

일상적 언어가 시비와 불가분의 관계에 있기 때문에 세계의 진정한 참모습, 즉 도의 세계를 드러내는 것이 불가능하다면 결국 남은 수단은 무엇일까? 침묵만이 유일한 것인가, 아니면 적어도 방편적으로라도 무엇을 이야기하는 것이 가능하고 또 그렇게 할 수밖에 없는가? 다시 말하면 시비, 분별과 불가분의 관계를 가지고 있는 언어로써 그 관계를 넘어선 세계에 대해서 이야기하는 것이 가능하냐는 것이다. 이와 관계하여 우리는 장자가 언어의 한계를 극복하고 장자 특유의 이야기 방식으로 나아가는 계기를 다음에서 볼 수 있다.

실재는 항상 홀연히 흘러가니 일정한 형태가 없다. 모든 존재는 무상하게 변화해 가는 것이다. 무엇이 삶이고 무엇이 죽음인가? 나는 자연과 함께 가는 것인가? 정신은 어디로 움직여 가는 것인가? 그들은 홀홀 어디로 가고, 총총히 어디로 떠나 버리는가? 모든 존재는 눈앞에 펼쳐 있으되, 돌아갈 곳을 모르는구나! 옛날 도술道術의 이런 면을 장주莊周〔장자의 본명〕가 듣고서 기뻐하였다. 그는 터무니없는 환상, 황당하기만 한 이야기, 끝없는 변론으로 때때로 방자하게 사설을 늘어놓았지만, 편견을 고집하지 않았고, 한 면〔觭〕만으로 자기를 나타내지 않았다. 그는 세상이 더러워서 정중한 말을 쓸 수 없다고 생각했다. 두서없이 흘러가는 말〔卮言〕로써 변화무궁하게 담론하고, 옛 성현의 말씀〔重言〕으로써 진실을 믿게 하고, 비유〔寓言〕로써 도리를 펼쳤다.[6]

---

6 「天下」, 郭 1098쪽.

끊임없이 변화·발전해가는 실재의 세계를 일상 언어의 고정된 개념으로 파악할 수 없다고 보기 때문에 장자가 실재[道]를 알리는 방편으로 등장시킨 것이 우언寓言·중언重言·치언卮言이란 것을 말해준다. 이들에 대해서 좀 더 자세히 살펴보자.

(『장자』에는) 우언寓言의 형식으로 표현된 것이 9/10을 차지하는데 이것은 다른 사물을 빌려서 말하는 것이다. 비유하면 아버지가 제 자식의 중매인은 되지 않는다. 이것은 아버지가 자기 자식을 칭찬하는 것은 아버지가 아닌 사람이 칭찬하는 것만 못하기 때문이다. 그것은 아버지의 잘못이 아니고 그것을 듣는 사람들이 지닌 (아버지이기 때문에 칭찬하는 것은 당연하다는 선입견의) 잘못 때문이다. 사람들은 자기의 입장과 같으면 수긍하지만 자기의 입장과 다르면 반대한다.

중언重言은 7/10을 차지하는데 시비의 언쟁을 끝내기 위한 것이다. 이는 나이 많은 노인의 말이면 옳다고들 하기 때문이다. 그러나 나이만 많지 도리를 터득해서 젊은 사람을 대하지 못한다면, 이는 앞선 점이 없는 것이다. 보통 사람으로 남보다 앞선 점이 없으면 사람의 도리를 분별하지 못하는 사람이다. 사람의 도리를 분별하지 못하는 사람은 퇴물일 뿐이다.

그런데 치언卮言(술잔에 술이 넘치듯이 자연스레 흘러넘치는 말)은 날마다 흘러나와 사물의 시비를 자연의 범주로써 화합시키고, 끝이 없이 퍼져나가서, 끊임없이 계속되고 있는 것이다. 사람이 시비를 말하지 않으면 모든 사물은 한가지로 자연 그대로이다. 그렇지만 그 한가지인 자연스러움이란 것을 (억지로) 표현하려고 한다면 이미 한가지로 될 수 없다. 말을 해도 시비를 말하지 않았으면 평생 말을 했다 해도 말한 것이 아니며, 평생 말을 안 했어도 말을 안 한 것이 아니다(말을 한 셈이다). … 말[言]이 날마다 생겨나도 시비를 초월하지 않았다면 어찌 그리 오래도록 계속 되겠는가? 천지의 만물은 다 자기 씨[種]가 있어서, (모두) 같지 않은 모습으로 서로 바뀌고 변화해 가는 것이니, 처음과 끝이 고리 같아서 그 순서를 알 수 없다. 이것이 '자연의 화합'〔天均〕이다. 자연의 화합은 시비를 초월하여 자연〔天〕과 하나가 되는 것이다.[7]

이상의 세 가지 서술방식 가운데 가장 주목해야 할 것은 우언의 형식이다. 그의 저술에서 가장 많은 비중을 차지할 뿐만 아니라 우리가 지금 다루려고 하는 대화의 측면에서 볼 때, 유용한 재료들이 이 형식으로 이루어져 있기 때문이다. 위에서 살펴본 『장자』 속의 「우언寓言」, 「천하天下」 두 편뿐만이 아니라, 사마천司馬遷의 『사기史記』에서도 장자가 "십여만 자의 글을 지었는데 그 대부분이 우언寓言의 형식이다." 라고까지 말하고 있다.[8] 이를테면 그는 우언의 형식으로 자기의 철학적 주장을 전개하는 것이다.

2) 우언寓言의 형식상 특징

우언은 앞서 본 바와 같이 '다른 사물을 빌려서' 표현하는 것이다. 따라서 우언 속에는 유형화된 인간, 동·식물, 무생물에 이르기까지 온갖 다양한 것들이 등장한다. 인간 이외의 것들로 대화를 구성할 경우에는 자연히 의인화의 수법이 동원될 수밖에 없는데 이것은 우언의 중요한 특징이다. 의인화의 형식을 잘 보여주고 있는 대표적인 우언을 몇 개만 예로 들어 보자.

남해의 임금을 숙儵이라 하고, 북해의 임금을 홀忽이라 하며, 중앙의 임금을 혼돈渾沌이라고 한다. 숙과 홀이 때마침 혼돈의 땅에서 만났는데, 혼돈이 매우 융숭하게 그들을 대접했으므로, 숙과 홀은 혼돈의 은혜

---

7 「寓言」, 郭 948-951쪽.
8 『史記』, 「老莊申韓列傳」 卷63, 中華書局, 2143쪽.

에 보답할 논의를 했다. "사람은 누구나 일곱 구멍이 있어서 그것으로 보고 듣고 먹고 숨 쉬는데 이 혼돈에게만 그게 없다. 어디 시험 삼아 구멍을 뚫어 주자." 날마다 한 구멍씩 뚫었는데, 7일이 지나자 혼돈은 죽고 말았다.[9]

망량罔兩(그림자 밖의 희미한 음영의 擬人名)이 그림자에게 물었다.

"당신은 얼마 전에는 걷더니 지금은 멈추고, 아까는 앉아 있더니 지금은 서 있소. 어째서 일정한 절도가 없는 것이요?"

그림자가 대답했다.

"나는 의지하고 있는 것을 따라서 그러는 것일까요? 그러면 내가 의지하고 있는 것은 또 달리 그가 의지하고 있는 것을 따라 그러는 걸까요? 나는 뱀의 비늘이나 매미의 날개 따위에 의지하고 있는 것일까요? 어째서 그런지 알 수 없고, 또 어째서 그렇지 않은지도 알 수 없습니다."[10]

의인화의 수법과 더불어 주목되는 또 하나의 유형은 전설적인 인물을 유형화하여 나타내는 것이다. 여기에는 요堯나 순舜과 같은 고대의 성왕과 허유許由 등과 같은 은자隱者 그룹 사이의 대화로 구성된 것이 있다. 또 『장자』에 공자와 제자, 은자들, 도척盜跖 등과 나눈 대화가 나온다. 인물이 유형화되어 등장하는 대화에서는 유가적 세계관과 도가적 세계관의 갈등이 잘 묘사되어 있다.

요堯임금이 천하를 허유許由에게 넘겨주려고 이렇게 말했다.

"해와 달이 솟아 밝은데 관솔불을 계속 태우다니 그 빛은 헛되지 않습니까? 때를 맞추어 비가 내리는데 여전히 물을 대고 있으니 그 물은

---

9 「應帝王」, 郭 309쪽.
10 「齊物論」, 郭 110-111쪽.

소용없지 않습니까? 선생께서 임금이 되시면 천하가 잘 다스려질 터인데 내가 여전히 천하를 맡고 있습니다. 돌이켜 보건대 저는 참으로 부족합니다. 부디 천하를 맡아 주십시오."

허유는 대답했다.

"그대가 천하를 다스려 이미 잘 다스려지고 있습니다. 그런데 내가 그대를 대신하다니, 천자라는 명목을 얻기 위해서 그렇게 한단 말입니까? 명목이란 실질의 손님에 지나지 않습니다. 나더러 그런 손님이 되란 말인가요? 뱁새가 깊은 숲속에 둥지를 짓는다 해도 나뭇가지 하나면 족하고, 두더지가 황하黃河 물을 마신다 해도 자기 배만 차면 그만입니다. 자, 그대는 돌아가 쉬시오. 나는 천하에 소용될 것이 없습니다. 요리사가 요리를 잘못한다고 (제사의) 신주가 술 단지와 고기 그릇을 들고 그를 대신할 수는 없습니다."[11]

'도둑질하는 척'〔盜跖〕의 부하가 그에게 물었다.

"도둑질에도 도가 있습니까?"

도척이 대답했다.

"어딘들 도가 없겠느냐? 방안에 무엇이 있는지 잘 알아맞히는 것이 성聖이고, 들어갈 때 앞장서는 것이 용勇이다. 맨 뒤에 나오는 것이 의義이고, (도둑질이 성사)될지 안 될지를 아는 게 지知이며, 분배를 공평하게 하는 것이 인仁이다. 이 다섯 가지가 갖추어지지 않았는데, 큰 도둑이 된 자는 세상에 아직 없었다."[12]

그 다음으로는 등장인물의 대화가 거의 실제적인 사실에 가까운 것으로 보이는 경우이다. 여기에는 장자와 그의 친구인 혜시惠施, 그리

---

11 「逍遙遊」, 郭 24쪽.
12 「胠篋」, 郭 346쪽.

고 그 밖의 주변 인물들의 대화가 있다. 이 유형은 어느 정도 사실적인 색채를 띠고 있지만 이 경우도 우화적 형식에 넣어도 무방하리라 생각한다.

혜자가 장자에게 말했다.

"내게는 큰 나무가 있는데 사람들은 그것을 (냄새가 고약하고 거대한) 저목樗木〔가죽나무〕이라고 합니다. 줄기는 울퉁불퉁하여 먹줄을 칠 수 없고 가지는 비비 꼬여서 자를 댈 수가 없소. 길에 세워 두면 목수가 거들떠보지 않습니다. 사실 선생의 말은 크기만 했지 쓸모가 없어 모두들 외면해 버립디다."

장자는 말했다.

"선생은 너구리나 살쾡이를 아시죠. 몸을 낮게 웅크리고 놀러 나오는 닭이나 쥐를 노려 이리 뛰고 저리 뛰며 높고 낮은 데를 가리지 않다가, 덫에 걸리거나 그물에 걸려서 죽지요. 그런데 검은 소는 크기가 하늘에 드리운 구름 같아서 큰일은 하지만 쥐는 잡을 수가 없소. 지금 선생에게 큰 나무가 있는데 쓸모가 없어 걱정인 것 같소만, 어째서 아무 것도 없는 드넓은 벌판에 심어놓고 그 곁에서 마음 내키는 대로 한가로이 쉬고 그 그늘에 유유히 누워서 자보시지 않습니까? 쓸모가 없다고 어째서 괴로워만 한단 말이오."[13]

장주莊周는 집이 가난하여 감하후監河侯(하천 감독관)에게 곡식을 빌리러 갔다. 감하후가 말했다.

"예. 내가 곧 세금을 거둬들일 텐데 그러면 선생에게 삼백三百의 거금을 빌려 드리지요. 됐습니까?"

장주는 불끈 성이 나서 낯빛이 달라지며 말했다.

---

13 「逍遙遊」, 郭 39-40쪽.

"제가 어제 (여기로) 올 때 도중에 부르는 자가 있었습니다. 돌아보니 수레바퀴 자국에 붕어가 있더군요. 제가 그 붕어에게 물었습니다. '붕어구나! 자네 무엇하고 있는가?' 그가 대답했습니다. '나는 동해의 소신小臣이오. 그대는 약간의 물로 날 살릴 수 있을 거요!' (이에) 제가 말했습니다. '그러지. 내가 이제 남쪽의 오월吳越의 왕에게 가는데 촉蜀강의 물을 밀어 보내서 자네를 맞게 해주지. 그럼 되겠는가?' 붕어는 불끈 성을 내며 이렇게 말했습니다. '나는 늘 나와 함께 있던 물을 잃었기 때문에 있을 곳이 없는 거요. 나는 한 말이나 한 되의 물만 얻으면 살아날 수 있소. 당신이 지금 한 그 말씀은 건어물 가게에 가서 나를 찾아보겠다는 말보다 더 심합니다.'"[14]

이외에도 여러 가지 방식으로 우언의 형식을 구분해 볼 수 있겠지만 일단 이 정도로 나눠 보기로 한다. 그 다음으로 더 본질적인 것, 즉 이와 같은 형식 속에 담겨 있는 우언의 내용에 대해서 살펴보자.

3) 우언寓言의 내용상 분류

우언의 내용도 시각에 따라 여러 가지로 나눠 볼 수 있다. 여기서는 편의상 '자연적 천[天]' 관념, 상대주의적 인식론, 유가학파에 대한 비판, 처세술에 관한 것 등으로 나누어 보겠다.

(1) 자연적 천天

이 책의 6장 3에서 살펴봤듯이 장자는 유가와 묵가의 사상 전거인 의인화된 '의지적 천' 관념을 부정하고, 오직 사실적이고 객관적인 '자연현상'만을 천天으로 해석하는 '자연적 천' 관념을 새롭게 제시하

---

14 「外物」, 郭 924쪽.

였다.

"하늘은 움직이고 있는가? 땅은 정지해 있는가? 해와 달은 자기 자리를 다투고 있는가? 누가 이 천지를 주관하고 누가 이를 질서 지워주고 있는가? 누가 아무 일도 하지 않으면서 이를 밀어서 운행시키고 있는가? 어떤 기계의 열쇠와 걸쇠가 있어서 어쩔 수 없이 움직이고 있는 것이 아닌가? 혹은 저절로 움직여 스스로 멈출 수 없는 것이 아닌가? 구름이 비가 되는가? 비가 구름이 되는가? 누가 구름을 일으키고 비를 내리게 하는가? 누가 아무 일도 하지 않고 음울한 비구름을 만들어 즐기면서 이를 권장하고 있는가? 바람은 북쪽에서 일어나 한번은 서쪽으로 한번은 동쪽으로 가기도 하고, 또 상공에서 이리저리 불기도 한다. 누가 이것을 내쉬고 들이쉬고 하는가? 누가 아무 일도 하지 않으면서 이 바람을 펄럭이게 하는가? 왜 그런지 묻고 싶도다!"

무함초巫咸袑(함초라는 이름의 무당)가 대답했다.

"자, 내가 자네에게 말해 주겠네. 하늘에는 육극六極(동서남북 사방에 아래 위를 더한 여섯 방향)과 오상五常(즉 五行: 金, 木, 水, 火, 土)이 있지. 제왕도 이것들을 따르면 (세상을) 잘 다스릴 수 있고, 이것들을 어기면 좋지 않네. (천하를 다스리는 아홉 개의 큰 법도인) 낙서洛書의 규범을 실현하여 정치가 잘 이뤄지고 덕이 갖추어지고, 이 땅에 빛을 밝히시니, 천하가 그를 추대하게 되네. 이런 사람을 최고의 제왕이라고 한다네."[15]

자연은 큰 아름다움을 가지고 있으나 아무 말이 없고, 사계절은 분명한 법칙을 가지고 있으나 그것을 의논하는 일이 없다. 만물은 생성원리를 가지고 있으나 그것을 말하지 않는다.[16]

---

15 「天運」, 郭 493-96쪽.
16 「知北遊」, 郭 735쪽.

(2) 상대주의적 인식론

사람은 습한 데서 자면 허리 병에 걸리고 반신불수가 된다. 미꾸라지 도 이러한가? 인간은 나무 위에 올라가면 떨어질까 무서워 벌벌 떤다. 원숭이도 이러한가? 이 셋 중 어느 것이 올바른 주거처를 아는가? 사람 은 소나 돼지를 먹고, 사슴은 풀을 먹고, 지네는 도마뱀을, 수리부엉이 는 쥐를 맛있게 먹는다. 원숭이는 암놈과 짝하여 놀고, 고라니는 암사슴 과 짝하고, 미꾸라지는 물고기와 논다. 모장毛嬙이나 여희麗姬 같은 이 름난 미인은 사람들이 좋아하지만, 물고기가 보고는 물속 깊이 숨고, 새 가 보고는 높이 날아 가버리고, 사슴이 보고는 놀라 달아난다. 이 네 가 지 중에서 무엇이 천하의 진정한 아름다움을 알고 있는 것인가? 내가 보기에는 인의仁義의 단서나 시비是非의 기준이 다 어지럽게 뒤섞여 있 다. 내가 어찌 그 분별을 알 수 있겠는가?[17]

가을비가 제때에 오니 수백의 개울물이 황하로 흘러 들어갔다. 흘러 지나가는 물이 대단하여 강의 양안과 사구沙丘들 사이가 아득하게 멀어 서 마소를 분간할 수가 없었다. 이때에 하백河伯(황하의 의인화)이 흔쾌 히 절로 기뻐하며, 천하의 아름다움이 다 자기에게 있다고 생각하였다. 그가 물결을 타고 동쪽으로 가서 북해〔渤海〕에 이르러서, 동쪽을 향하 여 바라보니 물의 끝이 보이지 않았다. 이때에 하백은 비로소 그의 눈길 을 돌려서 망연히 북해약北海若(발해의 의인화)을 쳐다보고는 탄식하며 말하였다.

"속담에 도를 백 번 들어도 자기만 못하다고 생각한다는 말이 있는 데, 저를 두고 한 말입니다. … 지금 저는 당신이 끝없음을 보았으니, 제 가 당신의 문전에 오지 않았다면, 아마도 오랫동안 대도大道를 터득하

---

17 「齊物論」, 郭 93쪽.

신 분들에게 웃음거리가 되었을 것입니다."

북해약이 말하였다.

"우물 안의 개구리에게 바다를 말해 주지 못하는 것은 그가 사는 장소에 매여 있기 때문이고, 여름 벌레에게 얼음을 말해줄 수 없는 것은 그가 사는 계절에 매여 있기 때문이며, (하나의 입장만) 고집하는 지식인〔曲士〕에게 도를 말해 줄 수 없는 것은 그가 도그마에 매여 있기 때문이다. 오늘 자네는 (자네의) 강가에서 벗어났으니 … 자네에게 큰 이치를 말해 줄 수 있겠다. 천하의 물 가운데 바다보다 큰 것은 없다. … 봄이나 가을이나 변함이 없고, 홍수와 가뭄을 모른다. 이 점에서 바다는 하천보다 헤아릴 수 없이 크다. 그러나 나는 결코 나 자신을 크다고 생각하지 않는다. … 내가 우주 안에 있는 것은 마치 큰 산에 작은 돌이나 나무가 있는 것과 비슷하다. … 어떻게 내 스스로 크다고 할 수 있겠는가? 우주 안에 사해四海가 있는 것은 큰 연못 안의 물병만 한 빈틈과 비슷하다고 생각할 수 있지 않을까? 사해 안에 중국이라는 나라는 큰 창고 안의 곡식 낟알 같다고 생각할 수 있지 않을까? … 무릇 존재하는 만물의 양은 무궁하며, 시간은 정지할 수 없다. 개개의 분수分數는 일정할 수 없으며, 처음과 끝은 확정 지을 수 없다. … 이렇게 본다면 우리가 '한 터럭의 끝이 미세한 것의 궁극이라는 것'을 어떻게 알 수 있단 말인가? '천지가 지극히 큰 영역을 다할 수 있다는 것'을 어떻게 알 수 있단 말인가? …

도에서 보면 모든 존재는 귀천이 없다. 존재의 관점에서 보면 자기는 귀하고 상대는 천하다. … 차별의 관점에서 보아서 어떤 존재가 다른 존재보다 크기 때문에 크다고 한다면, 만물 중에 크지 않은 것이 없다. 어떤 존재가 다른 존재보다 작기 때문에 작다고 한다면, 만물 중에 작지 않은 것은 없다. 천지가 곡식 낟알만 하다는 것을 인식하고, 한 터럭의 끝이 언덕이나 산만 하다는 것을 인식한 것은 사물의 차이를 상대적으로 본 결과이다. 만물을 똑같이 본다면 무엇이 짧고 무엇이 긴가? 도에는 처음도 끝도 없다. 존재[物]에만 삶과 죽음이 있다. 존재는 완성된 하나의 결과에만 머무를 수 없다. 한번 비었다가도 다시 차게 되어, 자기 모습을 고정할 수가 없다. 세월은 다시 올 수 없고, 시간은 정지할 수 없다! 소멸과 생성, 채움과 비움은 끝나면 다시 시작한다. 모든 존재의 삶은 마치 말이 달려가는 것처럼 빠르게 지나간다. 변화하지 않는 움직임이 없고, 흘러가지 않는 시간이 없다. 무엇을 할 것이고 무엇을 하지 않을 것인가? 진실로 스스로 자기 변화에 맡길 것이다!"[18]

소지少知가 물었다.

"이 천지 사방 안의 만물은 어디서 생겨나는 겁니까?"

대공조大公調가 대답했다.

"음과 양이 서로 비춰가면서 서로 해치며 서로 다스리고, 사계절이 서로 교대하면서 서로 생겨나고 서로 대체한다. 욕망과 혐오, 나아감과 물러섬이 시소(널뛰기)처럼 생겨나고, 암수가 교배하는 것이 늘 있게 되었다. 안전과 위험이 서로 바뀌고 화복이 서로 생기며 장수와 요절이 서로 겨루고 삶과 죽음이 이루어진다. 이 점에 대해서는 그 이름과 실질에 조리를 세울 수가 있고, 그 자세한 것을 기록할 수도 있다. 모든 것이 순서에 따라 서로 다스려지고, 운행이 시소처럼 서로 작용한다. 궁극에 이르면 돌아오고 끝나면 다시 시작한다. 이것이 만물이 지니는 현상이다. 언어로 분명히 말할 수 있고 지혜로 생각할 수 있는 것은 다 사물의 현상에 한정된다. 도를 인식한 사람은 사물이 다하여 끝나는 것을 좇지 않고 사물이 생겨나는 근원을 찾지도 않는다. 이런 일이란 논의가 끝나 버리는 곳이다."

소지가 물었다.

"계진季眞은 (道는) '막위莫爲'(즉 無爲, 조작함이 없다)하고, 접자接子

는 '혹사或使'(즉 무엇이 작동을 시킨다)고 주장하는데, 이 둘의 이론 중 어느 쪽이 실정에 맞고, 어느 쪽이 이치에 맞지 않나요?'

대공조가 대답했다.

"닭이 울고 개가 짖는다는 것은 누구나가 알고 있지만 아무리 지혜가 뛰어난 자라도 말로 그것이 어째서 울거나 짖는가 하는 자연의 작용은 설명할 수가 없고, 또 그것들이 무엇을 하려는 것인지를 마음으로 알 수도 없다. 가령 이 일을 분석하여 이를 데 없는 정밀함에 이르고 더함 없이 큰 범위에 걸친다 하더라도, '무엇이 작동시킨다'〔或使〕는 주장이나, (그 반대로) '조작함이 없다'〔莫爲〕는 주장은 결국 개체〔物〕의 범위를 넘지 못하기에 (道를 논하기에는) 마침내 잘못될 수밖에 없다. 무엇인가가 작동시킨다면, 실체가 있게 되고, 조작함이 없다면 아무것도 없는 허무가 된다. 이름〔名〕이 있고 실체가 있다는 것은 개체〔物〕로 존재한다는 뜻이요, 이름도 없고〔無名〕 실체도 없다〔無實〕함은 개체로 존재하지 않는다는 뜻이다. (道란) 물론 말로 표현할 수도 있고 마음에서 생각할 수도 있다고 하지만, 이것을 말로 나타내면 그만큼 더 도道에서 멀어진다. … '혹사或使'라는 주장도, 또 '막위莫爲'라는 주장도 (세상 사람들이) 크게 의심하는 것이다. 내가 사물의 근원을 생각해볼 때 그것은 다함이 없고 그 앞(종말)을 찾아보면 멈춤이 없으니, 이 '없음'〔無〕이라고 말한 것이 사물의 이치와 하나가 된다. (道가) '혹사或使냐', '막위莫爲냐'하는 주장이 말(논쟁)의 시발이기에, (말이란) 사물과 함께 끝나고 시작하는 것이다. (그러나) 도道란 있다고 할 수도, 없다고 할 수도 없다. 도道라는 이름도 빌려서 그렇게 부르는 데 지나지 않는다. '혹사或使냐', '막위莫爲냐'하는 주장은 개체(사물)의 일면에 집착하여 한 말일 뿐, 그것이 어찌 천지의 도道에 해당하겠는가!"[19]

---

19 「則陽」, 郭 914-17쪽.

장자는 '도道'의 무한하고 무궁한 변화에 근거하여 인간 지식의 상대적 인식이론을 밝힘으로써, '모든 존재〔萬物〕를 똑같이 보려고'〔齊物〕 하였다. 여기에 포함되는 대상에는 시비是非, 선악善惡, 미추美醜, 빈부貧富, 상하上下, 장단長短, 귀천貴賤, 생사生死, 길흉吉凶, 화복禍福 등 상대적인 가치관의 세계가 망라되어 있음은 더 말할 나위 없다.

(3) 유가儒家에 대한 비판

유가에 대한 장자의 입장은 대체로 두 가지 정도로 나온다. 지나칠 정도로 신랄하고 원색적으로 비난하고 있는 곳이 있는가 하면 어느 정도 도가道家에 접근하는 것으로 상황을 설정하여 동조하는 것 같은 느낌을 주는 부분도 있다.

유가의 무리는 『시경詩經』이나 『예기禮記』를 들먹이며 (故人들의) 무덤을 파헤치는 자들이다. 대유大儒가 (점잖게) 아랫사람에게 말한다.

"곧 동이 틀 것 같다. 일이 어떻게 되어가고 있느냐!"

소유小儒가 말한다.

"아직 송장의 속옷을 못 벗겼는데 입안에는 구슬이 있습니다. 『시경詩經』에 이런 말이 있지요. '짙푸른 보리가 산언덕에서 자라네. 살아서 남에게 베풀어 준 적이 없는 자가 죽어 어찌 구슬을 물고 있는가!' 제가 (송장의) 머리칼을 쥐어 잡고 입을 누를 것이니, 당신은 망치로 턱을 두드리고 천천히 뺨을 벌려서 입안의 구슬이 상하지 않도록 하십시오!"[20]

자상호子桑戶와 맹자반孟子反, 자금장子琴張 세 사람이 서로 이야기를 나누었다.

---

20 「外物」, 郭 927-28쪽.

"누가 서로 사귀는 것이 아니면서 서로 사귀고, 서로 돕는 것이 아니면서 서로 도울 수 있을까? 어느 누가 하늘에 올라 안개 속에 노닐며 무궁한 곳을 돌아다니고 서로 삶도 잊은 채 다함이 없이 돌아다닐 수 있을까?"

세 사람은 서로 쳐다보며 웃고 뜻이 맞아 이윽고 벗이 되었다.

아무 일 없이 얼마 동안 지나다가 자상호가 죽었다. 아직 장사를 지내기 전에 공자孔子가 이 소식을 듣고, 자공子貢을 보내 일을 거들게 했다. (가서 보니) 한 사람은 누에 채반을 엮고, 또 한 사람은 거문고를 뜯으며 목소리를 맞추어 노래하고 있었다.

"아, 상호여. 아, 상호여. 그대는 이미 그대의 진실로 돌아갔는데 우리만 아직 사람이로구나."

자공이 나아가서 말했다.

"묻겠습니다. 주검 앞에서 노래를 부르는 것이 예禮입니까?"

두 사람은 싱긋 웃으며 말했다.

"이 친구가 어찌 예의 뜻을 알겠나!"

자공이 돌아와 공자에게 고하면서 이렇게 말했다.

"그들은 어떤 사람일까요? 예절 바른 행동은 전혀 없고 그들 자신의 몰골을 전혀 잊고서, 주검 앞에서 노래를 부르며 얼굴빛조차 변하지 않으니 뭐라고 말할 수가 없었습니다. 그들은 어떤 사람들입니까?"

공자가 대답했다.

"그들은 이 세상 밖에서 노니는 사람들이고, 나는 이 세상 안에서 노니는 사람이다. 이 세상 밖과 안은 서로 미치지 못하는 것인데, 난 자네를 조상하러 보냈네. 내가 생각이 모자랐지."[21]

---

21 「大宗師」, 郭 264-298쪽.

(4) 처세處世의 비결

　포정庖丁이 문혜군文惠君을 위해 소를 잡은 일이 있었다. 손을 대고, 어깨를 기울이고, 발로 딛고, 무릎을 구부리며 획획 획획 하는 칼 소리가 음률에 맞지 않는 것이 없었다. 그 움직이는 자세는 마치 상림桑林(殷나라 湯왕 때의 음악이름)의 춤[舞]과도 같았고, 또 경수經首(堯임금 때의 음악)의 음절에도 맞는 듯싶었다.

　문혜군이 말했다.

　"아, 훌륭하구나. (그대의) 기술이 어찌하여 이런 경지에까지 이를 수가 있었느냐?"

　포정은 칼을 놓고 이렇게 말했다.

　"제가 즐기는 것은 도道입니다. 기술보다 앞서는 것이지요. 일찍이 제가 소를 잡기 시작했을 때는 눈에 보이는 것이란 모두 소뿐이었으나 3년이 지난 뒤로는 소의 몸 전체를 본 적이 없습니다. 요즘 저는 정신으로 소를 대하고 있고 눈으로 보지는 않습니다. 눈의 작용이 멎으니 정신의 자연스러운 작용만 있습니다. 천리天理를 따라 커다란 틈새와 빈곳에 칼을 놀리고 움직여 소 몸에 생긴 그대로를 따라 갑니다. 그 기술의 미묘함은 아직 한 번도 티끌만큼의 살이나 뼈도 다치게 한 일이 없습니다. 하물며 큰 뼈야 더 말할 나위 있겠습니까! 솜씨 좋은 칼잡이가 일년 만에 칼을 바꾸는 것은 살을 자르기 때문입니다. 평범한 보통 소 잡이는 달마다 칼을 바꿉니다. 뼈를 자르니까 그렇습니다. 하지만 제 칼은 19년이나 되어 수천 마리의 소를 잡았지만 칼날은 방금 숫돌에 간 것 같습니다. 저 뼈마디에는 틈새가 있고 칼날에는 두께가 없습니다. 두께 없는 것을 틈새에 넣으니 널찍하여 칼날을 움직이는 데 여유가 있습니다. 그러니까 19년이 되었어도 칼날이 방금 숫돌에 간 것 같지요. 하지만 근육과 뼈가 엉킨 곳에 이를 때마다 저는 그 일의 어려움을 알아채고 두려움을 지닌 채 경계하며 눈길을 거기에 모으고 천천히 손을 움직

여 칼의 움직임을 아주 미묘하게 합니다. 살이 뼈에서 털썩하고 떨어지
는 소리가 마치 흙덩이가 땅에 떨어지는 것 같습니다. 칼을 든 채 일어
나서 주위를 돌아보며 잠시 머뭇거리다가 마음이 흐뭇해지면 칼을 씻어
챙겨 넣습니다."

문혜군은 말했다.

"훌륭하구나. 나는 포정의 말을 듣고 양생의 도를 터득했다."[22]

장자는 문혜군의 말을 통해서 도가道家의 처세술을 잘 보여주고 있
다. 이 속에 나온 — 소의 살과 뼈를 다치지 않고 해부해 내는 — 포정의 칼
솜씨를 장자가 그리는 이상적 처세술로 이해할 수 있다. 그리고 뼈와
근육이 복잡하게 얽혀 있는 소의 몸은 바로 우리가 조심스럽게 살아가
야 할 복잡한 사회를 비유함을 알 수 있다. 장자의 이상은 복잡한 근
육과 뼈를 피해 가듯, 아무리 복잡하고 위험한 세상에 살더라도 마찰
을 피해 나가야만 된다는 것이다. 장자가 살던 전국시대戰國時代 중기
는 사회적 환경이 극도로 험악했으며 각종 투쟁이 치열했다. 따라서
'두께가 없는 칼'이란 정신이 절대적 자유의 경지에 도달한 개인이며,
그런 정신력을 가진 존재란 아무리 급박하고 위태로운 세상일지라도
'틈'을 찾아서 언제나 자유롭게 노닐 수 있음을 말한 것이다.

4. 맺음말

장자에게서 대화는 결국 무엇인가? 세속적인 언어의 효용을 거부하
면서 그렇게 많은 말들을 그는 왜 해야만 했는가. 아무리 그가 도의

---

22 「養生主」, 郭 115-24쪽.

세계를 갈망하고 그것을 추구했다고 하더라도, 그가 세속적인 것을 모두 다 벗어 던지고 — 물리적으로 — 다른 세계로 떠나 가버릴 수 없는 이상 이 세계와 하나가 돼서 살아갈 수밖에 없고, 또 이 세계와 관계를 맺는 이상 그도 역시 이 세계의 언어를 폐기할 수는 없었기 때문일 것이다. 그렇기 때문에 장자의 사상은 당시 사회의 객관적·실제적인 흐름 속에서 인간의 소외를 문제 삼은 것으로 일종의 이념 비판 내지 문명 비판적인 성격을 강하게 지니고 있다.

　일체의 독단적 사고를 비판하고 개개인의 절대적 무간섭의 자유를 추구한 데에서 장자 철학의 적극적 의의를 찾을 수 있지만, 이러한 정신적 자유가 장자 현실의 삶에서 적극적으로 발휘될 수는 없었다. 속세의 지배적인 권위와 세도를 등에 업고서 뭇 중생들 위에 '소영웅으로 군림하며' 뻐기고 사는 '건장한 속인들의 삶'에 도저히 만족할 수 없었던 장자에게 남은 길은 아마도 객관적 상황이 어떠하든 그것에 영향 받지 않을 수 있는 세계, 즉 자기 주관 속의 내면세계, 혹은 정신적 (예술적) 세계로 승화하는 길밖에 없었을 것이다.

참고문헌

『校正莊子集釋』, 郭慶藩 撰, 臺北: 世界書局, 1968.
『墨子校釋』, 王煥鑣 注, 杭州: 浙江文藝出版社, 1984.
『史記』, 「老莊申韓列傳」 卷63, 中華書局, 1972.

Liou Kia-Hway, *L'esprit synthétique de la Chine*, Paris, 1961.

제10장 동중서董仲舒의 역사철학
– 동씨董氏 춘추학春秋學의 역사철학적 의의와 한계 –

1. 문제 제기

역사적으로 과거에 일어난 사실과 기록에 대한 경험적·사실적 연구와 분석이 역사학의 범주에 속한다면, 역사철학이란 한 역사가나 사상가의 세계관*Weltanschauung*과 가치관을 통하여 과거의 역사적 사실을 재조명함으로써, 첫째 이상적인 역사상을 제시하는 것과, 둘째 그것을 통하여 현세의 문제점을 지적하고 그것을 극복·해결해 나가려는 역사적 실천의 당위當爲가 문제된다. 전자에서는 무엇보다도 객관적인 역사 사실·행위*res gestae*; *Taten*가 문제된다면, 후자에서는 그 행위의 사실을 바라보는 관념·사상*cogitatio*; *Spekulation*이 핵심이 된다.

역사학에서는 인간의 주관적인 요인을 될수록 배제하고, 경험적 사실과 대상에 충실하게 객관적·합리적 법칙성을 찾아내려는 자연과학적·실증주의적 태도가 주요한 문제가 되기 때문에 그것은 분명 근대 시민사회의 소산이라고 해야 할 것이다. 하지만 역사철학은 형이상학적인 관념과 확신에서 출발하기 때문에 그 뿌리는 오히려 근대 시민사회 이전의 사회에서 나타난 사상에서도 밝혀낼 수 있다. 여기에 바로 한漢나라 초기의 사상가 동중서董仲舒(179-104 BC)의 춘추학春秋學이 역사철학으로서 문제될 수 있는 근거가 있다.

필자는 동씨 춘추학이 가지고 있는 역사철학적인 의의와 문제점을 밝히기 위해서는 무엇보다도 먼저 그 시대의 절대군주인 한 무제漢武帝(140-87 BC)로 하여금 유교를 정통적 국가통치이념orthodoxe Staatsdoktrin으로 받아들이게 한 한漢 초의 공양가公羊家 및 동중서의 기본적인 역사 이해 또는 역사적 사명이 무엇이었는가를 어느 정도 이해해야 한다고 본다. 그들이 가진 역사 이해에 결정적인 영향을 미친 것은 근본적으로 볼 때 전국 말의 사상가 추연鄒衍(약 305-240 BC)에서 비롯된 오덕종시설五德終始說이라고 생각한다. 또한 그들의 역사적 사명이란, 첫째 상앙商鞅의 변법에서 비롯되고 한비자韓非子에 의하여 집대성된 법가의 법술法術주의에 근거한 진시황秦始皇의 천하통일과 그 결과로 나타난 ― 통일된 절대권력이 군주 한 개인에 의해 남용됨으로써 일어나는 ― 역사적 비극(독재)의 가능성을 배제하려는 것이요, 둘째 추연의 오덕종시설이라는 일종의 역사순환론에 따라 진秦의 통치제도와 방식을 근본적으로 개혁하고 새로 등장한 한漢제국의 통치를 합리화하는 제도로서 개제改制와 유가적 통치이념을 만세불변의 진리〔道〕로서 확립하려는 것이라 하겠다.

이와 같은 기본적 이해 위에서 개제改制의 역사이론으로서 동씨董氏의 춘추학春秋學을 다루고자 한다. 그리고 끝으로 볼테르Voltaire와 헤겔Hegel의 역사철학에 비추어서 동씨 춘추학의 역사철학적 의의와 한계를 밝혀 보고자 한다.

2. 추연鄒衍의 오덕종시설과 동씨 춘추학의 출발점: 개제改制

『사기史記』「맹자순경열전孟子荀卿列傳」에 추연의 사상에 대해 다음과 같이 말하였다.

추연은 국가를 가진 자가 더욱 음란하고 사치하여 덕을 숭상할 수 없음을 보고 … 이에 음양의 변화를 깊이 관찰하여 괴이한 변화를 말하니, 「종시終始」, 「대성大聖」 등은 십여만 자字가 된다. 그의 말은 너무 과장되어 상리에 맞지 않으나 반드시 먼저 작은 것에서 실험하여 큰 것으로 추론하여 끝없이 나아간다. 먼저 현재를 서술하고 황제黃帝(시대)로 거슬러 가면서 … 각 시대의 성쇠를 언급하고 그 길흉의 정도를 적음으로써 먼 것에까지 미루어간다. … 천지가 생겨난 이래로 오덕五德(오행)이 (반복하여) 옮겨 가면서, 그 다스림[治]에는 각각 적절함[宜]이 있었으며 또한 표징[符]이 각각에 상응했음을 말하고 있다.[1]

이와 같은 사상을 전하는 추연 자신의 저술[2]은 현재 하나도 남아 있지 않다. 이 중에서 특히 문제가 되는 것은 "오덕五德(五行)이 (반복하여) 옮겨 가면서 그 다스림[治]에는 각각 적절함[宜]이 있었으며 또한 표징[符]이 각각에 상응했다."[五德轉移, 治各有宜, 而符應若兹]라는 논의이다. 여기서 오덕이란 바로『상서尚書』, 「홍범洪範」에 나오는 오행 즉 수水, 화火, 목木, 금金, 토土를 가리킨다.[3] 이 오행이 전이하는 순서에 관해서는『문선文選』「위도부魏都賦」의 주석註釋에서 다음과 같이『칠략七略』을 인용하여 말하고 있다.

추연의 종시오덕終始五德의 (순서)는 이길 수 없는 것이 뒤에 온다. 토

---

1 "鄒衍睹有國者益淫侈, 不能尙德, … 乃深觀陰陽消息, 而作怪迂之變, 「終始」·「大聖」之篇, 十餘萬言. 其語閎大不經, 必先驗小物, 推而大之, 至於無垠. 先序今, 以上至黃帝, … 大幷世盛衰, 因載其禨祥度制, 推而遠之, … 稱引天地剖判以來, 五德轉移, 治各有宜, 而符應若兹.",『史記』, 「孟子荀卿列傳」.
2 『漢書』「藝文志」에 鄒衍의 저술로『鄒子』49篇과『鄒子終始』56篇이 기록되어 있다.
3 "五行: 一曰水, 二曰火, 三曰木, 四曰金, 五曰土. 水曰潤下, 火曰炎上, 木曰曲直, 金曰從革. 土爰稼穡, 潤下作鹹, 炎上作苦, 曲直作酸, 從革作辛, 稼穡作甘.",『尙書』, 「洪範」.

덕土德 뒤에는 목덕木德이 이어지고, 금덕金德이 그 다음이고, 화덕火德
이 그 다음이고, 수덕水德이 그 다음이다.[4]

이것이 이른바 오행상승설의 순서이다. 오덕, 즉 오행은 원래 인간
의 일상생활에 필요한 생활 자료로서 오재五材의[5] 뜻을 가지고 있었
다. 수화水火는 생활의 기본조건을 형성하는 것이요, 목木은 주로 목
제의 농기구, 금金은 청동의 도구(특히 무기 등), 토土는 인간이 농경생
활을 하는 터전인 대지를 가리킨다. 고대 중국인들의 소박한 생각으로
는 나무〔木〕로 된 농기구로 흙〔土〕을 일구니 나무〔木〕가 흙〔土〕을 이
긴다〔木勝土〕고 생각했고, 청동 같은 쇠붙이〔金〕로 된 칼로 나무〔木〕
를 벨 수 있으니 "금승목金勝木"이요, 불〔火〕이 쇠붙이〔金〕를 용해시
키기 때문에 "화승금火勝金"이요, 불〔火〕을 끄는 것은 물〔水〕이니 "수
승화水勝火"라고 생각한 것 같다. 이와 같이 자연현상을 관찰하여 얻
은 물질 상호간의 세력발전에 관한 소박한 인식을 아마도 추연鄒衍은
인간 역사를 지배하는 왕조 세력〔治〕의 흥망성쇠의 법칙으로 연역한
것 같다.

무릇 제왕帝王이 일어나려고 할 때에는 천天(하늘)은 반드시 먼저 하
민下民에게 상서祥瑞를 보이신다. 황제黃帝 때에 하늘이 먼저 큰 지렁이
와 땅강아지를 보이셨다. 황제는 말하였다. "토기土氣가 우세하다!" 토
기가 우세하니 그 색은 노란색을 숭상하고 그 직무〔事〕는 토土를 본받
았다. 우禹(왕) 때에 이르러 하늘이 초목이 추동秋冬에 죽지 않음을 보이
셨다. 우(왕)이 말하였다. "목기木氣가 우세하다!" 목기가 우세하니 그

---

4 "鄒子有終始五德, 從所不勝: 土德後, 木德繼之, 金德次之, 火德次之, 水德次之.", 『文選』, 「魏都賦」注, 引『七略』.

5 "天生五材, 民幷用之.", 『左傳』, 襄公27年.

색은 푸른색을 숭상하고 그 직무는 목木을 본받았다. 탕湯(왕)때에 이르러 하늘이 물속에서 칼날 있는 쇠붙이가 나옴을 보이셨다. 탕(왕)이 말하였다. "금기金氣가 우세하다!" 금기가 우세하니 그 색은 흰색을 숭상하고 그 직무는 금金을 본받았다. 문왕文王 때에 이르러 하늘이 불〔火〕을 보이시니 적조赤鳥가 단서丹書를 입에 물고 주周의 사묘社廟에 모였다. 문왕이 말하였다. "화기火氣가 우세하다!" 화기가 우세하니 그 색은 붉은 색을 숭상하고 그 직무는 화火를 본받았다. 화火를 대치하는 것은 반드시 수水일 것이니 하늘은 또한 먼저 수기水氣가 우세함을 보일 것이다. 수기가 우세하니 그 색은 검은 색을 숭상하고 그 직무는 수水를 본받을 것이다.[6]

이와 같은 추연의 오덕종시론은 오덕의 세력이 각기 순차적으로 끝나면 다시 시작한다〔終而復始〕는 결정론적 역사순환론을 의미한다. 이 이론은 천명天命의 무상無常함을 말한다. 당대까지의 중국 역사는 황제(土), 우왕(木), 탕왕(金) 및 문황(火)이라는 네 선왕이 천명에 따라 순차적으로 지배해 왔으며, 앞으로 나타날 신왕新王은 반드시 하늘〔天〕로부터 수덕水德의 징표〔符〕를 받을 것이다. 그리고 그 신왕은 또한 수덕의 성질에 따라 복색은 흑색을 숭상해야 하고, 그의 치업은 반드시 수덕의 방식으로 해 나가야만 할 것이다.

이 이론에는 신왕 출현에 관하여 천명天命이 제시하는 조건과 신왕의 통치권위를 천명의 이름으로 합리화하려는 권위적인 수단이 내포

---

6 "凡帝王者之將興也, 天必先見祥乎下民. 黃帝之時, 天先見大螾大螻. 黃帝曰:「土氣勝!」土氣勝, 故其色尚黃, 其事則土. 及禹之時, 天先見草木, 秋冬不殺, 禹王曰:「木氣勝!」木氣勝, 故其色尚青, 其事則木. 及湯之時, 天先見金刃生於水, 湯曰:「金氣勝!」金氣勝, 故其色尚白, 其事則金. 及文王之時, 天先見火, 赤鳥銜丹書, 集於周社. 文王曰:「火氣勝!」火氣勝, 故其色尚赤, 其事則火. 代火者必將水, 天且先見水氣勝. 水氣勝, 故其色尚黑, 其事則水.",『呂氏春秋』,「應同」.

되어 있다.

현대인의 눈으로 보면 하나의 미신에 불과한 이 오덕종시설에 따라서 기원전 221년에 드디어 천하를 통일한 진시황秦始皇(246-210 BC)은 천명을 받은 신왕으로서 중국 역사상 처음으로 대대적인 제도 개혁을 단행하였다.

> (진)시황始皇은 오덕종시五德終始의 순환론을 미루어서, 주周는 화덕火德이며, 진秦은 주덕周德을 대신했다고 여겼으니 (이것은) 상승설相勝說을 좇은 것이다. 바야흐로 수덕水德이 시작되었으니 연시年始를 바꾸어 조하朝賀는 모두 (하력夏曆) 10월 1일부터 하였다. 의복衣服과 (외교 사령이나 장군의) 징표와 깃발은 모두 검은색을 상上으로 하였다. 수數는 6을 기준으로 하였으며 징표와 법관法冠의 크기는 모두 6치〔寸〕, 그리고 가마〔輿〕는 6자〔尺〕이며, 6尺척이 1보步이고, 일승乘(수레)은 6말〔馬〕로 하였다. 황하黃河는 덕수德水로 이름을 고치니 수덕水德이 시작됐다고 여긴 것이다. (관리는) 의지가 강의하고 지독하여 사무는 모두 법法에 따라 결정해야 하며 인은仁恩, 화의和義를 없애 각박해야 오행五行(五德)의 수數에 합치하는 것이다. 이에 (刑)法을 엄하게 다루니, (한번 잘못하면) 오랫동안 용서받지 못하였다.[7]

진시황(246-210 BC)의 엄격한 옥리의 형벌주의를 통한[8] 무한한 권력 행사는 결국 자기의 개인적 욕망과 환상 때문에 파멸적인 자기 과시로 끝이 났다.

---

7 "始皇推終始五德之傳, 以爲周得火德, 秦代周德, 從所不勝. 方今水德之始, 改年始, 朝賀皆自十月朔, 衣服旄旌節旗皆上黑, 數以六爲紀, 符·法冠皆六寸, 而輿六尺, 六尺 爲步, 乘六馬, 更名河曰德水. 以爲水德之始, 剛毅戾深, 事皆決於法, 刻削毋仁恩和義, 然後合五德之數. 於是急法, 久者不赦.", 『史記』, 「秦始皇本紀」.

8 "始皇爲人, … 專任獄吏, 獄吏得親行, 博士雖七十人, 特備員弗用.", 위와 같음.

그의 만년 광적인 독재는[9] 학문과 민생의 극단적인 파멸을 불러왔고, 마침내 진秦제국(221-206 BC)은 멸망했다. 이를 이어 새로운 대규모 전쟁이 일어났고, 그 결과 나타난 한漢나라 초기 민생의 극단적 파탄 상태는 다음과 같다.

한 초漢初에는 진秦의 병폐를 이어받아서 (각지의) 제후들이 다시 (전쟁을) 일으키니, 백성들은 생업을 잃었고 대기근이 들었다. 무릇 쌀은 일석石에 5천 (錢)이어서, 사람들이 서로 잡아먹으니 죽은 자가 반半이 넘었다. 이에 (漢) 고조高祖가 백성들에게 자식들을 매매하게 버려두어서야, 촉한蜀漢지역은 (겨우) 먹을 수가 있었다. … 문제文帝가 즉위하니 … 가의賈誼가 임금께 아뢰었다: "… 계절이 맞지 않고, 비가 안 와서 … 흉년이 들어 수입이 없으면 (사람들이) 관작官爵과 자식을 팔려고 한다는 것을 이미 들었습니다. … 전쟁과 가뭄이 함께 오면 천하가 크게 쇠락하여 힘 있는 자는 무리를 지은 뒤에 뛰쳐나가고, 약자와 늙은이는 자식을 바꾸어 가면서 그 뼈다귀를 씹는다고 합니다."[10]

---

9 당시 秦帝國의 인구는 약 2천만 명 내외였는데, 宮殿과 陵墓의 건축에 징발당한 자가 150만 인이요, 五嶺을 戌守하는 군졸들이 50만 인이었고, 兇奴를 방어하고 만리장성을 修築하는 데 또한 수십만을 동원하였으니, 전체 인구의 1/10 이상이 몇 년, 몇 개월씩이나 무상노역에 종사한 셈이다. 그 밖에 상상을 초월하는 거대한 宮殿, 그의 前殿에 불과한 阿房宮은 東西 500步, 南北 50丈, 위로 萬人이 앉을 수 있고, 아래로 五丈旗를 세울 수 있다고 했으니 그 거대한 규모를 상상할 수 있다. 또한 驪山 북쪽 그의 능묘는 높이가 50餘 丈이요 주위가 5里가 넘는 규모와 그 내부의 사치는 말할 수가 없다. 이것의 수축에 동원된 죄인과 노예만도 70만이 넘었다고 한다. 자기를 비판하는 儒生들과 그에 비판적인 사상들을 압살하기 위하여 秦始皇은 焚書坑儒를 단행하였다. 楊寬, 『戰國史』, 上海, 1980 및 『史記』, 「秦始皇本紀」 참조.

10 "漢興接秦之敝, 諸侯竝起, 民失作業, 而大饑饉. 凡米石五千, 人相食, 死者過半. 高祖乃令民得賣子, 就食蜀漢. … 文帝卽位, … 賈誼說上曰: 「… 失時不雨, … 歲惡不入, 請賣爵子, 旣聞耳矣. … 兵旱相乘, 天下大屈, 有勇力者, 聚後衝擊, 罷夫羸老, 易子而齩其骨.", 『漢書』, 「食貨志」.

이와 같은 비참한 상황에서 한 초의 황제들은 황로黃老사상에 기초
하는 이른바 무위無爲의 통치를 통하여 민생의 안정에 힘을 썼다.

한 초漢初에는 번거롭고 가혹한 것을 버리고 백성들에게 휴식을 주었
다. 효문제孝文帝는 더욱 공검 절약했으며, 효경제孝景帝는 (先帝의) 업
業을 지켜 나가니 5-60년 사이에 풍속이 바뀌고 많은 백성들이 순박해
졌다.[11]

이 결과 한조漢朝는 개국한 지 70년에 가까운 한漢 무제武帝(140-87
BC) 초년에 이르러서는 민생이 완전히 회복되었을 뿐만 아니라, 그 경
제력은 전례 없이 번영하였다.[12]

이러한 경제적인 풍요 속에서 유교식 교육을[13] 받은 한 무제가 등장하
여 백가百家를 물리치고 받든 것이 육경六經, 즉 성인이 만든 법,[14] 다시
말해 유교사상이다.

한 초의 공양가公羊家들에 의하면 당대에 현실적으로 통용되고 있
는 법령 및 제도는 진秦의 것을 그대로 답습한 것이며, 이 진의 법은
도덕도 이상도 없는 오직 신민臣民만을 속박하는 폭력이 구체화된
것[15]이기 때문에 그것은 반드시 개제改制(개혁)하지 않으면 안 되는 것
이었다. 그렇다면 누가 이것을 개제하고 또한 육경, 즉 성인의 법을 제
정해야 할 것인가? 추연(약 305-240 BC)의 오덕종시설에 따르면 그것

---

11 "漢興掃除煩苛, 與民休息.. 至於孝文, 加以恭儉, 孝景尊業, 五六十歲之間, 至於移風
易俗, 黎民醇厚.", 『漢書』,「景帝紀贊」.

12 "至武帝之初, 七十年間, 國家亡事, 非遇水旱, 則民人給家足, 都鄙廩庾盡滿, 而府庫
餘財, 京師之錢累百鉅萬云云", 『漢書』,「食貨志」.

13 "上〔景帝〕卽位, 膠東王〔武帝〕爲太子, 召(衛)綰爲太子太傅.", 『漢書』,「衛綰傳」.

14 狩野直喜, 『兩漢學術考』, 66쪽.

15 위와 같음.

은 마땅히 천명을 받은 신왕이 해야 하고, 그 신왕은 반드시 하늘로부터 상서[符]를 받아야만 한다. 여기에서 공양가, 특히 동중서는 공자가 바로 천명을 받은 성인이라고 주장한다. 그리고 공자가 신왕의 입장에서 개제의 내용, 즉 왕법을 밝혀 놓은 것이 육경이고, 특히 『춘추』라는 것이다. 동중서는 다음과 같이 말한다.

인력人力으로는 어찌할 수 없으나 스스로 일어나는 것, 즉 서쪽에서 기린을 잡은 것이 사실은 (공자가) 천명天命을 받은 표징이다. 그 뒤에 (그는) 『춘추春秋』의 옳은 것과 옳지 않은 것에 기탁하여 개제改制의 뜻을 밝혔다.[16]

또 『춘추공양전春秋公羊傳』의 마지막 구절은 다음과 같다.

『춘추春秋』는 … 왜 애공哀公 14년으로 끝나는가? 답하기를 '(다) 갖추어졌다.' 군자(공자)는 왜 『춘추』를 썼는가? 난세亂世를 다스려서 그것을 올바르게 하는 데는 『춘추』보다 더 가까운 것이 없다. … 공자가 『춘추』의 의義를 제정한 것은 후성後聖을 기다리기 때문이다.[17]

여기에서 말하는 후성後聖은 한漢나라의 황제들이다. 공양가公羊家들은 주周 왕조가 쇠망한 뒤에 진시황에 의한 통일은 하나의 역사적 비극이었으며 주왕조를 이어서 새로이 나타난 왕조는 한漢제국이라고 본다. 공자는 이미 천명의 표징을 받았으나 왕의 현실적 위치에 없었

---

16 "有非力之所能致, 而自至者, 西狩獲麟, 受命之符是也. 然後託乎春秋正與不正之間, 而明改制之義.", 『春秋繁露』, 「符瑞」 第16篇.(이하 『春秋繁露』는 篇名만 기재함)

17 "春秋 … 何以終乎哀十四年? 曰:「備矣!」君子曷爲爲春秋? 撥亂世, 反諸正, 莫近諸春秋. … 制春秋之義, 以俟後聖.", 『春秋公羊傳』, 「哀公」 14年.

기 때문에, 그는 다만 후대의 한漢나라 황제를 위하여 왕법을 제정한 것이다. 따라서 한의 황제들은 공자가 육경, 특히 『춘추』에 제시한 왕법을 충실히 실행해야 한다는 것이 춘추공양학이 표명하는 역사 해석의 기본적 입장이다. 바로 여기에 한 무제 이래 모든 중국의 황제들이 성인 공자가 정리했다고 하는 육경六經, 즉 제왕지도帝王之道, 다시 말해 유교의 호법자로서 군림하는 이유가 있다.[18]

3. 동중서 개제改制의 역사이론: 삼통三統설과 사법四法설

한나라 초기 공양가로 등장한 동중서는 다음과 같이 말한다.

> 왕王은 반드시 (天)명命을 받은 다음에야 왕王이 된다. 왕이 반드시 정삭正朔(年始)을 개제改制하고 복색服色을 바꾸고 예악禮樂을 제정하여 (그것을) 온 세상[天下]에 통일시키는 것은 (王의 姓이 이미 바뀌었으며, 다른 사람(舊王)을 이은 것이 아니고, (新王인) 자신이 천天으로부터 (天)명命을 받았음을 밝히려는 까닭이다.[19]

동중서의 눈에 역사를 이끌어가는 결정적인 것은 천天 또는 천의天意이다. 따라서 왕은 반드시 먼저 천명을 받아야만 한다는 것이다. 그러므로 천명을 받은 신왕은 반드시 이 천의天意를 드러내기 위하여, 역사적 의미를 상실한 구왕의 제도, 특히 천의 변화의 시작, 즉 연시(正朔, 1월 1일)를 바꿔야만 하고, 새로운 복색과 모든 문물제도[禮樂]

---

18 狩野直喜, 앞의 책, 71-72쪽.
19 "王者必受命而後王, 王者必改正朔, 易服色, 制禮樂, 一統於天下. 所以明易姓, 非繼人, 通以己受之於天也", 「三代改制質文」第23篇.

를 개제해야만 한다. 따라서 동씨의 개제의 뜻은 천이 받드는 신왕의 존재의미를 분명히 함으로써, 천지天志를 드러내고 밝힌다는 데 의미가 있다.

　일단 전前(王)의 제도에 따라서 고업故業을 닦아서 고친 바가 없으면, 그것은 전왕前王을 이어서 '왕'이 된 것과 구별이 없다. (天)명命을 받은 인군人君은 천天이 크게 드러내는 (사람)이다. … 지금 천天(하늘)이 자기(王)를 크게 드러내는데도 불구하고 전대前代의 것을 답습하여 대체로 같아져서 뚜렷하지도 분명하지도 않은 것은 '하늘의 뜻'〔天志〕에 맞지 않는다. 따라서 (왕이) 반드시 도읍지를 옮기고 국명國名을 바꾸고, 정삭正朔을 고치고, 복색服色을 바꾸는 것은 다른 것이 아니라 (왕이) '하늘의 뜻'〔天志〕에 순응하여 스스로를 밝히고 드러내는 것이다.[20]

따라서 신왕의 정삭과 복색의 개제는 (천)명을 받고 천(지)에 응답한 것[21]에 불과하다.

동중서董仲舒는 노魯 애공哀公 14년(481 BC)에 나타난 기린〔麟〕이 바로 공자가 이미 천명을 받은 물증이라고 확신한다.[22] 그러나 공자는 실제로는 평민이기 때문에 결국 소왕素王, 즉 제왕의 덕은 있으나 그 자리가 없는 성인이라고 불릴 수밖에 없었다. 문제는 이 소왕이 노魯나라 은공隱公 원년(722 BC)에서 애공 14년(481 BC)까지 242년 간의 구체적인 노나라 역사 속에서 어떻게 위치하느냐 하는 것이다. 서복관徐復觀(Xu Fuguan, 1904-1982)에 의하면, 동중서는 이 문제를 풀기 위

---

20 "若一因前制, 修故業, 而無有所改, 是與繼前王而王者無以別. 受命之君, 天之所大顯也. … 今天大顯己, 物襲所代, 而率與同, 則不顯不明, 非天志. 故必徙居處, 更稱號, 改正朔, 易服色者, 無他焉, 不敢不順天志, 而明自顯也.", 「楚莊王」 第1篇.

21 "正朔服色之改, 受命應天", 위와 같음.

22 徐復觀, 『兩漢思想史』 卷2, 347쪽.

해서 "노魯나라를 신왕新王의 화신으로 간주하였고 왕로王魯설을 말하였다. (王魯)란 공자가 『춘추春秋』에서 노魯(제후)국에게 왕王(천자)국으로 (격상된) 위치를 부여했다는 말이다. 그리고 노국의 왕은 결코 노군이 아니고 공자 자신이다."라고 생각했다는 것이다.[23]

이러한 왕로설의 입장에서 동중서는 삼통설三統說에 의한 역사 개제론을 다음과 같이 말한다.

왕王의 개제改制는 어떻게 구분되는가? 당연히 12색의 (구분이) 있어서 역曆은 각각의 정색正色을 따라야 하지만, 수數는 삼三에서 거꾸로 바뀐다. 삼三(王) 이전은 끊어 내어 오제五帝라 한다. … 모두 국호를 정하고, 궁읍宮邑을 옮기고, 관명官名을 바꾸고, 예禮를 제정하고, 악樂을 만든다. 고故로 탕왕湯王은 천명天命을 받고 왕王이 되어 천지天志에 따라서 하夏를 바꿔 은殷이라 했고, 시정時正은 백통白統이다. 하夏와 가깝고 우虞와는 멀어서, 당唐은 떼어 내어 제요帝堯라고 하며 신농神農은 적제赤帝라고 했다. 궁읍宮邑을 하락下洛의 양陽(南)에 정하고, 재상을 윤尹이라 하고 호약濩樂을 짓고 질례質禮를 제정하여 천天을 받들었다. 문왕文王은 천명[命]을 받고 왕王이 되어 천지天志에 따라서 은殷을 바꾸어 주周라고 했다. 시정時正은 적통赤統이다. 은殷과 가깝고 하夏와 멀기에, 우虞를 떼어 제순帝舜이라고 했고, 헌원軒轅을 황제黃帝라 했고, 신농神農은 구황九皇으로 미루었다. 궁읍宮邑을 풍豐에 정하고 재상을 재宰라 하고 무악武樂을 만들고 육례六禮로써 천天을 받들었다. … 고故로 춘추春秋는 천天에 따라 신왕新王의 직무를 지어내니, 시정時正은 흑통黑統이며 노魯를 왕王(國)으로 하고 흑색黑色을 받들고, 하夏를 떼어 내니 주周와 가깝고 송宋(殷)과는 멀다.[24]

---

23 위와 같음.
24 "王者改制作科奈何? 曰: 當十二色, 曆各法而(其)正色, 逆數三而復, 紬三之前, 曰 五

좀 복잡하게 보이는 이 삼통설을 간단히 말한다면, 왕조의 교체는 삼통三統, 즉 흑통黑統, 백통白統, 적통赤統의 순환이라는 것이다. 천명을 받은 신왕은 바로 삼통 중 어느 한 통에 속하며, 그때의 예악제도는 그 통의 정색에 따라 개제해야만 한다는 것이다. 신왕은 앞선〔前〕 이대二代의 왕과 함께 삼왕三王을 이루며, 삼왕 이전 시기의 오대五代는 오제五帝라고 부르고, 또 오제보다도 이전 시기는 구황九皇시대에 속하며, '구황'은 전부 구대九代를 이룬다. 따라서 "삼왕, 오제, 구황은 모두 고정된 명칭이 아니고 추이하는 명칭이니, 마치 가계家系의 고조, 증조와 증손, 현손과 같다."[25] 이는 곧 가계에서 자신이 부 및 조부와 함께 생존하는 것처럼, 신왕은 전 일대왕과 전 이대왕과 함께 삼왕으로 병존하는 관계에 있다는 뜻이다. 여기서 중요한 것은 동중서董仲舒가 역사의 순서를 현재의 신왕을 기준으로 삼아서, 과거로 거슬러 올라가며 삼왕, 오제와 구황의 계통을 말하면서도 현실적 역사 의의를 삼왕 병존에 두었다는 데 있다.

그러나 역사의 내용을 결국 삼왕, 즉 삼통의 순환으로 규정하려고 한 점에서 동씨의 삼통설은 결국 추연의 오덕종시설과 크게 다를 것이 없다. 오덕종시설에 따르면 황제黃帝(土)는 황색, 하夏(木)는 청색, 상商(金)은 백색, 주周(火)는 적색, 그리고 신왕(水)은 흑색을 받든다. 동씨의 삼통설이란, 여기서 상商(즉 殷)의 백白(統), 주周의 적赤(統)과 춘추〔新王〕의 흑(統)임을 알 수 있다. 그렇다면 동씨가 오덕설 중 황제黃帝

帝, … 咸作國號, 遷宮邑, 易官名, 制禮作樂, 故湯受命而王, 應天變夏, 作殷號, 時正白統, 親夏故虞, 絀唐謂之帝堯, 以神農爲赤帝, 作宮邑於下洛之陽, 名相官曰尹, 作濩樂, 制質禮以奉天. 文王受命而王, 應天變殷, 作周號, 時正赤統, 親殷故夏, 絀虞謂之帝舜, 以軒轅爲黃帝, 推神農以爲九皇, 作宮邑於豐, 命相官曰宰, 作武樂, 制文禮以奉天. … 故春秋應天, 作新王之事, 時正黑統, 王魯, 尙黑絀夏親周, 故宋(殷).",「三代改制質文」第23篇.

25 顧頡剛,「五德終始說下的政治和歷史」,『古史辨』第5卷, 422쪽.

와 하夏를 끊어내고 다만 상商, 주周, 춘추春秋의 삼통설을 주장한 이유를 묻지 않을 수 없다.

그것은 삼통개제설의 주요한 내용이 삼정三正(즉 三曆)의 정립에 있기 때문이다.

삼정三正은 흑통黑統이 처음이다. … 북두北斗, 건인建寅이고, … 그 색은 흑이다. 백통白統은 … 북두北斗, 건축建丑이고, … 그 색은 백이다. … 적통赤統은 … 북두北斗, 건자建子이고, … 그 색은 적이다.[26]

삼정三正은 말하자면 건자建子(하夏 11월), 건축建丑(하夏 12월), 건인建寅(하夏 13월)을 각기 정월로 하는 주력周曆, 상력商曆 및 하력夏曆을 가리킨다. 그리고 자, 축, 인은 천·지·인에 해당하기 때문에, 건자建子는 천통天統, 건축建丑은 지통地統, 건인建寅은 인통人統이다. 따라서 건자建子의 천통天統은 적통赤統이 되고, 건축建丑의 지통地統은 백통白統이 되고, 건인建寅의 인통人統은 흑통黑統이 된다. 고힐강顧頡剛(Gu Jiegang, 1893-1981)에 의하면 삼통설이 나오게 된 것은 한 무제 당시 사회의 현실적 요구 때문이라고 한다.[27] 『한서漢書』 「율력지律曆志」에는 다음과 같은 서술이 있다.

진秦은 천하天下를 병합하고 … 오승설五勝說에 따라서, 스스로 수덕水德을 얻었다고 하여 10월을 정삭正朔(1월1일)으로 하고, 흑黑을 숭상하였다. 한漢이 일어났어도 … 진秦의 정삭正朔을 답습하니 … 삭朔(초하루)과 회晦(그믐)에 달이 나타나고, 현弦에 (달이) 차고〔滿〕 망望에 이지

---

26 "三正, 以黑統初, … 斗建寅, … 其色黑; … 白統 … 斗建丑, … 其色白; … 赤統, … 斗建子, … 其色赤.", 「三代改制質文」 第23篇.

27 顧頡剛, 앞의 책, 146쪽.

러짐〔虧〕이 일어나니, 틀리는 일이 많았다."[28]

진력秦曆을 답습한 한漢 초의 월력〔曆〕은 이미 상당히 부정확한 점이 많았다. 이제 한조의 왕법을 개제하면서 다시 오덕설을 따른다면, 한의 정삭〔正月〕은 인寅·축丑·자子·해亥·술戌의 순서에 따라서 건술建戌(즉 夏正 9월)이든가, 묘卯·인寅·축丑·자子·해亥의 순서에 따라서 건묘建卯(즉 夏正 2월)이어야 할 것이다. 이렇게 되면 "아마도 사계절의 순서와 월력의 순서가 현저하게 틀릴 것이다."[29] 당시 발전된 천문학에 의하면 가장 정확한 정력은 하력夏曆(建寅)이었다. 여기에 동중서는 "하력을 써야 한다."[30]는 공자의 말에 의거하여 춘추의 정시正時를 흑통黑統으로 확정하고, 삼통설에 따라 역수삼逆數三하여 하夏 또한 흑통(建寅)이므로 "한漢이 인정寅正을 마땅히 써야 한다는 것이 공자가 주장한 것"[31]이라고 말한 것이다.

삼통설이 비록 이와 같이 실제에 맞는 월력의 제정이라는 실용적 의의는 있다 할지라도, 그것 또한 추연鄒衍의 오덕종시설五德終始說과 마찬가지로 하나의 기계론적 순환론에 불과하다. 이런 점에서 한 걸음 더 나아가서, 동씨는 삼통설에 가치론적 의미를 부여함으로써 오덕설이 갖고 있는 기계론적 순환론을 극복하려고 하였다. 동씨는 "질質(바탕)이 문文(형식)보다 우세하면 거칠고, 문文이 질質보다 우세하면 허약하다. 문文·질質이 잘 어울려야 군자가 된다."[32]는 공자의 말에서 나온 문질의 가치론적 범주를 가지고 왕법의 개제를 말한다.[33] 동씨는

---

28 "秦兼天下, … 亦頗推五勝, 而自以爲獲水德, 乃以十月爲正, 色上黑. 漢興, … 襲秦正朔, … 而朔晦月見, 弦望滿虧, 多非是", 『漢書』, 「律曆志」.

29 佐川修, 『春秋學論攷』, 161쪽.

30 顏淵問爲邦. 子曰: 行夏之時, …, 『論語』, 「衛靈公」 15:11.

31 顧頡剛, 앞의 책, 447쪽.

32 "子曰: 質勝文則野, 文勝質則史; 文質彬彬, 然後君子.", 『論語』, 「雍也」 6:18.

문질의 가치론적 범주를 삼통의 역사 순환과 연결하여 역사발전(순환)
은 "한 번 상商이면 한 번은 하夏이며, 한 번 질質이면 한 번은 문文이
다. 상商은 질質이니 천天을 주로 했고, 하夏는 문文이니 지地를 주로
했고, 춘추春秋는 인人을 주로 했다. 따라서 3등等"³⁴의 왕제가 있음을
말하면서, 또한 사법四法 개제改制설을 내놓고 있다.

> 천天을 주主로 하고 상商을 본받아[法] 왕이 되면, 그 도道는 양陽이
> 고, 친친親親하여 다분히 인박仁樸하다. … 지地를 주로 하고 하夏를 본
> 받아[法] 왕王이 되면, 그 도道는 음陰이고, 존존尊尊하여 다분히 의절
> 義節하다. … 천天을 주主로 하고 질質을 본받아[法] 왕王이 되면, 그 도
> 道는 양陽이고, 친친親親하여 다분히 질애質愛하다. … 지地를 주主로
> 하고 문文을 본받아[法] 왕王이 되면, 그 도道는 음陰이고, 존존尊尊하
> 여 다분히 예문禮文하다.³⁵

여기서 말하는 상商, 하夏, 질質, 문文이라는 왕제王制 사법四法은
각각 인박仁樸, 의절義節, 질애質愛 및 예문禮文이라고 하는 도덕적 특
색을 띤다. 이 "사법은 사시四時처럼 끝나면 다시 시작하고, 막히면
본으로 되돌아오는"³⁶ 자연의 변화처럼 영원무궁하다. 그리고 동중서
에 의하면 과거의 역사란 바로 "천이 (명을) 순舜에게 주어 주천主天(하

---

33 文은 형식 또는 修飾으로 인간이 후천적으로 쌓아올린 敎養의 뜻이 있다. 質은 바
탕 또는 기본으로 인간이 태어나면서 가진 소질(마음의 바탕)의 뜻이 있다.
34 "王者以制: 一商, 一夏; 一質, 一文. 商質者主天, 夏文者主地, 春秋者主人, 故三等
也.", 「三代改制質文」第23篇.
35 "主天法商而王, 其道佚陽, 親親, 而多仁樸, …; 主地法夏而王, 其道進陰, 尊尊, 而多
義節, …; 主天法質而王, 其道佚陽, 親親, 而多質愛, …; 主地法文而王, 其道進陰,
尊尊, 而多禮文.", 위와 같음.
36 "四法如四時然, 終而復始, 窮則反本.", 위와 같음.

늘 주재함), 법상法商(商나라를 본받음)하는 왕이 되었고, … 천이 (명)을 우禹에게 주니 주지主地(땅을 주재함), 법하法夏(夏나라를 본받음)하는 왕이 되었고, … 천이 (명)을 탕湯에게 주니 주천主天(하늘을 주재함), 법질法質(바탕을 본받음)하는 왕이 되었고, … 천이 (명을) 문왕文王에게 주니 주지主地(땅을 주재함), 법문法文(형식을 본받음)하는 왕이 되었던"37 역사이다.

이와 같은 도덕적 가치를 띤 역사 순환론의 핵심은 역시 질質·문文이다. 따라서 동씨는 "『춘추』는 … 주(왕조)의 문文〔형식〕을 이어 받아서 그것을 질質〔바탕·의미〕로 돌려보내야 한다."38고 말한다. 동중서는 물론 왕법 개제의 필연성을 말하기 위하여 비록 오덕설의 기계론적 역사순환론을 받아들였지만, 그것은 어디까지나 하나의 방편이었고 그는 유가로서 개제에 따르는 도덕적 의의를 중시했다. 개제의 형식〔文〕보다는 그것이 갖는 의미〔志〕, 즉 질質이 중요하다고 본 것이다.

『춘추春秋』가 직무〔事〕를 논論함에 뜻〔志〕보다 더 중요한 것은 없다. … 예禮의 소중함은 그 뜻〔志〕에 있다. … 뜻〔志〕이 질質(바탕)이 되고 사물〔物〕은 문文(형식)이 된다. 문文은 질質에서 드러난다. … 질質과 문文이 다 갖추어진 뒤에야 그 예禮가 완성되는 것이다. … 둘 다 갖출 수 없고 하나로 행하자면, 차라리 질質이 있고 문文이 없어야 한다. … 그런즉 『춘추』에선 도道를 서술함에, 질質을 앞세우고 문文을 뒤로 하여, 뜻〔志〕을 높게 보고 사물을 가볍게 본다.39

---

37 "天將授舜, 主天法商而王, …; 天將授禹, 主地法夏而王, …; 天將授湯, 主天法質而王, …; 天將授文王, 主地法文而王", 위와 같음.

38 "春秋 … 承周文而反之質",「十指」第13篇.

39 "春秋之論事, 莫重於志, … 禮之所重者在其志. … 志爲質, 物爲文. 文著於質, … 質文兩備, 然後其禮成; … 俱不能備, 而偏行之, 寧有質而無文, … 然則春秋之序道也, 先質而後文, 右志而左物.",「玉杯」第2篇.

왕법 개제에서 물질〔物〕보다는 뜻〔志〕을 강조하고, 문문〔형식〕보다는 질質〔바탕〕을 강조하며, 춘추, 즉 한조漢朝가 주왕조의 폐단(즉 文)을 이어받아 그것을 질로 되돌려야 한다는 가치론적이고 도덕적인 역사개제론은, 현실적으로 쇄신刷新적 역사 기상이 없던 당시 한 무제를 중심으로 하는 황족들과 권귀權貴집단의 사치와 방탕을 철저히 제거하려는 유학자 동중서의 비판적이고 혁신적인 입장을 뚜렷이 드러내 준다. 동중서의 한 무제에 대한 대책은 다음과 같다.

옛날 진秦은 망주亡周의 폐단을 이어받아 그것을 개화하지 않았으며, 한漢은 망진亡秦을 폐단을 이어받고 또 그것을 개화改化하지 않았습니다. 이 두 폐단 뒤에 그 하류下流를 이어받으니 그 폐단이 함께 더 많이 쌓였습니다. (그러니) 치국治國하시기 참으로 힘드시겠습니다. 또 (폐하의) 대부분 형제 친척 골육의 무리들이 교만하고 사치하여 흉포한 자가 많으니 '심각한 어려운 시기'〔重難之時〕라고 하겠습니다. 폐하께서는 바로 큰 폐단의 뒤를 당하시고 또 '심각한 어려운 시기'를 맞으셨으니 참으로 걱정스럽습니다. 이렇기 때문에 하늘의 재앙은 폐하께 '현세를 맞아 비록 폐단이 있고 위중한 어려움〔重難〕이 있다고 해도, 지공至公하고 태평하게 하지 않으면 다스릴 수 없다. 친척 귀족 중에 제후가 되어 왕도王道에서 아주 심하게 벗어난 자를 찾아내어 (정리상) 참으면서 그를 죽여야 한다. … 나라 안에 근신近臣 측근 권귀權貴 중에 부정한 자를 참으면서 그를 죽여야 한다.'고 하는 것입니다. … 이것이 '하늘의 뜻'〔天意〕입니다.[40]

---

40 "昔秦受亡周之敝, 而亡以化之. 漢受亡秦之敝, 又亡以化之. 夫繼二弊之後, 承其下流, 兼受其猥, 難治甚矣! 又多兄弟親戚骨肉之連, 驕揚奢侈, 恣睢者衆, 所謂重難之時者也. 陛下正當大敝之後, 又遭重難之時, 甚可憂也. 故天災若語陛下: 當今之世, 雖敝而重難, 非以太平至公, 不能治也. 視親戚貴屬在諸侯遠正最甚者, 忍而誅之! … 視近臣在國中處旁仄及貴而不正者, 忍而誅之! … 云爾, … 此天意也.", 『漢書』, 「五

동씨의 역사개제론은 도덕적 호소를 넘어서서 하늘의 재앙[天災]까지 동원하여 당시 현실사회의 모순을 개혁하려고 하였다.

4. 왕도王道론과 인본주의 역사관

동중서는 통일된 정권이 점점 공고화되어 가는 상황에서 "왕은 반드시 (천)명을 받은 뒤에야 왕이 된다"[41] 또는 "왕은 하늘이 부여한 것"[42] 운운하는 맹자 이래의 왕권천수설王權天授說을 피력함으로써, 현세의 최고 권력자인 황제의 독존적 위치와 권능을 합리화시켜 주고 있다. 따라서 동씨에게 왕은 특별한 의미를 가진다.

> 옛날에 글자를 만들 때 삼三을 그리고, 그 중간을 연결하여 왕王이라고 하였다. 삼三은 천天·지地·인人이다. 그 중간을 이었다는 것은 이 (三)도道에 통했음을 말한다. 천지天地와 인人의 중간을 취하여 셋에 관통하는 일은 왕王이 아니면 누가 감당할 수 있겠는가?[43]

왕은 천지인, 즉 자연과 인간사회에 모두 관통한다. 따라서 동중서는 "인주는 생살을 (주관하는) 위치에 서서 천天과 변화하는 힘을 함께 주관한다."[44]고도 하고, 또 "인주는 덕이 지극한 위치에 서서 살생의 권세를 가지고 백성[民]을 교화한다. 백성이 인주[君]를 좇음은 초목이

行志」上.

41 "王者必受命而後王.", 「三代改制質文」 第23篇.

42 "王者天之所予也.", 「堯舜不擅移, 湯武不專殺」 第25篇.

43 "古之造文者, 三畫而連其中者, 謂之王. 三畫者, 天地與人也, 而連其中者, 通其道也. 取天地與人之中, 以爲貫而參通之. 非王者, 孰能當是?", 「王者通三」 第44篇.

44 "人主立於生殺之位, 與天共持變化之勢.", 위와 같음.

사계절에 응함과 같다."[45]고 함으로써, 군주의 절대적인 위치와 권능을 백성이 하나의 자연법칙처럼 받아들여야 할 것이라고 말한다.

동씨가 군주의 절대적 위치와 힘을 하나의 자연법칙으로까지 설명한다고 해서 그가 한漢나라 황제의 대통일된 전제권력을 무조건 긍정한다는 것은 결코 아니다.

유가(특히 맹자)는 전국시대 이래로 천하의 정치적·지역적 통일이 현실화됨에 따라서 나타나는 강력한 군주 세력의 사적인 남용을 경계하고 끊임없이 비판하였다. 그들은 군주의 개인적 독재[覇]를 반대·부정하는 이유로서 군주의 공적인 성격을 강조한다. 유가에 의하면 군주가 절대권력을 갖는 전제조건은 무엇보다도 먼저 군주가 만민에게 민생을 보장하는 왕도王道의 실천이기 때문에 그들은 늘 왕도의 관점에서 현세 군주의 절대권 남용을 비판한다. 이에 관해 동중서는 다음과 같이 말한다.

하늘[天]이 민民을 창조함은 왕王을 위해서가 아니다. 천天이 왕을 세움은 민民을 위해서다. 고故로 그 덕德이 민民을 충분히 안락하게 하면 천天은 그것(天命)을 부여하고, 그의 악惡이 민民을 해치기에 충분하면 천天은 그것을 빼앗는다. … 천명天命이 무상하다 함은 천天이 늘 부여하는 것도 아니요, 늘 빼앗는 것도 아님을 말한다. … 왕王은 천天이 부여한 것이다. 왕王이 정벌당함은 모두 천天에 의하여 빼앗김을 당하는 것이다. … 고로 하夏가 무도無道하니 은殷이 정벌하였고, 은殷이 무도하니 주周가 정벌하였고, 주周가 무도하니 진秦이 정벌하였고, 진秦이 무도하니 한漢이 정벌했다. 유도有道가 무도無道를 정벌하는 것, 이것이 천리天理이니, 이와 같은 역사는 이미 (시작된 지) 오래다![46]

---

45 "爲人主者居至德之位, 操殺生之勢, 以變化民. 民之從主也, 如草木之應四時也.",「威德所生」第79篇.

그러나 문제는 아직 대통일이 이루어지지 않았던 전국시대의 맹자는 여러 제후국을 돌아다니면서 왕도사상에 입각하여 노골적으로 군주의 농단 또는 독재정치[覇治]를 비판할 수 있었지만, 대통일이 이루어진 한漢 무제武帝 때의 동중서에게는 직접적인 비판이 현실적으로 위험시되었다는 점이다.

따라서 지상의 최고 권력자인 "인주를 통제할 수 있는 힘은 지상에서는 찾을 수가 없다."고 동중서董仲舒는 판단하였다. "이 때문에 그는 군권신수설君權神授說을 생각해 낼 수밖에 없었으며, 더욱이 인주人主가 천을 알고 천을 본받을 것을 요구하여, 인주의 행위를 그가 주장하는 천도와 서로 합치하는 군도君道로 끌어들이려고 하였다."[47]라고 서복관徐復觀(Xu Fuguan)은 말한다.

요컨대, 동중서의 춘추학春秋學에서의 천은 처음부터 왕도의 단서로서 문제가 된다. 바꿔 말하면, 그의 천은 왕도와 관련 없는 즉 우주 현상에 대한 객관적이고 사실적인 자연과학적 연구의 대상으로서 문제가 되는 것이 아니다. 동씨의 천은 왕도의 화신으로서 지상의 군주 위에 군림하는 동중서 자신의 정치 이상을 신비적인 언어로 실체화한 가공물인 것이다.

천天은 만물의 시조이다. 따라서 만물을 전부 덮고 있고 품고 있으며 차별이 없다. 일日, 월月, 풍風, 우雨로써 만물을 조화시키고 음양陰陽과 한서寒暑로써 만물을 성숙시킨다. 따라서 성인聖人은 천天을 본받아 도道를 세워서, 박애하고 사심이 없어야 한다. 덕德과 인仁을 베풀어

---

46 "且天之生民, 非爲王也, 而天立王以爲民也. 故其德足以安樂民者, 天予之; 其惡足以賊害民者, 天奪之. … 天命靡常, 言天之無常予, 無常奪也. … 王者天之所予也, 其所伐, 皆天之所奪也. … 故夏無道而殷伐之, 殷無道而周伐之, 周無道而秦伐之, 秦無道而漢伐之. 有道伐無道, 此天理也. 所從來久矣!",「堯舜不擅移, 湯武不專殺」第25篇.
47 徐復觀, 앞의 책, 415쪽.

(民)을 후厚하게 대하고, 의義와 예禮로써 인도해야 한다. 춘春은 천天이 만물에 생기를 주기 위함이요, 인仁은 군君이 민民을 사랑하기 위함이다. 하夏는 천天이 만물을 기르기 위함이요, 덕德은 군君이 백성을 기르기 위함이다. 상霜(서리)은 천天이 만물을 벌하기 위함이요, 형刑은 군君이 (民을) 벌하기 위함이다. 이렇게 보면 천天과 인人의 징험은 고금古今에 같은 도리이다. 공자가 춘추春秋를 지은 것은 위로는 천도天道를 살피고 아래로는 인정에 근거하여, 과거를 참고하여 현재를 보려 하는 것이다.[48]

천, 즉 자연현상을 자기의 왕도 이상을 가지고 설명할 뿐만 아니라, 천을 바로 왕도 이상의 보증[徵驗]으로 본다.

한 걸음 더 나아가서 동중서는 자기 사상의 중요한 논증방법으로 유추의 방법을 쓰고 있다. 그의 입론의 대전제는 천인동류天人同類의 관점이다. 그리고 이 천인동류 관점의 핵심은 바로 인人을 통하여 천天을 추리함에 있으니 인人이 이와 같으면 천天 또한 이와 같다고 인정하는 것이다.[49]

천天은 일 년의 수數로써 사람을 만들었기 때문에, 작은 뼈가 366개로 (1년의) 일수日數와 같고 큰 뼈(四肢가 各三節)가 12로 월수月數와 같다. 안에 오장五臟은 오행수五行數와, 밖의 사지四肢는 사시四時(계절)의 수와 같다. 어느 때는 보고 어느 때는 눈 감는 것은 주야晝夜와 같고,

---

48 "天者羣物之祖也, 故徧覆包函而無所殊, 建日月風雨以和之, 經陰陽寒暑以成之. 故聖人法天而立道, 亦博愛而亡私, 布德施仁以厚之, 設誼立禮以導之. 春秋天之所以生也, 仁者君之所以愛也; 夏者天之所以長也, 德者君之所以養也; 霜者天之所以殺也, 刑者君之所以罰也. 繇此言之, 天人之徵, 古今之道也, 孔子作春秋, 上揆之天道, 下質諸人情, 參之於古, 考之於今.", 『漢書』, 「董仲舒傳」.

49 徐復觀, 앞의 책, 390쪽.

어느 때는 강강剛하고 어느 때는 유유柔한 것은 동하冬夏와 같다. 애락哀樂은 음양陰陽과 같다. … 셀 수 있는 것은 수數에 맞고 셀 수 없는 것은 류類에 맞으니 모두 다 천天과 같아서 하나이다.[50]

이와 같은 비과학적인 유추는 근대 이전 사회에 전형적인 의인적 사고방식Anthropomorphismus이므로 번거롭게 기술할 필요가 없다. 그러나 이 천인동류의 관점에서 동씨는 (1) 왕도의 덕교설, (2) 재이설, (3) 군주의 능동성을 논증한다.

(1) 왕도의 덕교설

동씨는 진시황 이래 혹리酷吏들의 형벌 정치가 빚고 있는 당대 현실의 모순[51]을 극복하고자 하는 현실적·실천적 노력으로 유가의 왕도사상에 맞는 덕치를 실현시키고자 하였다. 그것을 위해 천과 음양 및 오행사상을 하나의 방편으로 원용하였다.[52] 동씨는 다음과 같이 말한다.

악악惡에 속한 것은 모두 음음陰이고 선선善에 속한 것은 모두 양陽이다. 양陽은 덕德이고 음陰은 형형刑이다. … 양기陽氣는 온난하고 음기陰氣는 춥

---

50 "天以終歲之數, 成人之身, 故小節三百六十六, 副日數也. 大節十二分, 副月數也. 內有五臟, 副五行數也. 外有四肢, 副四時數也. 乍視乍瞑, 副晝夜也. 乍剛乍柔, 副冬夏也. 乍哀乍樂, 副陰陽也. … 於其可數也, 副數; 不可數者, 副類. 皆當同而副天, 一也.",「人副天數」第56篇.

51 "乃至孝武帝卽位, … 微發煩數, 百姓貧耗, 窮民犯法, 酷吏擊斷, … 所欲活則傅生議, 所欲陷則予死比. 議者咸冤傷之.",『漢書』,「刑法志」.

52 董仲舒의 陰陽五行說에 관해서는『春秋繁露』중에서 특히「五行對」(第38),「五行之義」(第42),「陽尊陰卑」(第43),「天辨人在」(第46),「陰陽位」(第47),「陰陽終始」(第48),「陰陽義」(第49),「陰陽出入上下」(第50),「天道無二」(第51),「煖燠孰多」(第52),「基義」(第53),「五行相勝」(第58),「五行順逆」(第60),「治水五行」(第61),「治亂五行」(第62),「五行變數」(第63),「五行五事」(第64),「循天之道」(第77),「天地陰陽」(第81)篇 등을 참조.

다. … 양기陽氣는 '살리는 것'〔生〕이고 음기陰氣는 '죽이는 것'〔殺〕이다. 이 때문에 양陽은 항상 실위實位에 있고 왕성한 곳으로 가고, 음陰은 항상 공허에 있고 쇠말衰末한 곳으로 간다. … 이것은 천天이 양陽을 가까이 하고 음陰을 멀리하며, 덕德을 크게 보고 형刑을 작게 봄을 나타낸다. 이 때문에 인주人主〔君〕는 천天이 가까이 하는 것을 가까이하고, 천天이 멀리하는 것을 멀리해야 한다. … 따라서 … 덕德에 힘쓰고 형刑에 힘써서는 안 된다. … 형刑에 맡겨 정치하면 역천逆天이니 왕도王道가 아니다.[53]

동씨에게 선왕의 법에 따르지 않고서 형리刑吏에 의탁하여 정치를 한다고 하는 것은 이른바 공자가 말하는 "가르치지 않고 죽이는 학정"[54]이다. 따라서 동씨는 덕치를 베푸는 데에 왕의 덕교德教가 필요하다고 말한다. 인간의 "성性이란 태어난 그대로의 자질을 말하는 것이다. '성'은 즉 바탕이다." 물론 이 "성에는 선의 실마리〔善端〕가 있다. 그것을 움직여 부모를 사랑하면 금수보다 착하니, 그것을 선이라고 한다면 그것은 맹자의 선이다. … 성은 벼에 비유되고 선은 쌀에 비유된다. 쌀이 벼에서 나온다고 해서 벼가 다 쌀이 될 수 없듯이 선이 성에서 나온다고 해서 성이 다 선이 될 수는 없다. … 성은 교教(즉 왕도의 덕교)를 기다려 선이 되는 것이다. … 천이 민을 낳으니 성에 선질善質이 있으나 아직 선하지 않기 때문에 민을 위하여 왕을 세우고 그들을 선하게 하려 한다. 이것이 하늘의 뜻이다. … 왕은 천의를 받들어 민의 성을 완성시키는 책임자다. … 만인의 성이 이미 선하다면 왕자는 천명

---

53 "惡之屬盡爲陰, 善之屬盡爲陽. 陽爲德, 陰爲刑. … 陽氣暖而陰氣寒, … 陽氣生而陰氣殺. 是故陽常居實位而行於盛, 陰常居空位而行於末. … 此見天之近陽而遠陰, 大德而小刑也. 是故人主近天之所近, 遠天之所遠. … 是故 … 務德而不務刑. … 爲政而任刑, 謂之逆天, 非王道也.", 「陽尊陰卑」 第43篇.

54 『漢書』, 「董仲舒傳」, 卷8, 北京: 中華書局版, 2501-2쪽.

을 받아서 또 무슨 책임을 지겠는가?"[55] 따라서 동씨는 교화의 본원인 太學(대학)을 세우고 명사明師를 두어 천하의 인재를 양성할 것[56]을 한 무제에게 정식으로 건의하였다.

(2) 재이설

"춘春은 희기喜氣이기 때문에 생생, 추秋는 노기怒氣이기 때문에 살殺, 하夏는 낙기樂氣이기 때문에 양양, 동冬은 애기哀氣이기 때문에 장장藏한다. … 고로 천天에 또한 '희로의 기'〔喜怒之氣〕와 '슬프거나 즐거운 마음'〔哀樂之心〕이 있음이 인人과 서로 같기에 동류同類로서 합하니, 천天과 인人이 같다."[57] 그리고 "동류는 상응하니 마馬가 울면 마馬가 답하고 우牛가 울면 우牛가 답한다. … 천天에 음양이 있고 인人에도 음양이 있다. 천지의 음기가 일어나면 인의 음기가 응하여 일어나고, 인의 음기가 일어나면 천지의 음기가 또한 응하여 일어난다."[58] 따라서 현세의 군주에 대하여 "천하의 백성 모두가 마치 부모를 대하듯이 한마음으로 귀순하면 천이 감동하여 상서가 올 것"이지만, 반대로 "덕교를 폐하고 (정치를) 형벌에 맡기고 형벌이 (또한) 부당하면 사기가 생긴다. 사기가 아래에 쌓이면 원악怨惡이 위에 쌓이게 되

---

55 "如其生之自然之質, 謂之性. 性者質也. … 性有善端, 動之愛父母, 善於禽獸, 則謂之善. 此孟子之善, … 故性比於禾, 善比於米. 米出禾中, 而禾未可全爲米也. 善出性中, 而性未可全爲善也. … 性待敎而爲善. … 天生民, 性有善質, 而未能善. 於是爲之立王以善之. 此天意也. … 王承天意以成民之性爲任者也. … 萬民之性, 苟已善, 則王者受命, 尙何任也?", 「深察名號」第35篇.

56 "故養士之大者, 莫大乎太學. 太學者, 賢士之所關也, 敎化之本原也. … 臣願陛下興太學, 置明師, 以養天下之士.", 『漢書』, 「董仲舒傳」.

57 "春喜氣也, 故生; 秋怒氣也, 故殺; 夏樂氣也, 故養; 冬哀氣也, 故藏 … (故)天亦有喜怒之氣, 哀樂之心, 與人相副, 以類合之, 天人一也.", 「陰陽義」第49篇.

58 "類之相應而起也, 如馬鳴而馬應之, 牛鳴而牛應之. … 天有陰陽, 人亦有陰陽. 天地之陰氣起, 而人之陰氣應之而起. 人之陰氣起, 而天地之陰氣, 亦宜應之而起.", 「同類相動」第57篇.

어 상하가 불화하니, 음양이 착란하여 요얼妖孽이 발생하게 된다."[59]
고 한다.

동씨에 의하면 "본래 재이는 다 국가의 실정失政에서 나온 것이다. 국가의 실정이 막 싹트려 하면, 천天은 재이災異를 내보내어 그것을 문책한다. 문책을 해도 바꿀 줄 모르면 괴이怪異를 보여 놀라게 한다. 놀라게 해도 아직 두려워할 줄 모르면 위급한 일이 곧 닥친다. 이것으로써 천의天意가 인仁하여 인간을 해치려고 하지 않음을 보인다."[60]고 한다.

(3) 군주의 능동성

위에서 본 바와 같이 동씨의 재이설은 군주로 하여금 왕도를 실행하게끔 하는 방편에서 나온 것이다. 그러나 여기서 우리가 주목해야 할 것은 천天이 재이災異를 내리는 원인은 군주의 실정에 있다는 점이다. 바꿔 말하면 인간 중에 독존적 존재인 군주가 덕정〔陽〕을 베푸느냐 학정〔陰〕을 베푸느냐에 따라 천의 음양 변화가 일어난다는 말이다. 군주의 주체적·능동적 행동이 바로 천, 즉 음양의 운행에 결정적인 영향을 미친다는 것이다. 동씨는 "고로 치治·난亂·폐廢·흥興이 자기(군주)에게 있는 것이지, 천이 명을 내리어 (왕도를) 만회 못하게 할 수는 없다."고 말한다. 이것이 바로 공자가 "인간이 도를 넓혀 나가는 것이지 도가 인간을 넓혀 나가는 것이 아니다."[61]라고 한 것처럼 인본

---

59 "天下之人同心歸之, 若歸父母, 故天瑞應誠而至, … 廢德敎而任刑罰, 刑罰不中, 則生邪氣. 邪氣積於下, 怨惡畜於上, 上下不和, 則陰陽繆戾. 而妖孽生矣!", 『漢書』, 「董仲舒傳」.

60 "凡災異之本, 盡生於國家之失. 國家之失, 乃始萌芽, 而天出災異以譴告之. 譴告之而不知變, 乃見怪異以警駭之, 尙不知畏恐, 其殃咎乃至, 以此見天意之仁, 而不欲陷人也.", 「必仁且智」 第30篇.

61 "孔子曰: 人能弘道, 非道弘人也. 故治亂興廢在於己, 非天降命, 不可得反.", 『漢書』, 「董仲舒傳」.

주의적 역사관을 피력하고 있는 이유이다.

따라서 동중서는 군주를 향하여 인의법仁義法으로 다음과 같이 경고한다.

『춘추春秋』의 대상은 인人(남)과 아我(자기)이다. 인人과 아我를 다루는 바탕은 인仁과 의義이다. … 인仁의 원칙은 애인愛人에 있지 애아愛我에 있지 않다. 의義의 원칙은 아我의 정正에 있지 인人의 정正에 있지 않다. 내 스스로를 바르게 하지 않으면 비록 남을 바르게 해도 의義라고 할 수 없다. 남이 (내) 사랑을 입지 못했다면 자애自愛가 비록 두텁다 해도 인仁이라고 할 수 없다. … 고로 왕은 온 땅〔四夷〕까지 사랑하고, 패覇라면 제후들을 사랑한다. 안정安定은 사랑이 봉토封土 안에 미치는 것이요, 위험은 사랑이 측근에만 미치는 것이다. 망하는 것은 자기 독신獨身에만 미치는 것이다. 독신자는 천자天子나 제후의 자리에 있어도 '한 사내'〔一夫〕일 뿐이니, 신민臣民을 쓸 수 없다. 이와 같은 (一夫는) 그를 망하게 하지 않아도 스스로 망한다.[62]

5. 맺는 말

계몽주의 사상가 볼테르Voltaire(1694-1778)는 신학적 역사 해석을 부정하는 역사철학 *la philosophie de l'histoire*을 최초로 문제 삼았다. 그는 「일반역사와 민족국가의 도덕과 정신론 *Essai sur l'histoire generale et sur*

---

[62] "春秋之所治, 人與我也. 所以治人與我者, 仁與義也. … 仁之法在愛人, 不在愛我; 義之法在正我, 不在正人. 我不自正, 雖能正人, 弗予爲義. 人不被其愛, 雖厚自愛, 不予爲仁. … 故王者愛及四夷, 霸者愛及諸侯, 安者愛及封內, 危者愛及旁側, 亡者愛及獨身. 獨身者, 雖立天子諸侯之位, 一夫之人耳, 無臣民之用矣! 如此者, 莫之亡而自亡也.", 「仁義法」第29篇.

les moeurs et l'esprit des nations」(1756)에서 역사를 보는 원칙은, '신의 의지와 섭리'〔Vorsehung〕가 아니라 인간의 의지와 그의 이성적 배려 〔Vorsorge〕[63]이어야 한다고 했다. 그는 인류 역사의 시작이 신에 의해 선택된 유태민족이 아니라, 서양Okzident이 이제까지 많이 배워 온 동양, 즉 중국에 있다고 보았다. 이 볼테르의 역사의식에는 18세기 자본주의 발전과 함께 성장한 유산계층Bourgeoisie이 합리주의와 자연법을 내걸고 신학적 구가치관을 맹렬히 공격하고, 절대주의Absolutismus를 극복하려는 비판적 역사 해석이 반영되어 있다.

헤겔(1770-1831)은 "'이성 Vernunft'이 세계Welt를 지배하며, 그것이 또한 '세계역사Weltgeschichte' 속에서 이성적으로 실현되어 왔다."[64]고 하는 기본적 자기 확신에서 출발하기 때문에, 이 세계역사로 나타나는 이성, 즉 정신Geist의 발전단계 및 그 표현된 방식을 역사의 내용에서 읽어내는 것, 즉 역사에 대한 사유적 고찰die denkende Betrachtung이 역사철학[65]이라고 본다.

헤겔에게 역사는 이성이 자기를 실현해 가는 정신의 발전이기 때문에 바로 세계역사이다. 그리고 정신은 역사 속에서 즉자卽自Geist an sich 안에 자기본질Wesen을 대자對自für-sich-sein로 전개·발전시켜 나가는 것이기 때문에 역사(또는 세계 역사)는 자연적 생성의 과정이 아니요, 그것은 행위Tat이고 노동Arbeit이라고 본다. 그리고 헤겔은 정치적 자유에 대한 만인의 요구가 프랑스 혁명을 통하여 분명히 드러났다고 보기 때문에, 정신의 본질을 자유Freiheit라고 보고 끊임없이 자기 본질을 구현해 가는 역사 속의 정신과 그 발전으로서 "'세계 역사'는 '자유 의식 안에서의 발전', 즉 필연적 순간에 우리가 인식하는 발

---

63 K. Löwith, *Weltgeschichte und Heilsgeschehen*, 11쪽.
64 Hegel, *Vorlesungen über die Philosophie der Geschichte* (Suhrkamp), Bd.12, 20쪽.
65 위와 같음.

전"[66]이라고 풀이한다.

따라서 그는 자유를 알고 있는 차이에 따라서, 세계사를 1인이 자유로운 동방의 역사, 몇몇이 자유로운 그리스·로마의 역사, 그리고 만인 자체, 즉 인간으로서 인간이 자유로운 게르만의 역사라는 3단계[67]로 구분한다. 이와 같은 역사의 발전은 결국 헤겔에게 역사철학자의 의식Bewußtsein에 나타나는 정신세계 die geistige Welt의 역사이기 때문에, 역사 사실의 현장에서는 알 수가 없다. 그에게 역사는 이성의 궤계詭計 List der Vernunf[68], 다시 말해 하느님의 섭리가 이끌어 가고 있다.

이상의 간략한 역사철학적 논의를 기준으로 하여 동씨 춘추학의 역사철학적 의의와 한계를 밝혀 보고자 한다.

1) 볼테르나 헤겔의 경우처럼, 역사철학이란 역사를 보는 사상가의 기본 관점이 먼저 문제가 되고 그것에 따라서 현실적 역사 사실에 대한 비판이 나오는 것이라면, 동중서의 춘추학春秋學은 충분히 역사철학으로서 문제될 수 있다. 그는 민생을 안정시키는 정치, 즉 왕도의 정치 이상을 가지고 『춘추』의 사실적 역사를 (도덕적) 가치론적으로 해석했다. 그 목적은 당대 군주권력의 독재에서 비롯된 현실 모순에 대한 비판이요, 또한 그 모순을 개혁하고자 하는 구체적인 실천의지에서 나온 것이라는 점에서 역사철학적 의의가 있다.

2) 동씨는 삼통설三統說을 통하여 진秦 이래 통일된 제국 안에 군림하는 황제의 위치를 합리화하였다. 그러나 문제는 삼통설은 어디까지나 기계론적 역사순환론이기 때문에, 그것이 물론 '새로운 왕'〔新王〕의 출현을 합법화하지만, 동시에 왕이 왕도와 천의에 따르지 않는 한,

---

66 같은 책, 32쪽.
67 위와 같음.
68 같은 책, 49쪽.

언제든지 다른 덕을 가진 — 즉 만인에게 안정을 주는 — 신왕의 출현에 의하여 정벌당할 수밖에 없다고 하는 왕권의 혁명까지 합리화시키는 의미가 있다는 것이다. 특히 재이설은 군주의 권력행사를 위축시키는 데 주효했다.

3) 동씨는 현세 군주의 절대권력의 개인적 남용을 막고, 왕도의 이상을 가지고 통제할 목적으로 천 또는 천의天意를 빌리고 있고, 또한 여러 번거로운 유추법으로 천인동류설을 전개한다. 이것은 이미 본론에서 지적한 것처럼 전근대적인 사회의 전형적인 의인적 사고Anthropomorphismus이다. 그러나 동씨는 오히려 그것을 통해 신유천身猶天(즉 인간이 천과 비슷하다)을 말함으로써, 인간의 품격을 높이고 재이설 등을 통하여 인간(군주)의 통치에 대한 책임감을 높일 뿐만 아니라 공자의 인능홍도人能弘道, 비도홍인非道弘人이라는 인본주의적 관점을 더욱 분명히 한다.

4) 동씨 춘추학이 당대 사회의 군주와 집권자들의 부패를 고발하고 그 개혁을 요구한 것은 이미 춘추전국시대 이래 형성된 지주계층 및 지식인층의 각성된 역사의식을 반영한 것이다. 이처럼 왕도사상은 전국시대 이래 정치적·지역적 통일과 함께 통일된 군주의 절대권에 대한 비판과 제동의 역할을 했다. 그렇다면 이것은 헤겔이 중국에 대하여 말한 자유가 군주 일개인에게만 국한되어 있다는 편견에 대한 부정인 것이다. 왜냐하면 왕도사상은 이성이 자기 현실화된 정신의 단계가 동양, 즉 중국에서는 군주 한 사람만으로 나타났다고 보는 헤겔의 유럽중심주의 역사관을 충분히 부정할 수 있는 근거가 되기 때문이다. 바로 이 점에 동씨董氏 춘추학春秋學의 왕도사상이 갖는 커다란 사상적 의의가 있다.

5) 동씨는 춘추학에 근거하여 덕치를 설득하고 덕교를 군주의 의무로 함으로써, 태학을 세우고 모든 관리들과 지식인들로 하여금 유교적 교육을 받게 하여 유교를 정통적 국가통치이념die orthodoxe Staatsdoktrin

으로 하는 데 결정적인 역할을 하였다. 그러나 이로 인한 유교적 이념의 절대화에 따라 사회역사 발전의 객관적이고 구체적인 변화를 설명하지 못한 한계를 지닌다. 이런 점에서 특히 가치론적 역사순환론으로서 동씨 사법四法설은 객관적·역사철학적 의미를 결여했고, 이것이 동양에서 자연과학적·합리적 사고의 결여로 이어졌다.

6) 동씨에 의하면 "민民의 이름은 명瞑(우매함)에서 취했다. … 명瞑하다고 한 것은 붙들어 주지 않으면 유혹에 빠지고 행동이 제멋대로이다"[69]라는 뜻이라고 한다. 이처럼 그는 유가적인 기본 관점에서 민의 능동성을 부정한다. 그리고 삼통설을 통하여 군주의 독존적 위치를 인정한다. 바꿔 말하면 인간들은 왕을 세우지도, 폐하지도 못한다는 것이다. 따라서 동씨의 왕도론은 현실의 군주가 받아들이지 않을 때는 아무런 현실적 제재력을 갖지 못한다는 한계가 있다. 동씨는 재이설과 인의법을 통해 도덕적인 경고만을 할 뿐이다.

7) 동중서는 자본주의 이전 사회의 인물이기 때문에, 개제를 말하는 그의 역사이론은 사회발전과 함께하는 진보적·진취적 역사관이 못 되고, 유교적 가치관에 따른 절대권의 한정된 제한을 의미하는 소극적 개혁에 머문다. 본질적으로 사회역사적 진보성을 부정하고, 유가의 왕도를 천불변天不變, 도역불변道亦不變으로 말하는 보수적 한계성을 지닌다.

바로 이 점에서 볼테르처럼 자연법과 합리주의에 의한 역사해석과 비판은 물론, 헤겔과 같은 — 즉 역사 자체를 인간이 자유를 실현하는 정신의 행위Tat 또는 노동Arbeit으로 보려는 — 역사적 실천에 대한 진취적인 의지가 없다고 할 수 있다. 따라서 동씨의 역사철학은 정태적이고 관조적이라는 한계를 넘지 못한다.

---

[69] "民之號, 取之瞑也. … 以瞑言者, 弗扶將則顚陷猖狂.", 「沈察名號」 第35篇.

참고문헌

『春秋繁露』, 凌曙 注, 台灣商務版.

『史記』, 中華書局.

『漢書』, 中華書局.

顧頡剛, 「五德終始說下的政治和歷史」(1920), 『古史辨』 제5권.

徐復觀, 『兩漢思想史』(卷二), 台北, 1979.

楊向奎, 『中國古代社會與古代思想研究』(上), 上海, 1962.

佐川修, 『春秋學論考』, 東京, 1983.

狩野直喜, 『兩漢學術考』, 東京, 1964.

板野長八, 『中國古代に おける 人間觀の 展開』, 東京, 1972.

錢穆, 『秦漢史』, 台北, 1985.

楊寬, 『戰國史』, 上海, 1980.

Hegel. *Vorlesungen über die Philosophie der Geschichte*, in: G. W. F. Hegel Werke(Suhrkamp), Bd.12, Frankfurt/M 1970.

Karl Lowith, *Weltgeschichte und Heilsgeschehen*, Stuttgart, 1973.

부록: 세계화 시대 유교적 윤리관의 의미

1. 들어가는 말

　마르크스가 일찍이 『공산당선언』(1848)에서 공언했던 자본주의 생산양식의 확대재생산이 모든 기존의 분할적 사회관계를 종식시키고, 심지어 동서양을 해체하여 '하나의'(세계)시장으로 통합시키리라는 예언은 바로 지금 '세계화'(globalization)의 과정 속에서 실감나게 입증되고 있다. 실제로 컴퓨터로 대표되는 인공지능의 발전으로 '인터넷 Internet'을 통한 세계적인 정보망이 구축되고 전 세계 지역을 포괄하는 위성TV가 현실화됨으로써, 주로 한정된 지역 사회에서 전통문화의 유지와 정보 유통을 담당하였던 기존의 뉴스 매체들(전화나 TV 등)을 대신하는 더 빠르고 신속한 통신과 정보 수집 수단을 갖게 되었다. 이런 급속한 정보 교환과 연결의 추세는 급기야 민족이나 지역 간의 자연적 및 문화적 생활공간의 차이를 무의미하게 만들고 있다. 또한 이제 극단적인 산업화의 결과로 나타난 대기 오염이나 환경 파괴 등등의 문제들은 결국 한 나라의 개별적이고 특수한 문제일 수가 없게 되었으며, 더불어 사는 이웃 국가들 간의 공동의 문제요, 동시에 지구 전체가 하나의 공동체로서 함께 생각하고 해결해 가지 않으면 안 되는 '지구촌'시대의 인류 공동의 절박한 당면문제가 되었다. 이런 '세계화'는 "첨단기술을 통한 통신망의 발전, 저렴한 운송비용, 국경 없는 자유무

역 등"[1]을 통하여 더 이상 피할 수 없는 현실로 다가서고 있다. 이와 같이 모든 지상의 국가들이 '하나의' 체제로 급속하게 통합되면서, 원하던 원치 않던 서로 직접적으로 영향을 받고 사는 매우 가까운 이웃으로 되어 가고 있다.

그러나 '세계화' 현상이 아무리 급박하게 진전된다고 할지라도, 각 지역 사람들의 일상적인 '자기 의식'은 여전히 각기 다른 그들 나름대로의 언어, 관습 등과 그것에 의하여 의식적·무의식적으로 수천, 또는 수백 년 동안 같은 문화 공간에서 형성되어 온 전통적인 문화 의식, 윤리 관념 등과 분리될 수 없다. 따라서 전통적인 '문화적 정체성'의 다양한 모습들과 이런 다양성을 하나의 '보편적' 양식으로 묶으려는 '세계화'의 체제 통합 사이에는 갈등과 긴장이 나타날 수밖에 없다.

이렇듯 우리가 세계화 시대에 '세계인'으로서 다른 지역의 다른 인간들과 교섭하는 것이 우리 일상생활의 필수적인 한 부분이 될 수밖에 없다면, 여기에서 논의해야 할 핵심 문제는 '다른 지역에서 다른 문화 생활 환경에서 살아온 인간들의 문화적 다양성 속에서 어떻게 '자기 문화의 정체성'을 그것들과 균형 있게 조화시키며 발전시킬 것인가?' 하는 새로운 차원의 '문화적 정체성'일 것이다. '세계화' 시대 속의 우리의 '문화적 정체성', 또는 '유교적 문화의 정체성'의 발양과 관련하여, 필자는 다음 문제를 요점적으로 다루어 보고자 한다.

1) '아시아적 가치'와 '유교식 자본주의' 담론의 허와 실
2) '근대' 과학주의의 팽창과 '도구적' 이성의 비극
3) '도구적' 이성 비판의 목소리와 유교적 '덕의 윤리'의 만남
4) 유교의 '유기체적' 도덕 형이상학에 대한 재평가

---

1 Hans-Peter Martin · Harald Schumann, 강수돌 역, 『세계화의 덫』, 1998, 29쪽.

2. '아시아적 가치'와 '유교식 자본주의' 담론의 허와 실

이미 19세기 말에 산업사회로 발전한 일본을 제외한 아시아의 유교 문화권에 속한 국가들(타이완, 홍콩, 싱가포르, 한국 등)이 지난 세기 70 년대 이래로 급속히 세계시장에서 괄목할 만한 빠른 속도로 경제성장 을 이룩한 사실과 관련하여, ─서구의 발전 방식과 구별되는─'유교식 현 대화', 또는 '유교식 자본주의 발전 모델'을 동서양 학자들이 연구하기 시작하였다. 또한 1990년대 이래로 아시아에 불어 닥친 '경제 위기', 또는 '경제 발전의 좌절'과 연관하여, 이런 위기와 실패의 원인으로 '아시아적 가치'(Asian value)가 부정적인 비판의 대상으로 요즈음 경제 학계나 사회학계에 회자되고 있다. 이런 담론 현상들의 실체, 그것들 의 허와 실은 무엇인가?

사실 1990년대 아시아의 경제 위기에 대한 진단에서 진면목을 보이 는 '아시아적 가치'의 논의는, 그것이 아시아의 경제 발전에 대한 '객 관적인 분석'에 토대를 두고 있는 참된 '학문'인지, 아니면 아시아에 대한 (서양의) 선진 경제의 지배를 합리화하기 위한 '이데올로기'인지 를 세심하게 살펴보지 않을 수 없다. 왜냐하면 이른바 '아시아적 가치' 의 담론에서는 아시아에서 경제 발전과 사회제도들이 합리적으로 운 용되지 않는 근본 이유는 궁극적으로 볼 때 유교적 문화에 내재한 가 부장적인 권위주의, 연고주의(cronyism), 기업(조직)운용의 불투명성, 부정, 부패 등등에 있다고 보기 때문이다.

사실 자연친화적인 농업생산이 절대적으로 지배하였던 과거 전통 사회에서는 다수의 무토 농민 또는 중소 지주들과 소수의 특정 기술 자나 상인 계층이 사회의 하층에서 힘겨운 생산 활동을 해 왔고, 사 회의 상층에는 이들을 보호·지도·감독하는 소수의 '지식인─관료' 층이 군림하고 있었다. 이들 유교적 지식인들은 어려서부터 '한문漢

文’을 배우고 그것으로 고전과 학문을 익히면서 과거시험을 통하여 관리가 되거나 또는 지식인 신분으로서 향리에 머물러 살면서도 민중의 지도에 막강한 영향력을 발휘하는 특권적 위치에 있었다. 교육, 문화, 행정을 주도하는 이들은 ‘민생’ 보장을 실현해 내려는 사회적 화합에 초점을 맞추면서, 이른바 ‘대동’사회의 실현을 이상적 목표로 삼고 있었다. 그리고 이들 ‘지식인-관료’들에게는 자기의 사욕을 억누르고 공익의 실현에 봉사하는 높은 ‘도덕’ 수양이 언제나 강도 높게 요구되었다. 맹자의 말대로, ‘정신노동을 하는’〔勞心者〕 대인大人과 ‘육체노동을 하는’〔勞力者〕 소인小人은 서로 사회 분업적 관계를 이루며, ‘대인’은 ‘소인’의 생산 활동 없이는 생존할 수 없으며, 생산에 종사하는 소인들 또한 그들을 지도해 주는 ‘대인’이 없으면 마찬가지로 생존할 수 없는 것으로 보았다.[2] 따라서 한 개인은 하나의 공동체 안에 서로 묶여 있는 것이며, 그것 밖에 홀로 떨어져 있는 ─ 장자莊子가 언제나 찬양하였던 ─ 독립적·고립적인 ‘개인’은 언제나 위험한 ‘인물’로 비판의 대상이 될 뿐이었다. 그렇기 때문에 공자는 ‘인仁’을 통한 인간들의 화합과 연대의 덕(virtue)을 그만큼 더 높이 평가하였다. 주자朱子(1130-1200)에 의하면, 지식인의 사명은 바로 ‘대인’이 되는 것이었다. 이런 지식인의 사명을 말하는 『대학大學』의 총강령은 바로 “大學者, 在明明德, 在親(新)民, 在止於至善.”이다. 이것은 주자의 해석에 따르면, “‘대인이 되는 학문’은 군자와 소인의 사회 분업이라는 우주적 철칙을 분명히 깨달음에 있으며, 대인들이 (아래의) 백성들을 그들의 사명에 충실하도록 새롭게 만들어주는 데 있으며, 이런 ‘대인’의 사명은 ‘지선至善’, 즉 상하上下 계층의 이상적 조화의 극치를 이루어 내는 데에서 끝난다.” 따라서 ‘지식인-관리’의 문화적·철학적 의식

---

2 “無君子, 莫治野人. 無野人, 莫養君子.” 『孟子』, 「滕文公」上 5:3.

은 바로 자신의 사심·사욕을 극복하여 사회적 대의大義를 이루어 내려는 도덕성의 훈련·연마, 즉 '존덕성尊德性'에 있었다. 그것이 바로 그들이 하는 학문, 즉 '도문학道問學'의 내용이었다. 이런 지식인들의 이상과 기개를 범중엄范仲淹(Fan Zhongyan, 989-1052)은 다음과 같이 표현하였다.

세상의 근심을 (남보다) 먼저 근심하고, 세상의 즐거움을 (남보다) 늦게 즐긴다.[3]

그들은 — 일찍이 먼 옛날 문명 초기의 이상적인 임금인 요堯, 순舜시대에 실현되었던 상하 계층이 완전히 조화를 이룬 — '이상적인 사회질서'를 언제나 그들의 머릿속에 그리면서 이런 정치적·사회적 이상이 구현되지 못하고 있는 당대의 현실을 항상 '사회적 위기'(즉 天下無道)로 파악하였다. 그리고 그런 사회적·공적公的인 '근심'을 그들의 도덕적 윤리성의 제고를 통하여 극복하여 '질서 잡힌 태평세'(즉 天下有道)를 이끌어 내려는 원대한 '우환의식'을 가지고 있었다. 말하자면, 유교적 전통사회에서 사회를 주도하는 '지식인-관료'들이 추구한 것은 — 근대의 개인주의적인 자유주의자들처럼 — 우선적으로 개개인의 권리에 대한 제도적인 보장이나 사회의 물질적 생산의 증진을 도모하는 '공리주의'의 추구가 아니라, 사회적 화합을 도모하려는 지식인의 높은 윤리의식의 추구였다. 따라서 사회적인 상하 차등적 인간관계를 전제하고 사회적 갈등의 해소를 지식인[上]의 도덕성 함양에서 찾으려는 일종의 '도덕적·목적론적 세계관'이 근대 자본주의 이전의 유교문화권에 속한 사회들을 지배하는 학문의 문제의식이었다. 따라서 유교적 문제의식 속에서는 '사욕'을 극복하고 '공적인 대의'를 실현해 내려는 사회 지도계

---

3 "先天下之憂而憂, 後天下之樂而樂.", 「岳陽樓記」.

층, 즉 유교적 지식인들의 높은 도덕의식이 언제나 강조되고 있는 것이다. 그리고 실제로 우리의 전통문화를 되돌아보면, '사회적 공의'를 강조하는 지식인의 높은 윤리의식이 사회 정치제도에도 반영되었다. 따라서 관리의 임명에서는 — '아시아적 가치'의 담론이 오늘날 아시아 사회의 부정적 면모로 고발하고 있는 — "연고주의와 정실주의를 방지하기 위한 '상피相避'제도가 엄연히 자리 잡고 있었으며, 심지어 군주의 독주를 방지하기 위한 '대간臺諫'제도와 '상소上疏'제도가 정착"[4]되어 있었다.

이렇게 본다면 17, 8세기 계몽주의 시대 이래 2, 3백 년이라는 비교적 긴 역사 기간에 여러 가지 시행착오를 거치면서 발전을 거듭하면서 오늘날 자본주의 사회체제의 정상에 오른 서구인들이, 유교적 문화권에 속한 아시아 국가들이 겨우 최근 30-40년 간의 매우 짧은 기간 동안에 그들의 전통적인 낙후된 농업경제의 구조에서부터 출발하여 새로운 근대적 자본주의의 산업사회로 비약적인 발전을 하는 과정에서 나타나는 여러 가지 사회적인 부정적 현상들을 아시아 사회의 고질적인 문화적 병폐로 몰아붙이는 것은, 아무래도 아시아 사회에 대한 '가치중립적'이고 객관적인 학문적 평가 작업이라고 보기 어렵다. 왜냐하면 '아시아적 가치'의 담론은 결국 — 유교윤리의 실제적인 내용이나 그 사회 정치제도의 실상과는 달리 — 유교적 전통에 속한 아시아 국가들의 부정적인 사회현상을 과장하여 그것을 유교적 전통문화의 내재적 핵심이라고 규정하고, 그런 '유교적 문화유산'의 척결 없이는 결단코 서양과 같은 수준의 '합리적인 근대사회'로 성공적으로 발전할 수 없다고 말하기 때문이다. 그렇다면 이른바 '아시아적 가치'의 담론은 결국 아시아인들의 자체적인 역사발전의 가능성을 완전히 부정하고, 오직 '근대화＝서구화'라는 구호를 내걸고 서구문화의 동양 지배를 합리화하

---

4 이승환, 「'아시아적 가치'의 담론학적 분석」, 『열린 지성』 4호, 1998 가을호, 131쪽.

고 정당화하였던 낡은 제국주의 시대의 식민 지배 이데올로기 망령의
부활 그 이상이 아닌 것이다.

　사실 지난 150여 년 간 동아시아 역사 공간에서 동서 문명의 대립
은 서양문명의 척도에 의한 동양문명의 일관된 자기 부정의 역사였다.
일찍이 현대화에 성공하였던 일본을 제외하고는 모두 현대화라는 이
름으로 자기 전통문화를 부정하며 자기변신을 꾀하였다. 요컨대 '전통
폐기＝근대화', 그리고 '근대화＝서구화'라는 등식이 대부분의 진보
적인 지식인들에게 의미 있는 역사·사회 발전의 지표로서 지금까지
도 계몽되고 있다. 그러나 동아시아 지역에서 지난 세기 70년대 이후
부터 ― 서구와 다른 ― '자기 본위의 현대화' 가능성을 외치는 '유교식
자본주의'의 논의를 일부 지식인들이 주창하기에 이르렀다. 이런 '유
교식 자본주의'의 논의는 모두 막스 베버의 유교문화에 대한 부정적인
비판을 극복하는 데서 출발한다. 막스 베버는 일찍이 유교를 '고정적
실체'로 아주 단순화시켰다. 그리고 이렇게 단순·고착화된 실체로서
의 '유교적 정신' 속에서 그가 본 것은 현실과 타협하는 유교의 세속
화된 모습이었다. 베버가 파악한 '유교의 정신'은, 요컨대, 현실을 적
극적으로 부정하고 극복하려는 ― 기독교의 '청교도' 정신에서 보이는 '피안'
지향과 같은 ― 적극적인 긴장성의 결여였다. 베버에 의하면, 유교의 세
속적인 도덕원리는 기껏해야 현실과 타협하고 마는 허구적 극복, 즉
한낱 '주술'(Verzauberung)에 불과하다는 것이다. 그러나 이와는 반대
로 유교적 자본주의를 옹호하는 '뚜 웨이밍'(하버드대학, 현재는 北京大
學 교수)이나 '위 잉스'(프린스턴대학) 교수 등등은 베버의 이런 잘못된
주장은 중국 유교, 특히 신유학(Neo-Confucianism)에 대한 오해에 불과
하다고 외치고 있다.[5] 이들은 유교사상의 핵심은 현실을 언제나 '위기'

---

5 이 점에 관해서는 졸고, 「서구와 다른 유교식 현대화는 가능한가?」, 『철학과 현실』,
　1993년 겨울호 참조.

로 보고 그것을 극복하려는 '우환의식'에서 찾아야 하며, 이런 우환의
식은 현세에 대한 이상, 즉 천리天理를 진지하게 궁구하는 한편 그것
을 몸소 실천해 내려는 신유학의 강력한 도덕의식에서 뚜렷이 나타난
다고 말한다. 물론 유교에서는 그 '천리'가 — 비록 이 현실 세계 내에 설
정되지만 그것들은 결국 현실을 극복하려는 — '이상'이기 때문에 '내재적
초월'[內在而超越]이라고 볼 수 있다는 것이다. 따라서 '천리'의 추구
는, 서양의 '외재적 초월'[外在而超越]과 구별되는, 중국식 '초월성-
이상성'의 추구라는 것이다. 이들의 이러한 논의는 동아시인들의 '근
면, 성실, 절약' 등을 유교적 윤리로부터 설명해내는 데에는 큰 무리가
없다. 그러나 '신유학'이 여하한 형태의 공리주의 추구를 배격하는 일
종의 '관념적 도덕이상론'임을 부인할 수 없다. 그렇다면 이런 신유학
의 반反공리주의적인 도덕적 긴장성이 어떻게 유교적 자본주의의 발
전 가능성을 촉발시킬 수 있는가에 대한 더욱 설득력 있는 이론적 작
업이 요청되지 않을 수 없다.

이런 논의들이 비록 좀 더 해결해야 할 많은 이론적 과제들을 아직
도 가지고 있다고 할지라도, 유교적 문화전통 안에서 '유교식 현대화'
의 근거를 모색하려는 이들의 시도는 서구 산업화의 길과 구별되는 유
교문화권 나름의 자기 문화정체성을 확인하는 데에서 출발하는 것이
기 때문에 상당히 긍정적인 의미가 있다.

3. '근대' 과학주의의 팽창과 '도구적' 이성의 비극

인간의 욕구 충족을 만족시키기 위한 베이컨의 자연 지배적인 근대
적 의식은 자연현상들에 대한 경험적인 연구 분석과 실험을 강력하게
밑받침하였으며, 자연과학적 지식과 기술 발전에 혁신적인 성과를 가
져왔다. 이런 자연과학적 연구방법의 강조는 무엇보다도 먼저 중세의

'목적론적' 세계관을 부정하는 것이었다. 따라서 자연 대상에 대한 이해를 위해서는 기존의 세계관이나 가치관에서 벗어나서, 그 사물 자체만을 바라보아야 할 것을 말하였다. 여기에 베이컨의 근대과학 방법론이 바로 '우상' 파괴의 가르침으로부터 시작하는 소이가 있는 것이다. 이로부터 연구자의 가치판단이 개입하지 않는 오직 현상적 사실에 대한 엄밀한 분석과 그것에 기초한 가설들의 실험적 증명만을 가장 확실한 학문적 방법으로 추구하는 자연과학적 방법이 근대적 학문방법의 근본원칙으로 성립하게 된다. 이러한 과학주의의 팽창은 경험적 검증의 대상이 될 수 없는 도덕적 원리나 가치론, 요컨대, 형이상학적 주제들에 대한 학문적 열정들을 과학성이 결여된 사이비 학문으로 몰아붙였다. 이에 우리들은 논리적 실증주의가 또한 20세기를 지배하는 하나의 철학으로 성립하게 된 소이를 보게 된다. 바로 이런 자연과학적 실증주의적 방법을 통하여, 근대 계몽주의 시대 이래, 목적 추구적인 합리적(도구적) 이성은 엄청난 사회생산력의 진보를 이룩했으며, 결과적으로 자본주의 사회에서 생산력 발전에 결정적인 공헌을 하였다.

베버(M. Weber)에 의하면, 자본주의 사회의 발전과정이란 소박한 자연적 분업의 단계로부터 계속 합리적으로 정리·조직되어 가는 노동분업의 무한한 합리화(Rationalisierung) 과정이다. 노동 분업의 합리화는 노동 과정에 기계의 도입을 가져왔고 폭발적인 위력을 가진 기계문명이 최근 200년 이래로 발전시켜온 생산력의 증가는 거의 무한한 것이었다. 이에 따라 온 세계는 하나의 생활권으로 묶여 가고 있다. 여기에서 우리가 주목해야 할 문제점은 첫째 생산과정의 극단적인 합리화에 따르는 인간성의 상실이요, 둘째 전통적 윤리규범인 도덕과 정신의 타락이다. 인간의 노동 과정이 오로지 합리화를 극단적으로 추구하면서 인간 개개인의 특수한 자질과 취미는 충분히 고려하지 않고 오직 추상적 물량적인 범주에서 이루어질수록 합리적·수단적으로만 조작되었다. 이런 인위적 합리적 조작으로 인하여 인간 노동이 전문적으로 세분화되면서 인간은 자신의 노동을 통하여 자기의 가치(이상)를 객관적으로 실현해 나가는 — 말하자면 자연을 '의식적으로' 그리고 '주체적으로', '자유스럽게' 가공해나가는 — 자기 본연의 삶(Gattungsleben)을 가질 수 없게 되었다. 이와 같은 인간 소외현상은 또한 생산 활동이 '화폐'라는 가장 보편적인 유통 및 축적 수단을 통하여 진행됨으로써 더욱더 심각해지고 있다. 인간의 생산(사회)활동이 부富의 끊임없는 추구, 또는 '자본'의 끊임없는 확대에 의해 규정됨으로써 기존 사회의 모든 상하 신분관계와 그와 관련된 윤리적 가치 관념은 점차 의미를 잃고 무력해질 수밖에 없다.

자본주의 사회에서 모든 인간의 사회관계는 합리적 노동 분업의 원칙에 따라서 추상적 보편적으로만 연결·조직·운용되기 때문에 결국 인간관계는 생산수단 즉 자본의 물질적(물량적) 관계로 나타날 수밖에 없다. 바로 여기에서 현대 자본주의 사회의 인간은 비로소 종래의 신분적 속박에서 해방되어 '법률적으로' 평등한 관계로 나타난다. 그러나 현대사회의 문제점은 '전통의 목적론적인 세계관'에서 벗어나서, 다시 말해 전통적인 권위와 목적론적인 질서의식을 상실하고, 오직 자본주의 사회의 끊임없는 이윤추구의 율동(Dynamik) 앞에서 모든 인간들이 — 개개인들의 법률적 형식적 평등에도 불구하고 — 현실적으로는 상호 간의 물질적 경제적 차별과 치열한 생존경쟁 속에서 인간 본연의 '가치'(품위)와 '자유', 즉 스스로 자신의 삶을 자기의 목적으로 설정하고 이끌어 갈 수 있는 기회와 여유를 거의 차단당하고 있다는 점이다. 이와 같이 인간이 삶의 목적을 자기 주체적으로 설정하고 이끌어나갈 수 있는 '생활 세계'가 근본적으로 '왜곡'되고 '소외'되어 가는 '생활 세계의 식민지화'(Habermas)가 현대사회의 체제적 특성으로 나타나고 있다.

그것뿐만 아니라 이제까지 발전된 엄청난 과학기술의 진보는, 결국 20세기의 마지막 문턱에 들어선 우리 인류를 — 종래의 사회에서 체험해

보지 못한 — 새로운 문제 앞에 서게 한다. 이미 인간의 기술능력은 — 그것이 긍정적이든 부정적이든 간에 — 지구상의 모든 생태계의 균형을 유지할 수도 파괴할 수도 있는 힘을 가지고 있다. 이미 산업폐기물, 강력한 교통수단(비행기, 선박, 자동차 등)의 매연 및 생활폐수로 인한 공해, 오존층의 파괴, 지난 세기 80년대의 체르노빌 원전방사능 유출사고, 그리고 최근 전 세계적인 이상 기후변동 등등을 통하여 직접 체험하고 있듯이, 인간은 지구촌 전체의 기후변동 및 에너지 변환의 순환운동을 바꾸어 놓고 있다. 지구의 자연환경을 파괴 변화시키는 인간의 영향력은 가공할 만한 것으로 거의 그 한계를 알 수 없는 것이기도 하다.

요컨대, 인간의 삶에 본질적으로 필요한 '가치'(value) 문제를 배제하고 오직 '사실'(facts)의 계량적 목적 합리성만을 추구해온 '근대'의 도구적 이성은 자연적 유기체, 즉 '생명체'로서 현재 우리 인간들과 우리의 후손들에게 더 이상 건강한 삶을 보장해 줄 수 없을 정도로 우리의 '생활환경'(Umwelt)을 극단적으로 파괴하고 있다. "산업 쓰레기가 인간들의 생활 주변에서 마구 버려지지만 그것을 계속 정화할 수 있을 만큼 높은 굴뚝이나 깊은 강물은 없다. 이들은 '생리학적인 자연'(*physiologische Natur*)의 순환 속에서 우리에게 모두 되돌아온다. 납이 들어있는 샐러드로부터 수은을 머금은 생선이나 버섯류, 우유 속에 든 DDT에 이르기까지, 해충들을 없애기 위하여 우리들이 늘 뿌려댔거나, 독극물을 폐기하기 위하여 땅속에 묻어버린 것들이 (모두) 이미 오래전부터 우리들 식탁으로 되돌아오고 있다."[6] 여기에서 우리는 인간의 이기적인 자연지배, 즉 근대 이성이 초래한 인류 생존의 위기라는 비극적 현실을 만나고 있는 것이다. 그렇다면 21세기에 앞

---

6 Loather Schäfer, "Selbstbestimmung und Naturverhältnis", *Über Natur*, (hrsg. O. Schwemmer), Frankfurt/M., 1991, 35쪽.

으로 나아갈 길은 서양의 '도구적 이성' 중심의 근대화를 무조건 모방하는 데 있지 않음이 너무나 자명하다.

4. '도구적' 이성 비판의 목소리와 유교적 '덕'론의 만남

이제 우리는 너무나 자연스럽게 서양문명 본거지의 도처에서부터, 18세기 이래 전 세계를 지배해 온 '계몽주의'에 바탕을 둔, '근대이성'의 '도구적 폭력성'에 대한 비판의 목소리를 듣게 된다. (생산)수단의 극단적인 합리화가 엄청난 물질적 사회생산의 부를 축적해 가고 있지만, 이런 계량적 합리성에만 호소하는 자본주의적 생산관계는, 루카치의 지적처럼, 결국 모든 것(인간과 자연)의 소외, 즉 '사물화'(*Verdinglichung*) 현상의 심화를 모면할 수 없다. 그리고 지금에 와서는 급기야 '생명의 보금자리'(*Habitat*)를 근원적으로 파괴해 가는 '생태계의 위기'까지 초래하고 있다. 우리 인류는 지금 근대이성의 찬란한 위력과 동시에 가공할 만한 폭력성을 만나고 있는 것이다. 그렇다면 근대 이성의 위기로부터 탈출은 과연 가능한가?

여기에 대하여 (서양)세계의 철학자들은 모두 갖가지 처방들을 내놓고 있다. 소위 '포스트 모더니즘'이란 이런 '근대이성'의 패러다임에 대한 원천적 '부정'의 날카로운 목소리라고 할 수 있다. 이와는 달리 하버마스는 한편 인간의 노동(*Arbeit*), 즉 생산행위를 이끌어 가는 자본주의 '체제'(*System*)의 폭력성을 예리하게 보면서도, 다른 한편 이성적 인간의 또 다른 행위, 즉 '의사소통 행위'(*kommunikatives Handeln*)를 통하여 '공론의 장'을 넓혀감으로써, 점차 소외로부터 해방되는 '생활세계'(*Lebenswelt*)의 '탈-식민지화' 가능성을 설득하고 있다. 그러나 '이성'의 '의사소통행위'에 낙관적인 희망을 부여하고 있는 하버마스와는 달리, 미국에서 주로 활동하는 맥킨타이어는 이성의 해방적 기능에 대하여 훨씬 회의적이다.

맥킨타이어는 계몽주의 이래 인간의 목적론적 본성이 송두리째 부정되었다고 본다. 다만 '욕구'(*desires*)의 충족만을 추구하는 '현실적인 인간'은 결국 '정감적 자아'(*the emotivist self*)에서 자기의 본성을 찾을 수밖에 없다고 본다. 그렇다면 어떤 도덕적 신념들도 그저 개개인들의 사적인 '취향들'(*preferences*)에 불과한 것이기 때문에, 어떠한 도덕적인 담론도 남의 행동을 규제하고 영향을 미칠 수 있는 보편적인 규범성을 확보할 수 없다고 맥킨타이어는 지적한다. 따라서 그는 현대 윤리학에서 도덕적 논쟁이란 서로 끝까지 합치하는 결말을 볼 수 없는 허무맹랑한 것이라고 본다.

맥킨타이어는 그의 유명한 저술 『덕론』(*After Vertue*, 1984)의 17장에서, 자유주의적 개인주의를 대표하는 가상적 두 인물 A와 B, 그리고 그들의 입장을 각각 지지하고 나선 노직(R. Nozick)과 롤스(J. Rawls)의 철학적 입장을 대비시킨다. 그는 이 둘의 서로 합의할 수 없는 논변을 통하여, 자유주의적 개인주의의 입장에만 서 있다면, 결국 자유주의에서 강조하는 가장 중요한 덕목인 '절차적 정의'(procedural justice)에 대한 개념적 합의의 도출조차 현대사회에서는 실패할 수밖에 없음을 날카롭게 지적한다.

A를 작은 점포 소유자나 하급직 공무원 정도라고 생각하면, 그는 부지런히 벌어야 겨우 작은 내 집을 마련할 수 있고 자녀를 대학에 보내고 부모를 근근이 봉양할 수 있다. 정부가 그로부터 세금을 더 걷어서 곤궁한 빈민을 위한 사회복지사업을 한다면, 그는 이런 정부의 중과세 정책이 자기 생계에 대한 '위협'이 되기 때문에, 정의롭지 못하다(*unjust*)고 볼 것이다. 자기의 합법적인 소득에 대해 자기만이 권리를 가지며 누구도 간섭할 수 없다고 주장할 것이다. 그러나 B를 자유직업을 가진 사람 또는 사회사업가이거나 좀 넉넉한 유산을 상속받은 사람 정도로 보면, 그는 사람들의 재산, 수입, 기회의 분배가 너무 자

의적으로 이루어진 것이며, 이런 불평등의 결과로 인하여 빈민층들은
생활조건을 개선할 여지가 거의 없다고 생각할 수 있다. 따라서 그는
이런 불평등을 정의롭지 못하다(unjust)고 보기 때문에 개선되어야 한
다고·생각하며, 그러기 위해서는 경제성장이 요청되지만 현재의 사회
적 여건으로는 빈민들의 복지 향상을 위한 정부의 중과세 정책이 소득
의 재분배에 기여한다는 점에서 정의롭다고 볼 것이다.

　A는 합법적 권리에 호소하고 B는 인간다운 삶의 물질적 필요에 근
거하여 각각 정의를 주장한다. B를 대변하는 롤스의 정의관에 의하면,
누군가가 현재 아주 궁핍한 상황에 처해 있다면, 그것은 과거에 '정
의'가 잘못 적용된 것이기 때문에 현재의 정의의 실현에는 '재분배'
가 요청된다. 반면 A를 대변하는 노직의 입장은 과거의 재산 획득
과정이 적법했기 때문에 현재의 재분배 요청은 정의의 실현에 적절
하지 못하다는 주장이다. 이런 상반된 전제에서 출발하는 이 대립적
인 주장들은 오로지 개인의 '이해'(interest)에 대한 권리에만 호소하
는 자유주의적 개인주의 입장에 서 있기 때문에, 결단코 서로 합의
를 볼 수 없다고 맥킨타이어는 말한다. 그에 의하면 이 둘은 모두 정
의의 문제를 개인의 소유에 대한 '권리'에만 근거하여 주장하였지, 결
코 자기가 속해 있는 공동체 안에서 그들 각각의 실천에 의거하여 요
구할 수 있는 '응분의 값어치'(desert)에 근거하여 주장하지 않는다는
것이다. 이런 기준에 의하면 A의 주장은 자기의 힘든 노동생활을 통하
여 얻은 소득은 바로 자기가 향유해야 할 '응분의 값어치'를 가졌다는
것이요, B의 주장은 현재의 빈곤과 박탈은 그들이 받아야 할 '응분의
값어치'가 아니라는 주장이 된다. 그러나 롤스나 노직 모두가 자유주
의적인 개인주의 입장을 고수하기 때문에, 그들에게는 언제나 분명한
자기 자신의 이해관계를 가진 개인이 원초점이 된다. 따라서 개인들
의 이해 표명이 우선적으로 고려되는 것이요, 이들에 의한 '어떤 도덕
적 또는 사회적 유대의 구성은 부차적인 것'이 되기 때문에, 공동체

안에서 실천행위에 입각한 '응분의 값어치'에 대한 주장이 고려될 여지가 없다고 맥킨타이어는 말한다.[7] 따라서 '응분의 값어치'란 개념은 오직 구성원들이 공동의 인간 '선'을 추구하는 "공동체의 맥락" 안에서만 "자연스러운 개념"이 된다는 것이다.

맥킨타이어는 전통이 부여한 공동체적인 맥락 안에서 끊임없는 실천을 통하여 이루어 내야 하는 인간의 본성, 또는 본질에 대한 형이상학적 목적론적 해석이 18세기 '근대' 계몽주의의 등장 이래로 '자연과학적-기계론적인' 인간 행동 과학으로 대체되고 그것들에 의해 밀려나면서 도덕 명령의 규범적 의미가 — 각인각색의 '취향'(preferences)대로 — 이지러지고 파편화 되었다고 본다. 현대의 몰가치적 상황, 다시 말해, 어떻게 행동하는 것이 '정의'의 덕을 실현해 내는 것인가 하는 기본원칙조차도 합의를 볼 수 없는 현대사회의 개인주의적 도덕의 위기 앞에서, 철저한 역사주의적 관점에 서 있는 맥킨타이어에게 규범적 윤리학은 공동체의 다른 인간들과의 연관 관계에서 그 개인의 역할, 또는 그 이상적 덕성(virtues)을 규정해 낼 때에야 — 예를 들어 아리스토텔레스식의 목적론적 세계관을 전제할 때 — 비로소 가능하다.

그는 궁극적으로 볼 때 계몽주의 이래 강하게 뿌리내린 개인주의적 자유주의에서 비롯되는 도덕원리의 '파편화'나 '아노미' 현상들을 예리하게 비판하면서, 현대사회의 도덕적 혼란의 극복을 — 결국 개인들의 행위가 구체적으로 전개되는 공동체와의 연결 맥락 속에서 — **인간 덕성의 발견**, 즉 덕 윤리에서 찾고 있다. 사실 인간이란 관념적으로 추상화된 보편적 존재가 아니고, 결국 사회적 정치적, 즉 총체적 문화 흐름을 겪고 사는 '역사적 존재'(the historical being)이다. 이 때문에 맥킨타이어는 더 나아가서 현재 인류들이 각기 속해 있는 서로 다른 — 다원주의

---

7 A. MacIntyre, *After Virtue*, University of Notre Dame Press, 1984, 244-250쪽.

적 ― 문화적 역사적 전통의 흐름 속에서 각각 고유한 '덕성'을 발견하고 '덕의 윤리'를 실천할 것을 권장한다.

만약 이러한 맥킨타이어의 현대 윤리학 비판의 담론에 주목할 가치가 있다고 보고 그의 입론에 동조한다면, 우리는 다시금 일찍이 20세기 초에 동양의 계몽적인 선구자들이나 아직도 주위에서 왕성하게 활동하고 있는 '전반서화론자全般西化論者'들이 폐기 처분한 유교의 윤리적 담론, 요컨대, 유교식 덕 윤리에 주목할 필요가 있다.

유교사상에는 ― 동서양을 막론하고 근세 이전에 생겨났던 인류의 다른 위대한 사상들과 마찬가지로 ― 여러 면에서 전근대적 사회의 특징적인 사회질서 의식들, 예를 들면 가족중심주의, 가부장적인 권위 질서, 남녀의 불평등 등등이 나타나 있다. 그러나 아리스토텔레스가 페미니스트나 자유민주주의자가 아님을 비난하는 것이 ― 현실의 문제의식을 과거에 투영시켜서 억지로 재단해 내려는 시대착오적(anachronisch)인 ― 무리한 비판이라고 생각한다면, 유교사상이 안고 있는 시대적 제한을 유교의 핵심적 결점으로 몰아붙이는 기획 또한 시대착오적인 무분별한 발상이라고 보아야 할 것이다. 그렇다면 이제 유교의 덕 윤리의 가르침이 시대를 초월해 보편적으로 전하는 메시지가 무엇인지 묻지 않을 수 없다.

공자(기원전 551-479)가 2500여 년 전의 인물이긴 하지만 그의 사상, 특히 사회이론 속에는 다음과 같은 지극히 인문주의적인 면모가 깔려 있다. 그를 전후로 한 고대 중국사회(즉 기원전 9-3세기)는 끊임없이 계속되는 전쟁 속에서 종래의 군소 봉건국가들이 하나의 대규모 관료주의적인 중앙집권 국가를 지향하며 변화·발전, 또는 엄청난 사회적 혼란(공자의 용어로는 "天下無道")을 거듭했다. 그런 대변혁의 와중에서 공자가 파악한 인간의 본질은 고전교육을 통한 자기계발의 가능성이었다. 즉 공자는 배움[學, Learning]이 인간을 동물과 구별시키는 인간의 본성이라고 본 것이다. 따라서 인간은 '배움'을 통한 자기 계발의 정도에 따라서 서로 다르게 구분될 수밖에 없다고 보았다. 그리고 이런 '배움'의 과정은 한편으로 고전들(즉 詩, 書, 禮, 樂 등)을 익히고 배움으로써 자기 인격을 계발시킬 수 있는 도덕적 인격을 닦아 나가는, 즉 수기修己(Sich-Ausbildung)의 과정이요, 또 다른 한편으로는 도덕적 인격을 갖춘 '군자'(현대적 용어로 풀면, '지도자', 또는 '경영인')가 자기 주위의 다른 사람들을 지도 계발해줌으로써, 개인적 이기주의에서 출발하는 개인적, 또는 사회적 갈등을 조화와 화합으로 이끌어서 안정된 '태평세'를 이루어내려는 것이었다. 유교가 추구하는 이상은, 전문용어로 말하면, '내성외왕內聖外王'의 실현에 있다. 따라서 공자의 사회 윤리론의 핵심은 학문과 도덕계발을 통해 끊임없이 자기 인격을 계발함과 동시에, 주위 사람들에 대한 연민과 관심(즉 忠과 恕) 속에서 그들을 지도하고 깨우쳐서 그들과 더불어 조화로운 안정된 사회, 유교적 용어로 말하면, '대동大同'(die grosse Harmonie) 사회를 실현하는 데에 있었다. 그리고 당대사회에서 인간사회의 기본 단위는 '가족'이었기 때문에 '개인'의 사회적 관계의 발전은 '개인과 가족' 간의 관계에서 자연스럽게 얻은 — 이해 타산의 관계를 넘어서는 — 순수한 사랑과 협동의 마음을 점차적으로 주위의 '이웃'들에게 확대해 나가는 일이었다.

근대시민사회에서 인간집단의 사회적 분화를 '자연적-유기적인 모임'(Gemeinschaft)과 이득추구를 위한 '인위적-계약적 모임'(Gesellschaft)으로 구분하여 생각한다면, 유교의 덕 윤리는 후자 속에서 전자의 이상을 실현해 내려는 인문주의적인 이상세계를 지향한다고 말할 수 있다.

순전한 개개인들의 사적인 이해관계를 일차적으로 고려하면서 계약사회를 유지하려는 서구적인 현대사회의 자유주의적인 개인주의와는 달리, 유교의 덕 윤리는 개개인들의 타산적 이해관계보다는 오히려 공동체 전체의 화합과 안녕을 지향한다. 이를 위해 한편으로는 '지도자' 엘리트들의 '배움'과 '반성적 사유'를 강조하면서, 다른 한편으로는 하나의 공동체 안에서 각기 다른 역할을 하면서도, '자기'가 관계하고 있는 주위의 '다른 사람들'에게 각별한 '배려'〔恕〕를 강조한다. 유교의 덕 윤리는 결국 개인을 공동체 안에서 자기가 실현해 내야 할 역할을 통해서 규정하는 일종의 유기체적인 세계관에 뿌리를 두고 있음에 틀림이 없다. 따라서 유교의 덕 윤리에 대한 비판이나 공격의 대상은 일차적으로 — 그것이 안고 있는 시대적인 한계 — 말하면, 혈연을 중시하는 가족중심주의, 또는 가부장적인 불평등한 인간관계 등등이 아니라, 근원적으로 보면 바로 유교적 세계관이 갖고 있는 도덕 형이상학의 유기체적인 특성에 대한 비판이나 공격이 되어야 할 것이다.

5. 유교의 '유기체적' 도덕 형이상학에 대한 재평가

기본적으로 농업이 기본 산업이었던 전통적인 유교사회에서 인간과 자연의 관계는 서로 친화적이었다. 농업의 번성이 그러하듯이, 변화하는 자연 운행과의 순조로운 화합이 — 개별적이든 집단적이든 — 인간 사회가 이룩해야 할 과제이었다. 근대 계몽주의 이전, 즉 서양의 고대나 중세의 자연관에서도 자연 자체가 자기 목적을 가지고 움직이는 유기체로서 나름의 고유한 권리가 인정되었던 것처럼,[8] 동양(즉 유교문화권)에서도 자연은 늘 변화하는 생명적 유기체로서 이해되었다. 그리고 이런 무한 변동의 존재원인으로서 그 안에 선험적으로 내재하는 이상적 질서, 즉 도道에는 자연〔天〕과 인류 도덕〔人〕의 공동 원천으로서 절대적인 권위가 부여되었다. 따라서 유가儒家는 일찍부터 자연과 인간의 가치론적 합일〔天人合一〕을 설파하였고, 또한 인위적인 그 무엇으로도 간섭할 수 없는 천도天道(*Ordnung der Natur*)에 근거하는 일

---

8 이 점에 관해서는 졸고, 「유기체적 자연관과 동서철학융합의 가능성」, 『인간과 자연』, 철학과 현실사, 1997 참조.

종의 '자연권'(*Naturrecht*) 사상이 지배적이었다.

　일찍이 유교에서는 자연운행의 법칙성과 쉼이 없는 성실성〔誠〕이 '자연 질서'〔天道〕였고, 그것은 또한 지도자의 소임을 맡은 지식인〔君子〕들이 기필코 실현해 내야 할 성실성〔誠之〕, 즉 '인륜 질서'〔人道〕였다.[9] 공자에게 자연의 쉼 없는 운행은 더 이상 군더더기 말이 필요 없이 묵묵히 자기 할 일만을 실천해 나가는 도덕적·이상적 행위의 전범典範이었다.[10] 이들 유가와 달리 개개 인간들의 개성적 발전이나 정신적 자유의 추구를 더 강조하는 개인주의적인 도가道家사상가들은 사회제도나 이를 뒷받침하는 사회적 이념들을 모두 인간의 인간에 대한 차별과 종속을 강요하는 지배적 폭력으로 보았기 때문에, 사회관계 성립 이전의 자연 상태가 바로—군자와 소인의 차별이 없는—이상적 평등 상태로 미화되었다.[11] 이런 소박한 자연관에 입각한 도덕이상론은 주자朱子에 이르러서 하나의 도덕 형이상학으로 발전하였다.

　불교의 공空의 존재론이나 도교의 무無의 존재론을 극복하기 위하여, 송명宋明시대의 유학자들은 공空과 무無 대신에 천지자연의 모든 변화와 흐름을 생명의 전개로 파악하였다.[12] 그리고 이런 우주의 유기체적 생명 흐름을 인간〔人〕세계와 자연세계〔物 또는 天〕의 존재론적 기초로 제시하였다. 이들은 개개의 구체적 인간이나 만물의 본성 안에 내재하는 이런 생명성〔生〕의 원활한 전개가 만물(개개 인간들이나 우주의 산물 전체)이 이루어 내야 할 형이상학적 도리〔道〕라고 파악하였다. 주자는 무궁하고 무한한 우주만물의 생성과 변화 발전을 주재하는 초월적 인격신을 인정할 수 없었다. 그러나 그는 이런 무한한

　9　"誠者, 天之道也. 誠之者, 人之道也.",『中庸』20章.

10　子曰: "予欲無言." 子貢曰: "子如不言, 則小子何述焉?" 子曰: "天何言哉? 四時行焉, 百物生焉, 天何焉哉?",『論語』,「陽貨」17:19.

11　"夫至德之世, 同與禽獸居, 族與萬物竝. 惡乎知君子小人哉?",『莊子』,「馬蹄」.

12　"天地之大德曰: 生.",『周易』,「繫辭」하.

생명적 변화 운동이 맹목적이거나 혼돈일 수는 없다고 보았다. 이런 우주 만물만상의 변화에는 그렇게 하도록 하고, 그렇게 움직이게 하도록 하는 우주만물의 존재론적 근거(즉 萬物의 所以然之故와 所當然之則)가 선험적으로 주어져 있다는 것이다. 이것이 주자가 말하는 도덕 형이상학의 존재론적 근거로서의 '이'[理 또는 天理]의 세계인 것이다. '이'는 현상계의 만물이 존재하기 이전부터 그와는 별개의 범주로 존재한다. 따라서 이러한 '이'의 측면은 현상계에 속한 구체적인 만물과 존재론적으로 구분된다. 그렇지만 실제 현상계의 만물은 수시로 변하고 유동적인 기氣의 흐름[流行]에 의하여 실제적인 존재로 나타난다. 특히 이런 무목적적이며 무정형하게 무한히 흘러가고 변화해 가는 '기'는 형이하학形而下學적인 것으로, 절대로 존재론적 차원에서 합목적적인 가치론의 근거인 형이상학形而上學적 '이'와 혼동해서는 안 된다[理氣不相雜]는 것이다. 그러나 이 우주에 실재적으로 존재하는 실체는 오직 '기' 하나뿐이다. 따라서 형이상학적인 '이'는 존재론적으로는 선험적이지만, 현실적으로는 형이하학적인 '기'를 떠나서 달리 어디에 의거할 수 없다.[理氣不相離] 따라서 주자의 철학은 이원적 사고[理氣不相雜]인 동시에 일원적 실체관[理氣不相離]이다.[13]

---

13 자연세계와 자연법칙의 세계관계를 이원적 사고로 분리해 보면서, 결국은 일원적 실체관을 제시하는 주희의 도덕 형이상학적 구도를, 플라톤과 아리스토텔레스의 구도와 대비해 보는 것은 매우 흥미롭다. 일찍이 이오니아의 자연철학자들이 자연만물(생명적 유기체나 생명 없는 물체)들이 자발적으로 성장하는 원인을 자체 안에 가지고 있다고 보았다. 하지만 플라톤은 끊임없이 변화 변동하는 자연세계 안에는 결단코 그 운동의 원인, 즉 자연법칙이 존재할 수 없다고 보았다. 플라톤에 의하면, 그 법칙들은 자연 세계 밖에 있는 창조자 '데미우르고스'의 가공행위(Techne)나, 만물의 진정한 본질로서 초경험적 세계에 존재하는 이데아와 연관하여 찾아야만 하는 것이었다. 그러나 이와 달리 아리스토텔레스는 외재적 힘에 의하여 만들어진 가공물(Artefakte)과 구별되는 자연의 산물(physis, 즉 생명적 유기체, 식물 및 4원소와 같은 개별적 물체 등등)은 "자체 안에 운동과 정지의 원리"(*Historisches Wörterbuch der Philosophie*, Bd. 6, S. 429)를 가지고 있다고 보았다. 요컨대, 플라톤에게는 조야한 '자연'이 그 위에 군림하는 초경험적인 이성적

   그는 '이'의 총체적인 근원을 태극太極이라고 불렀다. 태극의 총체
적 원리는 모든 구체적인 개개 인간이나 만물에 내재한다.[14] 따라서
'태극'인 '이'는 총체적 존재론적 원리로서 '이일理一'이면서도 동시에
무한한 구체적 만물 속에 각기 다른 모습으로 내재하는 만수萬殊인 것
이다. 이것이 주자의 '이일분수理一分殊'론이다. 주자는 '이일분수'론
으로 우주적 전체 체계 안의 전체적 움직임과 전체 질서 안에서 구체
적 인간이나 사물이 각기 다르게 차지하고 수용해야 할 각자의 합목적
적인 역할분담의 틀을 제시한다. 이제 주자 및 그의 이론을 따르는 전
통적 유교문화권 안의 지식인들은 이 전체적인 틀을 우주와 인간의 완
전한 질서(즉 天理)로 확보하게 된 셈이다.

   그러나 실제 세계의 무수한 인간이나 만물은 부도덕하고 완전하지
도 못한 '문제투성이'이다. 그것은 왜일까? 그것은 모든 구체적 인간
이나 사물들의 생성은 모두 무정형하고 무목적이고 늘 변화 유행하는
기氣에 의해 생성된 것이라 '기'에 의해 제한을 받고 있기 때문이다.
주자는 개인이나 개개의 사물에 내재하는 하나의 '분수리分殊理'를 특
히 '성性'이라고 불렀다. 이와 같이 한 개체[物] 안에서 합목적적이고
완전한 지선至善의 가치를 가진 '이', 즉 '성性'을 가리켜 '천지지성天
地之性' 또는 '본연지성本然之性'이라 명명했고, 이와 대치되는 실재적
개체 안의 무정형하고 불선不善한 '기'와 혼재된 '성性'을 '기질지성氣
質之性'이라고 불렀다. 그리고 인간의 마음[心]에는 순선純善한 '본연
지성'으로서 성性의 측면과 선악善惡의 가능성이 병존하는 정情의 측
면이 함께 존재한다.[心統性情]

가공행위(Techne)를 '모방'해야 한다면, 반대로 아리스토텔레스에게는 '가공행
위'(Techne, 또는 Kunst)가 '자연'을 모방해야 한다. 따라서 자연의 법칙이 플라톤
에게는 초경험적 '이데아' 세계에 따로 실재하는 것이지만 아리스토텔레스에게는
끊임없이 변화 변동하는 이 경험세계 자체, 즉 자연 자체 속에 있는 것이다.

14 "人人有一太極, 物物有一太極.",『朱子語類』卷94.

주자는 순선純善의 가능성을 '이'의 측면에서 확보하고, 다른 한편 그 '이'를 불완전한 '기氣'의 측면과 대비시킴으로써, 도덕 형이상학의 확고한 입지점을 확보함과 동시에 현실적인 부족함을 계발할 수 있는 여지도 열어 놓은 셈이다. 따라서 사대부적 입장에서 출발하는 인륜세계와 천지자연 모두를 관통하는 도덕 형이상학이 등장하게 되었다. 그리고 그는 그의 도덕 이상세계를 확보하고 실현하기 위하여, '천리의 보존과 인욕의 근절'[存天理, 滅人欲]을 강조함으로써 지나치게 초세속적인 금욕주의의 모습을 보인다. 이렇게 해서 파악하고 그린 이상세계는 결국 관념적 합목적적인 세계이기 때문에, 그의 철학은 자기의 내적 반성과 성찰을 권면하는 주정主靜철학의 특색을 지닐 수밖에 없었다.

주자에 의하면 도덕 형이상학은 실제로 맹자孟子 뒤에는 사라졌고 '송명'시대의 신유학자들에 의해서 비로소 다시 그 참뜻이 이어졌다. 따라서 그는 이런 참뜻에 입각하여, 특히 지식인들의 사명이란 학문적으로 이런 뜻을 분명히 밝혀 스스로 먼저 깨닫고 그것을 후진에게 깨닫게[先覺覺後] 하는 일이라는 것을 말하였다. 그래서 그는 『사서四書』는 물론 『오경五經』에 대하여 체계적인 주석을 달았다. 그의 체계는 방대한 것이었다. 그는 가상적으로 설정한 천리天理의 도덕 형이상학을 실재적 의미로 깨닫고 자기의 본성(이상적 가능성)을 실현(완성)해 나가는 존덕성尊德性을 말함과 동시에 학문연구에 몰두하는 도문학道問學이라는 지식인의 과제를 마련해 주었다. 이와 같은 우주의 유기체적 생명관에서 출발하는 주자의 도덕 형이상학이 유교적 문화권에서 12세기 이래 동양의 유교적인 문화전통 속에서 지배적인 영향력을 발휘하여 왔다. 그렇다면 오늘날 '세계화'의 시대에 이를 어떤 메시지로 읽어야 하는가?

과학지식은 인간이 그 주위를 둘러싸고 있는 자연환경 속에서 자기의 보금자리(*Habitat*)를 확보해야 하는 하나의 특수한 유기적 생명체임을 확인시켜 주고 있다. 따라서 우리는 우리 밖의 '생리학적인 자연' (*physiologische Natur*)과의 생명 친화적인 긴밀한 신진대사(*Stoffwechsel*)를 새롭게 확보해야 한다. 그러나 서구에서 시작된 근대 이성은 — 이제 고도로 발달된 과학기술 때문에 이런 '생리학적 자연의 순환'에 적극적으로, 그러나 무목적적으로 개입함으로써 — '생리학적 자연의 생명성'을 위협하고 있다. 그 결과 우리 인류 자신 및 그 후손들이 살아갈 '생활 근거지' 자체가 근원적으로 파괴되어 죽어가고 있는 '생태학적 위기'라는 비극적 현실을 자초하였다. 따라서 이런 비극적 곤경으로부터 탈출하는 문제는 바로 현재의 우리 인류와 후손들의 생명을 보호하는 문제인 것이다. 이 점에서 전 세계를 지배해 온 근대 이성의 자연 지배적인 태도를 근본적으로 수정하고, 인간과 인간, 그리고 인간과 자연 간의 관계를 새롭게 규정해야 할 고도의 기술문명 시대에 필요한 새로운 윤리를 정립해야 한다. 이제 필자는 이러한 새로운 윤리 정립과 관련하여 유교의 윤리관에 대한 칼튼(Michael. C. Kalton)의 다음과 같은 말을 주목하고자 한다.

　서양의 철학자들은 일반적으로 도덕의 문제를 '합리성'과 '자유 의지'와 같은 오로지 인간적 속성만을 바탕으로 하는 아주 뚜렷한 (인간의) 영역으로만 다루어 왔다. 칸트는 실천의 문제에 대하여 단순히 '조건적' '당위'로 보지 않고, (언제나) 도덕적 '당위'를 '정언명법'으로 제시함으로써, 이런 (서양의) 전통을 매우 또렷하게 각인시켰다. 이것은 도덕적 선·악은 다른 종류의 선·악과는 달리 하나의 (인간만의) 영역에 속한다는 일반적인 생각을 구체화시킨 것이다. (그러나) 무신론적(sic! '유기체적')[15] 세계관에 서 있는 유학자들은 자연적 사실로부터 도덕적 의무로,

---

15 유교 윤리의 형이상학적 기초를 '유기체적' 세계관이 아니라, 단순히 '무신론적' 세계관으로만 바라보는 칼튼의 입장에 대하여 필자는 오히려 유교 윤리관의 '유기

'존재'(is)에서 '당위'(ought)로 손쉽게 넘어감으로써 그러한 엄격한 구별을 하지 않았다. (그들은) 서양철학의 훈련을 받은 사람들에게 그런 것이 무슨 큰 문젯거리가 되는지를 눈치채거나 거의 설명할 수 없었다. (물론) 도덕의 문제가 그들의 중추적 관심사였다. 그러나 그들은 새나 짐승들, 또는 다른 차원에서는 사계절의 순환 속에서도 (인간과) 같은 도덕적 특성들이 부분적으로 나타난다고 보는 것에 결코 주저하지 않았다."[16]

인간과 자연을 생명적 유기체로 보고 인간과 자연을 관통하는 유교의 '유기체적' 도덕 형이상학에서는 도덕의 문제가 단순히 인간 차원의 문제로 끝나는 것이 아니다. 그것은 자연과 함께 조화하며 화합하는 자연 화합적인 도덕론인 것이다.

'도구적' 이성의 비약적 발전에 기인하는 현대 산업사회가 비록 21세기를 향한 '세계화'의 길로 매진한다고 할지라도, '생리학적' 자연 순환의 총체적인 위기 앞에서 인류가 생존을 계속하려면, 첫째 자연 운동 자체의 생명적 고유성과 자율성을 존중하고, 둘째 이런 생명존중의 연대와 사랑을 우리 인간뿐만 아니라 우리와 함께 살고 있는 자연에까지 확산해야 한다는 — 요컨대 자연[天]과 인간[人] 사이의 생명적 화합에 대한 — 도덕적 당위가 반드시 필요하다. 이런 '생태학적인' 위기상황으로부터 탈출하기 위해서는 의심할 여지없이 우리들의 문화 정체성 안에 용해되어 있는 유교의 자연 화합적인 도덕 형이상학의 목소리에 여전히 열심히 귀를 기울일 필요가 있다.

체적' 특성에 초점을 맞추고자 한다.

16 Michael C. Kalton, "Extending the Neo-Confucian Tradition: Questions and Reconceptualization for the Twenty-First Century", in: *Confucianism and Ecology*, ed. Tucker/Berthrong, Harvard University Press, 1998, 86쪽.

6. 맺는 말: 유교적 윤리관은 '세계화' 시대에 의미 있는 대안이 될 수 있는가?

　과거 소박한 농업경제 하에서 성립되었던 전근대적 유교의 윤리론이 고도로 발전된 현대사회에 대안으로서 적용될 수 없다. 특히 주자철학에서는 지식인 중심의 관료사회에서 지식인들의 주관적 도덕이상이 '관념적 실재'로서 정형화되었기 때문에 그 규범적 질서 외에 다른 가치규범이나 사회질서는 용납될 수가 없다. 인간과 자연과의 관계는 주자의 도덕 형이상학에 의하면 그가 정형화한 천리天理 밖으로 나갈 수 없다. 여기에 주희 철학의 보수적 한계가 있는 것이다. 그의 철학에는 엄밀한 의미에서 인간이 자연을 바꾸어 나가는 진보적 역사철학의 자리가 있을 수 없다. 오직 하나의 교의敎義에 갇힌 주관적 심리적 궁리窮理만이 허용될 뿐이다. 따라서 유교의 윤리론, 특히 주희의 도덕 형이상학이 현대사회에 적응하기 위해서는 현대 사회의 본질적인 문제들을 먼저 적극적으로 이해해야 하며, 동시에 그에 따른 새로운 천리天理의 내용을 제시해야 한다.

　바로 이 점에서 우리는 유교의 공동체적인 맥락 안에서 덕의 윤리, 또는 그것의 형이상학적 기반으로서 '유기체적' 도덕 형이상학이 과연 — 타인의 간섭이나 제재로부터 — 벗어나 개인의 자유와 권리를 보장하려는 자유주의의 강한 요구에 어떻게 대답할 것인가에 대하여 반드시 진지하게 성찰해야만 한다.

　17세기 이래 홉스나 로크와 같은 자유주의자들은 국가 성립 이전의 자연 상태를 — "인간은 다른 인간에 대하여 (서로 갈취하는) 늑대"(*homo homini lupus*)라는 홉스의 말처럼 — 개인의 생명과 재산이 위협받는 극단적인 위기 상태로 상정하였다. 따라서 독립적인 개개인들의 생명과 자유를 — 이기적이고 적대적인 이해관계를 가진 — 타인들로부터 지키기 위하여, 사회계약을 체결하여 '국가'라는 정치적 제도를 수립해야 한다고 주장하였다.

요컨대, 국가나 사회의 기능은 내가 타인을 해치지 않는 한, 나의 의지대로 자유롭게 활동할 수 있는 자율성과 권리를 확보하는 데 있다는 것이다. 따라서 만인이 만인에 대한 경쟁관계에서 — 타인에게 피해를 주지 않는 한 — 개개인들이 최대의 자율성을 보장받는 '권리'를 획득하는 것이 자유주의적인 개인주의의 핵심이다. 따라서 자유주의적 개인주의의 관점에서 바라보면, 서로 경쟁관계에 서 있는 개인들에게 개인의 이해관계는 언제나 사회의 이해관계보다 우선하는 것이요, 사회조직은 항상 개인의 이해관계를 적극적으로 실천해 내려는 합리적인 도구 이상의 의미를 가지지 못한다.

그러나 유교의 유기체적인 세계관에서는 — 일찍이 데카르트가 공표했던 것처럼 "생각한다. 고로 존재한다"와 같은 — '추상적'이고 '원자적'(atomistic)인 인간 존재는 있을 수가 없다. 일찍이 순자荀子(기원전 약 300-230)가 정의한 것처럼, 유교적인 세계관에 의하면 인간은 자기 의지에 따라서 사회형태를 선택하는 것이 아니라, 천부적으로 사회적 존재로 태어나는 것이다.

물과 불은 기氣는 있어도 생명은 없고, 풀과 나무는 생명은 있어도 지각능력은 없고, 금수는 지각능력은 있어도 사회적 의義를 모른다. 사람은 기도 있고 생명도 있고 지각 능력도 있고, 또한 사회적 의도 가지고 있으므로 천하에서 가장 고귀한 존재이다. (그들은) 힘이 소처럼 강하지도 못하고, 달리는 것이 말과도 같지 못하지만 소나 말이 사람의 부림을 받는 것은 무슨 까닭인가? 이것은 사람은 모여서 '사회'〔群〕를 이루지만 소와 말은 그렇지 못하기 때문이다. 사람은 어떻게 사회를 이룰 수 있는가? 그것은 '분업'〔分〕이 있기 때문이다.[17]

---

[17] 『荀子』, 「王制」.

유교적 인간관에 의하면 인간의 본질적 특성은 바로 타인과의 사회 분업적인 인간관계 속에 규정되기 때문에, 사회적·공동체적 맥락에서 일탈하여 고립적으로 존재하는 서구적인 근대 자유주의적인 인간관은 유교적 문화의식의 틀 속에 수용될 여지가 없다. 개개인들은 사회적인 인간관계 속에서 각기 주어진 자기 역할을 수행하면서, 동시에 타인에 대한 배려해야 한다. 따라서 유교적 윤리관에서는 하나의 유기체적인 공동체 안에서 '공공선'을 실현해내기 위하여, 언제나 개인적인 '사심'을 극복해야 한다는 '덕'의 윤리가 높은 평가를 받는다.

요컨대, 근대적인 자유주의는 외부의 간섭이나 침탈에 대응하려는 개인의 주체적 자율성과 권리의 제도적인 보장에 초점을 맞춘다면, 유교적 윤리는 '저급한 욕구'를 따르려는 자기의 '사적' 의지(즉 人心)와 '공공선'을 추구하려는 '고급 의지'(즉 道心) 사이의 갈등과 간극을 없애려는 정신적·도덕적 해방을 자기 인격 완성의 최종 목표로 본다.

최고 과학기술의 집약과 자본의 집중에 의하여 무자비하게 관철되어 나갈 '세계화' 체제의 실현과 발전은 기술과 자본의 '무한 경쟁'에서 살아남기 위해 최고 수준을 유지하려는 끊임없고 맹목적인 무한 경쟁 자체를 의미할 뿐이다. 그리고 이러한 '신자유주의'에 입각한 무한 경쟁의 결과는 전 인류를 승리하는 소수(20%)의 지배적인 엘리트 그룹(또는 집단)과 경쟁에서 밀려난 다수(80%) 소외계층의 심각한 이분화인 것이다.[18] 그리고 동시에 '세계화' 체제의 강화는 필연적으로 민족국가들의 주체적 대응역할과 능력을 상대적으로 무력화시켜 나갈 것이다. 이런 엄청난 시대적 격변 속에서 우리들이 지향해야 할 '문화적 정체성'의 지평은 과연 무엇이 되어야 할 것인가?

개개인들의 경쟁적 관계에서 — 서로가 서로에 대하여 — 방어적인 자유

---

18 Martin·Schumann, 앞의 책, 28쪽.

주의적 개인주의를 실현하는 것이 동아시아의 유교 전통을 지닌 국가들이 여전히 전력을 쏟아서 추구해 나가야 할 아직도 유효한 '근대화-현대화'의 길인가? 아니면 우리들의 의식 속에 관습적으로 존재하고 있는 유교적 윤리론의 비판적인 계승이 새로운 대안의 길인가? 만약 우리가 후자의 길을 선택한다면, 개개인들이 '사심'을 극복하고 '공공선'을 추구해 내려는 높은 도덕의식을 전제해야 한다. 그리고 모든 인간의 평등한 권리와 자유가 제도적으로 보장되는 투명한 민주주의적 제도를 실현해 내야만 한다. 왜냐하면 '공론'의 사회적·제도적 보장이 밑받침되지 않는 '온정주의적인'(paternalistic) 공동체주의는 언제나 '패거리주의'(cronyism)에 끌려다닐 수밖에 없기 때문이다.

참고문헌

『論語』
『孟子』
『中庸』
『大學』
『荀子』
『周易』
『莊子』
『朱子語類』

Historisches Wörterbuch der Philosophie, Bd. 6, hrsg., J. Ritter/K. Gründer, Wissenschaftliche Buchgesellschaft Darmstadt, 1984.

A. MacIntyre, After Virtue, University of Notre Dame Press, 1984.

Michael C. Kalton, "Extending the Neo-Confucian Tradition: Questions and Reconceptualization for the Twenty-First Century", in: Confucianism and Ecology, ed. Tucker/Berthrong, Harvard University Press, 1998.

Hans-Peter Martin · Harald Schumann, 강수돌 역, 『세계화의 덫』, 1998.

이승환, 「'아시아적 가치'의 담론학적 분석」, 『열린 지성』 4호, 1998 가을호.

송영배, 「서구와 다른 유교식 현대화는 가능한가?」, 『철학과 현실』, 1993년 겨울호.

송영배, 「유기체적 자연관과 동서철학융합의 가능성」, 『인간과 자연』, 철학과 현실사, 1997.